Nicole Bö

DAS VERMÄCHTNIS DER GRIMMS

Teil 2

SPIEGLEIN, SPIEGLEIN AN DER WAND

Drachenmond Verlag GmbH
Auf der Weide 6
50354 Hürth
https://www.drachenmond.de
E-Mail: info@drachenmond.de

Lektorat: Andreas Böhm
Korrektorat: Michaela Retetzki
Satz & Layout: Astrid Behrendt
Illustrationen: Nicole Böhm, Shutterstock
Umschlag- und Farbschnittdesign: Alexander Kopainski
Bildmaterial: Shutterstock, Adobe Stock

Druck: Booksfactory

ISBN 978-3-95991-830-5

FÜR ALLE MASALI
DA DRAUSSEN

Danke, dass ihr der Fantasie folgt

Zum Trunkenen Fährmann
Feuersteig
Bruchwald
Donnerwald
Syrantinas Schloss
N
E
S
W
Tal der Feuer-drachen
ABALION

Insel Lysantha
Die Nachtheide
Amqua
Lou
Eisgebirge

1. Kapitel

Im heutigen Frankfurt, 3042 v. Chr.

Es war einmal ein junger Mann namens Schlaf. Jede Nacht kam er an die Betten der Menschen und streute ihnen feine Sandkörner in die Augen, auf dass sie in das Reich der Träume glitten. Der Schlaf liebte seine Aufgabe. Er wurde freudig empfangen, egal ob von Mann oder Frau, Jung oder Alt, Krank oder Gesund.

Eines Tages nun kam er zu einem wunderschönen Mädchen. Der Schlaf kannte sie wohl, besuchte er sie schon seit der Stunde ihrer Geburt. Er grüßte sie freundlich, setzte sich zu ihr und griff in seinen Beutel, wo er die Sandkörner aufbewahrte, die sie in ihre Träume schicken sollten. Doch das Mädchen schüttelte vor Panik den Kopf und sprang vom Bette auf.

»Ich will dich heute nicht!«, rief sie entschlossen.

Der Schlaf zögerte. Es reizte ihn zu erfahren, warum das Mädchen nicht die Augen schließen wollte, aber es warteten unzählige andere Menschen auf ihre wohlverdiente Ruhe.

»Nun denn«, sagte er und packte seine Sandkörner ein. »Diese Nacht will ich dich verschonen, aber morgen komme ich wieder.«

»Ich weiß. Habt Dank, Herr.«

Der Schlaf verneigte sich und ließ das Mädchen in ihrer ersten ruhelosen Nacht.

Als er am nächsten Abend in das Zimmer der jungen Frau trat, wartete sie schon mit bebendem Körper auf ihn. Verängstigt sah sie zu ihm auf, als er sich ihrem Bett näherte.

»Guten Abend«, sagte der Schlaf ruhig. »Darf ich dich heute in das Reich der Träume senden?«

»Nein«, antwortete sie mit zitternder Stimme.

Der Schlaf seufzte und trat näher. »Es ist nicht schlimm, wenn du eine Nacht ohne meine Dienste aushältst, auch eine zweite ist möglich, doch ab der dritten wird es gefährlich, mein Kind. Die Geister der Nacht werden deinen Verstand auffressen.«

»Ich weiß, Herr, aber ich darf nicht einschlafen. Nicht, ehe sieben Tage und sieben Nächte ins Land gezogen sind. Ansonsten kommt er mich holen.«

»Wer?«

»Euer Bruder. Der Tod. Ich wurde ihm versprochen, als ich noch klein war. Meine Mutter wurde schwer krank und stand kurz davor, mit dem Tod über die Schwelle zu treten. Mein Vater flehte ihn auf Knien an, er möge sie verschonen. Er würde ihm alles geben, was er begehrte! Der Tod willigte ein und wählte mich stattdessen. Sobald ich sechzehn Sommer zählte, würde er mich holen kommen. Die einzige Bedingung, die mein Vater noch aushandeln konnte, war, dass ich die Frist von sieben Tagen erhielt. Sollte ich in dieser Zeit nicht einschlafen, wäre ich frei.«

»Ich verstehe.« Der Schlaf kannte seinen Bruder natürlich, auch wenn er ihm nur selten begegnete. »Warum will mein Bruder dich haben?«

»Vielleicht ist er einsam?«

Der Schlaf runzelte die Stirn, weil er noch nie darüber nachgedacht hatte. Er selbst hatte natürlich auch keine Gefährtin, genauso wenig wie sein Cousin, die Zeit, oder seine Nichte, das Wetter. Sie waren nicht dazu auserkoren, in Gesellschaft zu leben. Ihre Mutter, die Natur, hatte es nie so entschieden. Doch je länger er darüber nachdachte und das Mädchen betrachtete, desto besser konnte er seinen Bruder verstehen. Ein nettes Wesen wie sie an der Seite zu haben, wäre sicher erfreulich.

»Na fein«, sagte der Schlaf. »Ich mag dir helfen.«

»Du lässt mich wach?«

»Nein, das wird dich den Verstand kosten. Dennoch wirst du nicht sterben. Noch nicht, wenigstens. Halte diese Nacht und den nächsten Tag durch, und wenn ich morgen wiederkomme, dann sollst du dich in meine Arme begeben und ins Reich der Träume gehen.«

»Aber, dann wird er ...«

»Mein Bruder wird dir nichts antun, hab keine Furcht.«

»So mag ich euch denn vertrauen«, sagte sie und senkte den Kopf.

Der Schlaf nickte zufrieden, zog von dannen und überließ das Mädchen ihrer zweiten wachen Nacht.

Am nächsten Abend kehrte er zurück und ...

Anabel blickte in die Runde und sah in die gespannten Gesichter der Anwesenden, die vom Schein des Lagerfeuers erhellt wurden. Das gesamte Königreich hatte sich versammelt. Jung. Alt. Frau. Mann. Und natürlich: Anabels Vater, der König Isaak, und ihre Mutter, die Königin Lia. Sie waren gekommen, um Anabels Worten zu lauschen, denn heute war ihr achtzehnter Geburtstag und somit der Tag, an dem sie sich beweisen musste. War sie eine geborene Masali? Besaß sie die Gabe des Geschichtenerzählens wie ihre Eltern oder war das Erbe bei ihr versiegt? Anabel schluckte die Nervosität hinunter und bemühte sich, bei ihrer Geschichte zu bleiben. Mittlerweile hatte die Spannung ihren Höhepunkt erreicht, sie durfte nun nicht nachlassen.

Trotz des angenehmen Feuers tanzte der Atem vor ihrem Gesicht. Ihre Hände waren klamm, die Luft war eisig. Mit einem kurzen Blick in den Himmel, der von Sternen übersät war, holte Anabel Luft und wandte sich an die Menschen um sie herum. Sie suchte nach ihrem Zwillingsbruder Conrad, der irgendwo sitzen musste. Es beruhigte sie, wenn er in ihrer Nähe war.

Kaum dachte sie an ihn, entdeckte sie schon seinen dunkelblonden Haarschopf in der Menge und kurz darauf hob er den Blick, um den ihren zu finden. Er lächelte sanft und nickte. Ein Zeichen, dass sie auf einem guten Wege war.

»Also«, sagte sie und strich sich eine Strähne ihres blonden Haares zurück: »Habt ihr eine Vorstellung, wie der Schlaf den Tod überlisten wollte?«

»Er hat es ihm ausgeredet!«, meldete Áki, der Junge des Schneiders, sich zu Wort. »Immerhin waren sie Geschwister, da musste der Schlaf doch nur zum Tod gehen und sagen, dass er von dem Mädchen ablassen solle.«

»Und du denkst, dass er das getan hat?«

»Nie im Leben«, sagte nun Ida. Sie war zwei Jahre jünger als Áki und zählte erst acht Sommer. »Der Tod hat doch diesen Pakt nicht geschlossen, wartet so lange und dann gibt er das Mädchen einfach auf.«

»Was denkst du denn, was der Schlaf ihm vorgeschlagen hat?«, fragte Anabel. Es war wundervoll, die Gedanken der anderen zu hören. Manchmal passte sie eine Erzählung sogar noch in diesem Moment an und änderte sie ab, sollten sie die Lösung erraten.

Geschichtenerzählen war so viel mehr, als nur ein paar schöne Worte von sich zu geben. Anabel atmete im Gleichklang mit ihren Zuhörern, sie nahm die Energie in sich auf, bis sie ihre eigene wurde. Sie beobachtete alle, studierte ihr Verhalten, ihre Reaktionen, sodass sie ihnen die bestmögliche Unterhaltung bieten konnte. Nur wenn sie alles richtig machte, erntete sie am Ende Zufriedenheit.

»Ich weiß es nicht«, fuhr Ida fort. »Vielleicht ist der Schlaf mit dem Mädchen geflohen.«

»Das ist noch dümmer als mein Vorschlag«, sagte Áki und verschränkte die Arme vor der Brust. »Wie soll er vor dem Tod fliehen? Er lauert überall.«

»Da hat er recht«, pflichtete Anabel dem Jungen bei. »Der Tod ist unser stetiger Begleiter, allzeit bereit, sich das zu nehmen, was ihm zusteht. Meistens wird er von Furcht empfangen, aber manchmal auch von Freude. Der Tod kann Erlöser und Vernichter sein. Er hat viele Gesichter und jedes ist so unterschiedlich wie der Tag und die Nacht.«

Sie lehnte sich nach vorne und von ganz allein rückten auch alle anderen näher heran. Anabel lächelte über die Reaktion, die sie erwartet hatte. Noch einmal ließ sie den Blick schweifen. Die Jüngeren und die Gebrechlichen saßen vorne am Lagerfeuer, wo es wärmer war, der Rest teilte sich in Reihen nach hinten auf. Anabel erkannte nur Schemen von den Gesichtern, die weiter weg vom Feuer saßen, doch sie spürte, dass sie ihre Aufmerksamkeit hatte.

»Ich will euch also erklären, wie der Schlaf seinen Bruder austrickste:

Der Schlaf sah keine Möglichkeit, seinem Bruder das Mädchen auszureden, vielmehr musste er einen Ort finden, an dem es in Frieden ruhen konnte und sein Bruder keine Macht besaß. Diesen Ort konnte ihm nur ein anderes Wesen nennen: seine Schwester, das Leben. Von allen Kindern der Mutter Natur hatte sie die Macht, den Tod in Schach zu halten. Natürlich konnte auch sie nicht komplett über ihn siegen, doch sie konnte dem Mädchen so lange beiseitestehen, bis sie alt und grau war und ihr Leben gelebt hatte. Nun musste der Schlaf seine Schwester nur davon überzeugen, ihm zu helfen, ehe das Mädchen ob des Schlafmangels den Verstand verlieren würde.
Und so machte er sich auf die weite und beschwerliche Reise.
Er wanderte über die Erde, überquerte Berge voller Schnee, lief durch Wälder ohne Sonne, wanderte durch die Wüste, bis er schließlich an eine Küste kam. Seine Schwester weilte auf einer einsamen Insel. Die einzige Möglichkeit, zu ihr zu gelangen, war mithilfe des Fährmanns, der seit jeher Menschen von einem Ufer zum anderen brachte.
Der Schlaf stellte sich an den Rand eines breiten Flusses, von dem niemand wusste, wo er endete oder anfing. Er erhob seine Stimme und sang das Lied, das seit Anbeginn der Zeit über den See hallte:

Fährmann hol über, Fährmann heran,
ruf ich nach dir, so halte dich dran.

Lass dein Boot fahr'n durch Nebel und Gicht.
Fährmann hol über, es ist deine Pflicht.

Nun bring mich ans Ufer, weit über den Fluss,
ich will dich entlohnen, allein weil ich's muss.

Fährmann hol über, Fährmann heran,
ruf ich nach dir, so halte dich dran.

Es war Tradition, den Fährmann auf diese Art in seine Dienste zu nehmen und so dauerte es nicht lange, bis das Floß vor dem Schlaf auftauchte und vor ihm anlegte. Der Schlaf verneigte sich und trat auf das wackelige Holzboot.

»Hat der Schlaf den Fährmann auch entlohnt?«, rief Áki auf einmal dazwischen.

»Sht!«, machte Ida und gab ihm einen Klaps in die Seite.

»Aber das ist wichtig!«, rief Áki und rieb sich die Stelle. »Wenn du den Fährmann nicht bezahlst, wird deine Seele in den Fluss der Toten gezogen. Dort muss sie bis in alle Ewigkeiten tausendmal sterben. Ist doch so, oder?«

»Ja, ganz genau«, sagte Anabel. »Aber mache dir keine Sorgen, der Schlaf hatte natürlich eine Bezahlung.« Anabel lehnte sich näher an Áki. »Die Münze des Teufels.«

Áki zuckte zusammen, als sie den Namen erwähnte, und wich zurück. Anabel lächelte, hob eine Hand und wedelte mit den Fingern. Er folgte der Bewegung interessiert.

»Weißt du denn, wie man dem Teufel eine Münze abnehmen kann?«

Áki schüttelte den Kopf.

»Soll ich es dir verraten?«

Er nickte.

Sie hob den Finger und bat ihn, näher zu kommen. Er lehnte sich zu ihr und lauschte gebannt. Anabel liebte es, mit ihrem Publikum zu spielen. Spannung konnte auf so vielen Ebenen entstehen. »Du musst die magischen Worte sagen.«

»Wie gehen die?«

»Wenn ich sie verrate, darfst du das aber nicht weitererzählen, auch nicht deinen Freunden.«

Er nickte rasch.

»Na schön. Pass auf.« Sie streckte beide Hände aus und drehte eine Innenseite nach oben, die andere wandte sie nach unten. Ein Schauer lief ihr den Rücken hinunter und sie spürte einen sanften Windhauch auf ihrer Wange. Für einen Moment glaubte sie, der Teufel wäre wirklich da, um sie zu beobachten. Sie schluckte gegen die aufkeimende

Unruhe und flüsterte so leise, dass nur Áki es hören konnte: »Münze hin und Münze her, Kopf oder Zahl, was ist dein Begehr?«

Sie sah Áki fragend an, der verstand erst nicht, doch dann straffte er die Schultern und erwiderte ihren Blick. »Zahl!«, rief er laut und zuckte zusammen. »Ich wähle die Zahl«, fuhr er leiser fort.

»Gute Wahl«, sagte Anabel und veränderte die Handstellung ins Umgekehrte. »Zahl soll es sein, Zahl lad ich ein. Teufel o Teufel, brich für mich dein Gebein.«

Sie klatschte die Hände zusammen und alle erschraken. Nur der König und die Königin lachten, denn sie wussten, dass es völliger Unfug war, was Anabel erzählte und sie es sich eben ausgedacht hatte. Sie ließ die Hände sinken, griff an Ákis Ohr und zog eine Münze wie aus dem Nichts hervor. Sie drehte sie um und zeigte ihm die Seite mit der Zahl. Es war ein alter Taschenspielertrick, den sie sich schon als Kind angeeignet hatte. Áki zuckte zusammen, sein Mund klappte auf und die anderen klatschen aufgeregt.

»Hast du die wirklich dem Teufel abgenommen?«

»Natürlich.« Anabel zwinkerte und gab Áki die Münze. Sie würde sich später wieder eine aus der Schatzkammer ihres Vaters holen. »Nun kannst du den Fährmann auch rufen, falls du ihn jemals brauchst.« Sie lehnte sich zurück und fühlte sich merkwürdig befreit.

Áki nickte ehrfürchtig und Anabel fuhr fort:

Der Schlaf erreichte die Insel, wo seine Schwester in einem prächtigen Palast hauste, der schon von Weitem zu sehen war. Gebaut aus schwarzem Obsidiangestein, das die Sonne einfing und funkeln ließ, wohnte sie in ruhiger Abgeschiedenheit. Dem Schlaf wurde sogar mulmig, denn er kam selten mit seiner Schwester in Kontakt. Es hieß, sie wäre wankelmütig, emotionslos, getrieben davon, sich selbst zu verbessern und zu lernen. Das Leben hasste den Stillstand und war stets bestrebt zu wachsen.

Entschlossen klopfte der Schlaf an ihre Tür. Es dauerte nicht lange, bis ihm geöffnet wurde und er eintreten durfte. Überall funkelte das dunkle Material, an vielen Stellen war es so blank poliert, dass der Schlaf sein eigenes Spiegelbild darin sah. Er schenkte ihm keinerlei Beachtung, denn er war nicht gekommen, um sich zu bewundern.

Schließlich gelangte er zum Thronsaal, wo das Leben ihn schon erwartete. Seine Schwester war eine wundervolle Gestalt mit blasser Haut und schwarzem seidigen Haar, in dem sich die Sterne verfingen. Ihre Miene blieb ruhig. Das Leben zeigte nie eine Emotion und behielt ihre neutrale Sicht auf die Dinge. Man sagte, dass sie keine richtige Freude oder Kummer empfinden konnte, denn sonst wäre sie nicht in der Lage, der Welt ihren Atem einzuhauchen.

Der Schlaf trat vor seine Schwester und verneigte sich tief. »Du weißt, weshalb ich hier bin?«

»Ich habe davon gehört, ja.«

»Unser Bruder handelt wider die Natur.«

»Dann solltest du Mutter dieses Problem lösen lassen.«

»Wie du weißt, mischt sie sich nicht in die Belange ihrer Kinder ein.«

Das Leben seufzte lang und tief. Das Geräusch setzte sich in den Wänden fort und erfüllte den Schlaf mit einer tiefen Traurigkeit. Er kam nicht umhin, sich zu fragen, ob das Leben auch so einsam war wie sein Bruder.

»Wir können und dürfen das nicht zulassen«, sagte er nachdrücklich.

»Ich weiß.« Das Leben erhob sich von ihrem Thron, kam auf den Schlaf zu und schnippte mit den Fingern. Hinter ihr flammte ein gleißendes Licht auf: so grell, dass der Schlaf wegsehen musste, weil er es nicht ertrug. Auf einmal hörte er ein lang gezogenes Zischen, gefolgt von einem tiefen Brummen. Er blickte auf und zuckte zusammen. Neben dem Leben war ein gigantischer Drache erschienen. Er war größer als jedes Tier, das dem Schlaf jemals begegnet war. Seine Haut war mit unzähligen Kristallen besetzt, die in den unterschiedlichsten Farben schimmerten. Er fixierte den Schlaf mit durchdringendem Blick und öffnete die Flügel. Auch dort saßen Kristalle, die bei jeder Bewegung leise klirrten und strahlten ...

»Ein Feuerdrache!«, rief Áki und klatschte begeistert in die Hände. Die anderen lachten leise. Anabel riskierte einen Blick zu ihren Eltern, die beide nickten. Niemand im Reich hatte je einen echten Feuerdrachen gesehen, aber jeder glaubte fest daran, dass es sie gegeben hatte.

Woher sonst hätte der Kristall der Fantasie kommen sollen, aus dem die Masali all ihre Macht zogen? Anabel liebte es, wahre Begebenheiten in ihre Geschichten einzuweben. So hatte das Mädchen, von dem sie erzählte, ebenfalls einst gelebt. Ihr Name war Kirjara, niemand kannte die genauen Umstände ihres Lebens, aber das spielte keine Rolle.

Anabel räusperte sich und kehrte zurück zu dem Märchen:

Das Leben wandte sich dem Drachen zu, hob eine Hand, woraufhin er einen Flügel zu ihr hinabsenkte und zuließ, dass sie ein Stück eines Kristalls abbrach. Sie bedankte sich stumm und bettete den Stein vorsichtig in ihre Hand.

»Dies ist ein Geschenk«, sprach sie leise. »Dieser Kristall ist einzigartig und sehr kostbar. Er kann alles sein, was du begehrst. Das Mädchen soll sich einen Ort in ihrer Fantasie vorstellen, an dem sie sicher ist, der Kristall wird sie dorthin bringen. So wird der Tod sie nicht finden können.«

»Ich danke euch von Herzen, Schwester.« Der Schlaf nahm dem Leben vorsichtig den Kristall ab.

»Ebenso Euch«, sagte er zu dem Drachen.

»Geh und kehre nicht mehr wieder«, sagte das Leben.

»Wie du wünschst.« Der Schlaf zog sich zurück, verließ den Palast und machte sich in Windeseile auf den Weg zu dem Mädchen.

In der Zeit seiner Abwesenheit waren nun drei Tage und drei Nächte vergangen. überall begegneten dem Schlaf übernächtigte und müde Menschen. Niemand hatte Ruhe gefunden. Der Schlaf schalt sich für seine Nachlässigkeit, doch was hätte er tun sollen?

Mit dem Kristall im Mantel eilte er zu dem Mädchen. Er fand sie in ihrem Zimmer auf dem Boden sitzend. Sie hatte sich die Arme blutig gekratzt. Die Geister der Nacht fraßen bereits ihren Verstand. Er kniete sich vor sie, hob sie vorsichtig auf seine Arme und bettete sie auf ihre Liege.

»Nein«, sagte sie entkräftet, wollte sich mit aller Macht gegen den Schlaf wehren, doch er hielt sie fest.

»Ich habe ein Geschenk für dich.« Er reichte ihr den Kristall des Feuerdrachens. »Du wirst in Frieden schlafen können, ich verspreche es.«

»Was … Was ist das?« Das Mädchen konnte kaum die Augen offen halten, so erschöpft war es. Doch ehe der Schlaf ihr nicht die Sandkörner einstreute, konnte sie sowieso nicht ruhen.

»Es ist etwas Besonderes. Du musst es berühren und dich an einen Ort wünschen. Mein Bruder wird dir nicht folgen können.«

»Sprecht ihr die Wahrheit?«

»Aber ja, nun tut es.«

Das Mädchen bettete sich zögerlich auf das Kopfkissen und schloss die Augen. Sie atmete tief ein und aus und während sie das tat, streute der Schlaf die Sandkörner ein. Ein wohliges Seufzen entglitt ihren Lippen, dann erschlafften ihre Finger und sie fiel sänftiglich in einen tiefen erholsamen Schlaf.

In dieser Nacht klopfte der Tod an die Tür des Mädchens, doch als er sie öffnete, wurde er von dem hellen Licht des Kristalls geblendet; stärker, als er es aushalten konnte. Der Tod schrie und tobte, suchte nach dem Mädchen, das ihm versprochen worden war, aber er konnte es nicht finden.

Der Schlaf und das Mädchen wiederholten dies Nacht für Nacht für Nacht …

Anabel lehnte sich zurück und sah ein weiteres Mal in die Gesichter der Anwesenden.

»Und dann?«, fragte Áki angespannt. Der Junge hatte so angestrengt gelauscht, dass er gar nicht bemerkt hatte, wie seine Finger sich in den Holzstamm, auf dem er saß, gegraben und kleine Splitter abgelöst hatten.

»Was und dann?«, fragte Anabel. Sie wusste natürlich, worauf Áki hinauswollte, doch die Zuhörer hinzuhalten war ebenfalls Teil der Magie.

»Lebte das Mädchen ewig?«, fragte er aufgeregt.

»War der Tod böse auf den Schlaf?«, fragte Ida.

»Haben die Brüder Streit bekommen?«, rief Sadira von weiter hinten.

»Brüder bekommen nie Streit«, rief ein anderer.

»Natürlich tun sie das!«, antwortete Áki. »Meiner ärgert mich ständig.«

Stimmen wurden laut, jeder wollte seine Idee kundgeben, jeder spekulieren, wie die Geschichte mit dem Mädchen und dem Schlaf wohl endete.

Anabel tippte sich ans Kinn und tat so, als müsste sie darüber nachdenken. Nach einer kurzen Pause fuhr sie fort: »Man sagt, dass das Mädchen sehr alt wurde und jede Nacht die wunderschönsten Träume durchlebte. In ihrem Geist erschuf sie eine ganz neue Welt, voller Fabelwesen und Wunder. Der Tod wurde nie müde, an ihre Tür zu klopfen und als das Mädchen zu einer Greisin gereift war, die kaum noch gehen oder sehen konnte, bat sie den Schlaf, den Kristall des Feuerdrachens bei sich zu behalten. Er verstand und gab ihrer Bitte nach. Ein letztes Mal streute er die Sandkörner in ihre Augen und bettete sie zur Ruhe. Dann küsste er sie auf die Stirn, erhob sich und öffnete seinem Bruder die Tür: »Du darfst sie nun holen. Sie ist bereit.«

Als der Tod eintrat und sah, dass aus dem jungen und unschuldigen Mädchen eine alte Frau geworden war, schimpfte er bitterlich. Doch er kam seiner Pflicht nach, holte sie zu sich und schenkte ihr den Frieden, wie allen Menschen, die in sein Reich treten.«

»Warum hat er denn geschimpft?«, fragte Ida.

»Weil sie alt und runzelig geworden war. Der Tod hatte ein schönes Mädchen holen wollen«, sagte Áki und erntete dafür einen Hieb seiner Mutter gegen den Hinterkopf.

Anabel schmunzelte, legte die Hände in ihren Schoß, als Zeichen, dass sie zum Ende ihrer Geschichte gekommen war. »Wer weiß: Vielleicht war alles doch ganz anders.«

»Ja«, rief Ida erfreut. »Der Schlaf hat sich so rührend um sie gekümmert, da hat sie sich in ihn verliebt. Nun leben sie glücklich für immer.«

Áki schnaubte nur, weil ihm die Vorstellung wohl zu kitschig war. »Was passierte denn mit dem Kristall des Feuerdrachens?«

»Oh, den wollte der Schlaf an das Leben zurückgeben, aber sie hatte ihm den Weg zu ihrer Insel versperrt. Also versteckte er ihn hier und bat eine Handvoll Menschen, auf ihn aufzupassen.« Anabel deutete auf den Berg hinter ihnen, in dem sie wohnten. »Unsere Urahnen. Seither nutzen wir die Kraft der Fantasie, so wie es das Mädchen einst getan hat.«

Ákis Mund klappte vor Ehrfurcht auf. »Wird der Drache irgendwann wiederkommen und sich den Kristall zurückholen.«

»Wer weiß. Du solltest Ausschau nach ihm halten.«

»Nicht mehr heute«, sagte Ákis Mutter und zog ihren Sohn mit sich in die Höhe. »Wir gehen nun auch ins Reich des Schlafes und ruhen.«

»Aber ich bin gar nicht müde«, protestierte Áki und wollte seine Mutter abwehren. Die schüttelte nur den Kopf und zog ihn mit sich, ohne auf ihren Sprössling zu hören.

Anabel erhob sich ebenfalls und streckte ihre Glieder. Nach und nach kamen die Anwesenden zu ihr und bedankten sich für die Geschichte, die sie hoffentlich erheitert hatte. Anabel rieb nervös die Hände aneinander und warf wieder einen Blick zu ihren Eltern. Aus dem Augenwinkel sah sie, dass Conrad sich nun auch erhob und zu ihr lief.

»Du warst großartig«, sagte er und breitete seine Arme aus, um sie kurz an sich zu drücken. »Ich bin unheimlich stolz auf dich.«

»Ich bin bei Weitem nicht so gut wie du«, sagte sie leise. Conrad hatte schon vor zwei Sommern seine Fantasie entdeckt. Mit sechzehn war er einer der jüngsten Masali, der den Funken in seiner Seele geweckt hatte. Als Belohnung dafür hatte er einen schwarzen Wolf erhalten, der seither nicht mehr von seiner Seite wich. Alexis blickte zu Anabel hinauf und wedelte mit dem Schwanz. Vielleicht hatte auch sie die Geschichte genossen.

»Na komm. Wir gehen zu ihnen«, sagte Conrad und griff Anabels klamme Hand.

Der König und die Königin kamen langsam auf Anabel zu. Sie wurde nervöser, nestelte an ihrer Robe herum und biss sich auf die Unterlippe. Auch wenn dies ihre Eltern waren und sie Anabel liebten, spielte das für die Bewertung keine Rolle. Die beiden waren der Inbegriff der Fantasie. Sie entschieden, ob Anabel würdig war, das Erbe anzutreten.

Isaak und Lia blieben vor ihr stehen. Sie trugen wunderschöne Roben, die im Schein des Feuers leuchteten. Lia hatte ihren Kopfschmuck aufgelegt: eine verschnörkelte Krone aus Ästen, die mit Kristallen besetzt war und einen Teil ihrer Stirn bedeckte.

»Meine Tochter«, sagte Isaak und trat nach vorne. Anabel konnte nicht aus seiner Miene lesen, was in ihm vorging, und fing tatsächlich vor Aufregung an zu zittern. Auch Conrad schloss seine Finger fester um die von Anabel. Er wirkte genauso nervös wie sie.

»Ich bin sehr stolz auf dich«, fuhr Isaak fort.

»Genau wie ich«, ergänzte nun Lia und griff nach der Hand ihres Mannes. »Deine Geschichte war außergewöhnlich, fantasiereich, mit der richtigen Prise an Spannung.« Ihre Mutter zückte ein kleines Lederbuch aus ihrem Umhang. Es war vollgetankt mit der Kraft der Masali. In diesem Buch wurden seit jeher die alten Schriftzeichen des Volkes festgehalten. Kirjara hatte es erschaffen und die allerersten Symbole hineingemalt. Nur wer ein offenes Herz für die Fantasie hatte, konnte darin lesen und sogar in tiefe Visionen eintauchen. Lia lächelte und gab Anabel das Buch. »Ich darf es dir mit sehr viel Stolz überreichen, meine Tochter. Ab heute bist du die Hüterin unserer Schrift, wie es die Tradition fordert.«

Conrad drückte ein letztes Mal ihre Hand und ließ sie dann los.

»Oh«, machte Anabel und fasste sich an ihr Herz. Es schlug heftig und aufgeregt. Das Buch in Empfang zu nehmen, war so viel mehr. Sie fasste es mit bebenden Händen an, es war leicht und wog dennoch schwer auf ihrer Seele. Ab heute würde ihr eine ganz eigene Welt offenstehen. Die Welt der Fantasie, in der alles möglich war. Sie würde von nun an das Buch studieren und so tief wie sie konnte eintauchen. Und sie müsste ihre Heimat verlassen. Für mindestens drei Sommer würde Anabel herumziehen, neue Ideen in das Buch füttern und dann zurückkehren. Sie warf Conrad einen Blick zu. Er wirkte äußerlich fröhlich, doch Anabel kannte ihn gut. Er dachte nun schon an den Moment des Abschieds.

»Willkommen in der Riege der Geschichtenerzähler«, sagte Isaak und streckte die Arme aus. Lia und er traten nach vorne und zogen Anabel an sich. Sie atmete vor Erleichterung aus und schmiegte sich an ihre Eltern. Dieser Tag heute war für die gesamte Familie spannend gewesen.

Langsam löste Anabel sich und verneigte sich voller Ehrfurcht vor ihnen. Es war vollbracht. Sie war eine Masali geworden.

»Wir müssen feiern!«, rief Conrad und zog seine Schwester mit sich, ehe sie reagieren konnte. Sie lachte befreit und losgelöst, umklammerte das Buch fester und folgte ihm durch den Innenhof in die Gänge des Palastes. Conrads Wolf Alexis folgte ihnen problemlos und hüpfte schwanzwedelnd zwischen ihnen hin und her.

»Nicht so schnell!«, rief Anabel atemlos, aber Conrad dachte gar nicht daran, langsamer zu machen. Sie kamen an den Wachen vorbei, die ihnen sofort Platz machten, an den Bediensteten und den letzten Zuhörern, die auf dem Weg nach unten ins Dorf waren. Das Besondere in diesem Reich war, dass jeder seiner Berufung folgen durfte. Wenn sich ein Mensch als Maler versuchen wollte, so wurde ihm ein Atelier zur Verfügung gestellt, wollte er kochen, dann eine Küche. Jeder, der im Palast arbeitete, tat es aus freien Stücken, und sobald sich derjenige verändern wollte, so stand ihm alles offen. Die Menschen waren glücklich und langlebig. Die Fantasie hielt sie bei Kräften.

Conrad stieß eine Tür auf, entschuldigte sich bei einer jungen Magd, die eine Ladung Felle und Betttücher trug und fast mit ihm zusammengestoßen war, und rannte weiter.

»Wo wollen wir denn hin?«, fragte Anabel atemlos. »Und würdest du bitte langsamer machen! Ich kann nicht mehr.«

»Du solltest dich mehr bewegen, damit du besser mithalten kannst.«

»Das werde ich. Versprochen. Spätestens wenn ich unterwegs bin, muss ich … Also …« Sie legte eine Hand in die Seiten, tat so, als hätte sie Schmerzen von dem kurzen Sprint, doch ihr Zögern rührte nicht daher.

»Schon gut«, sagte Conrad und machte langsamer. »Wenn du weg bist, bekomm ich dein Zimmer, das hat die schönere Aussicht.«

»Hat es nicht.« Sie gab ihm einen Klaps auf die Brust, was er mit einem Knuffen in ihre Seite quittierte.

»Es wird mich an dich erinnern«, sagte er leise.

Anabel öffnete den Mund und schloss ihn gleich wieder. Sie stellte sich vor, wie Conrad an ihrem Fenster stand, in die Weite blickte und an sie dachte.

Conrad bemerkte, dass sie sentimental wurde und lief rasch weiter. Sie folgten dem Gang bis zur Nische, in der eine Statue von Kirjara stand. Alexis fing sofort an, in den Ecken nach Mäusen zu suchen.

Die Statue wurde von vier Fackeln ausgeleuchtet, war wunderschön und aus einem großen Block Granit gearbeitet. Kirjara hatte den Kopf leicht in den Nacken gelegt. Ihr Gesicht wirkte entspannt und gleichzeitig erstaunt vor Ehrfurcht, als würde sie etwas Erhabenes ansehen. Eine Hand ruhte an ihrer Seite, in der anderen hielt sie einen Stab fest. Oben war der Kristall der Fantasie eingearbeitet. Dieser Kristall würde schon bald mit Anabel auf Reisen gehen, damit er sich mit neuen Energien aufladen konnte. Anabel atmete tief ein und saugte diesen Moment auf.

»Lass uns ins Buch schauen«, sagte Conrad.

»Na gut.« Sie holte das Buch hervor, wusste erst nicht, was sie erwarten sollte, aber sie bemühte sich um einen offenen und leeren Geist. Sie würde ihn brauchen, um in die Fantasie einzutauchen.

Conrad trat dicht an sie heran, bis sie seinen Atem im Nacken spürte. Es tat Anabel gut, ihn in der Nähe zu wissen. Ihre Bindung war eng und intensiv, oftmals spürte sie schon, wie es ihm ging, ohne dass er ein Wort gesagt hatte.

Anabel ließ die Luft aus der Lunge und sah auf die leeren Seiten. Erst geschah nichts, aber sie spürte ein leichtes Ziehen in ihrem Bauch. Ihre Sicht verschwamm, die leeren Seiten tanzten vor ihren Augen. Anabel ließ sich auf dieses Gefühl ein und gab sich ihm hin. Sie wusste, dass es wichtig war, offen für die Magie in dem Buch zu bleiben. Ihr Herz musste weit sein, ihr Verstand klar.

Sie atmete noch mal durch, um sich zu sammeln, und schloss halb die Lider. Das Weiß der Seiten schimmerte im Licht der Fackeln. Sie sah die Schatten darauf tanzen und konzentrierte sich auf das Spiel der Flammen. Anabel wurde ruhiger, je länger sie auf die Seiten blickte. Etwas Gewaltiges und Uraltes griff nach ihrer Seele. Sie hatte es vorhin schon gespürt, als sie mit Áki gesprochen hatte. Eine Präsenz in ihrer Nähe, etwas Großes und Mächtiges. Beim nächsten Blinzeln geschah es: Sie entdeckte ein schwaches Symbol auf der linken Seite.

»Bei allen Göttern der Fantasie«, sagte sie leise. »Es funktioniert!«

»Was siehst du?«

»Striche und Kreise und Punkte. Ein Schriftzeichen.«

Sie versuchte es ihrem Bruder so gut wie möglich zu erklären, aber Worte konnten es nicht annähernd beschreiben. Dieses Symbol war stark und voller Kraft. Anabel starrte es an, Bilder entstanden in ihrem Kopf. Es war, als könnte sie durch dieses Zeichen tiefer in die Tinte eintauchen; als würde sie hinter die Symbole sehen. Anabel stand an der Schwelle zu einer neuen Welt voller Wunder und Magie. Eine Welt, in der Wesen aus Erzählungen leben durften, wo Geschichten wahr wurden, wo es fremde Bäche und Wälder gab, Riesen, Zwerge, Gnome, all die Dinge, die sie mit ihrem Volk über die Jahre erschaffen hatte und noch erschaffen würde.

»Abalion«, sagte sie leise.

»Was?«

»Ich glaube, das ist der Ort, an den unsere Geschichten gehen. Ich … Ich habe den Namen schon mal gehört.«

»Wo? «

»In meinen Gedanken.« Sie blickte ihren Bruder kurz an. »Ist das merkwürdig?«

»Ganz und gar nicht. Das ist ein Zeichen dafür, was für eine gute Masali du bist. Dein Geist ist voll mit Fantasie.«

Anabel schüttelte sich und löste sich von dem Buch. Der Zauber schwand und sie spürte die volle Wucht dessen, was ihr bevorstand. Eine sehr lange Reise. Ohne ihre Familie. Ohne ihren Bruder. »Weißt du, was ich mir für mich wünsche, wenn ich weg bin?«

»Niemals endende Fantasie, sodass ich noch tausend Geschichten erfinden kann?«

»Das auch, aber ich wünsche mir vor allen Dingen, dass alles so zwischen uns bleiben wird, wie es jetzt ist. Für immer.«

»Das wird es.«

»Ich werde lange unterwegs sein.«

»Und ich werde auf dich warten, wenn du zurückkehrst. Du wirst mir von deinen Abenteuern erzählen, wir werden gemeinsam feiern und lachen. Wir sind Geschwister. Wir werden immer zusammen sein.«

Anabel seufzte. Sie hörte die Worte ihres Bruders, aber sie konnte sie nicht richtig glauben. Viel eher spürte sie, dass diese Reise alles verändern würde.

Ebenfalls für immer.

2. Kapitel

Kristin

Frankfurt 18.46 Uhr

Der Hieb gegen meine Rippen schmerzte heftig und warf mich völlig aus dem Gleichgewicht. Ich keuchte, hustete und richtete mich wieder auf. Mir schmerzten alle Muskeln im Körper, der letzte Hieb gegen mein Kinn vibrierte als dumpfes Pochen in meinem Schädel nach. Ich rotierte den Nacken, richtete mich auf und blickte meinen Gegner an. Vielleicht hatte ich mir zu viel vorgenommen, als ich ihn herausgefordert hatte, aber ich hatte es ja unbedingt wissen wollen.

»Genug?«, fragte Marcel.

»Machst du Witze?«

Tat er nicht. Er grinste, ballte die Fäuste und attackierte mich erneut. Langsam ahnte ich seine Bewegungen voraus, denn die meisten Menschen gingen nach dem gleichen Muster vor, wenn sie angriffen. Bei einigen war es ein kurzes Zucken im Auge, beim anderen eine Gewichtsverlagerung von einem Bein auf das nächste oder das Anhalten der Luft. Diese Angewohnheit hatte ich zum Beispiel entwickelt, denn sie half mir, mich besser zu konzentrieren und die Muskeln anzuspannen. Und die brauchte ich, denn der Schlag zielte gegen meinen Bauch. Ich machte einen Satz nach hinten, verlagerte das Gewicht auf das linke Bein und holte mit dem rechten zum Roundhouse-Kick aus. Keine Ahnung, wie viel gefühlte zig Millionen Male ich diese Bewegung geübt hatte. Meistens alleine, oft mit Brayden oder einem anderen Sparringspartner im Dojo. Ich zielte erst mit dem Knie und ließ dann katapultartig meinen Fuß vorschnellen.

Marcel fing ihn noch in der Luft ab, ruckte an meinem Knöchel und beförderte mich auf die Matte. Ich keuchte halb hustend, halb stöhnend, rollte mich sofort auf die Seite und kickte mit dem anderen Bein nach. Dieses Mal traf ich ihn an der Schulter, was ihn immerhin kurz ins Schwanken brachte.

»Nicht schlecht, Collins«, sagte er, ohne meinen Knöchel loszulassen. Ich trat erneut zu, doch durch seine Muskeln spürte er das wohl kaum. Er stand definitiv besser im Saft als ich, was keine Kunst war. Seit meiner letzten Vision in Abalion hatte mir schlichtweg die Energie gefehlt, mich zu bewegen. Die körperlichen Verletzungen heilten zwar gut, aber meine Seele hatte daran zu knabbern. Ständig träumte ich davon, wie mich die Wölfe in der leeren Wohnung von Middleton attackiert und ihre Zähne in meine Muskeln gebohrt hatten.

Sebastian meinte, ich sollte mir Zeit gönnen und mich schonen, was ich nun eine geschlagene Woche getan hatte. Wenn ich noch länger lag, bekäme ich sicherlich wunde Stellen an Rücken und Hintern.

Also war ich hier. Im Trainingsraum. Mit Marcel. Der über mir kauerte und auf mich hinabsah. Mir blieb wieder die Luft weg, doch dieses Mal lag es nicht an irgendwelchen Schlägen, die er ausgeteilt hatte. Sein herbes Aftershave stieg mir in die Nase. Obwohl wir intensiv trainiert hatten, roch er zum Anbeißen.

»Alles klar?«, fragte er und blickte mich besorgt an. Seine braunen Augen wirkten fast schwarz.

Marcel war ein schöner Mann, anders konnte ich ihn nicht beschreiben. Der Schweiß glänzte auf seiner dunklen Haut und der Glatze. Wenn einer diese Nicht-Frisur tragen konnte und auch noch sexy dabei aussah, dann er. Marcel war die Art von Mann, aus der Hollywood-Blockbuster im Will-Smith-Style gemacht wurden: muskelbepackt, wunderschöne tiefgründige Augen, verführerische Lippen, auf denen stets ein leichtes Lächeln lag. Ich konnte mir Marcel spielend leicht im Krieg gegen Aliens oder als Staatsfeind Nummer Eins auf der Flucht vor der Regierung vorstellen.

»Kristin?«

»Was?«

»Ist alles klar?«

»Ja, warum denn nicht?«

»Weil du daliegst wie ein toter Käfer und einen leicht debilen Gesichtsausdruck aufgelegt hast. Hab ich dich zu fest auf den Kopf getroffen?«

Ich schürzte die Lippen und boxte ihn gegen die Rippen, was ihm ein leises *Mpf* entlockte. »Ich gebe dir gleich debil.«

Er lächelte sanft, bewegte sich jedoch nicht von mir herunter. Seine Arme waren zum Bersten gespannt; aufgepumpt durchs Training und weil er sich mit seinem vollen Gewicht darauf abstützte, um nicht auf mir zu liegen. Sein Blick hielt erst meinen fest und löste einen wohligen Schauer aus. Dann wanderte er über mein Gesicht nach unten zu meinem Mund. Ich folgte ihm, er leckte sich die Lippen und gab ein leises Geräusch von sich, das dieses Mal aber nichts mit einem Hieb zu tun hatte.

Mein Herzschlag gewann an Tempo, auch Marcels Atem kam schneller. Sein Körper strahlte eine unglaubliche Wärme ab, ich fühlte mich, als würde ich unter einer schützenden Decke liegen, umhüllt von starken Muskeln und einem Mann, der mich vor allem Unheil der Welt beschützen konnte.

»Ich glaube, ich habe dich zu hart rangenommen«, sagte er leise.

Ich runzelte die Stirn. »Ernsthaft? Muss ich jetzt sagen: Du hast keine Ahnung, wie hart ich rangenommen werden will? Fällt dir nichts Besseres ein?«

Er sah mich erst fragend an, dann brach er in schallendes Gelächter aus. »O Mann. Das war nicht *so* gemeint.«

Ich verzog das Gesicht. »Wir liegen halb nackt und verschwitzt aufeinander und haben ganz offensichtlich einen Moment – und du willst mir weismachen, dass das eben kein Spruch aus der untersten Schublade war?«

»Ich …«

Seine Wangen färbten sich dunkler. Hatte ich ihn wirklich in Verlegenheit gebracht? »Nein. Also, das mit dem Moment hab ich bemerkt, aber ich bin nicht …« Er schüttelte den Kopf und gab eine Art Wimmern von sich. »Ich mache es nur schlimmer, oder?«

»Ja.«

»Du bist sexy.«

»Ach.«

»Und unter anderen Umständen …«

»Das hast du das letzte Mal schon gesagt, als du mit aufgepumptem Bizeps vor mir in der Küche herumstolziert bist.«

»Ich bin nicht stolziert, ich wollte mir einen Shake machen.«

»Das ging nur im Muskelshirt und total verschwitzt.«

»Nein, ich … du … Du nimmst mich auf den Arm, oder?«

»Mann, Marcel. Arbeitest du wirklich so viel?« Sebastian war genauso leicht aus der Fassung zu bringen, als hätten sie verlernt, normale zwischenmenschliche Gespräche zu führen. »Habt ihr Jungs denn keinen Spaß?«

»Doch, natürlich.« Er öffnete den Mund, schloss ihn aber gleich wieder.

»Schon so lange her, mh?« Ich pikste ihn mit dem Finger in die Brust, er schnappte sich meine Hand und drückte sie nach hinten, wobei er mehr von seinem Körpergewicht auf mir verlagerte und mir das Atmen schwerer machte.

Auf die angenehme Art schwerer.

Er kam näher, berührte mit der Nasenspitze fast meine und drehte den Kopf. Sein Bauch drückte gegen meinen, genau wie seine Hüfte. Alles in ihm spannte sich an und löste einen wohligen Schauer in mir aus. Seine Finger schlossen sich fester um meinen Unterarm, während die andere Hand ganz zart seitlich an meinem Shirt nach unten wanderte. Sogar durch den Stoff zog sich meine Haut unter seiner Berührung zusammen. Ich biss mir auf die Lippe, drückte mich ihm leicht entgegen, was er wiederum mit einem tiefen Brummen quittierte, das tief aus seiner Kehle kam. Ich zog ein Bein unter ihm heraus, damit er mit seiner Hüfte näher an meine herankam, und legte es locker über seins. Marcel reagierte auch auf diese Berührung und drückte sich mir entgegen. Ich keuchte, obwohl wir uns kaum berührten.

»So wird das eher was«, flüsterte ich und sah ihm in die Augen. Er kniff sie zusammen, musterte mich intensiv und brennend. Obwohl ich die steigende Lust in seinem Gesicht sah und in seinem Körper spürte, obwohl er flacher atmete und er offensichtlich von mir angezogen war, erkannte ich auch das Rattern in seinem Oberstübchen.

Vermutlich holte er all die Argumente hervor, warum das eine dumme Idee war: nicht der richtige Zeitpunkt, nicht die richtige Umgebung, nicht die richtige Frau, weil Schwester von einem Kollegen und irgendwie auch Kollegin; außerdem verletzt und traumatisiert durch die Märchenwelt und überhaupt sollte sie gar nicht hier sein …

Also gut.

Wenn er die Realität haben wollte, konnte er sie haben. Ich verzog die Lippen, sammelte noch mal all meine Kräfte, winkelte die Beine an und trat ihm in den Bauch. Er gab ein *Umpf* von sich und flog von mir herunter.

Ich sprang sofort nach oben, doch kaum stand ich, drehte sich der gesamte Raum, inklusive Marcel.

»So viel zu meiner Überraschungsattacke.« Ich fasste an meine Stirn, schwankte bedrohlich. Marcel schüttelte sich und kam auf mich zu. Anstatt mich anzugreifen, packte er mich allerdings an der Hüfte und hielt mich fest. Eigentlich wollte ich mich weiter wehren, aber ich schaffte es nicht mehr.

»Jetzt reicht es wirklich«, sagte er bestimmt, schob mich nach hinten und hob mich von den Füßen, um mich kurz darauf auf vier übereinandergestapelten dicken Matten abzusetzen. Unsere Köpfe waren auf gleicher Höhe. Marcel kam näher und hielt eine Hand auf meine Stirn. »Du glühst.«

»Weil wir trainieren!« Ich schob seine Hand weg und rieb mir durchs Gesicht, um mich zu sammeln. »Ich bin außer Übung und du verwirrst mich mit deinem Nicht-Geflirte.«

»Tut mir leid. Es liegt nicht an dir.«

»Ich weiß.« Er hatte ja auch Recht. Diese Umgebung war ein Lustkiller erster Güte. Black Wolf mochte zwar gestoppt sein, aber wir waren mit der Arbeit noch lange nicht fertig.

»Dein Bruder wird mich töten, wenn er von unserem Training Wind bekommt.« Marcel schüttelte den Kopf, nahm sich ein Handtuch, das neben mir lag, und wischte sich den Schweiß von der Glatze.

»Dazu müsste er erst mal hier sein.« Ich hatte Brayden seit dem Tag nicht mehr gesehen, als er mit mir auf der Couch gesessen und mir erklärt hatte, was mit Middleton los war. Das war kurz nachdem ich aus dem Krankenhaus entlassen wurde. Seither verbrachte Brayden jede Minute im Verhörraum mit dem armen Mann. Brayden war dazu prädestiniert. Er konnte tief in die Psyche eines anderen dringen, wodurch er schon einige schwere Fälle in seiner Laufbahn hatte lösen können. Letztlich hatte ihm das auch diesen Job hier verschafft.

»Brayden will morgen früh übrigens herkommen«, sagte Marcel.

»Wirklich?«

»Er landet um sieben.«

»Das hätte er mir ruhig sagen können.«

»Macht er bestimmt noch. Im Moment geht es heiß her.«

»Ist mir nicht entgangen.« Jeder war sehr beschäftigt. Dass ich Marcel zu dieser Trainingseinheit hatte überreden können, war reiner Zufall gewesen, denn er hatte Zeit zwischen zwei Konferenzen überbrücken müssen. »Hat Brayden was von Middleton erzählt? Oder Dillon?«

Die beiden waren mittlerweile an einen geheimen Ort gebracht worden. Als bekannt wurde, dass der Täter geschnappt worden war, hatten die Menschen die Polizeistation belagert. Die Öffentlichkeit hatte sich so an dem Fall hochgeschaukelt, dass sie kaum mehr zu bändigen war. Ich hatte angenommen, es würde mehr Ruhe einkehren, doch das Gegenteil war der Fall. Das richtige Theater war erst losgegangen. Pressekonferenzen, endlose Sitzungen, inklusive Direktleitung zum Präsidenten, Statusberichte, noch mehr Presse, viel zu viel Papierkrieg und so weiter.

»Er macht nur bedingt Fortschritte mit Middleton«, sagte Marcel. »Dillon konnte bisher nichts angelastet werden, anscheinend hat ihr Vater alleine gehandelt. Dafür geht es ihr mental schlecht. Sie hat Nervenzusammenbrüche, Angstzustände, das volle Programm. Dieses Erlebnis mit ihrem Vater hat wohl das Kindheitstrauma getriggert, das sie damals erlitten hat. Sie wird noch eine Weile unter Beobachtung bleiben, niemand will riskieren, dass sie draußen etwas Unbedachtes tut.«

»Wie der Presse stecken, dass es in Wirklichkeit noch viel mehr Black-Wolf-Opfer gab?«

»Zum Beispiel. Sie ist extrem labil zurzeit.«

Verständlich. Sie hatte ihre gesamte Familie bei einem Hausbrand verloren, nachdem ihre Mutter das erste Black-Wolf Opfer-geworden war. Dillon wuchs im festen Glauben auf, dass ihr Vater tot war, und nun stand er auf einmal vor ihr und war einer der meist gesuchten Verbrecher Europas.

»Das tut mir leid.« Dillon war ein unnahbares Biest, aber so etwas würde ich nicht mal meinen ärgsten Feinden wünschen.

»Mir auch.«

Sobald Brayden da war, mussten wir uns unterhalten. Ich hatte keine Ahnung, was ich hier noch sollte, war mir aber sicher, dass mich der *Verein* nicht einfach gehen lassen würde. Schließlich war ich in der Märchenwelt gewesen. Zweimal. Der erste und einzige Mensch, dem das bisher gelungen war. Vielleicht konnte ich sogar helfen, das Portal wieder in Gang zu setzen. Bisher hatte niemand von uns in den Raum gedurft, weil die Spurensicherung alles von Dillon sichergestellt hatte. Dann hing noch die Sache mit dem Maulwurf im Raum. Brayden hatte angedeutet, dass es Sebastian sein könnte, doch das entzog sich noch immer meine Vorstellung.

Und zu guter Letzt war da Ash. Ich wusste nicht, was aus ihm geworden war, nachdem ich aus der Vision erwacht war. Das sorgte mich, denn ich hatte Ash quasi allein mit dem Grimm im Aschenputtelmärchen zurückgelassen. Beim ersten Mal war Ash ihm entkommen. Aber war ihm das erneut geglückt?

Ich musste wissen, wie es ihm ging und was es mit uns beiden auf sich hatte. Wir hatten irgendeine schräge Verbindung zueinander, die noch keiner von uns wirklich deuten konnte. Ich vermutete, dass es mit dem Mal auf seinem Arm zu tun hatte, denn ich hatte stets Schmerzen bekommen, wenn ich es berührte. Ihm hingegen hatte es gutgetan.

Marcel warf sich das Handtuch über die Schultern und lief zum Wasserspender in der Ecke. Ich blieb sitzen, ließ die Beine baumeln und wartete, bis der Schwindel sich gelegt und mein Puls sich beruhigt hatte. Diese Schwäche war ich nicht von mir gewöhnt, aber seit ich aus der letzten Monstervision in Abalion zurückgekehrt war, schien mein Körper ziemliche Probleme zu haben; als würde es ihm schwerfallen, sich in dieser Welt zurechtzufinden. »Ich glaube, Abalion hat mich verdorben.«

»Wie meinst du das?« Er kam mit einem vollen Becher zurück und reichte ihn mir. Ich nahm ihn dankend an und trank in kurzen Zügen das kühle Wasser.

»Ich weiß nicht. Dort läuft ja alles anders als hier. Die Zeit, die Menschen … Ich fühle mich leicht entrückt, seit ich zurück bin.«

»Deshalb solltest du dich auch ausruhen.«

»Ich kann unmöglich noch mehr ruhen als in den letzten Tagen. Ernsthaft, ich bekomme Schwabbelbeine, guck dir das an.« Ich hob ein Bein hoch, fasste unter den Oberschenkel und hob den Muskel an, der sofort nach unten plumpste. Normalerweise war ich austrainiert und fest.

Marcel lachte erneut, sah aber länger als nötig auf meine nackten Beine, die in kurzen Trainingshosen steckten.

»Wollen wir noch eine Runde, um meinem Schwabbel entgegenzuwirken?«

»Äh, nein. Es reicht und ich muss wieder an die Arbeit.«

Ich stellte den Becher weg und tippte ihn mit dem Fuß an. Er packte ihn und drückte die Finger in meine Wade. Ich zischte vor Schmerz. Morgen würde ich den Muskelkater aus der Hölle bekommen.

»Ich massiere dir das gerne weg, wenn du willst, aber wir werden nicht mehr kämpfen.«

»Mal sehen.« Er bohrte seine Finger fester in meine zerstörten Muskeln, ich holte mit dem anderen Bein aus und trat ihm auffordernd in die Seite. Marcel sah mich warnend an. »Kris.«

»Du hast noch dreißig Minuten, ehe du in die Konferenz musst. Lass sie uns sinnvoll nutzen.«

Er hob eine Augenbraue und blickte erneut auf meine Beine.

»Ich meine mit Training.«

Er hob einen Finger und grinste. »Wer holt jetzt was aus der Schublade?«

Ich schüttelte den Kopf, sprang von den Matratzen und hob meine Hände in Angriffsstellung. »Zeig, was du drauf hast, Garcia.«

Er seufzte resigniert und sah alles andere als kampfeslustig aus. Also boxte ich ihm gegen die Seite. Und noch mal und noch mal. Er wehrte den dritten Hieb ab, seine Augen funkelten, weil er die Herausforderung annahm.

Geht doch.

3. Kapitel
Ash

Abalion, Zeit unbekannt

»Die Schatten. Sie holen dich. Von nun an wird es nur noch schneller gehen. Du hast den Fluch potenziert, Ash.«

Moons Worte schwangen in meinem Hirn nach, als ich langsam die Augen öffnete. Gleißendes Licht strahlte mir mitten ins Gesicht. Ich blinzelte gegen die Helligkeit, hob den Arm, der höllisch brannte. Über meine Haut hatte sich das dunkle Mal weiter ausgebreitet und zu einem bizarren Kunstwerk verformt. Dieser verdammte Fluch würde mich früher oder später verschlingen, dessen war ich mir sicher.

Ich würde es ja auch gerne verhindern und mich aus allem raushalten. Wenn es nach mir ginge, läge ich zufrieden in meinem Bett im *Trunkenen Fährmann* und ließ den lieben Gott einen guten Mann sein. Ich würde mir etwas Geld beim Glücksspiel ergaunern, es versaufen, mir vielleicht eine Frau suchen und mich entspannen.

Das wäre eine passende Freizeitbeschäftigung! Stattdessen traf ich auf eine merkwürdige Frau aus einem fremden Land, die mir nicht nur die Möglichkeit nahm, beim Wettbewerb auf der Nachtheide zu siegen, sondern mich auch mit diesem elenden Grimm konfrontierte. Anstatt mir zu helfen, verschwand sie obendrein jedes Mal, sobald es brenzlig wurde – und ich konnte sehen, wie ich mit dem Mistvieh fertig wurde.

Und nun noch das.

Das Mal war eine Mischung aus Kreisen und Strichen geworden und sah mittlerweile aus wie diese Kunstwerke aus Tinte, die sich manche Leute auf dem Markt in Amqua für viel Geld in die Haut stechen ließen. Würde es nicht mich betreffen, würde ich sagen, es wäre ästhetisch.

Ich richtete mich benommen auf und wischte mir die Erschöpfung aus den Augen. Erst jetzt wurde mir bewusst, wo ich war: in Moons Palast. In einem großen Bett. Mit einem atemberaubenden Blick über Abalion.

Was für ein verdammter Mist!

»Moon!«, brüllte ich und warf die Bettdecke zur Seite. Großartig! Ich war auch noch nackt. Die Wunden vom Kampf mit dem Grimm waren versorgt und ich fühlte mich erstaunlich gut. Ich blickte mich um, auf dem Stuhl an der Wand warteten frische Sachen auf mich. Mit einem Murren stand ich auf und zog sie mir über. Moon hatte es mal wieder geschafft und mich zu sich geholt, ohne dass ich Wert darauf gelegt hatte.

Gut, es war schön, mal kurz auszuruhen, sich zu sammeln und in Sicherheit zu wissen, dennoch fuchste es mich, dass sie es gegen meinen Willen getan hatte. Ich konnte mich nicht einmal mehr daran erinnern, wie sie mich überhaupt in ihren Palast transportiert hatte.

»Moon«, wiederholte ich, knöpfte das Hemd zu, band mir den Gürtel mit meinem verfluchten Messer um und stapfte zur Tür. Ich hatte die Klinke noch nicht in der Hand, als die Tür aufging und Moon hereintrat. Mir blieb die Luft weg, denn wie immer sah sie atemberaubend schön aus. Sie trug eine lange, silbern glitzernde Robe, die ihre Kurven perfekt betonte. Ihre Haare fielen offen über ihre Schultern, ihr Blick wirkte sanft und intensiv.

»Geht es dir besser?«, fragte sie.

»Das weiß ich noch nicht. Warum bin ich hier?«

»Weil ich dich in deinem Zustand nicht alleinlassen wollte. Außerdem traten die Zentauren aus der Nachtheide, um dich zurückzuholen. Ich wollte nicht, dass sie dich ein weiteres Mal erwischen.«

Ich klappte den Mund auf und gleich wieder zu. Der Prinz der Nachtheide hatte mich zuletzt zu sich geholt und eine sehr deutliche Drohung ausgesprochen: *»Du wirst tun, was ich sage, oder ich hetze dir einen Jäger nach dem anderen auf den Hals; alle in Abalion, wenn es sein muss.«*

Nachdem ich dem Grimm entkommen und aufgewacht war, hätte ich zwar gehen können, wäre aber vermutlich nicht einmal bis zum *Fährmann* gekommen, ehe der Prinz mich erneut eingefangen hätte.

Moon hatte mir also den Arsch gerettet. Bedauerlicherweise.

»Danke«, grummelte ich leise.

»Komm. Ich möchte dir etwas zeigen.«

Wir verließen das Zimmer und liefen quer durch den Palast. Seit meinem letzten Besuch hatte sich wenig verändert. Die bodentiefen Fenster zu meiner Rechten boten einen faszinierenden Blick auf Abalion, im Moment schwebten wir über dem Eisgebirge, das unter einer dicken Schicht Schnee begraben lag. »Gehen wir wieder in deinen Spiegelsaal?«

»Nein.«

»Schade, ich hatte gehofft, dass du mir erklären würdest, weshalb du mich das letzte Mal rausgeworfen hast.« Und ich hätte zu gerne herausgefunden, was mit dem achten Spiegel war. Moon hatte von acht Mondphasen gesprochen, die je durch einen Spiegel repräsentiert wurden, aber es hatten nur sieben im Raum gehangen; der für den Neumond hatte gefehlt. Als ich es bemerkt hatte, hatte sie mich kurzerhand rausgeschmissen und kein Wort mehr darüber verloren. Auch jetzt schwieg sie beharrlich, als hätte sie mich gar nicht gehört.

»Moon …«

Sie hob die Hand und blieb vor einer doppelflügeligen Tür stehen. »Ich weiß, dass du ein Recht auf die Wahrheit hast, deshalb sind wir hier. Ich kann und will keine Geheimnisse mehr vor dir wahren. Es führt nur zu noch mehr Unglück.« Sie betrachtete den Arm mit dem Mal und verzog das Gesicht.

»Weißt du, was es bedeutet?«

»Nein. Ich weiß nur, dass diese Zeichen und Muster die alte Sprache der Masali sind, ich kann sie nur leider nicht lesen. Sie sind schon lange vergessen.«

»Warum erscheinen sie? Was haben sie mit diesem Fluch zu tun?«

»Ich weiß es nicht, aber ich denke, dass du einen großen Teil meiner Magie in dir trägst.«

Ich sah sie fragend an, sie wandte sich ab und öffnete die beiden Türen für mich. Wir gelangten in einen großen Saal mit gewölbten Decken und einem Thron auf der gegenüberliegenden Seite. Die Wände waren aus dem gleichen hellen Gestein wie der Rest des Palastes, doch tiefe Risse zogen sich durch die Oberfläche. An manchen Stellen waren größere Brocken herausgestürzt.

»Was ist passiert?«

»Der Grimm. Es wird schlimmer, je öfter er zuschlägt.«

»Was?«

»Dort drüben.« Sie wies auf die andere Seite an eine Wand, an der eine riesengroße Karte von Abalion aufgezeichnet war. Sie war detailliert und wunderschön gefertigt, aber auch sie hatte Risse und Furchen in der Oberfläche.

»Das ist eine Karte von allen Schichten Abalions«, sagte Moon.

Ich trat näher, betrachtete sie genauer und suchte den *Trunkenen Fährmann* im Norden. Ich fand ihn nicht. Stattdessen war dort ein kleines Reich eingezeichnet. Darauf stand: *Der Froschkönig*.

»Was ist das für ein Ort?« Es gab noch weitere merkwürdige Bezeichnungen. Dort, wo die Nachtheide war, las ich *Der Wolf und die sieben Geißlein*.

Das hatte ich schon mal gehört. Kris hatte das erwähnt, als wir an der Hütte gewesen waren. Oder da drüben stand *Schneewittchen. Rotkäppchen. Frau Holle*.

»Wir haben so viele Geschichten geschrieben«, sagte Moon. »Nicht nur im Kloster, auch zu Hause. Bei meiner Familie. Mit meinen Eltern, meinem Bruder. Wir haben so viel Freude in die Herzen der Menschen gebracht, bis ich verraten und bestohlen wurde.«

»Das hattest du schon mal erwähnt, als wir im Spiegelzimmer waren. Was sind das für Namen?«

»Märchen. Von den Masali. Von mir, von Isa, dem Prinzen der Nachtheide und so vielen mehr. Wir haben sie gemeinsam erschaffen, bis sie mich hintergangen haben. Bis ich sie daraufhin ausgelöscht habe; sie und das Kloster, durch das wir so viele Jahre miteinander Märchen in die Welt getragen haben.«

Ich konnte ihr noch nicht folgen.

»Abalion ist ein Konstrukt. Eine Erfindung von mir und meiner Familie. Wir stammen aus einer anderen Welt. Nichts hier ist real.«

Real … Es war ein abstraktes Wort, das auf eine verschrobene Art und Weise Sinn für mich ergab; als hätte ich mein Leben lang nur auf eine derartige Offenbarung gewartet; als wäre es genau das, was ich noch hören musste, um den Sinn des Lebens zu begreifen.

»Abalion ist in viele Schichten aufgeteilt.« Sie wischte über die Karte, die Oberfläche veränderte sich. Die Königreiche verschwanden und machten einer kargen Landschaft Platz. Hier standen keine Namen mehr, aber einzelne Bereiche waren voneinander abgegrenzt.

»Die Ebene der Entwürfe, die niemals vervollständigt wurden«, sagte Moon. »Hier existiert kein Leben, nur Energie, nur Gedanken.«

»Sie ist auch zerbrochen.« Die Risse waren nun viel tiefer, es sah aus, als hätte sich jemand durch die gesamte Oberfläche gegraben.

Moon wischte erneut darüber. Wieder verschwand die Karte und zeigte eine neue. Nun gab es nur noch eine einzige lange Schlucht. Daneben stand: *Nubra Tal* und *Séamus und Liam*.

»Dort fing alles an. Dort verlor ich mein Herz und mein Leben.« Moon senkte den Blick und verzog das Gesicht vor Kummer. »Was eine einfache Reise hätte werden sollen, endete in einer Katastrophe. Als ich meine Heimat, meine Eltern, meinen Bruder verließ, war alles noch gut. Meine Soldaten und ich reisten durchs Land, wir trafen viele wundervolle Menschen und erlebten tausend Wunder. Eines Tages kamen wir in ein Tal in Indien. Das Nubra Tal. Wir wollten Rast in einem der beiden Dörfer machen, die Séamus und Liam gehörten; unsere Vorräte auffüllen, danach weiterreisen. Aber es kam anders. Ich fiel der Liebe zum Opfer und brachte das Chaos über diese gute Menschen. Liam und ich waren …« Sie atmete tief ein und suchte nach den richtigen Worten. »Er war mein Seelenverwandter. Ich spürte es im ersten Moment, als ich ihn erblickte. Wir waren füreinander bestimmt.«

Ich schluckte. Es gab Angenehmeres als mit der Frau, mit der ich mal was hatte, über ihren Geliebten zu sprechen, aber ich wollte sie nicht unterbrechen.

»Leider wollte auch Séamus mich haben. Es hat ihn zerstört, dass ich Liam wählte und nicht ihn. Er ist derjenige, der den Grimm heraufbeschworen hat.«

»Was?«

»Séamus erschuf ihn aus seiner Eifersucht und Trauer. Er nutzte den Kristall der Fantasie und wurde selbst zur Bestie, genau wie Liam bei dem Versuch, ihn aufzuhalten.« Sie deutete auf die Schlucht auf der Karte.

Sie war zum Großteil eingestürzt, es musste ein Erdbeben heftig dort gewütet haben.

»In dieser Schlucht war der Grimm einst eingesperrt«, sagte Moon. »Aber er gräbt sich nach oben und hinterlässt nur Verwüstung. Ich fürchte, er wird nicht eher ruhen, bis er hat, was er will.«

»Was ist das?«

»Zerstörung. Je mehr er von Abalion vernichtet, desto schwächer werde ich, desto stärker wird er.«

Ich drehte mich zu ihr, sie rollte den Ärmel ihres Kleides hoch und entblößte ihre blasse Haut. Auch hier waren Risse entstanden, ähnlich wie im Palast.

»Moon!« Ich packte ihren Arm, drehte ihn vorsichtig herum und begutachtete ihn. Es sah aus, als würde ihre Haut platzen. »Wie lange hast du das schon?«

»Es ging vor Kurzem los, als du das erste Mal auf Kris getroffen bist.«

»Warum hast du nichts gesagt, als ich da war?«

Sie zuckte mit den Schultern. »Du kannst es nicht verhindern. Niemand kann das.«

»Wenn der Grimm das verursacht, dann müssen wir dieses Biest aufhalten.« Was generell nicht die schlechteste Idee wäre.

Moon lächelte traurig, zog ihren Arm zurück und rollte den Ärmel wieder herunter. »Dazu ist es zu spät, ich habe schon lange nicht mehr die Kraft dazu.«

Ich schüttelte den Kopf und sah sie an. Sie wirkte so verloren. So allein. »Es muss einen Weg geben, es gibt immer einen. Du zeigst mir das doch nicht ohne Grund. Und warum jetzt?«

»Ich wusste nicht, ob ich dir trauen kann. Ich wurde so oft verraten.«

»Das heißt, du traust mir nun?«

»Ich habe keine Wahl mehr. Ich kann nicht …« Sie atmete tief ein und aus. »Ich kann es nicht alleine. Ich brauche deine Hilfe und dazu musst du die Wahrheit erfahren. Wer du bist, woher du kommst, was es außerhalb von Abalion gibt.«

Ich schluckte trocken. Ihre Worte berührten mich, aber sie beunruhigten mich auch. Sie sah mich an, als wartete sie auf mein Einverständnis, doch das musste ich ihr nicht geben.

Ein letztes Mal holte sie Luft – und fing an zu erzählen …

4. Kapitel

Frankfurt, 23.05 Uhr

Isabella Haynes trug zwei Coffee-to-go-Becher, trat aus dem Fahrstuhl im Grand Tower und folgte dem Gang bis an dessen Ende. Die Etage war mittlerweile komplett geräumt.

Nachdem bekannt geworden war, dass der Mann, der Black Wolf ausgelöst hatte, aus diesem Gebäude heraus operiert hatte, war der Ort zu einem Magnet für Schaulustige geworden. Der Fall hatte ein landesweites Interesse ausgelöst. Die Brutalität und Andersartigkeit der Black-Wolf-Morde hatte für Furore gesorgt.

Viele der Bewohner beschwerten sich wegen des täglich ansteigenden Medienrummels. Einige von ihnen waren bereits ausgezogen und hatten ihre Wohnungen zum Verkauf ausgeschrieben, was weitere Touristen angelockt hatte. Isabella war heilfroh, dass die CIA die Fäden in der Hand hielt und den Grand Tower kontrollierte. Es war ein Ringen und Zerren mit der deutschen Regierung, aber noch saßen sie am längeren Hebel. Die Frage war nur: wie lange. Es konnte gut sein, dass sie bald rausgeworfen wurden und alles dem Geheimdienst der Deutschen überlassen mussten. Was einer Katastrophe gleichkäme, denn im Tower war der Durchgang nach Abalion am dünnsten. Vielleicht hätte Isabella noch eine Möglichkeit, im Nubra Tal in die Märchenwelt zu gelangen, aber das gestaltete sich schwieriger. Nach wie vor liefen vor Ort Ausgrabungen, bei denen jede Woche mindestens fünf Maschinen kaputtgingen; als wollte die alte Magie verhindern, dass irgendein Mensch bis nach unten durchdrang. Isabella konnte also nicht darauf zählen, dass sie in Indien vorankämen, sie musste vielmehr die Gelegenheit hier und heute nutzen, solange sie es konnte.

Zum Glück hatte sie im Black-Wolf-Fall einen guten Status und genoss das Vertrauen des Präsidenten und des Verteidigungsministers. Er hatte mindestens genauso großes Interesse daran, nach Abalion zu gelangen wie sie, wenn auch aus anderen Gründen. Er dachte, er könnte die Magie dort verwenden, um die USA als Weltmacht zu etablieren und über alle anderen zu erheben. Wer sollte ihnen je etwas anhaben können, wenn sie alles mit Magie regeln konnten? Verteidigungssysteme, Waffen, Soldaten, die übermenschliche Kräfte besaßen – die Amerikaner wären nicht mehr zu stoppen.

Wenn diese Idioten wüssten, dass Isabella es nie so weit kommen lassen würde, säße sie schon längst in Haft. Sobald sie die Macht in Abalion besaß, würde sie die Amerikaner genauso unterwerfen wie alle anderen. Es würde bald nur eine Herrscherin auf dieser Erde geben.

Sie gelangte zu den beiden Beamten, die Dienst hatten und die Etage bewachten. Ein dunkelhaariger älterer Mann und ein junger, der aussah, als käme er frisch von der Akademie. Isabella grüßte sie freundlich und warf einen Blick auf ihre Namensschilder auf der Brust: Romero und Hapsworth. Sie reichte erst Romero, dem Älteren, dann Hapsworth einen Kaffee.

»Vielen Dank, Ma'am«, sagte Romero und nahm den Becher entgegen. »Wir wurden bereits informiert, dass Sie auf dem Weg sind.«

Isabella lächelte freundlich. Sie bemühte sich, allen gegenüber ein offenes Ohr zu bewahren, sich Sorgen und Nöte anzuhören und Gefälligkeiten wie diese zu erledigen. Isabella war beliebt. Menschen einzulullen war so einfach. »Sehr gerne. Ist alles in Ordnung hier?«

»Vorhin drang ein Zivilist ein. Kam übers Treppenhaus und ist in den Flur gestürmt. Wir hielten ihn natürlich auf.«

»Wird das Treppenhaus nicht überwacht?«

»Doch. Er muss mit einem der Bewohner befreundet sein. Es wurde bereits veranlasst, dass jeder noch genauer durchleuchtet wird, der dieses Gebäude betreten will. Zum Leidwesen der Anwohner. Sie müssen nun jedes Mal durch die Kontrolle. Viele reichen Beschwerden ein, weil sie sich in ihrer Privatsphäre verletzt fühlen.«

Das konnte sie verstehen. Sie würde es genauso wenig schätzen, wenn ihr Heim von Agenten belagert würde.

»Haben Sie schon von dem Trittbrettfahrer gehört?«, fragte Hapsworth.

»Ja.« Eine Frau hatte ihren Mann mit einer alten Spindel getötet und behauptet, sie hätte es tun müssen, sonst hätte das Rumpelstilzchen ihren frisch geborenen Sohn gegessen. Isabella schüttelte den Kopf. »Diese Idioten. Immer dasselbe.«

»Es kann nicht sein, dass Black Wolf noch da ist, oder?«, fragte der Mann unsicher.

»Nein«, antwortete sie ruhig. »Wir haben die Anthologie, von der der Fluch ausging, sichergestellt. Professor Middleton hat zudem alleine gearbeitet. Black Wolf ist vorüber. Wirklich.« *Jetzt folgt erst der richtige Spaß.*

Hapsworth nickte und trank einen Schluck.

»Ich möchte gerne in die Wohnung«, sagte Isabella. »Ist die Spurensicherung komplett durch?«

»Ja, Ma'am«, sagte Romero. Er reichte den Kaffee seinem Kollegen, zückte eine Chipkarte und entriegelte die Tür für sie.

»Danke«, sagte sie und trat ein. »Ich komme allein zurecht.«

Die Männer verstanden und schlossen hinter ihr ab. Isabella lief in die leere Wohnung und nahm einen tiefen Atemzug. Es roch nach Gummi und Desinfektionsmittel, ganz leicht auch nach Rauch. Sie ging ein paar Schritte in den Raum hinein. Ihre Absätze klackerten auf dem Steinboden und hallten von den Wänden zurück. Isabella trug wie immer ihre beste Kleidung, heute war es ein Kostüm mit Rock in dunkelblauer Farbe und eine helle Bluse. Sie liebte es, sich schön anzuziehen. Nach der langen Zeit im Kloster, wo sie nur eine Kutte getragen und sich sogar die Haare abrasiert hatte, war es wie eine Wandlung für sie: von der hässlichen Raupe zum Schmetterling.

Sie blieb in der Mitte der Wohnung stehen, legte ihre Handtasche ab und ließ alles auf sich wirken. Draußen war es schon lange dunkel. Die Lichter der Stadt funkelten unter ihr. Die Fenster waren geschlossen, es war kaum etwas zu hören. Die Wohnung lag in den oberen Etagen des Towers und hatte eine lange Dachterrasse mit einem atemberaubenden Blick über Frankfurt. Doch Isabella war nicht hier, um die Aussicht zu bewundern.

Sie drehte herum und spähte hinüber in das kleine Büro, von dem aus Middleton gearbeitet hatte. Isabella lief langsam darauf zu und sog dabei alles genau in sich auf.

Unfassbar, dass sie nun wirklich an dem Ort war, wo Black Wolf begonnen und geendet hatte. So lange hatten sie und Waylon daraufhin gearbeitet. So viel getüftelt und überlegt und geplant. Jetzt war es soweit.

Fast einhundertfünfzig Jahre zu spät …

Kassel, Deutschland. 1824 n. Chr.

»Es ist vollbracht«, sagte Waylon und öffnete die Kutschentür, um zu Isa zu steigen. Sie wartete seit über zwei Stunden auf ihn, was sie nicht weiter störte, denn Geschichten brauchten Zeit. Wer, wenn nicht sie, wusste das am besten.

»Ich habe alle Erzählungen weitergegeben«, fuhr Waylon fort. »Jacob und Wilhelm Grimm haben nun, was sie benötigen, um die Anthologie fertigzustellen.«

»Inklusive des Kristallsplitters.«

»Den habe ich ihm beim letzten Mal gegeben, als ich ihm die Geschichte von Anabel, Liam und Séamus erzählt habe. Das weißt du doch.«

»Ja, natürlich.« Sie wollte nur sichergehen, dass er nicht wieder einen Rückzieher gemacht hatte, weil er an diesem Erinnerungsstück hing; das letzte, was ihm von Kaia geblieben war, nachdem diese sich mit dem Kristall der Fantasie getötet hatte; und notwendig, wenn sie irgendwann den Grimm kontrollieren wollte.

»Wilhelm mag übrigens das Märchen *Der Grimmfluch* nicht«, fuhr Waylon fort. »Als er es das erste Mal las, war er wenig begeistert.«

»Hat er gesagt, warum?«

»Nein, ist wohl nur ein Gefühl.«

Der Mann hatte ein gutes Gespür. *Der Grimmfluch* war wichtig für die Anthologie, denn das war der Schlüssel dazu, das Tier später zu beherrschen. Es war außerdem eines der ersten Märchen, das je im Kloster aufgeschrieben worden war.

Manchmal vermisste Isa die Zeiten von damals sogar. Sie hätte nie gedacht, dass ihre Entscheidung, Casaju auf die Nachtheide zu schicken, derart heftige Konsequenzen für das Gemäuer provozieren würde. Doch kurz nachdem sie seine Seele an die Nachtheide gebunden und den Mondstein von Moons Hals gerissen hatte, war alles bergab gegangen. Wie geplant hatte Moon zwar gedacht, dass Casaju sie reingelegt hatte, doch sie hatte ihren Groll auch gegen die Masali und das Kloster gerichtet. Isa hatte Moons Wut unterschätzt, genau wie ihre Zerstörungskraft. Moon hatte das Kloster dem Erdboden gleichgemacht und sie alle in den Trümmern eingesperrt. Wobei Isa nie wusste, ob sie dies absichtlich oder aus Versehen getan hatte.

Erst als Waylon Jahrhunderte später Ausgrabungen vorgenommen hatte, war er auf Isa und Salome gestoßen und hatte sie befreit.

Aus dieser Dankbarkeit war ihre Zusammenarbeit gewachsen.

Es war keine Partnerschaft, die Isa normalerweise eingegangen wäre. Waylon war nützlich, aber auch fragil. Er konnte jeden Moment zusammenbrechen, vor allem in den Nächten rund um Neumond, wenn der Grimm ihn besonders stark im Griff hatte. Isa hätte gerne alles ohne ihn geregelt, doch sie war es ihm schuldig zu helfen.

»Hier ist die Liste der Märchen, die in die Anthologie kommen werden«, sagte Waylon und reichte ihr einen Zettel. »Eines hat Wilhelm eigenmächtig draufgesetzt.«

»Was?« Isa überflog die Aufstellung und fand es sofort:

Rotkäppchen
Der Wolf und die sieben Geißlein
Der Grimmfluch
Allerleirauh
Dornröschen
Aschenputtel
Der gestiefelte Kater
Die Bremer Stadtmusikanten
Der Froschkönig
Sterntaler
Frau Holle
Der Königssohn, der sich vor nichts fürchtet

Hänsel und Gretel
Das Mädchen, das nicht schlafen wollte
Rapunzel

»Die Nummer vierzehn. Was ist das für eine Erzählung?«

»Ich habe keine Ahnung. Wilhelm wollte mir seine Quelle nicht verraten. Er bestand darauf, diese Geschichte mit ins Buch zu nehmen, sozusagen als Ausgleich gegen den Grimmfluch. Sie handelt von einem Mädchen, das dem Tod versprochen wurde. Es sollte eine Überraschung für uns sein.«

»Ich hasse Überraschungen.«

»Vielleicht bekomme ich noch heraus, wer ihm die Geschichte erzählt hat. Möglicherweise hat er sie auch erfunden.«

»Das glaube ich nicht. Bisher haben sie ihre Märchen nur zusammengetragen. Warum sollte er ausgerechnet dieses erfunden haben?«

»Ich weiß es nicht.«

»Du musst dafür sorgen, dass es rausgenommen wird.«

»Wie soll ich das bitte anstellen?«

»Ich bin sicher, dir wird etwas einfallen. Meinetwegen brich in die Druckerei ein und lasse die entsprechenden Seiten verschwinden.« Isa betrachtete den Zettel noch mal und knüllte ihn dann zusammen. »Ich verlasse mich auf dich.«

Waylon stöhnte nur als Antwort. »Warum eigentlich diese Märchen? Von allen Erzählungen, die du kennst und bei den Masali geschrieben hast, hast du nur diese ausgewählt.«

»Zum einen: weil ich sie mag. Es sind gute und starke Geschichten, an denen die unterschiedlichsten Masali gearbeitet haben.« Die *Bremer Stadtmusikanten* war eine von Casajus letzten Geschichten. Allein schon deshalb wollte sie diese dabeihaben. »Zum anderen: weil sie kraftvoll sind. Wir müssen den Grimm aus den Tiefen Abalions locken, dazu braucht er Macht, die er durch die Anthologie erhalten wird. Er wird sich an den Erzählungen laben und stärken. Nun benötigen wir nur noch einen Menschen, der deine Stelle einnehmen kann. Deinen *Ersatz*. Er wird dafür sorgen, dass andere mit Black Wolf infiziert werden.«

Waylon fuhr sich über das dunkle Mal in Form eines Wolfskopfes, das auf seiner Handinnenfläche prangte. »Ich bin mir nach wie vor nicht sicher, ob das wirklich der richtige Weg ist. Wenn wir Black Wolf auslösen, spielen wir dem Grimm voll in die Hände. Und was ist mit all den Menschen, die dadurch sterben werden?«

»Kollateralschäden.«

Die Kutsche ruckelte, als sie über eine Bodenschwelle fuhr. Isa blickte kurz nach draußen. Sie waren bereits über der Brücke; nicht mehr lange, bis sie daheim ankamen. Im Moment teilte sie sich mit Waylon ein altes Haus, das am Waldrand lag. Dort waren sie ungestört. Es fiel niemandem auf, wenn ihn die Albträume quälten.

»Ich weiß, dass der Gedanke für dich schwer zu ertragen ist, aber wir brauchen den Grimm, wenn ich Moons Macht übernehmen will. Er und sein Rudel werden Abalion und somit auch sie schwächen. Ihr Dasein ist eng mit der Märchenwelt verknüpft. Ich kann sie unmöglich überwältigen, wenn sie ihre volle Kraft besitzt.«

»Warte, Rudel? Wir erschaffen noch mehr dieser Wesen?«

»Natürlich nicht so mächtig wie er. Sie sind lediglich die Helfer. Wie eine Stampede werden er und seine Horde durch die Märchenwelt fegen.«

»Herrgott, Isa.« Er schüttelte den Kopf und sah ebenfalls nach draußen. Manchmal war es anstrengend mit Waylon, das musste sie zugeben.

»Es wird funktionieren, vertrau mir.«

»Wie kannst du dir so sicher sein?«

»Ich habe es gelesen.« Sie tippte auf ihre Brusttasche, wo sie das Lederbuch aus dem Kloster aufbewahrte. Die ganze Zeit hatte sie es vor Waylon verborgen gehalten, aber womöglich sollte sie ihn langsam einweihen. Sie hatte es damals aus den Tiefen der Bibliothek geholt, als Waylon den verbotenen Bereich geöffnet hatte. »Dieses Buch steckt voller Magie, auch wenn es auf den ersten Blick nicht so aussieht.« Sie zog es aus der Tasche und blätterte die Seiten auf, die scheinbar leer waren. »In das Papier sind geheime Schriftzeichen der Masali gebrannt. Sie ziehen mich in Visionen und sprechen mit mir. Es ist, als würde ich hinter die Symbole blicken; als würde ich zwischen den Zeilen lesen.« Die Fähigkeit prägte sich nicht so stark aus, wie Isa es gerne gehabt hätte, aber sie arbeitete daran. »In diesem Werk ist die Geschichte der Masali niedergeschrieben. Es wächst ständig mit den

Erlebnissen. Es gibt auch einen Abschnitt darüber, wie Abalion einst entstand. An manchen Stellen ist es recht kryptisch, weil ich nicht alle Zeichen kenne und sie sich mir nur nach und nach offenbaren, aber mit ihrer Hilfe werde ich Abalion an mich reißen können. Ich muss nur Moons Platz einnehmen, dann kann ich den Grimm töten und du wirst für immer deinen Frieden finden.«

»Das werde ich doch auch durch Black Wolf. Wir werden einen Ersatz für mich finden, so wie es die Feen einst in der Bibliothek zu mir gesagt haben.«

Isa rollte mit den Augen. Wie konnte er nur so schwer von Begriff sein? »Was, wenn dein Ersatz nicht mehr da ist? Wenn irgendwas schiefgeht? Was denkst du, wird der Grimm dann tun?«

»Sich wieder mir zuwenden.«

»Wirklich frei wirst du erst sein, wenn er tot ist.«

»Also noch mehr Opfer. Noch mehr Tote.«

»Nur, bis ich alles gerichtet habe, was Moon einst trennte.«

»Wie willst du das tun?«

»Indem ich die mächtigste Waffe der Fantasie wieder zusammenbaue: den Kristall, mit dem Moon sich einst das Leben nahm, um Abalion zu erschaffen. Sobald ich ihn wieder zusammengefügt habe, kann ich alles erreichen.«

»Weißt du denn, wie?«

»Das werde ich herausfinden. Ich werde alles tun, wofür Moon zu schwach war, und den Grimm erledigen. Koste es, was es wolle.« Viel wichtiger war allerdings, dass Isa über die Fantasie herrschen konnte und ihr so alle Türen offen standen. Sie würde sich die Welt Untertan machen.

Waylon blinzelte nur. Sie konnte nicht herauslesen, ob er ihr glaubte oder nicht.

»Als Allererstes muss Moon aus dem Weg. Ich hatte durch das Buch bereits eine Vision von ihr und weiß, dass sie ihre Macht auf verschiedene Mondphasen aufgeteilt hat. Sie sind durch Spiegel repräsentiert, die in ihrem Palast hängen. Die Macht des Vollmondes habe ich von ihr genommen. Ich muss nur noch den Neumond von ihr trennen, dann kann ich in ihren Palast eindringen und die restlichen Spiegel zerschlagen. Ein Kinderspiel.«

Waylon lehnte den Kopf gegen das Rückenpolster. Er wirkte müde und abgespannt. Die Treffen mit den Brüdern Grimm hatten ihn ausgezehrt. Außerdem stand bald eine Neumondnacht bevor. Da wurde er stets unleidig. »Deine Pläne in allen Ehren. Wenn wir das mit Black Wolf durchziehen, wird es den Grimm unberechenbar machen.«

»Das wird es nicht, glaub mir. Ich habe mir sehr genau und ausführlich Gedanken darüber gemacht. Wir kontrollieren ihn über den Splitter, der in den Einband der Anthologie eingewoben ist. Der Grimm kann sich nur durch die Märchen bewegen, die in dem Buch aufgeschrieben sind. Er wird in einem Rahmen gehalten, den wir ihm vorgeben.«

Die Kutsche kam zum Stehen. Licht brannte an der Vorderseite des Hauses. Isa und Waylon beschäftigten eine Angestellte, die sich um alles kümmerte und in Schuss hielt. Waylon stieg mit einem Murren aus und hielt Isa die Tür auf.

»Vertrau mir«, fügte sie an, aber er reagierte nicht. Stattdessen bezahlte er stumm den Kutscher und sah ihm nach, wie er davonfuhr.

»Ich weiß nicht«, sagte er schließlich. »Ich missgönne dir Abalion nicht, aber ist es das Risiko wirklich wert? Zudem hat dieser Kristall so viele Opfer gefordert. Er hat auch Kaia damals getötet.«

Das war einer der Momente, in denen Isa Ruhe bewahren musste. »Ich weiß und das ist eine Sache, die ich dir nicht erzählt habe.« Sie hatte dieses Wissen seit einem Jahr für sich behalten, weil sie auf den richtigen Moment hatte warten wollen. Er war nun gekommen. »Mit Black Wolf können wir zwei andere Wesen retten, die in Abalion leben.«

Waylon zog die Augenbrauen zusammen. Sie erkannte sein Gesicht kaum, das Licht, das aus dem Haus schien, reichte nicht aus, um ihn vollständig zu beleuchten. Isa atmete tief ein und aus, wägte ihre nächsten Worte genau ab. »Ich habe dir noch nichts gesagt, weil ich erst sichergehen wollte. Es geht um Kaia.«

Waylons Schultern spannten sich an. Das war ein sehr heikles Thema für ihn. »Wie meinst du das?«

Sie deutete mit einem Kopfnicken zum Haus und lief los. Er folgte ihr.

»Als Kaia sich damals geopfert und sich den zweiten Teil des Kristalls in die Brust getrieben hat, hat sie eine Tür nach Abalion geöffnet. Sie hat das getan, was Anabel einst machte, als sie zu Moon wurde, nur hat sie natürlich keine neue Welt erschaffen. Kaia hat sich verwandelt.«

»Sie … Sie hat … Sie ist … Was?«

Isa öffnete die Haustür und ließ ihm so Zeit, seine Gedanken zu sortieren. Die ganze Geschichte mit Kaia und Ash hatte einen tiefen Schnitt in seinem Herzen hinterlassen, sie konnte es ihm nicht verübeln. »Sie hat sich transformiert.«

»Was redest du da?«, fragte er und trat ein.

Isa folgte ihm. Die Öllampen brannten, es war angenehm warm und trocken. Sie streifte ihre Schuhe ab und lief weiter bis zum Esstisch. Ihr Haus war einfach gehalten, die Möbel bestanden aus schlichtem Holz, die Einrichtung war zweckmäßig. Isa legte keinen großen Wert auf Komfort, auch Waylon war genügsam.

»Kaia ist in die Märchenwelt gegangen«, sagte sie und zückte erneut das Lederbuch. »Ich bekomme hierdurch auch Bilder aus Abalion. Ich habe Kaia gesehen. Sie lebt dort.«

Waylon trat neben sie und starrte sie entgeistert an. »Das … Das kann nicht sein.«

»Sie ist zu Syrantina geworden, einer dunklen Magierin. Und dein Sohn …«

»Sei still …« Er ballte die Hand zur Faust. Sein Körper bebte vor Anspannung.

»Ash lebt ebenfalls«, sagte sie leise. »Er ist wohlauf und kämpft sich durch Abalion.«

Waylon wandte sich von ihr ab, grub seine Hände in die Haare und zog daran, als wollte er sie sich ausreißen. Er gab einen dumpfen Laut von sich; eine Mischung aus Frust und Unglaube.

»*Syrantina?*«, flüsterte er. »Eine Magierin?«

»Ja. Sie lebt in einem dunklen Schloss und herrscht über die Schatten.«

»Das glaub ich nicht.«

»Ich weiß, dass es schwer ist, aber es ist die Wahrheit. Das Buch hat es mir …«

»Ich gebe einen Dreck auf dein Buch und die ganzen Symbole darin!« Waylon fuhr herum, auf seiner Stirn stach eine Ader scharf hervor. Isa wich einen Schritt nach hinten. Diesen Gesichtsausdruck hatte sie noch nie an ihm gesehen.

»Kaia ist tot, genau wie mein Sohn.«

»Das sind sie nicht.«

Er gab einen gequälten Laut von sich und schüttelte den Kopf.

»Es tut mir leid, dass ich es nicht früher herausgefunden habe, ich kam erst letzte Woche darauf und wollte sichergehen, dass ich recht habe.« Sie konnte ihm unmöglich sagen, dass sie es schon länger wusste. Er würde ihr das nie verzeihen.

Waylon fuhr erneut herum, holte aus und fegte einige Tassen und Teller aus dem Regal. »Das … Das kann nicht sein. Ich war dabei, wie alles zusammengekracht ist. Ich habe es gesehen. Ash. Sein Spielzeug. Es war in der Hütte und …« Er kniff sich in den Nasenrücken und schluchzte unterdrückt.

»Ich will dich nicht quälen, aber ich kann dir nicht verheimlichen, dass deine Familie lebt.«

»Syrantina«, wiederholte er, als müsste er den Namen erst lernen.

»Ich weiß nicht viel über sie, nur dass sie sehr abgeschieden lebt.«

»Und Ash? Was ist mit ihm?«

»So weit ich es gelesen habe, geht es ihm gut. Wir können Kaia helfen. Das Buch kann ihr helfen. Es wird sie aus der Dunkelheit führen. Ich muss aber Abalion übernehmen, dann werde ich ihr alle Unterstützung bieten, die ich aufbringen kann.«

»Ich will mit ihr sprechen.«

»Das geht nicht.«

Er deutete mit dem Finger auf sie. »Doch, mit deinem Buch. Zeig es mir.«

»Das ist nicht so einfach, ich bin … Sie antwortet mir nicht mehr seither.«

Waylon ließ die Luft aus der Lunge. Seine Hände zitterten, Schweiß stand auf seiner Stirn.

»Waylon, bitte glaub mir. Wenn ich könnte, würde ich dir sofort eine Verbindung zu deiner Frau aufbauen.« Würde sie nicht, aber das musste er ja nicht wissen.

Er fuhr sich über die Stirn, schüttelte den Kopf.

»Hilf mir mit dem Grimm und Black Wolf und alles wird gut.«

Er knirschte mit den Zähnen.

»Denk an dein Kind. Denk an Ash. Er soll doch nicht sein Leben lang in Abalion bleiben, oder?«

»Nein.« Minutenlang schwieg er eisern. Isa ließ ihn. Waylon brauchte seine Zeit, um Dinge zu begreifen. Wenn sie ihn zu sehr drängte, käme sie nicht weiter.

»Also gut«, sagte er schließlich. »Ich helfe dir. Ich werde alles tun, was nötig ist.«

Und Waylon hatte sie nicht enttäuscht.

Er hatte in diesen letzten Jahren an Isabellas Seite gestanden und sich sogar auf das Abenteuer mit Kristin eingelassen. Sie war ein Geschenk des Himmels gewesen, sprichwörtlich. Die Rolle ihres Bruders zu übernehmen, hatte Waylon zuerst viel Überwindung gekostet. Er hatte es dennoch getan und nun waren sie Abalion so nahe wie nie zuvor.

Isabella blieb mit geschlossenen Augen in der Mitte des Wohnzimmers stehen und horchte tief in sich hinein. Dieses Gebäude war ein enormer Kraftplatz. Nicht nur in der Wohnung, wo sie das Portal aufgebaut hatten, auch hier. Die Magie dehnte sich langsam aus, je mehr Opfer durch Black Wolf zustande gekommen waren.

Die Tür hinter ihr wurde geöffnet, sie zuckte zusammen und drehte sich um. Es war Waylon oder eher: Brayden.

Isabella hatte ihm seit Monaten nicht mehr gegenübergestanden, nur über Videokonferenzen mit ihm gesprochen oder telefoniert. Sie hatte keine Ahnung, wie sehr er sich verändert hatte. Nicht nur äußerlich – er trug einen gut sitzenden Anzug, hatte einen akkuraten Kurzhaarschnitt und, wenn sie es auf die Ferne richtig erkannte, gepflegte Hände. Das Wolfsmal, das normalerweise seine Haut zierte, hatte er geschickt abgedeckt, es fiel nicht auf. Über seiner Schulter hing eine Tasche. Seine Schritte waren energisch und zielgerichtet. Seine Ausstrahlung hatte sich um hundertachtzig Grad gedreht. Wüsste sie nicht, dass er Waylon war, hätte sie ihn auf den ersten Blick nicht erkannt. Er sah gut aus – und das, obwohl der Black-Wolf-Fall so viel von ihm verlangt hatte. Er hatte viel schuften müssen, war in diese fremde Rolle geschlüpft und hatte sich ein neues Leben übergestülpt. Dennoch wirkten seine Augen nicht mehr nervös, eher geerdet. Er war erwachsen geworden. Ein hübscher Mann, nach dem sie sich früher durchaus umgedreht hätte.

»Der Grimm«, flüsterte sie und er zuckte.

»Was?«
»Es liegt am Grimm, oder?«
Er zog die Augenbrauen zusammen und sah sie fragend an.
»Weil er dich nicht mehr belästigt und du deine Ruhe hast. Weil Professor Middleton dein Ersatz wurde. Du siehst aus, als hättest du die letzten Wochen in einer Schönheitsklinik verbracht.«
»Tue ich das? Kris schimpft dauernd mit mir und meint, dass ich wie ein Zombie wirke und mehr schlafen soll.«
»Weil sie dich nicht so gut kennt wie ich.«
Er öffnete den Mund und kam kurz ins Stocken. Isabella gefiel nicht, wie sehr er auf Kristin Collins reagierte. Er band sich immer mehr an das Mädchen. Es würde sie nicht wundern, wenn er zwischendurch dachte, dass er wirklich ihr Bruder sei. Sie musste es im Auge behalten.
»Aber du hast nicht unrecht«, sagte Waylon. »Black Wolf. Die Auswirkungen auf mich. Der Professor puffert enorm viel vom Grimm ab. Dieses Mal stärker als in den Achtzigern. Mit jedem Mord, der durch ihn stattfand, wurde ich klarer im Kopf. Ich hoffe, es bleibt so, auch wenn er jetzt im Gefängnis sitzt und wir Black Wolf gestoppt haben. Ich habe mich an diesen Zustand gewöhnt.«
»Da wir dieses Mal mehr Opfer haben, gehe ich davon aus.«
»Ich will mich dennoch nicht zu sehr darauf verlassen. Als wir in den Achtzigern Black Wolf vorzeitig beenden mussten, kam der Grimm auch zurück.«
»Das war unglücklich, stimmt. Wer hätte ahnen können, dass die Polizei so klug ist und die Anthologie derart schnell findet. Zeig mir die Karte.«
Waylon griff in seine Jackentasche und holte sein Handy hervor. Er rief eine App auf und drehte das Gerät herum, damit Isabella es besser erkennen konnte. Es war eine Landkarte. Jeder Mord, der durch Black Wolf stattgefunden hatte, war eingezeichnet. Auch die aus den Achtzigern.
»Wir haben zweiundfünzig Opfer aus der ersten Black-Wolf-Welle, die sechs Laboranten habe ich nicht eingerechnet, da sie aus der Reihe gefallen sind. Im jetzigen Durchlauf hatten wir einhundertdreiundvierzig.«
»Sehr gut. Das sollte Abalion genügend erschüttern. Nun ist nur noch eine Sache zu tun: Ich muss den Neumondspiegel zerstören und in Moons Palast eindringen.«

Waylon blickte zur Wand, hinter der der Spiegel stand, und trat näher. »Spürst du ihn eigentlich auch? Dillon konnte ihn sofort wahrnehmen.«

»Nein. Ich bin zwar eine Masali, aber meine Kraft ist lange nicht mehr so stark.« Sie war über die Jahre verwaschen. Vermutlich hatte sie zu viel Ballast auf ihrer Seele gesammelt. »Ich brauche noch den Splitter. Hast du die Anthologie?«

Er nahm die Tasche von der Schulter und legte sie Isabella vor die Füße. »Pack sie gerne selbst aus.«

Isabella starrte auf die Tasche und sog leise die Luft durch die Zähne. Das Buch war nötig, aber auch gefährlich. Sie wollte nicht Professor Middletons Rolle einnehmen.

»Die Fälschung ist bereits in den Tiefen der CIA verschwunden«, sagte Waylon. »Ich habe sie im letzten Moment austauschen können, ehe sie weggesperrt wurde.«

»Wer hat dir geholfen?«

»Robert, ein Kollege bei der Spurensicherung.«

»Wird er reden?«

»Jetzt nicht mehr.« Er warf Isabella einen schrägen Blick zu, sie wusste genau, was das bedeutete.

»Das hast du gut gemacht, Waylon.«

Er nickte nur und verschränkte die Arme vor der Brust. Isabella sammelte sich kurz, dann bückte sie sich und öffnete vorsichtig die Tasche. Die Anthologie ruhte darin, sah genauso aus, wie Isabella sie in Erinnerung hatte: weißer Einband mit einem dunklen Wolfskopf vornedrauf, der vom seitlichen Rand hereinblickte und sein Maul weit aufgerissen hatte. Eine Frau stand in der unteren Ecke, als wartete sie darauf, von ihm verschlungen zu werden. *Das Vermächtnis der Grimms – Eine Anthologie aus dem Jahre 1839.*

Isabella bebte, als sie mit den Fingern zart über den Einband glitt. Die Macht in diesen Seiten fühlte sich roh und dunkel an. Das Buch war sogar warm, als hätte es Fieber. »Es lebt.«

»Es ist gruseliger denn je. Ich bin froh, wenn wir es los sind.«

»Bald ist es vorüber.« Sie fasste das Buch an und zog es vorsichtig heraus. In das Auge des Wolfes war ein Stein eingelassen. Ein Splitter aus dem Kristall der Fantasie, den Kaia einst zerstörte, während sie sich transformierte. Isabella brauchte ihn.

Waylon ging ebenfalls in die Hocke und holte ein kleines Messer aus einer Lasche an seinem Gürtel. Er setzte es an dem Splitter im Auge des Wolfes an und brach ihn vorsichtig heraus. Das Buch stöhnte und knurrte leise. Waylon zuckte zusammen, doch er machte weiter, bis er den Stein hatte. »Er wiegt schwer.«

Isabella streckte die Hand aus und Waylon ließ ihn hineinfallen.

»Vollgetankt mit dem Tod und dem Verderben, das Black Wolf ausgelöst hat. Sehr gut.«

»Dafür sind viele Unschuldige gestorben. Etwas Respekt wäre angebracht.«

Isabella winkte ab. »Ihr Opfer war nicht umsonst, glaub mir.«

»Was geschieht mit der Anthologie?«

»Vorerst nichts.«

»Wir sollten sie mit nach Abalion nehmen. Jorge erzählte doch, dass Syrantina ihm aufgetragen hatte, die Anthologie zu ihm zu bringen. Vielleicht kann es ihr helfen, sich zu befreien.«

Isabella hatte in all den Jahren nichts mehr von Syrantina gehört und somit keine Ahnung, woher sie von der Anthologie wusste oder warum sie diese haben wollte. Möglicherweise hatte Jorge sich auch geirrt und sie hatte gar nicht dieses Buch gemeint. »Wir gehen einen Schritt nach dem anderen, wie wäre das?«

»Wir wollen sie und meinen Sohn befreien.«

»Ich denke daran.« Sie legte ihre Hände auf Waylons Schultern. »So wie ich es versprochen habe, aber wir dürfen nicht übermütig oder nachlässig werden. Lass uns bei unserem Plan bleiben und erst die Neumondmacht von Moon nehmen. Dafür müssen wir weiter unserem Plan folgen.«

»Kristin.« Waylon schloss die Augen und verzog die Lippen. Die Geste war nicht sehr auffallend, doch es genügte ihr.

»Du darfst deine Gefühle für diese Frau nicht ernst nehmen. Sie sind nicht echt. Kristin ist nicht deine Schwester!«

»Das weiß ich, du musst es mir nicht dauernd sagen.«

»In der Vergangenheit hattest du nie ein Problem damit, andere zu töten, wenn es nötig war.«

»Da war auch niemand dabei, den ich besser kannte. Wir haben eine Bindung aufgebaut.«

»Von der du dich nicht beeinflussen lassen wirst. Denk daran, was auf dem Spiel steht!« *Denk an deine Frau und deinen Sohn*, wollte sie nachschieben, aber sie verkniff es sich. Menschliche Gefühle konnten hartnäckig sein. Sie musste aufpassen, dass er es auch durchzog. Womöglich musste sie ihm jemanden zur Seite stellen, der zur Not seine Aufgabe erledigen konnte. Sie wusste auch schon, wen. »Morgen Abend schlagen wir zu«, sagte sie und deutete auf die Wand mit dem Spiegel. »Nutze den Kristallstaub, den Kristin aus Abalion mitgebracht hat, und verstreue ihn vorher auf dem Portal.«

»Den hat Sebastian an sich genommen, um ihn zu untersuchen. Ich hole ihn nachher aus seinem Labor.«

»Gut. Wir müssen das Timing abstimmen. Du gehst mit Kristin in den Portalraum und öffnest es. Ich werde hier oben sein und mich um Moon kümmern.«

»Na schön«, sagte Waylon. »Wenn wir das Portal öffnen wollen, brauche ich Jorge. Es reagiert nur auf ihn.«

»Dann tu das. Sobald alles vorbereitet ist, lässt du Kristin auf dem Portal ausbluten. Wenn Jorge dir dabei zusieht, musst du auch ihn entsorgen.«

Waylon biss die Zähne aufeinander und wandte sich ab.

»Waylon!«, zischte Isabella, weil er schon wieder einknickte.

»Er ist … nett«, sagte er leise.

»Ich weiß. Auch ihn kenne ich sehr gut.« Seit dem ersten Black-Wolf-Fall und nicht nur das. Jorge stammte aus dem Märchen *Rumpelstilzchen*, eines der ersten, das Isabella jemals geschrieben hatte. Sie trat näher zu Waylon und legte eine Hand auf seinen Unterarm.

»Es tut mir leid, dass du das aushalten musst. Alles. Aber es gibt nur einen Weg, wenn wir das Ganze beenden wollen: Wir müssen durch diesen Morast aus Leid waten.«

»Ich weiß.« Er fuhr sich durchs Gesicht und schnaufte schwer. »Was machen wir wegen Sebastian? Der Kerl ahnt etwas, ich merke es ihm an. Immer wenn er mich ansieht, liegt ein skeptisches Funkeln in seinem Blick. Als würde er nur darauf warten, dass ich etwas Unvorhergesehenes mache.«

Sebastian war in der Tat das faule Ei im Team. Sie hatten schon Dillon auf ihn angesetzt, damit sie eine Freundschaft zu ihm aufbaute und ihn aushorchen konnte. Doch auch sie hatte nichts herausgefunden. »Wir behalten ihn im Blick und wenn die Zeit gekommen ist, entsorgen wir auch ihn und …«

Jemand klopfte an die Tür. Waylon ließ rasch die Anthologie in seiner Tasche verschwinden.

»Herein!«, sagte Isabella, als das Buch sicher war.

Die Tür wurde erneut geöffnet, Marcel trat ein. Er bedankte sich bei den Wachen, die ihm geöffnet hatten, und lief auf Isabella und Waylon zu. Aus dem Augenwinkel bemerkte sie, wie sich Waylons Körperhaltung änderte. Er atmete flacher, straffte die Schultern und kehrte viel mehr Selbstbewusstsein nach außen. Er wirkte sogar ein wenig arrogant. Isabella musste anerkennen, dass er die Rolle des Agenten perfektioniert hatte. Sie lächelte Marcel offen an, lief auf ihn zu und streckte ihm die Hand entgegen.

»Isabella.« Marcels Stimme klang in natura viel dunkler als über die Videokonferenzen. Sie schätzte ihn sehr, es war bedauerlich, dass auch er nur ein Werkzeug war.

»Hallo, Marcel.« Sie legte die zweite Hand auf seine und verstärkte so den Druck. Sie und Marcel hatten einige Einsätze gemeinsam bestritten. In den letzten Jahren hatte sie sich ziemlich ins Zeug gelegt, um sich bei der CIA nach oben zu arbeiten.

»Wie war der Flug?«, fragte Marcel.

»In Ordnung.« Sie tauschten einige Höflichkeitsfloskeln aus und handelten den üblichen Small Talk ab.

»Ich habe eine Aufgabe für dich«, sagte Isabella schließlich zu Marcel. Er verschränkte die Arme vor der Brust und nickte. Sie holte ihre Tasche, die sie vorhin abgelegt hatte, und grub darin nach der vorbereiteten Akte. Es fiel ihr schwer, diese Papiere weiterzugeben, denn damit kappte sie eine wichtige Quelle – doch es musste sein. Er wusste zu viel und konnte alles gefährden. »Hier.«

Sie reichte die Papiere an Marcel, der sie sofort aufschlug und die erste Seite betrachtete. »Conrad Brooke.«

»Deine Zielperson. Du wirst noch heute Nacht nach Neuseeland fliegen, ihn aufspüren und festnehmen. Die Einzelheiten findest du in der Akte. Mister Brooke ist mit Black Wolf verstrickt. Professor Middleton hat ihn belastet. Er meinte, er hätte von ihm gelernt, wie er Black Wolf über die Welt verbreiten kann.«

Marcel nickte und überflog die Seiten. »Hat der Professor also doch noch geplaudert?«

»Ja«, sagte Waylon. »Ich hatte ihn ein paar Tage in der Mangel.«

»Was ist mit Dillon?«

»Weiterhin unschuldig, aber sie bleibt in U-Haft.«

Marcel blätterte die Papiere durch. Die Akte war natürlich fingiert. Isabella hatte eine Weile daran gearbeitet, um Conrad Brooke entsprechend zu belasten.

»Ich kann dir kein Team mitschicken«, fuhr Isabella fort. »Conrad ist ein alter Mann, du wirst mit ihm fertig. Sollte er zu viel Aufsehen erregen, darfst du zu allen Mitteln greifen.«

Marcel blickte nur kurz auf, denn er wusste genau, was das bedeutete. »Wohin bringe ich ihn?«

»Auch das findest du in der Akte.«

Marcel klappte sie zu und warf Waylon einen Blick zu. »Was ist mit der Aufgabe hier? Wie geht es mit dem Portal weiter? Und Kris?«

»Darum kümmern wir uns. Kris wird mit uns zusammenarbeiten, wir schotten uns von der Öffentlichkeit komplett ab und werden all unsere Ressourcen in das Portal stecken. Wir müssen nach Abalion.«

»Du meinst, ihr *wollt* nach Abalion. Wir könnten die Märchenwelt auch in Frieden lassen.«

Isabella legte eine Hand auf Marcels Schulter. »Black Wolf mag für den Moment kontrolliert sein, aber wir wissen viel zu wenig darüber, um die Füße stillzuhalten. Wir müssen weiterforschen. Sobald du das mit Conrad erledigt hast, kommst du zurück ins Team.«

»Und du wirst dich solange zusammenreißen?«, fragte Marcel Waylon.

»Natürlich.«

»Ich passe auf ihn auf«, sagte Isabella. Sie wusste von den Spannungen zwischen Marcel und Waylon.

»Dann gehe ich mal packen«, sagte Marcel, klemmte die Akte unter den Arm und verabschiedete sich von den beiden.

Isabella wartete, bis er weg war, dann ließ sie die Luft aus der Lunge.

»Du lässt Conrad wirklich verhaften? Durch ihn?«, fragte Waylon.

»Ja. Sollte er ihn nicht vor Ort eliminieren, wird sein Flugzeug wohl einen kleinen Schaden haben.«

»Und das war es dann mit Marcel …«

Sie zuckte mit den Schultern. »Sie bekommen einen Privatjet, damit so wenig Unschuldige wie möglich getötet werden.«

»Wie überaus umsichtig.«

Verspottete er sie? Manchmal konnte sie es nicht genau deuten. Sie wandte sich zu ihm. Er mahlte mit dem Kiefer, doch er sagte nichts mehr dazu. Es spielte auch keine Rolle. Es war alles in die Wege geleitet. Sobald die Show startete, trat eine Reihe von Ereignissen ein, die alle Schuld von Isabella weg und dafür auf die anderen lenken würde.

Sie würde dieses Team Stück für Stück auseinandernehmen, bis nichts mehr übrig war.

5. Kapitel

Kristin

Frankfurt, 06.14 Uhr

Ich genoss das heiße Wasser auf meiner Haut und lehnte die Stirn gegen die Duschwand. Die gestrige Trainingsrunde mit Marcel hatte mich ganz schön geschafft. Heute spürte ich jeden einzelnen Muskel und fragte mich, wie ich mich je wieder bewegen sollte.

Ich drehte den Kopf, stellte den Strahl der Dusche fester und ließ das Wasser meinen verspannten Nacken massieren. Meine Haut brannte von der Hitze. Das Bad war komplett mit einem feinen Nebel gefüllt, der Spiegel und die Duschwand waren beschlagen.

Meine Finger glitten über meinen Körper, fuhren all die Stellen ab, an denen mich die Wölfe in der Vision gebissen hatten. Ich fand nur noch kleine Erhebungen und feine rote Striche, als hätte ich mich gekratzt. Rein äußerlich heilte ich rasch, doch innerlich war ich nach wie vor zerrissen. Ich fühlte mich wie ein Instrument, bei dem eine Saite oder eine Taste verstellt war und jedes Mal der falsche Ton herauskam.

Ich ließ ein letztes Mal das Wasser über mein Gesicht laufen, ehe ich es ganz abstellte, mir ein Handtuch griff und aus der Dusche stieg. Der Wasserdampf hatte alles eingenebelt, also kippte ich das Fenster und öffnete die Tür einen Spalt. Schwül-warme Luft strömte herein. Eigentlich hätte ich kalt duschen sollen, der Sommer in Frankfurt war extrem drückend. Es würde nicht lange dauern, bis ich wieder nass geschwitzt war, aber das war mir egal.

Ich trat näher an den Spiegel, schnappte mir ein kleineres Handtuch und wischte die Oberfläche sauber. Mein Konterfei blickte zurück. Ich sah müde aus. Meine grünen Augen waren rot unterlaufen, wobei ich das eher auf das heiße Wasser zurückführte. Meine Haut war blass und eingefallen. Ich stemmte mich rechts und links auf dem Waschbecken ab und lehnte mich näher zum Spiegel. Ich sah anders aus als noch vor ein paar Tagen. Keine Ahnung, wie ich es definieren konnte, aber ich wirkte reifer. Oder müder. Oder erwachsener?

All diese Dinge, die ich in Abalion erlebt hatte, hatten mich geprägt. Eigentlich war es nicht ungewöhnlich für mich, Fantasiewelten zu betreten. Immerhin trug mich meine Fähigkeit, zwischen den Zeilen lesen zu können, regelmäßig an die schillerndsten Orte, aber das mit Abalion war anders gewesen.

Echter.

Ich sah mir selbst in die Augen und betrachtete mich intensiv. Auf einmal wurde mir schwummrig, als wäre ich zu schnell aus dem Sitzen aufgestanden. Ich fasste an meine Stirn, wollte das Wasser aufdrehen, um mir einen kalten Lappen ins Genick zu legen, doch da bekam ich einen heftigen Schlag gegen die Brust. Ich flog nach hinten und donnerte mit dem Kopf gegen die Duschwand. Der Raum tanzte vor mir, ich griff blind um mich, wollte mich hochziehen, aber ich hatte keine Kraft mehr.

Die Schmerzen in meiner Brust kehrten zurück. Ähnlich intensiv wie bei der Berührung mit Ashs Mal. Sie rasten durch meinen Körper, brachten alles in mir zum Beben. Ich schrie, meine Stimme klang verzerrt und dunkel. Ich blickte an mir hinab und erstarrte. Meine Haut war mit Blut besprenkelt. Meine Beine, meine Arme, mein Bauch – und mein Herz. Dort klaffte eine tiefe Wunde. Ich fasste an die Stelle, was den Schmerz nur intensivierte, doch ich konnte nicht ablassen, bohrte meine Finger in die Wunde und ertastete etwas Hartes, das in mir steckte. Eine Waffe? Eine Klinge? Ein Stein? Ich wollte zugreifen, meine Finger rutschten ab, das Blut breitete sich weiter aus und rann über meinen Körper.

»Wer bin ich?«, rief ich in die Leere. »Wo bin ich?«

Ein weiteres Mal rauschte der Schmerz durch mich, wie um mir zu antworten. Ich riss den Kopf in den Nacken und schrie. Plötzlich wurde es gleißend hell. Es blendete mich so stark, dass ich glaubte, meine Augen müssten verglühen. Ich krümmte mich. Jemand packte mich an der Schulter, schüttelte mich grob. Hände legten sich um meinen Kopf, ich hörte denjenigen keuchen, voller Panik und Angst.

Ich öffnete die Augen und sah mich einem Mann gegenüber. Er hatte dunkle Haare, einen Bart, tiefe braune Augen. Er war ein Teil Abalions, er war ein Teil der Fantasie. Er war … »Jorge!«

»Gott sei Dank!«, antwortete er und schob eine Hand unter meine Schultern. »Du bist wieder da.«

»Was?« Ich blinzelte, richtete mich mühevoll auf und sah ihn an. Ich lag auf dem Boden im Bad, das Handtuch nur noch halb um meinen Körper gewickelt.

»Du hast nicht mehr reagiert«, sagte er. Ich blickte an mir hinab, suchte nach dem Blut und den Verletzungen, die ich eben noch gespürt hatte.

Sie waren nicht mehr da.

»Ich bin ohnmächtig geworden.«

»Hattest du eine Vision?«

»Nein, ich glaube nicht.«

»Vorsichtig. Hier sind überall Splitter.« Er nahm meine Hand und half mir auf.

Der Spiegel, in den ich eben geblickt hatte, war gebrochen. »Ich habe ihn nicht mal angefasst.«

»Ich … äh, könntest du …« Jorge hielt den Kopf gesenkt und deutete auf meinen nackten Oberkörper. »Ich hab nicht geguckt oder so …«

Ich bückte mich, hob das Handtuch auf und band es wieder um. »Und wenn, wäre es nicht schlimm. Es sind nur Brüste.«

Er nickte nur. Ich tapste vorsichtig nach draußen, ließ mich auf die Bettkante sinken und zog die Füße an.

Jorge stellte sich vor mich und sah mich besorgt an. »Brauchst du was? Ein Glas Wasser? Soll ich Sebastian rufen?«

»Nein! Ich … Gib mir nur eine Minute. Ich muss das …«, *verdauen*.

»Okay.« Er biss sich von innen in die Unterlippe und wippte unsicher von einem Fuß auf den anderen.

»Habe ich geschrien oder so?«

»Zuerst nicht. Ich bin draußen vorbeigelaufen und da war … Ich weiß es nicht. Es war ein Gefühl.«

»Ein Gefühl.«

»Ja, hier.« Er fasste sich ans Herz, seine Wangen färbten sich rot. »Ich wollte weitergehen, aber es hat mich nicht losgelassen; als müsste ich dich unbedingt sprechen.«

Ich reckte das Kinn und dachte über seine Worte nach, die keinen Sinn ergaben und irgendwie doch. Irgendwas in mir hatte nach ihm gerufen und er hatte geantwortet.

»Als ich angeklopft habe, hörte ich das Bersten des Glases und deinen Schrei, da bin ich einfach reingekommen. Hast ausgesehen, als wärst du in einer Vision. Ich habe das zwar noch nicht miterlebt, aber Sebastian hat mir davon erzählt. Ich dachte, es ist gut, wenn ich dich wecke. Du hast so erschrocken gewirkt.«

»Das war ich.« Ich fuhr über meine nackten Arme und kämpfte gegen die Schauer, die mir den Rücken hinunterliefen. Bekam ich jetzt schon Visionen, ohne dass ich etwas las?

Jorge blickte ins Bad, das über und über mit Splittern bedeckt war. »Ich sage dem Reinigungsdienst Bescheid.«

»Danke.«

Er nickte unsicher und wich nach hinten zur Tür. Dabei vermied er es, mich genauer anzusehen, als hätte er Angst, das Handtuch könnte sich erneut verabschieden. Keine Ahnung, ob Jorge Erfahrungen auf diesem Gebiet hatte.

»Ich komme gleich runter, okay?«, sagte ich.

»Geht klar. Wenn du doch Hilfe brauchst, dann ruf einfach.«

»Mach ich.«

Als ich eine halbe Stunde später angezogen und fertig mein Zimmer verließ, lungerte Jorge noch draußen herum. Er lief den Gang auf und ab. Er bemerkte mich und kam sofort zu mir.

»Ist noch was?«, fragte ich ihn.

»Nein. Nicht direkt. Ich wollte nur sichergehen, dass du nicht noch mal umkippst.«

»Du hast … extra gewartet?«

Er nickte unsicher. Ich runzelte die Stirn und seine Miene gefror. »Ist das schräg?«, fragte er. »Also, ich meine in menschlichen Maßstäben? Machst du dir jetzt Gedanken, weil ich dich nackt gesehen habe und so?« Er rieb die Hände aneinander und verlagerte sein Gewicht von einem Fuß auf den anderen. »Es ist manchmal schwer, euch Menschen und eure sozialen Verhaltensmuster zu verstehen. Ihr seid verwirrend. Vor allen Dingen Frauen. Sie sagen Nein und meinen Ja. Sie sind sauer, obwohl sie beteuern, dass alles in Ordnung ist. Sie machen sich die merkwürdigsten Gedanken, kommen von einem aufs andere und niemand versteht, warum.«

Ich lachte auf.

»Ich werde dieses Verhalten nie begreifen«, sagte er.

»Das geht Millionen von Menschenmännern so, mach dir also nichts draus.« Jorge hatte sich eine jugendliche Naivität bewahrt, die ihn unglaublich sympathisch und echt machte. Unverfälscht. Das war wohl das passende Wort für ihn. »Ich glaube, wenn es mehr wie dich auf unserer Welt gäbe, wären einige Probleme gelöst.«

»Und das ist gut, oder?«

»Du hast das Herz auf dem rechten Fleck, Jorge.«

»Nein, auf dem linken. Genau wie du auch. Hier.« Er nahm meine Hand und legte sie auf seine Brust, sodass ich seinen Herzschlag fühlen konnte. Ruhig und gleichmäßig. »Wir sind gar nicht so verschieden.«

»Offenbar nicht.« Ich lächelte ihn an und nahm meine Hand weg. »Wobei ich nie im Leben BiFi mit Mayo essen würde.«

»Wenn du es in Kaffee tunkst, ist es noch viel besser!«

Ich verzog das Gesicht.

»Da wir darüber reden: Magst du welchen?«

»Klar.« Ich hakte mich bei ihm unter. Wir liefen gemeinsam die Treppe hinunter.

Als Erstes fiel mir die Stille auf. Dillon hatte während ihrer Arbeit immer die Musik laut aufgedreht. Nun war da nichts. Nur ein leises Rauschen von der Stadt, die weit unter uns lag.

»Die Beamten sind übrigens weg«, sagte Jorge. »Gestern Nacht haben sie ihre Untersuchungen abgeschlossen und sind abgezogen. Jetzt werten sie alles aus.«

»Ist der Portalraum wieder freigegeben?«

»Nein. Den haben sie abgeriegelt.«

»Weißt du, wie es weitergehen wird? Für dich vor allen Dingen. Was hast du denn nach dem letzten Black-Wolf-Fall gemacht?«

Er zuckte bei der Frage zusammen, lief zu einem der Schränke und holte zwei Kaffeetassen heraus. Ich bereute meine Frage sofort, denn Brayden hatte mal eine Andeutung gemacht: *»Isabella erzählte mir, dass Jorge in den 1980ern so viele Tests über sich ergehen lassen musste, dass sie ihn eine Weile wegbrachte und versteckte.«*

»Entschuldige«, sagte ich. »Ich wollte keine unliebsamen Erinnerungen wecken.«

Er stellte die erste Tasse unter den Vollautomaten und ließ einen Kaffee raus. Die Maschine machte solch einen Lärm, dass niemand etwas sagen konnte, aber ich hatte das Gefühl, dass Jorge die Zeit nutzte, um zu überlegen, was er am besten darauf antworten könnte.

»Ich bin sicher, dass dieses Mal alles anders wird«, schob ich nach. Jorge war nicht direkt ein Gefangener, aber er war auch nicht frei. Bei dem Black-Wolf-Einsatz hatte er ja noch nicht einmal auf die Straße gedurft.

Jorge gab mir eine Tasse mit dampfendem Kaffee, stellte die zweite darunter und drückte sofort aufs Knöpfchen. Die Maschine ratterte erneut und mahlte lautstark die Bohnen, während Jorge nur dastand und mit dem Kiefer knirschte.

Als der Kaffee fertig war, nahm er sich die Tasse, atmete durch und drehte sich zu mir. Er schenkte mir ein weiteres Lächeln, aber dieses Mal war es nicht so offen und herzlich wie oben vor meiner Tür. »Ich werde sehen und mich einfach überraschen lassen. Alles wird gut.«

»Brayden wird auf dich aufpassen.« Ich stieß mit Jorge an und trank einen Schluck. Dann verzog ich das Gesicht, ging zum Kühlschrank und goss mir Milch in die Tasse. »Wollen wir uns was zum Frühstücken machen?«, fragte ich. »Aber ich esse kein BiFi um diese Uhrzeit.«

»Ihr Menschen wisst nicht, was gut ist.«

»Wie wäre es mit Rührei und Speck? Dann hast du deine Fleischeinlage.«

»Bin dabei.«

Ich nahm alle Zutaten aus dem Kühlschrank und stellte sie auf der Arbeitsplatte ab.

Obwohl wir kaum sprachen, arbeiteten wir Hand in Hand; als könnten wir die Bewegungen des anderen vorausahnen. Jorge und ich hatten definitiv eine Verbindung zueinander. Sie übertrug sich auch auf die Stimmung zwischen uns. Erst blieb sie angespannt, doch mit jeder zufälligen Berührung oder einem flüchtigen Blickkontakt ließ sie nach. Es fühlte sich an, als wären Jorge und ich auf einmal Verbündete. Zwei Freaks in einer Welt, die anders war. Schon bald erfüllte der wundervolle Duft nach gebratenem Speck die Küche. Bis die Eier fertig waren, hatte Jorge zu seiner guten Laune zurückgefunden und pfiff vor sich hin.

»Wie genau bist du eigentlich aus Abalion hierhergekommen?«, fragte ich, als ich die Teller mit unserem Essen belud.

»Hab ich doch erzählt: Syrantina hat mich geschickt.«

»Ja, aber wie?« Er hatte gesagt, dass er und Ash von seiner Sippe zu ihr gebracht worden waren, nachdem sie ein Baby vor den Rumpelstilzchen gerettet hatten, das sie eigentlich hatten essen wollen. Syrantina sollte die beiden bestrafen, doch stattdessen hatte sie Jorge in diese Welt geschickt, um die Anthologie zu holen.

Jorge kratzte sich am Hinterkopf, nahm seinen Teller und den Kaffee und lief damit ins Esszimmer. Ich folgte ihm und setzte mich ihm gegenüber. Von hier aus hatten wir einen sagenhaften Blick über Frankfurt.

Jorge fing an zu essen. Erst dachte ich, dass er meine Frage vergessen hatte, doch dann ließ er die Gabel fallen und sah mich an. »Na ja, ich war bei ihr im Schloss, Ash war auch da, aber wir wurden gleich voneinander getrennt. Syrantina hat mir gesagt, dass ich die Anthologie holen soll und dann hat sie mich zum Fenster rausgeworfen.«

»Sie hat bitte was?«

Jorge nickte und zuckte gleichzeitig mit den Schultern. »Ich dachte, das wäre es gewesen, aber auf halbem Weg erfasste mich ein grünes Leuchten und dann war ich auf einmal hier. Hab mich ganz schön erschrocken.«

»Das glaub ich.« Ich kaute auf einem Stück Speck herum und dachte darüber nach. »Was sie wohl mit dem Buch wollte?«

»Hat sie nicht gesagt.«

»Und warum hat sie niemanden hinterhergeschickt, als du dich nicht mehr gemeldet hast?«

»Vielleicht hat sie es noch nicht bemerkt.«

Ich sah ihn fragend an. Doch dann wurde mir klar, worauf er hinauswollte. »Die Zeitverschiebung.«

»Möglicherweise bin ich für sie erst ein paar Augenblicke weg und sie wartet nach wie vor auf meinen Bericht. Oder sie kann keine weiteren Wesen hierherschicken.«

»Oder sie hat jemanden geschickt und der ist in der falschen Zeit gelandet.«

»Genau, oder derjenige hat sein Gedächtnis verloren und weiß nicht mehr, dass er mich eigentlich fangen soll. Es gibt so viele Möglichkeiten.«

»Uh, Verschwörungstheorien.« Ich lachte und gabelte mehr von dem Ei auf. »Ich hoffe, sie geben den Portalraum bald wieder frei.« Dort lagen noch so viele Antworten.

»Ich nicht.«

»Ich dachte, du willst wieder nach Hause.«

Er zuckte mit den Schultern. »Das kommt darauf an, wie hoch der Preis dafür ist. Mir ist durchaus klar, dass die Menschen unbedingt in die Märchenwelt möchten. Wer die Magie aus Abalion kontrolliert, kontrolliert die Welt.«

»Es wären aber auch gute Dinge damit möglich, oder nicht? Genügend Wasser für jeden Menschen, ausreichend Essen, jeder könnte eine Wohnung haben.«

»Denkst du? Auch in Abalion gibt es Armut und Hunger und Schmerz. Wenn es so einfach wäre, würde Moon doch mit den Fingern schnippen und niemand müsste mehr leiden. Aber sie tut es nicht, genauso wenig wie Syrantina, die über ausreichend Magie verfügt. Nein, sie sitzen alle in ihren Schlössern und blicken auf das Land hinab, während Menschen gefoltert, entführt oder gefressen werden.«

»Aber wäre es theoretisch möglich, die Magie Abalions für gute Zwecke einzusetzen?«

»Vermutlich schon, aber damit würde auch ein Großteil der Weltwirtschaft zusammenbrechen. Armut und Leid sind nicht nur schrecklich, sie sind auch ein lukratives Geschäft.«

»Da hast du wohl recht.« Jorges Beobachtungsgabe war verblüffend.

»Ich liebe Abalion und ich fürchte mich davor. Auch vor dem, was diese Regierung damit machen könnte.«

»Das verstehe ich.«

Er legte die Gabel auf den leeren Teller und blickte hinaus auf die Stadt. Ich konnte mir nicht vorstellen, wie das für ihn sein musste: als Fremder in einem fremden Land, als Gefangener ohne Zelle.

»Darf ich dich noch was fragen?«

Er schmunzelte. »Was auch immer du magst.«

»Wie gut kanntest du Lyn und die anderen beiden? Jesper und Dante?«

Er stellte den Teller weg und holte sich die Tasse Kaffee zurück. »So wie jeden anderen auch hier. Lyn war ganz nett, aber Jesper und Dante mobbten mich ständig. Vor allen Dingen das mit dem Ansprechen nutzten sie aus. Gingen absichtlich aus dem Raum und kamen wieder rein, damit ich nicht mehr mit ihnen reden konnte und rissen dann ihre Witze über mich.«

»Vollpfosten.«

Er trank einen Schluck und zuckte mit den Schultern. »Eigentlich war es mir egal. Dillon hat sich gerne mit den Jungs verbündet und mir dann Streiche gespielt. Einmal hatten sie mich ausgesperrt und da ich niemanden ansprechen konnte, gab es keine Möglichkeit für mich, auf mich aufmerksam zu machen. Ich musste die ganze Nacht draußen bleiben.«

»Das erzählst du mir erst jetzt?« Ich hätte ihr gehörig die Meinung gegeigt, als sie noch da gewesen war.

»Sie dachten, mich würde das treffen, aber das tat es nicht. Klar hab ich mich geärgert. Kurz. Dann habe ich es so hingenommen.«

»Verrätst du mir dein Geheimnis? Oder noch besser: Verrate es allen Menschen.«

»Würde ich wohl, wenn ich könnte. In meiner Familie geht es sehr rau zu, schlimmer als alles, was mir hier je passiert ist. Die Rumpelstilzchen sind selbstverliebt, hasserfüllt, gewalttätig und grausam. Wenn du da einknickst oder Schwäche zeigst, bist du tot – und das meine ich wörtlich.«

»Ich kann es mir überhaupt nicht vorstellen. Allein, dass sie Babys essen.« Mich schüttelte es nach wie vor bei diesem Gedanken.

»Die Aggressivität von Dillon und den anderen war wohl eher ihre Unsicherheit. Ich mache ihnen Angst und indem sie sich über mich stellen, denken sie, dass sie diese Angst in den Griff bekommen. Sie machen mich klein und sich selbst damit groß, aber die Wahrheit ist, dass sie sich selbst mit ihrem Verhalten belügen.«

Mir fiel beim besten Willen nichts ein, was ich darauf antworten konnte. Ein Wesen aus der Märchenwelt erklärte mir, wie das Leben funktionierte.

»Du musst mich nicht so mitleidig anschauen«, sagte er. »Ich brauche das nicht. Nichts kann mich brechen. Ich bin, was ich bin, und ich schäme mich nicht dafür. Selbst zu Hause bin ich im Grunde nicht erwünscht, denn ich wollte mich nie einfügen. Vielleicht ist das mein Schicksal und ich gehöre nirgendwohin.«

»Doch, das tust du«, sagte ich und griff an seinen Unterarm. »Ich mag dich. Genauso wie du bist. Und Brayden auch.«

»Ich mag dich auch, Kristin Denise Collins.« Er lächelte und trank seinen Kaffee leer.

Ich lehnte mich ebenfalls mit meiner Tasse nach hinten, fuhr mit dem Daumen über den Rand und dachte über alles nach.

»Ach du Scheiße!«, rief Jorge und fuhr auf einmal hoch.

Ich zuckte vor Schreck zusammen und blickte ihn an.

»Ich komme zu spät! Sebastian wartet auf mich im Labor. Wir sind verabredet.«

»Dann los.«

Jorge wollte seinen Teller aufräumen, aber ich hielt ihn zurück.

»Ich mach das. Geh ruhig.«

Er bedankte sich, stellte die Kaffeetasse auf den Tisch. Als er weg war, dachte ich noch kurz über das Gespräch nach und wie Jorge die Welt sah. Er sollte raus und seine Weisheiten mit anderen teilen, aber das würde wohl nie passieren. Ich trank den Rest meines Kaffees, stand auf und räumte die Sachen in die Küche.

Ich schloss gerade die Spülmaschine, als ich wieder Schritte hörte. »Kris?«, erklang die Stimme meines Bruders. Ich ließ sofort alles stehen und liegen und eilte ihm entgegen. Wir trafen im Flur aufeinander. Ich fiel in seine Arme und drückte mich an ihn, als hätte ich ihn seit Jahren nicht mehr gesehen.

»Endlich!«, nuschelte ich an seinen Hals und atmete dabei seinen Geruch ein. Er duftete nach seinem Aftershave und sich selbst.

Mein Bruder. Mein Halt. Meine Familie.

»Hallo«, sagte die Frau hinter ihm, die ich erst jetzt richtig wahrnahm. Ich löste mich von Brayden und blickte sie an.

»Isabella Haynes«, sagte ich, denn ich erkannte sie sofort von dem Foto. In echt wirkte sie viel imposanter. Diese Frau trug das Wort Autorität quer über ihre Stirn geschrieben. Durch meinen Vater kannte ich diese Art von Menschen. Sie waren es gewohnt zu sagen, wo es langging, behielten den Überblick, ließen sich von keiner Krise aus der Ruhe bringen, bekamen alles mit und waren eiskalt. Sie konnten ihre Emotionen auf Knopfdruck ausschalten, wenn es nötig war, und ließen niemanden hinter ihre Fassade blicken.

Auf dem Foto aus ihrer Akte hatte ich sie ganz nett gefunden, in natura wirkte sie eher beklemmend.

Sie nickte und streckte mir die Hand hin. »Es freut mich sehr, dass wir uns endlich kennenlernen.«

Ich griff nach ihren Fingern, bemühte mich um einen festen Druck und sah ihr offen in die Augen. Als wir uns berührten, schoss ein heftiger Impuls durch meine Haut. Es war ähnlich wie bei dem Kontakt mit Sebastian beim ersten Mal. Da hatte ich das Gefühl gehabt, an eine Stromleitung zu greifen. Ich zuckte, doch ich wollte nicht diejenige sein, die zuerst nachgab. Isabella hingegen ließ sich nicht anmerken, ob sie es auch wahrnahm oder nicht. Schließlich senkte sie die Hand und unterbrach den Blickkontakt. Meine Finger kribbelten nach.

»Wir haben einiges zu besprechen«, sagte sie.

»Sie wollen, dass ich wieder nach Abalion gehe.«

»Kris.« Brayden schüttelte den Kopf, wie um mich zu ermahnen, nicht gleich mit der Tür ins Haus zu fallen. Doch Isabella tat es mit einem Schmunzeln ab.

»Ja. Ich habe bereits geklärt, dass du den Portalraum betreten darfst. Dir stehen alle Ressourcen zur Verfügung, die du benötigst. Alte Schriften der Masali, unsere Datenbanken, alles, was wir über Abalion bisher zusammengetragen haben. Du wirst eng mit Brayden, Jorge und auch Sebastian zusammenarbeiten. Die drei werden dein Team. Du wirst mit niemandem sonst darüber sprechen.«

»Was ist mit Marcel?«, fragte ich.

»Marcel hat eine andere Aufgabe, er ist bereits abgereist.«

Oh, er hatte sich nicht mal verabschiedet. »Wohin ist er denn?«, hakte ich nach und wusste schon, dass sie mir keine Antwort geben würde.

Brayden stöhnte, doch Isabella verzog nur kurz die Nase.

»Brayden meinte schon, dass du manchmal etwas forsch bist.«

Ich zuckte mit den Schultern. »Ich mag Marcel.«

»Das kannst du auch weiterhin, er ist nur ein paar Tage weg, wenn alles gut geht.«

Das wurde ja immer interessanter! Warum zog sie ihn ab? Jetzt? Immerhin war er so was wie der Chef der Truppe. Oder sollte diese Aufgabe zurück an Brayden gehen?

»Heute Abend kommst du in den Portalraum. Da wirst du mit Brayden alles durchgehen«, sagte Isabella und trat einen Schritt zur Seite. »Bis später.«

Es klang wie eine Verabschiedung, doch sie rührte sich nicht von der Stelle. Brayden gab mir einen leichten Klaps gegen die Schulter und erst da begriff ich, dass sie mir nur Platz gemacht hatte, damit ich gehen konnte. Nicht sie.

»Wir haben uns tagelang nicht gesehen«, sagte ich leise. »Es wäre schön, wenn wir Zeit füreinander fänden.«

»Ich weiß. Ich kann nicht«, stieß er zwischen gepressten Zähnen hervor. Ich kniff die Augen zusammen und versuchte, ihm stumm eine Botschaft zu senden, dass ich ihn vermisste, doch er ging nicht darauf ein. Also blieb mir nichts anderes übrig, als mich zu trollen.

Ich nickte Isabella zu und lief nach oben. Ihr Blick verfolgte mich bis in mein Zimmer.

6. Kapitel

Ash

Abalion, Zeit unbekannt

Ich fasste an meine Stirn, hinter der es dumpf pochte. Mittlerweile war die Sonne untergegangen und Abalion unter einem dunklen, mondlosen Sternenhimmel versunken. Mir war kalt und warm zugleich. Mein Verstand arbeitete auf Hochtouren, um zu begreifen, was Moon mir erzählte.

Das war zu viel. Das alles hier war zu viel für meine Nerven. In meinem Kopf tanzten die Eindrücke quer durcheinander. Bilder. Emotionen.

Von früher.

Von heute.

Sie redete. Von den Masali, von ihrem Leben, von ihrer Liebe, von Abalion.

»… als sich Liam und Séamus in den Grimm verwandelten, stürzten sie in die Schlucht und waren nie mehr gesehen. Eine große Dunkelheit brach über das Land herein, genau wie über mein Herz. Wir wussten, dass ich diese Finsternis verursachte; dass es an meiner gebrochenen Seele lag, denn ich hatte das Wichtigste verloren, was ich besaß: Liam. Ich ertrug es nicht. Der Schmerz zerriss mich innerlich. Es war eine grausige Zeit. Die Finsternis verschlang uns alle, nicht nur das Tal in Indien, auch meine Heimat. Ich träumte von meiner Familie, ich sah, wie alles am Hofe zugrunde ging, wie die dunkle Macht meine Lieben zerstörte. Isaak, Lia, Conrad, mein Bruder: Sie litten wegen mir. Es war fürchterlich.« Sie unterbrach sich und hielt inne.

Meine Seele bebte genauso wie ihre, aber ich wagte nicht, sie mit Fragen zu belästigen, sie sollte im Redefluss bleiben.

»Das Reich, aus dem ich kam, hatte einst geblüht. Voller Leben und Fantasie. Doch als der Grimm erschaffen wurde, war es gestorben. Es versteinerte, so wie mein Herz. Ich wollte meine Familie retten, aber ich reagierte zu spät. Der Einzige, der überlebte, war mein Zwillingsbruder. Vermutlich, weil wir uns so nahestanden. Als ich spürte, dass er noch da war, traf ich eine Entscheidung. Ich nahm den Kristall, mit dem Séamus den Grimm heraufbeschworen hatte, und trieb ihn mir ins Herz. Er brach noch in meiner Brust in zwei Hälften, meine Seele wurde aus meinem Körper gerissen, ich nutzte alle Kraft der Fantasie, um ein Reich zu erschaffen, indem der Grimm für alle Zeiten gefangen blieb.«

»Abalion.«

»Ja. Nach meinem Tod verzog sich die Dunkelheit und das Land blühte wieder auf. Ich rettete die Menschen, indem ich starb. Ich rettete meinen Bruder. Die wenigen Männer, die den Angriff des Grimms überlebt hatten, beerdigten meinen Körper im Nubra Tal, wo sie das Kloster errichteten, in dem du gewesen bist, als der Prinz dich durch das Kraftfeld gestoßen hat. Sie wurden die ersten Mönche dort und schworen, auf meine Überreste aufzupassen. Die zweite Hälfte des Kristalls ging zurück nach Hause.« Sie drehte sich zu mir und sah mich eindringlich an. »Wo ihn deine Mutter sehr viel später nutzte, um sich ebenfalls zu töten.«

»Wie bitte?«

Moon schloss die Augen und atmete tief ein. »Deine Mutter diente einst als Masali-Mönch im Kloster, bis sie deinen Vater kennenlernte. Sie vereinten sich verbotenerweise und mussten das Kloster verlassen. Durch ihre Sünde zogen sie den Fluch des Grimms auf sich. Ich habe danach nichts mehr von ihnen gehört, doch ich nehme an, dass sie sich davon befreien wollten. Als Syrantina in Abalion auftauchte, wurde mir klar, dass sie die zweite Hälfte des Kristalls verwendet hatte. Ich spürte seine Magie in ihr wirken.«

»Warte, warte.« Ich hob die Hände und wich zurück. Das war mir nun doch eine Spur zu heftig. »Du … Du willst mir sagen, dass meine Mutter ein Mensch ist? Dass sie aus der Welt kommt, von der du mir eben erzählt hast?«

»Ja. Genau wie du. Das große Beben in Abalion brachte euch beide her. Sie muss einen Riss zwischen den Welten geöffnet haben und drang so zu uns ein. Sie hat dich mitgebracht.«

Ich schüttelte den Kopf und hatte das Gefühl, gleich eine Wand einschlagen zu müssen. Mein Körper bebte vor Spannung und Verwirrung. »Das … Das kann nicht sein, Werfan ist mein …«

»Er ist nicht dein Vater. Er ist ebenfalls ein Mensch. Ich kenne ihn nicht, aber ich sehe es ihm an. Er gehört nicht in die Märchenwelt.«

»Nein …« Ich fuhr mir durch die Haare, lief auf und ab. »Nein.«

Moon verschränkte die Hände vor ihrem Bauch und wartete, bis ich mich beruhigt hatte. Sie redete nur leise weiter, erzählte mir mehr von der Welt da draußen; dass meine Eltern nicht nur sich selbst verflucht hatten, sondern auch Casaju, der später der Prinz der Nachtheide wurde. Ich kam kaum noch hinterher. Mein Kopf würde jeden Moment explodieren, wenn sie noch ein Wort weiterredete.

Irgendwann wandte ich mich ab, lief zum Fenster und starrte hinaus auf Abalion. Diese Welt war stets ein Ort gewesen, der viel Flexibilität erforderte. Um hier zu überleben, benötigte man Kreativität, Durchhaltevermögen und einen offenen Geist. Ich dachte, dass mir das bis heute ganz gut gelungen war, doch langsam zweifelte ich daran. »Das kann doch alles nicht sein.«

»Ist es leider«, sagte sie dicht hinter mir.

»Wie zum Henker konntet ihr mir das verheimlichen? Ihr beide?« Meine Mutter. Moon.

»Wir sind, was wir sind. Wir leben hier in Abalion, deine Mutter ist eine Gefangene ihrer Schatten, und ich bin … Ich weiß es nicht. Ich wollte nicht noch mehr Chaos verursachen, als ich es sowieso schon tat. Du hast dich entwickelt, du kamst in der Welt zurecht. Ich dachte, es wäre alles gut so.«

Ich kratzte mir über die Kopfhaut, schon allein um dieses Brennen in mir zu beseitigen, aber es half nicht. Also starrte ich weiter aus dem Fenster, suchte die Gegend unter mir nach dem Schloss meiner Mutter ab. Ich fand es nicht. Sie verbarg sich irgendwo im Dunkeln. So wie immer.

»Da kommt noch mehr, oder?«, fragte ich nach einer Weile. »Wir sind noch nicht am Ende.«

»Nein, das sind wir nicht.« Sie legte eine Hand auf meine Schulter. Im ersten Moment wollte ich sie wegwischen, doch sie fühlte sich erstaunlich tröstend an. Moon schenkte mir ihre Stärke und Ruhe.

»Rede weiter.«

»Ich will dich nicht überfordern.«

»Rede!« Ich stemmte mich am Fenster auf und krallte die Fingernägel in den glatten kalten Stein. Egal was noch kommen würde, ich musste es hören.

»Der Fluch«, sagte sie leise.

Ich spannte die Muskeln, hielt die Luft an.

»Ich sagte dir, dass es nicht meine Absicht war. Als ich dich damals vor der Nachtheide sah, hatte ich einen Einfall. Wie du weißt, ist meine Vollmondmacht durch den Prinzen geraubt worden, ich hatte nur noch einen Anteil, der fast genauso mächtig war.«

»Den Neumond.«

»So ist es. Deshalb fehlt der Spiegel in dem Raum. Er ist mir in jener Nacht abhanden gekommen, als du bei mir warst. Ich hatte nie vor, dich zu verführen, das musst du mir bitte glauben. Eigentlich wollte ich dich nur mitnehmen, dich betäuben und dann etwas Blut von dir nehmen.«

»Mein Blut?«

»Ich brauchte die alte Magie der Masali. Ich brauchte einen Menschen. An deine Mutter kam ich nicht heran, Werfan war kein Masali, also bliebst nur du. Ich habe es mir so einfach vorgestellt, doch als wir dann hier waren, ich dir näherkam …«

Unsere Anziehungskraft war von Anfang an intensiv gewesen. Es war nicht unbedingt Liebe, eher ein Aufeinanderprallen der Leidenschaften. Moon hatte mich auf einer Ebene angesprochen, wie Frauen es selten taten. Vielleicht durch mein Masaliblut. Vielleicht fühlte sich dieser Anteil in mir zu ihr hingezogen, weil wir dieselbe Magie teilten, tief in unseren Zellen. »Weiter.«

»Ich konnte dir nicht widerstehen, genauso wenig wie du mir. Mit dir zu sein war wie eine Reise nach Hause. Ich spürte auf der einen Seite die Geborgenheit von früher, auf der anderen eine unglaubliche Befriedigung. Es war wie ein Rausch. Eine Droge. Intensiv. Unaufhaltbar.«

Ja, das traf es ziemlich gut. Feenwein war nichts gegen das, was mit uns beiden geschah, wenn wir uns einander zuwandten.

»Als du eingeschlafen warst, wollte ich dein Blut. Ich ritzte dir mit dem Messer, an das du nun gebunden bist, in den Arm, doch die Wunde war tiefer als beabsichtigt. Ich wusste nicht, warum. Vielleicht, weil wir uns nahegekommen waren. Dennoch konnte ich es irgendwie eindämmen und sichergehen, dass dir kein Schaden zuteilwerden würde. Ich sammelte dein Blut in einem Kelch und ging in mein Spiegelzimmer. Bitte glaub mir, wenn ich dir sage, dass ich nichts Schlechtes für dich im Sinne hatte. Ich wollte schützen, was von meiner Macht übrig war. Der Gedanke daran ließ mich nicht mehr los und du botest mir die Gelegenheit dazu. Du hast beim letzten Mal gesehen, dass meine Spiegelbilder mir nicht bis ins Detail ähneln.«

»Ja.« In jedem Spiegel sah Moon anders aus, als besäße sie verschiedene Persönlichkeiten.

»Im Vollmond und im Neumond ist der Unterschied am größten. Also trat ich vor den Neumondspiegel und betrachtete die Frau, die mir dort entgegensah. Ich traf eine Entscheidung. Ich wollte diese Macht von mir abspalten, ehe es der Prinz oder Isa tun konnten. So hoffte ich, diesen letzten starken Anteil von mir schützen zu können.«

»Das verstehe ich.«

»Ich nutzte dein Blut, um die entsprechende Magie aufzuwenden. Ich tauchte das Messer hinein, trat vor den Spiegel und rammte es meinem Konterfei ins Herz. Wie geplant, löste es sich aus dem Rahmen heraus, ich gab alles von mir in diese Verbindung, zog mein Neumondabbild von der einen auf die andere Ebene. Das hatte ich zumindest vor, doch in dem Moment bist du hereingeplatzt.«

»Was?« Ich kniff die Augen zusammen und versuchte, mich daran zu erinnern. Moon kam näher, ich wollte zurückzucken, doch sie legte ihre Finger an meine Schläfe und drückte zu.

Ein greller Blitz durchschoss mich, im nächsten Moment fand ich mich in einem anderen Raum.

Liegend.

In einem Bett.

Nackt.

Äh …

Ich hob die Arme. Lange Schnittwunden zogen sich von den Ellbogen bis zu meinen Handgelenken. Beidseitig. Hatte sie nicht gesagt, sie wollte mich nicht verletzen? Dafür sah das aber ziemlich heftig aus.

Ich richtete mich mit einem Ruck auf und fand mich im nächsten Moment im Flur wieder. Taumelnd irrte ich durch die Gänge und rief dabei Moons Namen. Sie antwortete nicht, mich überkam Panik. Die Schnittwunden pulsierten heftig, das Blut rann über meine Haut. Hinter mir zog sich eine rote Spur entlang.

»Moon«, schrie ich wieder und wieder, ohne eine Antwort zu erhalten. Der Blutverlust machte mich benommen, ich konnte nicht mehr klar sehen oder denken. Alles war wie in Watte gehüllt. Ich irrte orientierungslos durch die Gänge, bis ich vor einer Tür stand, die einen Spalt weit offen war.

Das Spiegelzimmer …

Ich taumelte in den Raum. Die Luft war schwül und stickig. Moon stand mit dem Rücken zu mir, ich torkelte näher, aber sie nahm mich nicht wahr, wirkte wie gefangen in einer Trance. Ich kam auf ihre Seite. Moon gegenüber stand ihr Spiegelbild. Sie hatte den Kopf gesenkt, die dunklen Haare verdeckten ihr Gesicht. Ich hielt inne, Moon holte mit dem Messer aus, wollte es der anderen Frau in die Brust stechen.

Ich reagierte instinktiv, stob nach vorne und packte Moons Handgelenk. Sie zuckte vor Schreck zusammen, starrte mich an.

»Ash!«

»Was zum Henker tust du da?!«, rief ich.

»Du darfst nicht hier sein! Du darfst dich nicht einmischen!«

Ich schüttelte mich, denn auf einmal packte mich ein heftiger dunkler Schmerz und schoss meinen Arm hoch. Ich blickte an mir hinab. Das Messer lag in meiner Hand, meine Finger waren fest darum geschlossen, Blut hatte sich darüber verteilt und tropfte zu Boden. Es steckte bis zum Anschlag in der Brust von Moons Spiegelbild.

Ich hatte das getan. Ich hatte sie erstochen. Nicht Moon.

Das Spiegelbild verzog das Gesicht und starrte mich an.

Dunkle Augen fanden meine. Erfüllt von Schmerz und Entsetzen und Unverständnis.

»Bei allen heiligen Hexen dieses Landes …«, stammelte ich. Was hatte ich getan? Wie hatte ich es getan?

Im nächsten Moment wurde ich nach hinten aus der Erinnerung gerissen. Ich japste nach Luft, schwankte, sah mich verwirrt um.

Moon ließ die Hände sinken und wartete, bis ich auch das sortiert hatte. Ich fasste an mein Herz, berührte das dunkle Mal, mit dem ich mich in jener Nacht gebrandmarkt hatte.

Es pochte heftig. Brannte sich tiefer in meine Haut als je zuvor.

»Warum? Wieso sollte ich auf sie losgehen?«

»Das weiß ich nicht, doch du warst nicht mehr zu bremsen.«

»Deshalb sind wir miteinander verbunden«, keuchte ich. »Deshalb hat mein Mal auf sie reagiert.«

»Ich kann dir nichts dazu erklären, denn ich habe keine Ahnung, was mit euch beiden passiert ist. Der Zauber endete nicht so wie geplant, ich wollte nicht, dass du dich einmischst.«

»Ich habe das getan.« Mir wurde schwindelig, der gesamte Raum drehte sich. »Ich war …«

Moon öffnete den Mund, doch sie sagte nichts.

»Kris«, flüsterte ich.

Sie war Moons Spiegelbild.

Sie war der Neumond.

Sie war ein Anteil von Moon.

Und ich war mit ihr verbunden.

7. Kapitel

Vor zwölf Monaten, Neuseeland
Irgendwo in den Bergen

Conrad Brooke stand der Schweiß im Nacken. Seine Arme brannten, sein Atem kam schwer, seine Hände zitterten. Dennoch hob er die Axt über seinen Kopf und ließ sie auf den Holzscheit sinken, um ihn in der Mitte zu spalten. Es war Winter in Neuseeland. Obwohl das Klima recht mild blieb, war Schnee in den Bergen keine Seltenheit. Letztes Jahr hatte Conrad sechs Wochen lang seine Hütte kaum verlassen können, weil er komplett zugeschneit worden war. Nichts, was ihn störte. Er fuhr selten in die Stadt, hatte alles hier, was er zum Leben brauchte.

Zack! Ein weiterer Scheit brach in zwei Hälften. Conrad ließ zufrieden die Axt sinken, richtete sich auf und wischte sich die Stirn trocken. Sein Rücken schmerzte, er spürte, dass er an seine Grenzen kam. Früher hatte er den ganzen Tag ohne Probleme Brennholz gehackt, heute ging es nicht mehr so leicht. Das Alter holte ihn ein, wenn auch anders als gedacht. Er richtete sich auf, stemmte die Axt auf dem Holzblock ab und blickte in den dunkler werdenden Himmel.

Morgen kam Lyn endlich mal wieder zu Besuch. Sie sahen sich sowieso viel zu selten, seit sie nach Washington gezogen war. Er wünschte, sie könnten öfter zusammensein, aber er wollte ihr dieses Leben nicht zumuten.

Abgeschieden. Allein.

Lyn war nicht dafür gemacht, in der Stille zu sein, das hatte sie von ihrer Mutter Beth geerbt. Manchmal glaubte Conrad, die Seelen der beiden Frauen waren miteinander verschmolzen, so sehr ähnelten sie sich. Beth hatte alles erkunden müssen, war stets von einer unstillbaren Neugier und Lebensfreude getrieben gewesen, süchtig nach Wissen. Oft hatte sie wochenlang über ihren Büchern gehangen. Conrad vermisste sie mehr, als er je mit Worten ausdrücken könnte. Die Zeit mit ihr war so intensiv gewesen, dass dies jedweder Beschreibung trotzte. Intensiv und viel zu kurz, obwohl sie über vierzig Jahre andauerte.

Conrad tupfte den Schweiß vom Nacken und stellte die Axt an ihren Platz neben dem Holzblock. Er gab sich einen Moment der Erinnerung an Beth hin und darüber, wie sich sein Leben mit ihr änderte, wie die Liebe ihm ins Gesicht geschlagen hatte.

Ihr Tod vor fünf Jahren hatte eine heftige Lücke in seiner Seele hinterlassen. Sie würde sich nie mehr schließen. Er hatte gedacht, er müsse an dem Schmerz zerbrechen, sich das Herz herausreißen, wie es seine Schwester Anabel einst getan hatte, um Abalion zu errichten. Doch er hatte überlebt. Allein schon wegen Lyn, dem Zauberwesen, das aus dieser Verbindung entstanden war.

Er drückte seinen Rücken durch, bis die Wirbel knackten. Alexis richtete sich auf und lauschte dem Geräusch.

»Tja, was soll ich sagen, Mädchen. So ist das mit dem Älterwerden.« Conrad hatte viele Jahrtausende überstanden, ohne auch nur einen Tag zu altern. Erst als er Beth kennengelernt hatte, war es losgegangen; als würde die Liebe seine Unsterblichkeit wegwischen. Er hatte es nie bereut, würde gerne all seine Jahrtausende gegen einen weiteren Tag mit Beth eintauschen. Nur eines hoffte er noch: dass für Alexis gesorgt war, sobald er ging. Aber er hatte das Gefühl, dass auch der Wolf nicht mehr so fit war wie vor ein paar Jahren. Alexis alterte mit ihm.

Auf einmal spitzte sie die Ohren und blickte in den Wald. Conrad hielt inne, sah in die gleiche Richtung wie sie. »Hast du was gehört?«

Alexis knurrte leise und erhob sich. Egal wie alt sie wurde: Ihre Instinkte funktionierten großartig. Conrad schnappte sich die Axt von Neuem und trat auf den dunklen Wald zu. Die Sonne war hinter den Bäumen verschwunden, doch er erkannte genug im Zwielicht. Alexis folgte ihm bei Fuß und hielt die Ohren gespitzt. Sie bogen auf den kleinen Feldweg ab, der nach vorne zur Straße führte. Ringsum waren nur Bäume. Es duftete nach Wald und Erde und der Reinheit der Natur. Er ging noch ein paar Meter, bis er das Knirschen von Autoreifen auf Schotter hörte. Kurz darauf wurde die Dunkelheit von zwei Scheinwerfern durchbrochen. Conrad lächelte, denn er erkannte das Auto sofort: Lyns SUV.

»Die wollte doch erst morgen kommen.« Er stellte die Axt ab und winkte seiner Tochter zu. Alexis wedelte mit dem Schwanz und sprang dem Auto entgegen, als sie es erkannte. Kaum stand es, ging schon die Fahrertür auf und Lyn wurde von dem Wolf fast aus dem Wagen gezerrt.

»Hey, du Süße«, sagte sie. »Ich hab dich auch vermisst. Hier, für dich.«

Conrad sah, dass Lyn Alexis einen großen Kauknochen reichte. »Du sollst sie nicht so verwöhnen, sie bekommt genug Futter.«

»Ach, sei still.«

Alexis nahm ihr Geschenk freudig an und verschwand damit im Wald. Lyn wischte sich die Hände sauber und kam ihrem Vater entgegen. Er öffnete die Arme, drückte sie fest an sich und atmete ihren frischen jungen Duft ein. Es tat gut, sie zu sehen. Sie hatten ein halbes Jahr nur Kontakt über Skype gehabt. Conrad hatte sich lange gegen die neuen Technologien gewehrt, aber Lyn hatte ihn schließlich überzeugt, dass sie so viel öfter miteinander reden konnten. Sie hatte ihm einfach ein modernes Handy gekauft und eingerichtet und nun hatte er das Ding an der Backe.

Er schob seine Tochter sachte von sich und betrachtete sie. Lyn war eine wunderschöne Frau, die mitten im Leben stand. Ihre Karriere bei der CIA tat ihr gut, das musste er anerkennen, auch wenn er es ihr gegenüber nicht zugeben würde. Aber Lyn wirkte aufgeweckt, fröhlich und stark. Genau wie Beth früher.

»Wie geht es dir?«, fragte sie.

»Großartig. Hätte ich gewusst, dass du heute schon kommst, hätte ich gekocht.«

Lyn hob den Finger und eilte zurück zum Auto. »Daran hab ich natürlich gedacht.« Sie öffnete die Beifahrertür und holte eine Isobox heraus. »Sushi. Ganz frisch zubereitet.«

»So gar nicht neuseeländisch.«

»Aber lecker.«

»Das stimmt.« Conrad blickte sich nach Alexis um, aber in der Dunkelheit des Waldes war sie nicht mehr auszumachen. Sie würde zur Hütte kommen, wenn sie ihren Knochen gefressen oder verbuddelt hatte. Meistens ging sie auf eigene Faust jagen, Conrad musste sie wochenlang nicht füttern. Alexis war unabhängig, hier oben mehr als irgendwo sonst. »Dann komm. Ich heize den Ofen an.«

Lyn hakte sich bei ihm unter und folgte ihm zur Hütte.

»Ist irgendetwas passiert, weil du heute schon da bist? Nicht, dass ich mich nicht freuen würde.«

»Du weißt schon, dass du dein Handy auch nutzen kannst, um ins Internet zu gehen und Nachrichten zu lesen.«

»Ja. Aber worin liegt der Sinn, wenn fast nur von üblen Dingen berichtet wird?« Er hatte es eine Weile versucht, mit der Welt Schritt zu halten, aber schnell festgestellt, dass er es nicht konnte. Conrad war zu einer Zeit groß geworden, in der es stiller war. Innen und außen. Ein Teil von ihm hing nach wie vor dort fest.

Sie erreichten die Hütte. Lyn ließ ihn los, doch anstatt hineinzugehen, sah sie ihn mit besorgtem Gesichtsausdruck an.

»Ist es so schlimm?« Er kannte diese Miene.

»Ich glaube, dass Black Wolf wieder da ist.«

»Was?!«

»Ganz sicher bin ich nicht, aber ich habe eine Meldung aus der Nähe von Frankfurt aufgespürt. Jemand hat ein Video hochgeladen. Eine junger Vater ist durchgedreht und wollte seine Tochter häuten. Angeblich sollte er ihr drei Kleider nähen. Eins sollte hell funkeln wie die Sterne, das andere strahlen wie die Sonne und das letzte glänzen wie der Mond.«

»Allerleirauh.« Conrad kannte die Erzählung auswendig.

»Das Video ist nur fünfzehn Sekunden lang und man erkennt kaum etwas, weil es so stark rauscht. Aber ich bin mir sicher, dass es ein Black-Wolf-Mord ist. Ich kenne die Anzeichen.«

Conrad und Lyn hatten in den Achtzigern das erste Mal von diesen Morden gehört. Im Nordosten der USA hatte es eine Reihe bizarrer Tötungsdelikte gegeben, die in Anlehnung an die Märchen der Brüder Grimm ausgeführt wurden. Damals war die Welt nicht so gut vernetzt wie heute, es gab kein Internet, keine Handykameras, die Nachrichten waren langsamer – es drang nur wenig Information an die Öffentlichkeit. Alles endete, als die Polizei eine Märchenausstellung schloss und einige Bücher beschlagnahmte, unter anderem die Anthologie. Conrad hätte sonst etwas darum gegeben, nur einen Blick in dieses Buch werfen zu können. Er hatte die Brüder Grimm sogar flüchtig gekannt. Eines Abends war er in einer Bar auf Jacob Grimm gestoßen, der ihm erzählte, dass er an einer Anthologie arbeitete und ganz aufgeregt deshalb sei. Als Jacob ihn schließlich fragte, ob Conrad auch Geschichten kannte, gab es kein Halten mehr für ihn und er erzählte ihm Anabels Märchen von dem Mädchen, das nicht schlafen wollte. Dem letzten Erinnerungsstück, das ihm von seiner Schwester geblieben war, ehe sie aufbrach und ihre Liebe fand. Jacob musste ihm versprechen, dass er niemals einem Menschen verriet, von wem er das Märchen hatte, und auch Conrad hatte nie mehr darüber gesprochen.

Die Nacht, in der Séamus den Grimm gerufen hatte, war die schlimmste in seinem Leben gewesen. Conrad erinnerte sich sehr gut daran, wie er mitten in der Nacht hochgeschreckt war und auf einmal alles um ihn herum zusammenbrach. Er erinnerte sich an die Schreie der anderen, die Panik am Hofe, die herabfallenden Trümmerbrocken. Seine Eltern hatte es zuerst erwischt. Eine Welle aus grüner Energie war durch das Reich gefegt und hatte sie in Stein verwandelt. Die Fantasie war entfesselt worden, auf eine grausige, schreckliche Art, und sie hatte die Masali vernichtet.

Alle außer Conrad.

Er wusste lange nicht, warum er das überlebt hatte. Im Nachhinein schob er es auf die Bindung zu Anabel und ihre Magie, die nun aus Abalion drang. Sie waren Zwillinge, schon im Mutterleib vereint gewesen und nun auch über die reale Welt hinaus. Conrad glaubte fest daran, dass Anabels Übernatürlichkeit ihn am Leben gehalten hatte.

»Dad?«, fragte Lyn und griff nach seinem Arm. Die plötzliche Berührung ließ ihn zusammenzucken und holte ihn zurück in das Hier und Jetzt.

»Ja.« Er schüttelte sich, lächelte träge und legte seine Finger auf ihre. »Erzähl mir mehr. Was ist mit dem Video? Kann ich es sehen?«

»Nein. Es wurde in der ersten Minute, in der es online gestellt wurde, gelöscht. Und zwar überall. Nicht mal ein Fitzelchen ist davon zu finden. Wer auch immer es aus dem Netz genommen hat, war sehr gut und sehr gründlich.«

»Woher hattest du das Video dann?«

»Ich konnte es bei einem Freund sehen, doch er war so nervös, dass er es nicht behalten wollte. Er hat es ebenfalls gelöscht.«

»Also war es nicht legal, was ihr gemacht habt?«

»Es lag in der Grauzone.«

»Lyn!«

»Ich weiß, beruhig dich, ich bin vorsichtig.«

»Du bist stur wie deine Mutter.«

Lyn lächelte. Sie liebte es, mit ihr verglichen zu werden, egal in welchem Bezug.

»Wie dem auch sei: Vor Kurzem gab es einen Einbruch in einer unserer Forschungseinrichtungen. Rate, was gestohlen wurde.«

»Die Anthologie.«

»Exakt.«

»Wissen sie, wer es war?«

»Nein.« Sie lief in die Hütte und schaltete das Licht an. Der Stromgenerator summte leise. Conrad musste ihn morgen auffüllen.

»Dieses Mal werde ich mich nicht abwimmeln lassen«, sagte sie und holte Teller aus den Regalen. Sie stellte das Essen auf den Tisch und bereitete alles vor, während Conrad sich die Hände wusch.

»Ich werde herausfinden, was es mit Black Wolf auf sich hat und es stoppen.« Lyn war besessen von den Black-Wolf-Fällen. Sie war in den Achtzigern zu klein gewesen, um es wirklich zu begreifen. Doch als sie älter wurde, fing sie an, alles darüber zu sammeln, was sie nur finden konnte.

»Im Moment stellen sie ein Sonderteam zusammen, ich stehe ganz oben auf der Liste. All die Jahre, die ich geschuftet habe, meine Ausbildungen, meine Karriere: Es ergibt einen Sinn, Dad. Als hätte mich das Schicksal genau in diese Richtung schieben wollen.«

Für Lyn war es nie eine Frage gewesen, was sie hatte werden wollen. Sie hatte gesehen, wie die Polizei Black Wolf gestoppt hatte und viele Menschen gerettet wurden. Als sie alt genug war, schrieb sie sich sofort auf einer Akademie ein. Der Rest war Geschichte. Lyn war überall Jahrgangsbeste geworden.

»Es ist mir nicht recht, wenn du so nah an der ganzen Sache bist.« Conrad hatte Beth damals von seiner Vergangenheit erzählt, genau wie Lyn, als sie alt genug war. Er hatte nie ein Mann sein wollen, der etwas derart Wichtiges vor den Menschen, die er liebt, geheim hält. Es war schließlich ein Teil von ihm.

Er setzte sich an den Tisch und nahm sich einen Teller.

»Ich weiß. Aber wer, wenn nicht ich, ist für diesen Fall geradezu prädestiniert?«, fragte Lyn und setzte sich zu ihm. »Mein Vater war live dabei, als die Märchenwelt entstand.«

Er schnaubte nur und griff sich ein Maki vom Teller in der Mitte.

»Ich weiß, dass es schwer für dich gewesen ist«, fügte Lyn an und bediente sich ebenfalls. »Genau deshalb muss ich der Black-Wolf-Sache nachgehen und es stoppen. Für Abalion und für diese Welt.«

Conrad seufzte nur und biss in seinen Fisch. Er kannte Lyn, sie würde nie aufgeben.

Conrad schreckte aus dem Schlaf hoch, als ihn ein Knallen weckte. Erst verstand er nicht, was los war, doch als er die vertraute Matratze unter seinem Körper spürte und den Duft seines Waschmittels, wurde ihm klar, dass er noch in seinem Bett lag.

Er rollte sich auf die Seite und sah auf den Wecker, der auf seinem Nachttisch stand: 4.53 Uhr.

Es war dunkel draußen, doch die Außenbeleuchtung am Haus war an.

Und dann war da wieder dieses Geräusch.

Conrad richtete sich auf und lauschte genauer. Hackte da jemand Holz? Es klang zumindest danach. Er reckte den Kopf und blickte ans Ende des Bettes. Alexis war nicht mehr auf ihrem Platz, die Tür zu seinem Schlafzimmer stand einen Spalt offen. Conrad warf das Laken zur Seite, stieg aus dem Bett, zog sich seinen dicken Pullover über und tapste barfuß nach draußen in den Wohnbereich.

»Lyn?« Er ging weiter zu ihrem Raum, drückte sachte die Tür auf und spähte hinein. Sie lag nicht mehr im Bett.

Wieder prallte ein Holzstück auf ein anderes.

»Das Mädchen ist verrückt.« Sie hackte ernsthaft morgens um fünf Uhr Holz! Er durchquerte den Raum, schlüpfte in die Winterschuhe, die neben der Tür standen, zog einen warmen Mantel über und trat hinaus ins Freie.

Alexis hörte ihn als Erstes. Sie kam schwanzwedelnd angerannt und leckte ihm über die Hand.

»Hey, Mädchen, was macht ihr denn?« Conrad rieb die Hände aneinander und umschlang seine Arme. Es war eiskalt, sein Atem tanzte vor seinem Gesicht. Er lief weiter auf den Vorplatz und spähte ums Haus herum.

Lyn hatte einen beachtlichen Berg an Holz gehackt. Er türmte sich fein säuberlich zu ihrer Rechten. Sie trug nur einen dünnen Pullover, einen Schal, eine Leggings und ihre Sportschuhe. Die Haare hatte sie zu einem Pferdeschwanz zusammengebunden. Sie hatte ihm den Rücken zugewandt und ließ die Axt niedersausen, als wäre das Holz so leicht wie Styropor. Sie stöhnte kurz, richtete sich wieder auf und holte sich den nächsten Scheit.

»Guten Morgen«, sagte Conrad und lehnte sich gegen die Holzwand.

Lyn zuckte zusammen und drehte sich herum. Ihr Gesicht war gerötet von der Anstrengung, einige Haarsträhnen klebten ihr schweißnass auf der Stirn.

»Oh, guten Morgen!«, trällerte sie fröhlich. »Hab ich dich geweckt?«

»Ja, aber das macht nichts. Seit wann bist du auf?«

»Seit knapp zwei Stunden.«

»Aha.«

»Die Bergluft tut mir gut.«

»Dann bleib.«

»Sehr witzig.« Sie legte die Axt weg und kam auf ihn zu. Auf einmal breitete sie die Arme aus und drückte ihn fest an sich. Ihr Körper war aufgeheizt vom Holzhacken. Lyn strahlte eine unglaubliche Energie und Lebensfreude aus.

»Was war in dem Sushi«, scherzte Conrad und löste sich von ihr. Sofort wurde ihm wieder kalt, weil Lyn ihn nicht mehr wärmte.

»Wie viel Holz brauchst du noch?«

»So viel wie du gehackt hast, werde ich zwei Winter lang durchheizen können. Du darfst also jederzeit eine Pause machen und …«

Auf einmal rumorte es und der Himmel wurde von einem grellen Leuchten erhellt. Der Lärm war ohrenbetäubend, als wäre ein Meteorit auf die Erde gestürzt. Blitze entluden sich in alle Richtungen, die Erde bebte, die Bäume schwankten, ein heftiger Wind zog auf.

Alexis stellte das Nackenfell, legte die Ohren an und knurrte tief.

»Was ist das?«, fragte Lyn und blickte nach oben.

»Ich habe keine Ahnung.«

Ein weiterer Blitz entlud sich, schlug nur wenige Meter von ihnen entfernt in die Erde und riss ein tiefes Loch hinein. Staub wirbelte hoch, Feuer flammte auf. Conrad musste kurz wegsehen, so grell war es.

Plötzlich sprang Alexis knurrend nach vorne und verschwand im Wald.

»Alexis! Warte!«, rief Conrad, aber es war zu spät.

»Hast du dein Gewehr noch im Schrank?«, fragte Lyn.

»Ja.«

»Ich hole es.« Sie drückte Conrad die Axt in die Hand und huschte ins Haus. Er drehte das Werkzeug herum, sodass er besser zuschlagen konnte, sollte es nötig sein, und eilte nach vorne. Seine Nackenhaare stellten sich auf, in seinem Bauch zog sich ein dickes Grummeln zusammen, als würde sich dort Energie sammeln und gleich in ihm entladen.

Ein weiterer Lichtblitz zuckte vom Himmel, schlug erneut in die Erde und mitten hinein in die Bäume nahe der Hütte. Conrad wich zurück, als das Holz Feuer fing. Plötzlich regneten Splitter auf ihn herab. Instinktiv riss er die Hände über den Kopf und duckte sich. Die Splitter schnitten in seine Arme und hinterließen eine brennende Spur.

»Dad!«, schrie Lyn und kam schon wieder zurück aus dem Haus.

»Schon gut.« Er schüttelte die Glassplitter von seinem Körper und erstarrte. Wo vorhin noch Bäume gestanden hatten, war ein Krater, so groß, als wäre ein Kleinbus hineingefallen. Brandherde schwelten und hatten alles niedergerissen, was dort gewachsen war. Das Loch klaffte in der Erde, als wäre ein Außerirdischer gelandet.

»O mein Gott, ist das ein Meteorit?«, fragte Lyn und trat an seine Seite. Sie hatte sein Gewehr geholt und es geladen. Lyn hatte schon vor seinem Eingriff mit der Waffe umgehen können, aber jetzt traf sie damit vermutlich eine Mücke in hundert Metern Entfernung.

»Ich habe keine Ahnung. Alexis?!«

Von dem Wolf war nichts zu sehen. Conrad machte einen Schritt nach vorne. Die Splitter hatten sich über die Erde ausgebreitet und knirschten, als er sie zertrat. Lyn hob einen auf und drehte ihn herum.

»Das ist von einem Spiegel.«

Er nahm ihr das Bruchstück ab und erblickte sich selbst darin. Wieder überkam ihn dieses Grummeln im Inneren. Vertraut und unangenehm. Bilder blitzten in seinem Geist auf. Von früher. Von seinem Vater. Seiner Mutter. Anabel. Dem prächtigen Thronsaal. Den Dörfern, in denen alles geendet hatte. In Conrads Kopf baute sich so viel Druck auf, als würde jemand zu viel Luft hineinpumpen. Er taumelte. Lyn griff sofort an seinen Arm und stützte ihn.

»Bist du verletzt?«

»Nein, das ist es nicht.«

»Sondern?«

Er schüttelte sich, machte sich von seiner Tochter los und lief auf den Krater zu. »Bleib hinter mir.«

Lyn schnaubte nur und schob sich ein Stück vor ihn, wie um ihn abzuschirmen. Conrad und sie liefen langsam auf die Stelle zu. Der Waldboden war in einem Radius von fünf Metern aufgerissen und schwarz verkohlt. Die Erde strahlte eine unglaubliche Hitze ab. Es roch nach Feuer und Rauch und einem ganz bestimmten Duft, der ihm das Herz schwer machte. Erst konnte er es nicht deuten, doch dann wurde es ihm mit einem Schlag klar: Anabel. So hatte sie gerochen! Ihre Haare, ihre Haut, ihr Wesen. Es war kein Geruch, der in der Natur vorkam, nichts, was man beschreiben könnte. Eher frisch und blumig und gleichzeitig voller Wildheit und Zauber.

Zu seiner Linken raschelte es und endlich sah er auch wieder Alexis. Sie knurrte weiter, schritt am Krater auf und ab und bleckte ihre Zähne.

»Ganz ruhig, Alexis.« Ihr Mut in allen Ehren, aber er wollte nicht, dass sie sich an den Splittern die Pfoten aufriss.

»Warte mal«, sagte Lyn und beugte sich nach vorne, um mehr erkennen zu können. »Ich … Ich glaube, da liegt jemand!«

»Was?« Conrad trat bis an den Rand und spähte hinab. Lyn hatte recht. Eine Frau lag zusammengerollt auf der Erde, hatte ihre Arme um die Beine geschlungen und zitterte am ganzen Körper.

»Wir müssen ihr helfen!«

»Stopp!«, sagte Conrad, aber Lyn war schon in den Krater gesprungen und zu ihr geeilt. Sie drehte sie sachte herum. Die Frau trug ein schwarzes Kleid, das sich eng an ihren Körper schmiegte. Der Stoff funkelte, als wären tausend Sterne darin gefangen. Eine Blutlache hatte sich unter ihr ausgebreitet. Lyn drehte ihren Kopf, wischte ihre Haare aus dem Gesicht und Conrad erkannte ihre Gesichtszüge.

»Bei allen heiligen Göttern«, zischte er und wich zurück. Sein Puls schnellte in die Höhe. Ihm wurde schwindelig, in seinem Bauch zog sich alles zusammen, als hätte ihm jemand die Faust hineingerammt.

»Was ist?«, fragte Lyn. »Kennst du sie?«

»Sie … Sie sieht aus wie Anabel.«

8. Kapitel

Vor neun Monaten
Neuseeland, Irgendwo in den Bergen

»Hi, Dad, schön dich zu sehen«, sagte Lyn am anderen Ende der Welt.

Conrad nippte an seinem Kaffee und betrachtete seine Tochter auf dem kleinen Handydisplay. Sie wirkte müde; blass. Und sie hatte dunkle Ringe unter den Augen. Außerdem hatte sie abgenommen. Die Arbeit in der Einheit setzte ihr merklich zu.

»Du musst mehr essen«, sagte er.

Lyn rollte mit den Augen und winkte ab. Sie trug ein dunkles Shirt mit dem Emblem der Einheit auf der Brust, für die sie arbeitete. Die International Wolf Hunter Corporation, kurz IWHC. Conrad fand den Namen recht übertrieben, aber das war nicht seine Sache.

Lyn lehnte sich nach vorne, ihr Gesicht füllte den Bildschirm aus. Sie saß in einem kahlen Konferenzraum, bei ihr war es Nacht, nur eine kleine Lampe brannte auf dem Tisch und spendete Licht. »Was macht unser Besuch?«, fragte sie.

»Unverändert.« Er spähte zur Couch hinüber, wo sie friedlich schlummerte. Seit sie vom Himmel gefallen war, verweilte sie in diesem Zustand. Wie das Dornröschen schien sie in einen ewigen Schlaf gefallen zu sein. Conrad hatte alles Mögliche versucht, sie aufzuwecken – ohne Erfolg. Immerhin hatte die Brustwunde aufgehört zu bluten. Ihr Körper hatte alles heruntergefahren und hielt sie nun im Koma.

Conrad hatte ihr in der Zwischenzeit einen Namen gegeben: Kristin. Weil es ihn an den Kristall erinnerte, den Anabel damals verwendet hatte, um Abalion zu erschaffen.

»Alexis passt übrigens auf sie auf. Ich sollte dir mal ein Foto schicken. Sie legt den Kopf auf Kristins Bauch ab und achtet darauf, ob eine Regung kommt, aber nach wie vor passiert nichts.«

»Mh«, machte Lyn und dachte darüber nach. »Ob es sinnvoll wäre, sie mal mit Jorge zusammenzubringen?«

»Was?«

»Na, unserem Rumpelstilzchen.«

Conrad wusste natürlich, mit wem Lyn zusammenarbeitete. Sie erzählte viel von ihren Kollegen Jesper und Dante, die wohl beide recht verrückt waren, aber auch von Brayden, Sebastian, Dillon und natürlich Jorge, dem anderen Märchenwesen aus Abalion. Conrad hatte es erst nicht glauben wollen, doch der junge Mann stammte tatsächlich auch von dort und war in den Achtzigern auf der Erde gelandet.

»Vielleicht weiß er weiter.«

Conrad dachte darüber nach, er mochte es nicht, wenn fremde Leute zu ihm kamen. Nicht einmal, wenn es einen guten Grund dafür gab.

»Ich sehe dir an, wie du dir Gegenargumente zurechtlegst«, sagte Lyn.

Er brummte nur.

»Kristin ist dir nicht zufällig vor die Füße gefallen. Was, wenn sie eine Botschaft für dich hat? Von Anabel … Ich meine: Moon. Was, wenn Black Wolf auch Auswirkungen auf Abalion hat? Sie kann uns möglicherweise verraten, wie wir es aufhalten können.«

»Ich weiß.« Sie waren wieder und wieder durchgegangen, aus welchem Grund Kristin bei ihm gelandet sein könnte und warum sie Anabel so sehr ähnelte; wobei Conrad mittlerweile die Unterschiede erkannte: Anabels Augen waren etwas weiter auseinandergestanden, ihre Lippen einen Ticken dünner, ihre Haare nicht braun, sondern blond; Kristin war eher wie eine Schwester zu ihr.

»Jorge ist wirklich in Ordnung«, sagte Lyn. »Und wir könnten Hilfe brauchen. Black Wolf hält uns ordentlich auf Trab, genau wie das Portal.«

»Seid ihr da noch nicht weiter?«

Sie blickte sich um, stellte sicher, dass niemand zuhörte. Eigentlich durfte sie über all das nicht sprechen, aber sie hatte Conrad von Anfang an auf dem Laufenden gehalten. »Noch nicht. Es ist ziemlich schwierig, nach Abalion zu gelangen. Das Portal lässt sich mittlerweile öffnen und wir können nach Abalion sehen, aber noch darf niemand durch. Wir haben die ersten Sonden hinübergeschickt, die jedoch ausfielen. Es liegt wohl an der Zeitumstellung. Jorge hatte schon seine Probleme, als er auf die Erde kam, aber es sieht aus, als wäre es heftiger, wenn man von hier nach Abalion will. Sobald wir durchkönnen, wollen wir mit der Zauberin Syrantina in Kontakt treten, in der Hoffnung, dass sie weiß, wie wir Black Wolf aufhalten können.«

»Nie von ihr gehört.« Sie kam in keinem Märchen vor, das Conrad kannte.

Er fand es sowieso nicht gut, dass diese Menschen versuchten, in die Märchenwelt zu gelangen oder dass sie mittlerweile so viel darüber wussten. Die Ressourcen, auf die sie zugreifen konnten, waren enorm. So hatten sie mittlerweile auch das Nubra Tal gefunden und nahmen dort Ausgrabungen vor. Sie pflügten durch seine Vergangenheit.

»Darf ich ihnen von Kristin erzählen?«, fragte Lyn.

Conrad lehnte sich im Stuhl zurück und kratzte sich am Kinn. Die letzten Sonnenstrahlen kitzelten ihn im Gesicht. Kristin gab ein leises Keuchen von sich. Alexis hob als Erstes den Kopf, lief zur Couch und legte ihren Kopf auf Kristins Hand ab.

»Dad?«, hakte Lyn nach, weil er ihre Frage nicht beantwortet hatte. »Sie ist jetzt seit drei Monaten bei dir und wacht nicht auf.«

»Wie willst du das mit ihr erklären? Was sagst du denen, woher Kristin gekommen ist?«

»Ich sage, wie es passiert ist. Natürlich werde ich nicht erzählen, wer du bist oder wie du mit Abalion verbunden bist. Ich denke, das wird nicht nötig sein. Aber so wie es jetzt ist, kann es nicht weitergehen. Du kommst nicht mit Kristin voran. Lass uns zusammenarbeiten, die Leute hier sind gut.«

Conrad seufzte lange und tief. Seine Tochter hatte natürlich recht. So konnte es nicht bleiben. »Meinetwegen.«

Lyn nickte erleichtert. »Ich bespreche es mit Isabella und melde mich wieder bei dir.«

»Ja.«

»Kling nicht so kratzbürstig.«

»Ich klinge, wie ich will. Das ist mein Haus.«

»Kannst du mir bitte noch ein Foto von ihr schicken, damit ich es Isabella zeigen kann?«

»Wenn es sein muss.«

»Ich hab dich lieb«, sagte Lyn.

»Ich dich auch, mein Engel. Pass bitte auf dich auf.«

»Mach ich.« Sie küsste ihre Finger und drückte sie auf den Monitor. Conrad legte seine darauf. Es war ein schwacher Ersatz für eine Umarmung, aber alles, was sie sich im Moment geben konnten.

»Bis bald«, sagte sie und beendete die Verbindung.

»Bis bald«, sagte Conrad zu dem schwarzen Monitor. Er legte das Handy weg und sah hinüber zu Kristin, die leicht im Schlaf zuckte. Alexis leckte ihr die Hand, dann legte sie wieder ihren Kopf vorsichtig darauf nieder. Conrad erhob sich und setzte sich auf die Kante des Sofas. Er ergriff Kristins Finger. Ihre Haut war warm.

»Ich weiß nicht, wer du bist, warum du auf die Erde kamst oder was du von mir willst. Ich hoffe, ich tue das Richtige, wenn ich anderen von dir erzähle. Falls du noch irgendetwas dagegen einzuwenden hast, dann wäre jetzt der perfekte Zeitpunkt dafür.«

Er sah sie lange an und wartete auf eine Reaktion, aber wie immer kam keine.

»Na schön. Ich gehe jetzt ins Bett.« Conrad stand seufzend auf und nickte Alexis zu. Der Wolf würde vermutlich heute wieder hin und her pendeln.

»Nacht, ihr zwei«, sagte Conrad und dimmte das Licht. Er blieb an seiner Zimmertür stehen und tippte mit den Fingern auf den Holzrahmen.

Das Gefühl, dass dies hier bald vorbei sein könnte, war heute präsenter denn je zuvor.

9. Kapitel

Vor acht Monaten
Neuseeland, Irgendwo in den Bergen

Waylon stieg aus dem Wagen und knallte die Tür zu. Ein Vogel schreckte hoch und flatterte aus dem Geäst empor. Isa kletterte vom Beifahrersitz, verließ ebenfalls das Auto und als Letztes rutschten Lyn und Dillon von der Rückbank. Eigentlich hatte Jorge auch mitkommen sollen, aber Isa hatte beschlossen, ihn rauszuhalten. Sie schirmte ihn generell gerne gegen alle Außeneinflüsse ab. Jorge mochte es möglicherweise nicht so auffallen, aber Waylon schon.

»Oh, prima. Ich hasse die Natur«, sagte Dillon, schulterte die Tasche mit ihrem Equipment und wich einer Pfütze aus. Eigentlich hatten sie weiter hochfahren wollen, aber die letzten zwei Tage hatte es durchgeregnet in Neuseeland und der Weg war nicht passierbar.

»Sicher, dass wir richtig sind?«, fragte Waylon. »Es sieht nicht so aus, als würde hier jemand wohnen.« Im Gegensatz zu Dillon liebte er es, draußen zu sein. Es erinnerte ihn an seine Reise mit Kaia quer durchs Land. Die Wochen waren sicherlich müßig gewesen, vor allem, weil er ständig vom Grimm aufgesucht worden war; rückblickend aber zählte diese Zeit zu den schönsten in Waylons Leben.

»Aber klar bin ich sicher«, sagte Lyn. »Wir müssen nur den Weg hoch, dann kommt seine Hütte auf der rechten Seite. Du kannst aber gerne im Auto warten, Dillon. Hier gibt es sowieso nichts mit Computern zu tun.«

Dillon verzog das Gesicht, steckte ihr Messer in einen Stiefel und lief wortlos voraus. Sie war nicht wegen ihrer Expertise in Sachen Computern dabei, sondern weil sie Energie aus Abalion spüren konnte; aber das wusste Lyn nicht.

»Zeig uns den Weg«, sagte Isa und deutete nach oben. Lyn nickte und setzte sich mit Dillon an die Spitze.

Waylon ließ sich mit Isa ein Stück zurückfallen. Seine Muskeln brannten nach wenigen Schritten des Aufstiegs. Sein Körper war noch müde von der Reise und der gemeinsamen Nacht mit Dillon im Hotel. Sie hatten den Jetleg damit überbrückt, die Matratzen ausgiebig zu testen. Vielleicht hätte er sich besser ausruhen sollen, aber es war Neumond gewesen und Waylon hätte sowieso nicht richtig schlafen können. Der Grimm ließ ihn zwar, wie vorausgeahnt, in Ruhe, seit Black Wolf wieder in vollem Gange war, aber Waylons Geist hatte sich noch nicht daran gewöhnt. Jahrhundertelanger Terror ließ sich nicht binnen weniger Monate abschütteln. So konnte er in den Neumondnächten weiterhin schlecht schlafen. Er blieb ständig in Habacht, ob nicht doch der Grimm zuschlug.

»Dillon hat übrigens noch mal nach Conrad gegraben«, sagte Waylon. »Der Mann bleibt ein Rätsel. Er lebt seit dreiunddreißig Jahren hier in der Gegend und hat früher als Schmied gearbeitet, hat kaum Kontakt zu anderen.«

»Er versteckt sich.«

»Vermutlich.« Genau wie Lyn. Die Frau war gut, das musste er ohne Neid anerkennen. Manchmal trainierten sie zusammen, er hatte ziemlich zu tun, gegen sie zu gewinnen. Sie war fast zu perfekt für den Job.

Sie kamen an einen kleinen Wald, in dem es nach abgestandenem Rauch roch.

»Unglaublich, dass es noch immer danach duftet«, sagte Lyn. »Da drüben ist Kristin vom Himmel gefallen.« Sie zeigte nach links auf eine Reihe abgebrannter Bäume.

Sie liefen näher, der Krater war ungefähr vier Meter lang und zwei Meter tief. Die Ränder waren abgeflacht, man konnte gut hinaus- oder hineinklettern. Dillon ging voraus und trat vorsichtig ins Innere.

»Hier ist Blut. Ziemlich viel.« Sie ging in die Hocke und hob ihre Hände dicht über die Erde, als würde sie mit ihren Fingern nach Wasser suchen.

Lyn warf ihr einen skeptischen Blick zu. Sie wusste nicht, dass Dillon von den Masali abstammte und Energie aus Abalion spüren konnte, genauso wenig wie sie ahnte, was Isa und Waylon planten. Als Isa das Foto von Kristin gesehen hatte, war sie derart blass geworden, dass Waylon Angst gehabt hatte, sie würde umkippen.

»*Sie sieht aus wie Moon*«, hatte sie gesagt. »*Wie ihr Spiegelbild!*«

Ab da war klar gewesen, dass sie hierherkommen mussten. Möglicherweise war diese Frau das letzte Glied, das Isa benötigte, um Moon den Rest ihrer Kraft zu rauben.

Dillon nahm ihre Tasche ab und holte ein Pad mit Tastatur heraus. Sie tippte irgendetwas ein und nahm dann ein zweites Gerät, mit dem sie den Boden scannte. Es war ein Messinstrument, mit dem sie Strahlung feststellen konnte. Waylon kümmerte sich nicht weiter um den technischen Aspekt dieser Sache. Es war nicht sein Metier.

»Ich nehme eine Bodenprobe mit«, sagte Dillon und holte ihr Messer aus dem Stiefel. Sie lockerte damit die Erde etwas auf, kramte dann weiter in ihrer Tasche herum.

»Wir reden mit Conrad«, sagte Isa und deutete auf die Hütte, aus deren Schornstein es rauchte. Noch war niemand zu sehen, aber ganz sicher waren sie schon bemerkt worden.

»Liebend gerne«, sagte Lyn und eilte voraus. »Ich habe ihm unseren Besuch angekündigt, dennoch wird er eher mürrisch sein, also lasst euch nicht abschrecken. Abgesehen davon hat er natürlich mit Jorge gerechnet, wir hätten ihn mitnehmen sollen.«

»Wir halten ihn aus der Sache raus«, sagte Isa. »Wir haben keine Ahnung, wie zwei Wesen aus Abalion aufeinander reagieren.«

»Stell dich schon mal drauf ein, dass Dad nicht begeistert darüber sein wird.«

»Wir werden sehen.«

Lyn erreichte die Tür und hämmerte dagegen, doch anstatt abzuwarten, bis jemand antwortete, öffnete sie. Ein großes schwarzes Tier schoss heraus und sprang Lyn an. Sie taumelte, fiel nach hinten und stürzte auf die Erde. Waylon stockte der Atem, als er erkannte, dass es ein Wolf war. Seine Nackenhaare richteten sich auf, sämtliche Alarmglocken schellten in ihm. Er bekam auf einmal keine Luft mehr, sah nur noch das schwarze Fell, die gelben Augen, die riesigen Tatzen.

Der Wolf stützte sich mit den Vorderbeinen auf Lyns Brustkorb ab, fletschte die Zähne und biss Lyn ins Gesicht. Sie schrie vor Schmerz, Blut spritzte, sie versuchte, den Wolf abzuwehren, aber das Tier biss weiter zu, riss ihr die Kehle heraus und …

»Haha, Alexis. Stopp! Ich bekomm keine Luft!«, sagte Lyn und lachte.

Waylon schüttelte sich und blinzelte ein paar Mal. Seine Hand lag an der Waffe, die er an einem Holster um seine Brust trug, doch Isa hatte schon ihre Finger über seinen Unterarm gelegt, um ihn aufzuhalten.

»Es ist alles gut«, sagte sie.

Er ließ keuchend die Luft aus und sah noch mal hin. Der Wolf hatte Lyn nicht das Gesicht zerfetzt, sondern leckte sie ausgiebig. Und schwanzwedelnd.

Waylon schluckte trocken, spürte, wie ihm die Galle hochstieg, doch er behielt sie zum Glück unten.

»Atmen«, sagte Isa und ließ seine Hand los. »Ich denke, er ist keine Gefahr.«

»Lyn?«, hörte Waylon eine tiefe männliche Stimme. »Herrje, Alexis, was tust du denn?«

»Nicht so schlimm.« Lyn richtete sich auf und versuchte, den Dreck von ihrer Kleidung zu klopfen, doch der Matsch pappte an ihr. »Ich hab dich so vermisst!« Sie warf sich ihrem Vater in die Arme und brachte auch ihn fast zu Fall. Der Wolf – Alexis – fixierte stattdessen die Neuankömmlinge. Waylon brach der Schweiß aus, er wich einen Schritt nach hinten, spürte aber sofort Isas Hand in seinem Rücken. Seine Angst gegenüber dem Tier mochte auf den ersten Blick irrational wirken, aber Waylon hatte sich nie an Wölfe gewöhnen können, schon gar nicht, wenn sie schwarz waren.

Lyn ließ ihren Vater los und wandte sich freudestrahlend an Isa und Waylon. »Leute, das ist mein Paps. Dad, das sind Isabella Haynes und Brayden Collins. Meine andere Kollegin Dillon Middleton ist hinten am Krater und nimmt Proben.«

Conrad ließ seinen Blick über die Runde schweifen. »Wo ist Jorge?«

»Zu Hause«, sagte Isa. »Es ist müßig für ihn zu reisen, daher versuchen wir es zu vermeiden.«

»Das war nicht so abgemacht«, sagte Conrad.

»Ich weiß, doch nun sind wir hier und es wäre nett, wenn Sie uns einen Blick auf die Frau werfen ließen. Ich kann Jorge jederzeit per Video hinzuschalten.«

»Dafür hättet ihr nicht extra herkommen müssen.«

»Dad«, sagte Lyn. »Bitte? Der Flug war lang und es wäre wirklich gut, wenn wir sie sehen könnten. Ich weiß, dass es dir lieber wäre, wenn Jorge dabei wäre, aber es muss auch so gehen. Ja?«

Conrad brummte mürrisch, doch er machte Platz und ging in die Hütte. »Alle ziehen ihre Schuhe aus. Es reicht, wenn Alexis den ganzen Schlamm reinschleppt. Und du solltest dich umziehen, Lyn.«

Sie zuckte mit den Schultern, zog ihre Stiefel aus und verschwand in der Hütte. Waylon und Isa schlossen ebenfalls auf. Die Behausung war klein, mit einem weißen Lattenzaun, der die besten Jahre hinter sich hatte. Ein Schild hielt alle Besucher mit einem freundlichen »*Wer stört, stirbt*« davon ab, näherzukommen, wobei Waylon sich nicht vorstellen konnte, wer sich in diese Einöde verirren sollte. Und falls doch, lauerte da ja der Wolf.

Der bedauerlicherweise noch an der Tür stand.

Waylon zog die Schultern an, sein ganzer Körper krampfte. Er musste die Fingernägel in den Stoff seiner Hosen krallen, um nicht noch mal nach der Waffe zu greifen. Conrad beobachtete die beiden genau. Er behielt auch seinen Wolf im Blick, als würde er darauf warten, wie das Tier Isa und Waylon einschätzte.

Ich kann das. Ich kann das. Dies ist nicht der Grimm.

Es kostete Waylon alle Mühe, auf die Hütte zuzugehen, doch er schaffte es schließlich. Alexis hob die Lefzen, als er sich näherte, und stieß ein dunkles Knurren aus.

»Können Sie bitte das Tier zurücknehmen, Sir?«, fragte Isa ganz ruhig.

»Alexis.« Conrad deutete mit einem Kopfnicken nach innen, der Wolf verschwand sofort in der Hütte. Waylon wäre es lieber gewesen, wenn er sie ausgesperrt hätte statt mit ihnen gemeinsam ein.

Das überleb ich nicht.

Doch Isa schob ihn schon voran und ließ ihm keine andere Wahl. Sie traten in die Hütte, in der es nach gebratenem Speck, Eiern und Kaffee duftete.

Waylon hatte zwar gründlich gefrühstückt, der Geruch aber trieb ihm das Wasser im Mund zusammen. Er sah sich rasch um und nahm die Umgebung in sich auf. Die Hütte war einfach gehalten. Eine kleine Kochnische, wo sich das Geschirr in der Spüle sammelte; eine Kaffeemaschine; kein Tisch, aber den Abdrücken am Boden nach zu urteilen hatte da lange einer gestanden; ein Kamin, ein Sofa, drei weitere Türen; vermutlich die Schlafzimmer und die Toilette.

Waylon ging weiter durch den Raum. Der Wolf hielt alle aufmerksam im Blick.

»Wo ist sie«, fragte Isa.

»Im Schlafzimmer.« Conrad zeigte auf die rechte Tür, vor welcher der Wolf saß.

Natürlich.

Isa ging auf das Tier zu, ohne zurückzuschrecken. Waylon wünschte, er besäße ihre Souveränität, denn seine Knie zitterten und sein Herz bebte. Als Isa näher kam, knurrte Alexis leise.

»Nehmen Sie endlich das Tier zurück!«, sagte Isa.

Der Wolf fixierte sie mit stechendem Blick. Isa straffte ihre Schultern und hielt dagegen. »Wir kommen in guter Absicht her, aber sollte der Wolf mich oder einen von uns angreifen, …«

»Wird sie nicht«, sagte Conrad. »Alexis, ruhig.«

Der Wolf zog den Kopf ein, hörte auf zu knurren, bewegte sich aber nicht von der Stelle. Seine Augen richteten sich auf die Handtasche, die Isa bei sich trug. Waylon stockte. Ahnte der Wolf möglicherweise, dass Isa dort das Lederbuch aufbewahrte? Er wusste, dass sie sich niemals davon trennte und es überall mit hinnahm.

»Ist alles klar da draußen?«, fragte Lyn und kam aus dem Zimmer. Sie hatte frische dunkle Hosen an und ein enges Oberteil, das ihre Brüste ziemlich zur Schau stellte. Waylon starrte länger als nötig hin. Lyn verschränkte rasch die Arme vor der Brust. »Ist beim Waschen eingegangen.«

Isa wandte sich Conrad zu, ihre Miene verriet nichts. Kein Zorn, keine Angst. Sie war gelassen wie eh und je. »Das meine ich ernst.«

»Alexis«, rief Lyn schließlich und hielt ihre Tür auf. Der Wolf zögerte erst, doch dann gehorchte er und huschte in Lyns Raum.

Conrad quittierte es mit einem weiteren mürrischen Brummen und trat in sein Schlafzimmer. Isa folgte ihm, genau wie Waylon. Der Raum war ebenso klein und schlicht gehalten wie der Rest der Wohnung.

Die Frau lag im Bett und atmete ruhig. Isa setzte sich sofort zu ihr. Sie war wunderschön, mit blasser Haut, dunklen Haaren, ebenmäßigen Gesichtszügen.

»Sie reagiert auf niemanden«, sagte Conrad. »Ich versuche es seit fast drei Monaten.«

»Sie ist einfach so vom Himmel gefallen?«, fragte Isa.

»Lyn hat sicherlich alles darüber erzählt.«

Isa nickte nur. Waylon behielt Conrad im Blick. Der alte Mann hatte keine Lust auf diesen Besuch, das war mehr als deutlich.

»Ich möchte kurz mit ihr alleine sein«, sagte Isa.

»Wozu?«, fragte Conrad.

»Um mich besser zu konzentrieren. Ich kann mich sehr gut in Menschen hineinfühlen, aber dazu brauche ich meine Ruhe.«

Conrad schüttelte den Kopf und baute sich demonstrativ neben dem Bett auf. »Daraus wird nichts. Entweder ihr zieht wieder ab und schickt mir Jorge vorbei, oder du zeigst mir, was in deiner Tasche ist, damit mein Wolf aufhören kann, dir zu drohen.«

»Was?«, fragte Isa und hielt instinktiv ihre Handtasche fest.

»Verkauf mich nicht für dumm. Ich mag alt sein, aber meine Sinne funktionieren ausgezeichnet.«

»Dad«, sagte Lyn unruhig. Isa war schließlich ihre Vorgesetzte. »Mäßige dich. Bitte.«

»Das ist mein Haus. Die sind nur Gäste und sie verbergen offensichtlich etwas.«

Chapeau. Der Mann war gut. Waylon trat näher an Isa und behielt sie im Blick. Welche Geschichte wollte sie Conrad erzählen? Wie ihn einlullen?

Auf einmal ging die Vordertür erneut auf und Dillon kam zurück.

»Ich habe alle Bodenproben, die ich benötige«, sagte sie und kramte in ihrer Tasche herum. »Wenn ihr endlich soweit seid, können wir hoffentlich abhauen. Ich bin schon dreimal von irgendwelchen Viechern gestochen worden und …«

Sie blickte in die Runde und verstummte. Als Erstes bemerkte sie Conrad, dann die Frau im Bett. Sie kniff die Augen zusammen, ihr Mund klappte auf und wieder zu.

»Unglaublich«, sagte Dillon. »Das ist …«

Auch Conrad straffte die Schultern, aber Waylon konnte nicht deuten, aus welchem Grund. Die Stimmung hatte sich von einem Moment auf den anderen verändert. Sie war angespannt und abwartend geworden, als hätte eben jemand eine große Enthüllung in den Raum gestellt, die erst auf alle wirken musste.

»Du bist …«, sagte Dillon und blickte Conrad an.

»Was?«, sagte Isa und trat auf Dillon zu. »Was siehst du?«

»Abalion. Magie. Fantasie. Dieser Mann ist mehr, als es auf den ersten Blick den Anschein macht.« Sie kniff die Augen zusammen und blickte zu Lyn. »Deshalb bist du mir so komisch vorgekommen! Ich habe das nie deuten können, aber jetzt wird es mir klar. Dein Vater ist kein richtiger Mensch.«

»Das bin ich wohl«, sagte Conrad und verschränkte die Arme vor der Brust.

»Also gut«, sagte Isa und blickte von einem zum anderen. »Wie ich sehe, haben wir alle wohl etwas zu verbergen. Ich schlage vor, dass wir mit offenen Karten spielen. Es sei denn, wir wollen weiter so miteinander herumeiern.« Sie öffnete ihre Handtasche und griff hinein.

Würde sie etwa das Buch herausholen? Isa hütete es wie ihren Augapfel, es wäre sehr ungewöhnlich, wenn sie es einfach so preisgeben sollte; und wenn ja, dann nur, weil sie sich etwas davon erhoffte.

»Ich kann gerne den Anfang machen«, sagte sie und zog tatsächlich das Buch hervor.

Conrad zischte, als er es sah, und wich einen Schritt zurück. Er stieß gegen ein Regal an der Wand und fegte eine alte Vase herunter. Waylon fing sie auf, ehe sie zu Bruch gehen konnte.

»Das Buch …«, stammelte Conrad.

»Sie kennen es?«

»Es gehörte meiner … Es ist … Meine Familie besaß eins, das diesem sehr ähnlich war. Woher hast du es?«

»Aus einem Kloster im Nubra Tal, wo ich einst der Fantasie diente. Ich bin dreitausendvierhundert Jahre alt und Brayden über achthundert.«

Lyn schnappte nach Luft und fasste sich an ihre Brust. »Dad … Ich … Ich hatte keine Ahnung.«

Der Moment war also gekommen. Isa würde loslegen und die Geschichte von ihrer Gutherzigkeit auftischen, so wie sie es mit Dillon getan hatte. Niemand außer Waylon wusste, was sie wirklich plante. Isa manipulierte Menschen so leicht.

»Na schön«, sagte Conrad, als er sich wieder gefasst hatte. »Dann sollten wir wohl wirklich reden.« Er deutete auf das Buch. Isa richtete sich auf und reichte es ihm. Kaum schlossen sich seine Finger darum, stöhnte die Frau im Bett laut auf.

»Kristin«, sagte Conrad und fuhr zu ihr herum.

Auf einmal riss Kristin die Augen auf und richtete sich zum Sitzen. Sie atmete schwer, fasste sich ans Herz und starrte geradeaus. Conrad umschloss das Buch fester und wollte sich zu ihr setzen, doch sie fing sofort an zu schreien.

Waylon spannte seine Muskeln, er kannte diesen Gesichtsausdruck, denn er hatte ihn schon zigmal bei Menschen gesehen, die Opfer von Verbrechen wurden.

Die Frau hatte Angst.

Und zwar tief liegende, panische Urangst.

»Langsam«, sagte Waylon.

Kristin schnaufte schwerer, als hätte sie einen Marathon hinter sich. Sie schluckte, sah auf das Buch, auf Conrad, auf Isa. Ihre Augen tränten, sie schrie erneut, zog die Beine an und rutschte bis nach hinten an die Wand.

»Wir tun dir nichts«, sagte Conrad und rückte ein Stück von ihr ab, um sie nicht noch mehr zu ängstigen.

»Du kommst nicht zu ihr durch«, sagte Waylon. Er wich nach rechts aus, um ihr den Weg aus dem Raum zu zeigen. Er hatte das Gefühl, dass sie mehr Platz für sich brauchte.

Kristin bemerkte es sofort, sie krallte die Hände in das Bettlaken, biss sich auf die Unterlippe und sprang auf. Waylon machte ihr Platz, genau wie Lyn. Kristin stürmte los, torkelte, weil sie wohl zu schwach vom langen Liegen war, und eilte aus dem Zimmer.

»Wir dürfen sie nicht zu sehr bedrängen«, sagte Waylon und eilte ihr hinterher. Kristin war in der Mitte des Wohnzimmers und drehte sich um ihre Achse. Sie war völlig aufgelöst, wirkte verunsichert und angsterfüllt.

»Hey«, sagte Waylon und hob die Hände, um ihr zu zeigen, dass er ihr nichts tun wollte. »Ruhig.«

Ihr Blick glitt wirr umher, sie machte einen Satz nach hinten und stieß gegen die Tür, was sie erneut in Panik versetzte.

»Wenn sie in den Wäldern verschwindet, ist sie verloren«, sagte Lyn. »Das Gelände ist tückisch. Wir dürfen sie nicht rauslassen.«

»Hier drin bekommt sie Platzangst«, sagte Waylon. Er trat vorsichtig näher und bemühte sich, so defensiv wie möglich zu sein. Er verstand diese Frau. Viel zu gut. Er verstand die Angst, die sie befiel, die Enge, die sich in ihrer Brust ausbreitete. Waylon war jahrhundertelang in einer Höhle eingesperrt gewesen. Allein im Dunkeln. Nur er und seine Albträume vom Grimm. Er konnte nicht mehr zählen, wie oft er durch eine Panikattacke das Bewusstsein verloren hatte.

»Der Junge hat recht«, sagte Conrad und schob sich an der anderen Seite der Hütte an der Wand entlang. »Sie braucht mehr Platz.«

Conrad öffnete die Haustür so weit, dass Kristin mit Leichtigkeit fliehen konnte. Gleichzeitig hob er das Buch in die Höhe und zeigte es ihr. »Du kennst das, oder? Du bist mit diesem Buch verbunden. Durch Moon?«

Ihre Lippen öffneten sich, versuchten, das Wort zu formen, das Conrad eben gesagt hatte, aber es kam nichts heraus. Sie schüttelte den Kopf, krümmte sich zusammen und schrie erneut. Ihr Verstand konnte offensichtlich nicht einordnen, was mit ihr passierte. Das alles überforderte sie.

»War der Übergang bei Jorge auch so gewesen?«, fragte Waylon.

»Nicht, dass ich wüsste«, sagte Isa. Sie beobachtete die Frau nur und hielt sich gänzlich zurück. Waylon warf ihr einen Blick zu. Auf Isas Gesicht spiegelten sich Verwunderung und Vorfreude. Diese Frau war genau das, worauf sie gewartet hatte, genau das, was sie noch brauchte.

Waylon wandte sich wieder Kristin zu, die halb in sich zusammengesunken war und die Fingernägel in ihren Bauch krallte.

Conrad machte einen weiteren Schritt und klappte das Buch auf. Die Seiten waren nach wie vor leer. Waylon wusste, dass die Zeichen sich nur zeigten, wenn sie es wollten.

»Hier«, sagte Conrad und hielt Kristin das Buch hin. Er legte eine Hand darauf ab und atmete tief durch. »Das ist die alte Macht. Die alte Magie. Ich weiß, dass du es kennst, dass du die Zeichen hier drin verstehst; dass du hinter ihre Bedeutung blicken kannst, so wie Anabel es einst getan hat.«

Kristin sah auf das Buch und verzog das Gesicht. Sie schüttelte den Kopf, hielt sich die Ohren zu und schrie erneut. Sie wirkte, als würde alles sie überfordern, als würden ihre Sinne nicht verkraften, was um sie herum passierte. Was konnten sie tun, um sie zu beruhigen und es ihr leichter zu machen? Waylon lehnte sich nach vorne. Sie bemerkte es, starrte ihn an. Er hielt sofort inne, aber ihr Fluchtinstinkt sprang an. Er erkannte es in ihren Augen. Sie fuhr herum, eilte zur offenen Tür hinaus. Waylon fluchte, schnappte sich seine Stiefel und folgte ihr, genau wie die anderen.

»Lyn, sichere den Waldrand, falls sie über den östlichen Hang abhauen will. Der Dauerregen hat dort alles aufgeweicht. Ein falscher Schritt und sie stürzt ab.«

»Alles klar.«

Waylon trat ins Freie, Kristin war noch nicht weit gekommen. Sie drehte sich, blickte in den Himmel, nach rechts, nach links und presste sich die Hand an die Schläfe.

»Darf ich das Buch haben?«, fragte Waylon Conrad.

Conrad zögerte erst, doch dann reichte er es ihm. Kurz berührten sich ihre Finger. Waylon bekam einen heftigen Schlag, als hätte er in eine Steckdose gefasst. Er nahm das Buch an sich und zuckte zurück. Conrad schüttelte sich ebenso.

»Grimm«, sagte Conrad leise, und Waylon rann ein Schauer das Rückgrat hinab.

»Was?« Er wich vor dem alten Mann zurück und wandte sich wieder Kristin zu. Eins nach dem anderen.

»Kristin«, sagte Waylon ruhig und hielt das Buch hoch. Sie fuhr herum, reagierte recht gut auf seine Stimme. »Wir wollen dir nichts tun, aber ich habe das Gefühl, dass dir das hier helfen kann.«

Er klappte es erneut auf und sah auf die leeren Seiten. Ein Kribbeln überzog seinen Nacken, er blinzelte und plötzlich sah er zum ersten Mal ein schwaches Symbol auf dem Papier. Waylon hatte keine Ahnung, was es bedeutete, doch er drehte einfach das Buch herum und zeigte es Kristin.

»Unglaublich«, sagte Conrad. Auch Isa trat näher an Waylon heran.

»Seit wann kannst du das?«, fragte sie.

»Woher soll ich das wissen?« Isa hatte ihn nur einmal das Lederbuch in die Hände nehmen lassen, weil er keine Ruhe wegen Syrantina gegeben hatte. Waylon hatte es ihr sogar heimlich nachts entwendet, um es selbst zu versuchen, aber die Seiten waren stets für ihn leer geblieben. Bis heute.

Irgendetwas war an Kristin, das sich ihm zuwenden wollte. Etwas tief in ihrem Blut. Eine Verbindung, die er nicht näher benennen konnte. Es war fast ein ähnliches Gefühl wie früher, wenn er Kaia oder Ash gegenübergestanden hatte. War Kristin womöglich mit ihnen in Kontakt gekommen? Hatte es etwas mit seinem Sohn zu tun, das in Waylon diese Vertrautheit auslöste?

Er hielt das Buch nach wie vor in der Hand. Kristin starrte auf das Zeichen, ihr Mund klappte auf. Dann fasste sie sich an die Kehle und schnappte nach Luft.

»Ruhig atmen«, sagte Waylon und machte es ihr vor. Atmen war das Einzige, was ihm in der Höhle geholfen hatte. In den Zeiten, in denen er fast hatte durchdrehen wollen, war es sein Anker gewesen; sein Weg, die Dunkelheit und die Einsamkeit zu ertragen. »Ein. Aus.« Er hob seine Hand, ließ sie sanft vor und zurück gleiten und simulierte so den Atemfluss. Kristin starrte ihn an, dann wieder das Buch, dann wieder ihn.

»Mach weiter«, sagte Conrad und kam neben ihn. »Das beruhigt sie.«

»Wir wollen dir nichts tun«, sagte Waylon. »Ich kenne die Welt, aus der du stammst. Wir alle kennen sie.«

Kristin blinzelte, schwankte leicht, doch sie lauschte Waylons Worten aufmerksam.

»Abalion«, fuhr er fort. »Ist es das?«

Sie zuckte zusammen und keuchte leise.

Conrad kam neben Waylon und legte eine Hand auf das Buch. Wieder bekam Waylon einen Schlag bei der Berührung, doch er wich nicht zurück.

»Sieh hin«, sagte Conrad leise zu Kristin. Ein Kribbeln schoss Waylons Arm hoch. Er spähte auf die aufgeklappten Seiten, auf denen das Symbol kräftiger wurde.

Kreise und Striche formten sich zu einem abstrakten Zeichen.

Waylon schauderte, genau wie Kristin. Sie starrte auf das Symbol, blinzelte, schwankte.

»Ich glaube, sie wird gleich ohnmächtig«, sagte Conrad und nahm Waylon das Buch ab. Er verstand, trat in dem Moment nach vorne, als Kristin die Augen verdrehte und in sich zusammenklappte. Waylon fing sie auf und hob sie sofort auf die Arme. Ihr Körper glühte und zitterte. Er drückte sie enger an sich, nahm einen tiefen Atemzug, bei dem ihm selbst schwindelig wurde. Irgendein Geruch an ihr erinnerte ihn so schmerzlich an seinen Sohn, dass es ihm das Herz zerriss.

Er blickte auf Kristin hinab, ihr Kopf sackte gegen seine Brust, ihr Atem kam flach. Diese Frau stammte aus Abalion. Sein Sohn war in Abalion. Es war also sehr gut möglich, dass die beiden sich kannten, nein: Waylon war sich sogar sicher, dass es so war.

Er blickte zu Conrad, der das Buch sinken ließ. Das Symbol war wieder verschwunden, die Seiten waren leer. Conrad klappte es zu und drehte sich zu Isa um.

»Das hier wird uns helfen«, sagte er und hob das Buch an. »So kommen wir an ihren Geist heran. Wir werden es brauchen, wenn wir mehr über sie herausfinden wollen. Genau wie über ihn.« Er deutete auf Waylon.

Isa hatte alles in einem gewissen Abstand beobachtet. Waylon hatte noch nie erlebt, dass sie das Buch freiwillig hergegeben hatte.

»Ich bin einverstanden«, sagte sie völlig überraschend. »Du kannst auf beides zugreifen, so lange und so oft du es benötigst. Danach will ich das Buch wiederhaben.«

Isa sah ihn an. Ein Lächeln zuckte auf ihren Lippen, dann drehte sie sich um und lief zurück zur Hütte. Sie plante schon wieder irgendwas, sonst würde sie das Buch Conrad nicht überlassen. Kristin keuchte leise in Waylons Armen und zog ihre Aufmerksamkeit auf sich. Er betrachtete sie, während er sie zurück ins Haus trug.

Isa würde hieraus ihren größtmöglichen Profit schlagen.

Waylon spürte es.

Und es gefiel ihm nicht.

10. Kapitel

Vor sechs Monaten
Neuseeland, Conrads Bar

»Warum ausgerechnet hier?«, frage Waylon und schaltete das Licht in der alten Kneipe an. Es roch muffig, nach Staub und Mottenpulver. Die Tische waren abgedeckt, die Theke mit einer dicken Dreckschicht überzogen. Alexis schoss an Waylon vorbei und jagte nach einer Maus, die Richtung Toilette verschwand. Waylon zuckte zusammen.

»Weil ich denke, dass Kristin mehr Reize von außen braucht«, sagte Conrad. »Die bekommt sie nicht, wenn wir abgeschieden in meiner Hütte wohnen. Wir kommen mit unserer Behandlung nicht wirklich voran.«

Das stimmte. Die wenigen Wachphasen waren im Grunde nach dem gleichen Schema abgelaufen: Kristin war in Panik verfallen, Conrad und Waylon hatten sie mit dem Buch beruhigt, was allerdings nicht so gut klappte wie erhofft. Sie reagierte zwar darauf, aber irgendwas fehlte noch. Der letzte Impuls.

Die Alternative wäre gewesen, Kristin nach Hause mitzunehmen und sie im Labor zu untersuchen, aber sowohl Conrad als auch Isa stellten sich dagegen. Bei Conrad geschah dies aus menschlichen Gründen, Isa hatte lediglich Angst, dass sie nicht mehr an Kristin herankommen würde. Es war bei Jorge schwer genug gewesen, ihn aus dem Labor zu bekommen, in dem er *untersucht* worden war.

»Diese Bar ist perfekt.« Conrad trat neben Waylon und stemmte die Hände in die Hüften. »Der alte Chuck hatte sie jahrelang geführt, ehe er letzten Sommer gestorben ist. Wir können Kristin langsam mit den Eindrücken der realen Welt konfrontieren, ohne dass es zu sehr auffällt.«

»Wenn sie weiter in ihrem Koma bleibt, kündige ich meinen Job und backe mit dir Pizza.«

»Das wäre doch eine steile Karriere.«

Waylon lächelte leicht. »Wird das kein Gerede geben, wenn du plötzlich eine Bar eröffnest?«

»Ich erzähle einfach, dass ich es mal als Gastronom versuchen möchte. Die Menschen sind recht offen hier und lassen dich leben, wie du willst.«

»Wenn du meinst.« Waylon bezweifelte, dass es so leicht werden würde. Zumindest nicht für ihn. In den letzten Wochen war er zigmal nach Neuseeland gependelt. Zum Glück erster Klasse, sonst wäre er längst wahnsinnig geworden. Hätte er nicht so viel Arbeit zu Hause, wäre er für die gesamte Zeit hiergeblieben, aber Waylon musste sich ab und an blicken lassen. Besonders jetzt, wo sie in die kritische Phase mit dem Portal kamen. Die letzten Testreihen waren vielversprechend gewesen, aber nach wie vor ließ es sich nicht komplett öffnen.

Es rumpelte nebenan, als wäre jemand mit dem Kopf gegen die Wand gedonnert. Kurz darauf kam Alexis mit der toten Maus zwischen den Zähnen aus der Toilette stolziert.

»Bitte draußen«, sagte Conrad und öffnete ihr die Tür. Der Wolf funkelte Waylon an und knurrte leise. Mittlerweile hatte er das Gefühl, dass Alexis sich einen Spaß daraus machte, ihn einzuschüchtern. Sie hatte ihn nicht ein Mal gezwickt oder gebissen. Dennoch atmete Waylon vor Erleichterung auf, als sie weg war.

»Dann lass uns anfangen und sauber machen«, sagte Conrad und klopfte ihm auf die Schulter.

Es dauerte geschlagene sechs Tage, in denen Waylon und Conrad mit drei Hilfsarbeitern die Bar auf Vordermann brachten. Waylon hielt sich im Hintergrund, er wollte so wenig wie möglich auffallen. Zwischendrin hatte er sich öfter zurückgezogen, um mit Isa oder seinem Team zu sprechen. Jesper und Dante wurden euphorischer bezüglich des Portals. Sie hatten einfach ohne Absprache größere Sonden hindurchgeschickt, was einen Stromausfall im gesamten Block verursachte und Jesper eine verbrannte Hand einbrockte.

Waylon klickte den Bericht, den Lyn geschickt hatte, weg und klappte den Laptop zu. Sie hatte die Bande gut im Griff, aber Waylon fürchtete, dass es nicht so bleiben würde. Er sollte zurück und den beiden den Kopf zurechtrücken.

Er stand auf, streckte den Rücken durch und verließ sein Zimmer. Meistens arbeitete Waylon oben in einem der Gästeräume, während in der Bar die Renovierungen weitergingen. Er trat hinaus auf den Flur und spähte zu Kristins Raum. Die Tür stand einen Spalt offen, Waylon ging darauf zu und schob sie langsam auf. Sie schlief ruhig. So wie immer wirkte sie völlig entspannt. Ihre Panik stellte sich erst ein, wenn sie aufwachte und ihr Geist nicht mit den Sinneseindrücken zurechtkam. Waylon trat langsam ein und lief auf das Bett zu. Ihr Auge zuckte, sie gab einen leisen Ton von sich. Manchmal reagierte sie auf ihn, manchmal nicht. Er ließ sich auf der Bettkante nieder und griff nach ihrer Hand. Sie fühlte sich warm und lebendig an.

»Wir sind nicht mehr in den Bergen«, sagte er leise und strich mit dem Daumen über ihre Haut. »Conrad denkt, dass es dir helfen wird. Ich hoffe es und wünsche mir, dass du aufwachst und mit uns sprichst.« In Waylons Brust kribbelte es, wie so oft, wenn er mit ihr Kontakt hatte. »Du und ich … Keine Ahnung, was es ist, aber ich fühle mich dir verbunden. Wie … Wie ein Bruder.« Ja, das war wohl die richtige Bezeichnung dafür. »Was lustig ist, denn ich hätte gerne eine Schwester gehabt.«

Waylon war ein Einzelkind gewesen. Sein Vater war ein gelehrter Mann gewesen, der mehr über seinen Büchern gehangen hatte, als sich um seinen Sohn oder seine Frau zu kümmern. Waylons Leben war okay gewesen, er war nie geschlagen worden, hatte warme Mahlzeiten bekommen, aber wenig Liebe.

»Mir war das nie so bewusst, doch über die Zeit, in der ich nun auf der Erde wandle, habe ich viele Familien gesehen und wie innig manche miteinander umgehen. Es gefällt mir. Ich stelle mir diese Art von Bande stärker vor als jede Freundschaft.« Von denen Waylon auch nicht viel zu bieten hatte. Isa war keine wirkliche Freundin, mit Dillon hatte er lediglich seinen Spaß, und Lyn … Ja, sie vielleicht, aber dafür waren sie beide noch zu vorsichtig im Umgang miteinander. Er hatte das Gefühl, dass sie ihm nicht komplett vertraute und verübeln konnte er ihr das nicht. Er würde sich selbst auch nicht trauen.

Waylon verstärkte den Druck um Kristins Hand. Eine Weile saß er einfach so neben ihr und stellte sich vor, wie es wohl wäre, mit ihr zu sprechen, was sie ihm erzählen könnte, ob sie die Verbindung zwischen ihnen auch spürte.

Statt einer Antwort erhielt er nur Schweigen, also ließ er sie schließlich los und erhob sich. »Wir sehen uns später.«

Er schloss die Tür leise und lief nach unten. An der Treppe roch er bereits das frisch gebackene Brot und den Knoblauch. Waylon folgte dem Duft bis in die Küche, wo Conrad ein leichtes Mittagessen zubereitete. Die Sonne schien durch eines der zahllosen Fenster und blendete Waylon mitten ins Gesicht.

»Hast du Hunger?«, fragte Conrad.

Waylon nickte und lugte in einen großen Topf. Gemüsesuppe. »Das riecht fantastisch.«

»Hatte ja lange genug Zeit zum Üben.«

Waylon lächelte. Conrad und er hatten Jahrtausende überlebt. Sie waren Wanderer in der Geschichte der Menschen. Sie hatten Epochen überstanden, waren durch Kriege gezogen, hatten alle Facetten dieser Erde kennengelernt und waren wie Geister durch die Räder der Zeit gehuscht. Sie hatten viel gemeinsam und waren dennoch völlig unterschiedlich.

Waylon schnappte sich einen großen Teller und schöpfte sich von der Suppe ein. In einem Korb neben dem Ofen stand das frische Brot mit selbst gemachter Knoblauchbutter.

»Ich koche nicht gerne«, sagte Waylon. »Ich kann es, wenn es sein muss, aber für mich ist es eher Mittel zum Zweck.«

»Ja, ich hatte auch mal so 'ne Phase vor ein paar Hundert Jahren, doch es hilft alles nichts. Die Unsterblichkeit mag schön sein, aber sie schützt nicht vor Hunger und das Gefühl mochte ich nie.«

»Ich auch nicht.« Er setzte sich auf einen der hohen Stühle gegenüber des Herdes und löffelte die Suppe. Sie schmeckte genauso herrlich, wie sie roch. »In der Zeit in der Höhle war es am schlimmsten. Nach zwei Wochen hatte ich das Gefühl, mein Magen würde sich selbst verdauen. Ich hatte die übelsten Krämpfe, dazu kam das Dehydriertsein. Ich dachte, mein Kopf müsse explodieren. Tat er leider nicht.«

Conrad schöpfte sich ebenfalls von der Suppe und setzte sich Waylon gegenüber. »So etwas musste ich zum Glück nie durchmachen. Das

Leben hat es recht gut gemeint mit mir. Meistens zumindest.« Conrad verzog das Gesicht, ein trauriger Schatten huschte über sein Gesicht.

Es war erstaunlich, wie nahe Waylon sich dem alten Mann fühlte. Er kannte ihn erst wenige Wochen und glaubte enger mit ihm verbunden zu sein als mit Isa, mit der er schon so lange auf der Erde wandelte.

Auf einmal versteifte Conrad sich und blickte zur Tür. Waylon drehte sich ebenfalls herum und zuckte genauso zusammen. »Kristin.«

Sie stand am Rahmen, hatte die Finger in das Holz gekrallt und schnaufte schwer. Ihre Augen waren weit aufgerissen und blutunterlaufen, Schweiß stand auf ihrer Stirn.

»Ganz ruhig«, sagte Waylon, stellte die Suppe weg und erhob sich. »Wo ist das Buch?«

»Draußen.« Conrad wollte los, doch Kristin krümmte sich zusammen und schrie auf.

»Wir tun dir nichts«, sagte Conrad.

Wie oft sie ihr das schon gesagt hatten, wusste er nicht, aber was blieb ihnen anderes übrig. Kristin stöhnte, schüttelte sich und starrte auf Waylon. Ihre Lippen bebten, sie schluckte hart und trocken.

»Br-Bruder …« sagte sie krächzend.

»Was?«, fragte er.

Sie verdrehte die Augen, taumelte. Conrad und er waren sofort zur Stelle, um sie aufzufangen. Keine Sekunde zu früh, sonst wäre sie auf den Küchenboden geknallt.

Waylon hob sie mit Leichtigkeit auf seine Arme und trug sie zurück nach oben. Conrad huschte hinaus in den Gastraum, kramte in einer Tasche, die am Boden stand, und folgte ihm mit dem Lederbuch. Waylon bemerkte aus dem Augenwinkel, wie er sanft über den Einband strich und es fast schon liebevoll anlächelte. An dem Buch mussten viele Erinnerungen für ihn hängen.

»Ich muss es leider Isa zurückgeben, wenn wir fertig sind«, sagte Waylon.

»Ich weiß, schon gut. Dieses Buch war sowieso nie für mich bestimmt.« Er deutete auf Kris. »Was hast du eben mit ihr gemacht, dass sie so reagiert?«

»Ich saß nur kurz bei ihr und habe ihr erzählt, dass ich mir immer eine Schwester gewünscht habe.«

Conrad hielt inne und starrte ihn an. »Ist es das womöglich?«

»Was meinst du?«

»Sie braucht eine Geschichte.«

»Ich verstehe nicht.«

Conrad schob sich an Waylon vorbei und öffnete die Tür zu dem Zimmer, in dem Kristin eben gelegen hatte. Waylon trug sie über die Schwelle und bettete sie vorsichtig zurück auf das Laken. Sie stöhnte leise, als er sie ablegte.

»Die Masali waren grandiose Geschichtenerzähler. Anabel. Meine Eltern. Auch ich. Wir hatten Abend um Abend am Lagerfeuer gesessen und dem Volk die Zeit mit Erzählungen vertrieben.«

»So wie Isa. Sie hat im Kloster auch unzählige Märchen geschrieben.«

»Exakt. Kristin ist ein Teil von Anabel.«

»Und somit Teil der Fantasie.«

»Eine Geschichte kann nur zum Leben erweckt werden, wenn sie jemand erzählt und sie dann auch gehört wird. Kristin hängt im Zwischenstadium, sie ist weder das eine noch das andere. Ich glaube, wir müssen ihr einen Rahmen schaffen.«

»Wie sollte der aussehen?«

Conrad hob das Buch an und wedelte damit herum. »Wir gehen den Weg, den du eben schon angefangen hast: Wir erzählen ihr, wer sie ist.«

»Aber das wissen wir doch gar nicht.«

»Das menschliche Gehirn ist nicht in der Lage zu unterscheiden, ob eine Erinnerung wahr ist oder erfunden. Alles wird im gleichen Areal abgelegt. Kristin ist wie ein unbeschriebenes Blatt. Wie die Seiten in diesem Buch, die ihre Magie erst zum Leben erwecken, wenn jemand mit einem offenen Herzen darin liest.«

Waylon sah zu Kristin und dachte über Conrads Worte nach. »Wie sollte so eine Geschichte denn aussehen?«

»Das hat sie dir schon beantwortet. Wir erzählen ihr, dass du ihr Bruder bist.«

»Was? Schnappst du jetzt völlig über?«

»Aber nein, das ist es. Gib mir deine Hand.«

Waylon zögerte, doch dann streckte er sich nach Conrad. Er legte Waylons Finger auf das Buch, sofort spürte er wieder die Energie aus den Seiten aufsteigen.

»Du hast eine engere Verbindung zur Fantasie, als du denkst«, sagte Conrad. »Vermutlich hat Isa dir jahrelang eingeredet, dass es nicht so sei, oder?«

»Sie meinte, ich hätte kein Talent dafür.«

»Unfug. Jeder hat einen Zugang zur Fantasie, aber die meisten haben ihn besser abgesichert als Fort Knox. Du bist außergewöhnlich, genau wie ich. Du lebst, weil du an ein magisches Wesen gebunden bist. Der Grimm wurde aus den Tiefen eines gebrochenen Herzens erschaffen. Ihm wurde mit dem Kristall der Fantasie Leben eingehaucht, es pulsiert in seinen Adern. Du und er seid euch nahe. Noch immer.«

»Darauf könnte ich gut verzichten.«

Conrad legte Kristins Hand über die von Waylon und bettete dann seine obendrauf. »Fühle«, sagte er leise.

Waylon keuchte. Die Berührung war intensiv und durchdringend. Er hatte in seinem Leben schon öfter Kontakt mit dem Übersinnlichen gehabt. Er erinnerte sich, wie er damals das Kloster betreten hatte, obwohl er halb ohnmächtig vor Erschöpfung und Schmerzen gewesen war. Doch das Erlebnis hatte sich in ihn eingebrannt. Ganz tief.

So war es jetzt auch. Diese Frau und er waren etwas Besonderes. Das Blut, das in ihren Adern floss, kam Waylon so vertraut vor wie sein eigenes. Sie waren eine Familie, so abstrus der Gedanke auch sein mochte, doch das war es, was er wahrnahm.

»Rede«, sagte Conrad.

»Und was?«

»Das Erste, was dir einfällt. Gib ihr eine Vergangenheit, zieh sie in dein Leben. Gib euch beiden eine Geschichte.«

»Ich … Ich glaube nicht, dass ich das kann.«

»Natürlich tust du das. Was ist die erste Erinnerung an deine Kindheit?«

»Wie ich an einem Mittag die Schreibfeder meines Vaters ausprobieren wollte und das Tintenfass umkippte.«

»Denk moderner. Wenn du ein Mann wärst, der in dieser Zeit geboren wurde. Sagen wir: vor achtundzwanzig Jahren. Du siehst aus, als könntest du achtundzwanzig sein. Wie wärst du aufgewachsen? Wie waren deine Eltern? Wie war dein Umfeld? Was habt ihr gemacht sonntagmittags? Wo bist du zur Schule gegangen? Wie alt ist Kristin?«

»Zweiundzwanzig«, kam es über seine Lippen, weil er genau das auf einmal fühlte. »Sie … Sie und ich, wir … Wir haben uns gut verstanden.« Wärme flutete seine Glieder und Waylon ließ es zu. Ein Gefühl der Geborgenheit stieg in ihm auf. Er sah Bilder in sich hochkommen, sie waren bunt und farbenfroh und voller Lebenslust. »Wir … Wir haben Eis gegessen, an einem Sonntag, es war warm. Ich hatte meins schon vertilgt und dann das von Kris geklaut, sie war erst zwei und hat fürchterlich geweint. Das tat mir so leid, dass ich ihr von meinem Taschengeld jeden Tag in der Woche ein Eis kaufte.« Waylon riss die Augen auf und starrte Conrad an. Seine Lippen bebten, genau wie sein Herz. »Das fühlt sich so echt an. Als hätte ich das wirklich erlebt.«

»Das, mein Junge, ist die Kraft der Fantasie. Wir können alles sein, was wir wollen. Astronauten, Cowboys, Agenten, egal. Sie gibt uns die Kraft, tief in unseren Geist einzutreten und Welten zu erkunden, die vorher nicht existierten. Sie ist unser Elixier. Durch sie können wir träumen und lachen und weinen. Wir brauchen sie wie die Luft zum Atmen. Schließen wir sie aus, verkümmern wir innerlich und alles in uns verdorrt wie eine Wüste. Du hast soeben die Tür zu deiner eigenen Fantasie geöffnet. Nimm es an, geh mit mir hindurch und leite Kristin den Weg in diese Welt. Gib ihr ein Leben. Gib ihr eine Vergangenheit. Gemeinsam mit dir. Du wirst ihr Anker sein, damit ihr Verstand nicht überfordert ist mit unserer Realität.«

Waylon schüttelte den Kopf und sah auf die Frau, die ihm bis vor Kurzem eine Fremde gewesen war und mit der er auf einmal mehr verband, als er es sich je hätte träumen lassen. »Wenn wir … Können wir sie so aufwecken?«

»Ich denke schon. Sobald sie stabiler wird, schauen wir, was passiert. Wir schleusen sie bei dir im Team ein und dann könnt ihr gemeinsam dieses elende Black Wolf aufhalten. Ich weiß nicht, warum sie mir vor die Füße gefallen ist, aber meine Schwester wird ihren Grund gehabt haben.« Conrad strich Kristin eine Haarsträhne aus der Stirn. »Vielleicht finden wir ihn so heraus.«

»Na schön«, sagte Waylon. »Lass uns weitermachen. Lass uns ihr Erinnerungen geben.«

Und mir auch.

11. Kapitel

Heute
Frankfurt, Uhrzeit 22.36 Uhr

Ich bin nicht ihr Bruder!

Ich bin nicht ihr Bruder!

Ich bin nicht ihr Bruder!

Waylon lehnte die Stirn gegen seine Tür und atmete tief ein und aus. Nach dem Gespräch mit Isa war er sofort auf sein Zimmer gegangen, um sich zu sammeln. Er brauchte all seine Energie für das, was ihm bevorstand. Der Zeitpunkt, den er so sehr fürchtete, rückte näher. Heute war es soweit und er musste das tun, wovor er sich seit Monaten drücken wollte.

Er musste Kris opfern!

»Ich kann das nicht.« Aber ihm blieb nichts anderes mehr übrig.

Er musste sich an den Plan halten, er wollte seiner Familie helfen. Kaia und Ash und …

Kristin ist auch meine Familie.

Waylon donnerte mit der Stirn gegen die Tür, als könnte ihm das helfen, mehr Verstand in sich zu prügeln. Es war so hoffnungslos. Er hatte sich in eine Ecke manövriert und kam nicht heraus.

Seine Augen füllten sich mit Tränen, er wischte sie hastig weg, ballte die Hände zu Fäusten und schlug auf das Holz ein.

Auf einmal piepte sein Handy. Er zuckte zusammen und griff in seine Tasche. Manchmal kam er sich wie ein dressierter Hund vor, der sofort sprang, sobald ihn jemand rief.

Es war Isa. Natürlich.

Isa: »*Ich bin in der Wohnung und warte. Wie lange brauchst du für Kris?*«

Waylon: »*Ich muss erst Jorge instruieren, gib mir noch eine Stunde.*«

Isa: »*Du hast zwanzig Minuten.*«

»Diese dumme …« Waylon schluckte die Erwiderung hinunter und schüttelte den Kopf.

Waylon: »*Ich versuche es.*«

Isa hetzte ihn, weil sie Angst hatte, dass er es sich anders überlegen würde. Ihr Instinkt betrog sie nicht. Die Zeit mit Conrad und Kris hatte Waylon mehr denn je zum Nachdenken angeregt und zum Zweifeln gebracht. Isa hatte ihr Leben lang andere manipuliert. Wer sagte ihm, dass sie es bei ihm nicht machte?

Das Telefon pingte erneut. Es war noch mal Isa.

Isa: »*Die Zeit läuft. Denk an deinen Sohn und deine Frau.*«

Er musste es tun.

Es ging nicht anders.

Ich muss nur Kris umbringen. Sie ist ein Kollateralschaden. Mehr nicht. Sie gehört sowieso nicht in diese Welt, es ist alles gut … Sie ist nicht meine Schwester.

Er blickte sich ein letztes Mal im Zimmer um. Sein Blick fiel auf die Tasche, in der die echte Anthologie steckte. Er würde sich später darum kümmern, nun warteten andere Aufgaben auf ihn.

Er nickte sich selbst zu, fokussierte sich auf das, was ihm bevorstand.

Kristin Collins.

Nicht meine Schwester.

Heute wird alles vorbei sein.

Waylon verließ sein Zimmer, hetzte die Treppen hinunter, durchquerte das Wohnzimmer und eilte zu den Konferenzräumen sowie Sebastians Labor weiter.

Er brauchte noch zwei Dinge, ehe er loslegen konnte. Waylon blieb vor Sebastians Labor stehen und klopfte an. Niemand antwortete.

Merkwürdig.

Sebastian war heute Morgen noch da gewesen. Waylon wusste, dass er mit Jorge einen Termin gehabt hatte. Außerdem wollte Sebastian den Kristallstaub, den er von Kris' Kleidung genommen hatte, näher untersuchen.

»Sebastian«, versuchte Waylon es noch mal und trat schließlich ein.

Das Zimmer war leer. Alles aufgeräumt, wie immer. Sebastian war pedantisch, wenn es um die Ordnung in seinem Reich ging.

Waylon zog die Tür hinter sich zu. Es roch nach Desinfektionsmitteln und Gummi. Er blickte sich um, dann lief er an die gegenüberliegende Wand zu den Schränken und entriegelte sie mit seiner Zugangskarte. Niemand sonst hatte Zugriff auf die Sachen, die hier gelagert wurden.

Waylon klappte die beiden Schranktüren auf und blickte auf die Fächer. In einem waren Reagenzgläser gelagert, die mit Flüssigkeiten gefüllt waren. Es gab eine Art Brutkasten, wo Sebastian mit Enzymen und Bakterien experimentierte, und ein Fach, das kleine durchsichtige Kästchen enthielt. Dort hatte er die Proben aufgeteilt. Fünf waren mit *Kristallstaub Abalion* und weitere fünf mit *Teersubstanz Abalion* beschriftet.

»Na also.« Waylon öffnete eine Schublade und holte eine Pipette heraus. Dann nahm er zwei der Kästchen und zog sich je eine Probe der Substanzen. Er verwahrte sie in zwei neuen Behältnissen. Das mit der Teersubstanz schloss er sofort, das andere ließ er offen. Waylon griff in seine Jackentasche und nahm einen Beutel mit Glitzerpulver heraus. Vorsichtig riss er den Verschluss auf und kippte es in das Kästchen mit dem Kristallstaub, dann klappte er den Deckel zu und schüttelte es einmal gut durch.

Das sollte genügen.

Er packte alles so zurück, wie es war, schloss die Türen und lief zu dem Schrank, wo die Medizin aufbewahrt wurde. Es dauerte nicht lange, bis er ein Antihistaminikum gefunden hatte. Das Mittel wurde in speziellen Spritzen aufbewahrt, die schon aufgezogen waren und die man nur noch injizieren musste. Waylon würde es gleich brauchen, er wollte Jorge schließlich nicht töten. Er musste ihn nur gefügig machen.

Er steckte zwei der Spritzen ein, packte sein Kästchen ebenfalls in die Tasche und schloss alles wieder ab. Mit einem letzten Rundumblick vergewisserte er sich, dass alles wieder so war, wie er es vorgefunden hatte. Sebastian sollte keinen Verdacht schöpfen und denken, es wäre jemand in seinem Labor gewesen.

Waylon trat zurück in den Flur und zückte sein Handy, um Isa eine weitere Nachricht zu schicken.: »*Habe alles, was ich brauche. Werde jetzt Jorge vorbereiten. Sebastian ist nicht da. Weißt du, wo er ist?*«

Isa: »*Nein. Ich lasse es checken. Sobald ich Infos habe, melde ich mich.*«
Brayden: »*Gut. Ich mache weiter.*«
Isa: »*Du hast noch fünfzehn Minuten. Ich bin bereit.*«
»Ich nicht …« Waylon schüttelte sich, ließ das Handy in die Tasche sinken und kehrte zu seinem Mantra zurück.
Ich bin nicht ihr Bruder!
Ich bin nicht ihr Bruder!
Ich bin nicht ihr Bruder!
Waylon atmete kurz durch, dann lief er Richtung Labor. Er wusste, dass Jorge heute dort sein würde, sie hatten sich vorhin kurz darüber unterhalten. Außerdem war er gerne in der Nähe des Portals. Vielleicht erinnerte ihn das an zu Hause.
Waylon kam an die verriegelte Tür, gab seinen Code ein und öffnete. Seit er Kris alles erklärt hatte, war er nicht mehr hier gewesen. Die Vorbereitungen auf diesen Abend hatten ihn auf Trab gehalten.
Er trat ein und blickte sich um. Das Portal war im Boden eingelassen und schien nur darauf zu warten, aktiviert zu werden. Die Luft war kühl und frisch, das Licht gedämpft. Waylon blickte zu dem Tresen, hinter dem sonst zig Computer aufgebaut waren und Dillon stets herumgewuselt war. Nun stand da nur noch ein einziger Laptop. Alle anderen Geräte waren entfernt und konfisziert worden. Dillons Arbeitsplatz war somit verwaist. Waylon hatte sie lange nicht gesehen, obwohl er ihr versprochen hatte, sie ab und an aus der U-Haft zu holen und zu bespaßen. Doch ihm war nicht danach gewesen. Je näher dieser Moment gerückt war, desto unbehaglicher hatte er sich gefühlt.
Weiter hinten polterte es. Jorge stieß einen Fluch aus. Waylon kam näher und beobachtete ihn. Er sortierte die Bücher in seinem Regal um. Anscheinend hatte die Spurensicherung einiges durcheinandergebracht. Jorge war zwar nicht unbedingt der Ordnungsfanatiker, aber wenn es um seine Märchensammlung ging, war er genauso pedantisch wie Sebastian.
Als er Waylons Schritte hörte, drehte er sich um. In einer Hand hielt er ein halb aufgegessenes BiFi.
»Hallo, Jorge.«
»Hallo, alles klar bei dir? Du wirkst gestresst.«

»Tu ich das?« Er fuhr sich durchs Gesicht und schalt sich dafür, dass jeder so leicht in seiner Miene lesen konnte. Alle, außer Isa, die ihm sogar Komplimente für sein Aussehen gemacht hatte.

Sie kennt mich einfach nicht.

Nach all den Jahren.

Jorge nickte und hielt Waylon ein BiFi hin, doch er wiegelte ab. »Bekommst du wieder Ordnung in die Bücher?«

»Ja, wird. Die haben nicht nur alles umgestellt, manche sind auch hinüber.« Er deutete auf einen Stapel, den er auf dem Sessel abgelegt hatte. Bei vielen waren die Einbände zerrissen, eins war sogar in der Mitte durchgeschnitten worden. »Barbaren, wirklich. Das waren limitierte Sonderausgaben!«

»Tut mir leid, Jorge.« Tat es wirklich.

»Was treibt dich hierher?«, fragte Jorge und vertilgte den Rest seines BiFis.

»Ich will mir mit Kris das Portal ansehen und brauche deine Hilfe.«

»Ich weiß nicht, ob ich es öffnen kann. Ohne Dillon.«

»Ich übernehme ihren Part, ich habe ihr oft genug auf die Finger gesehen. Ich suche ein Märchen mit dir. Vorausgesetzt, es geht.« Er deutete auf die Bücher, die noch auf dem Boden standen. Jorge hatte einiges an Arbeit vor sich, ehe er wieder Ordnung geschafft haben würde.

»Denke schon.«

»Gut.« Waylon griff in die Jackentasche und schob mit dem Finger den Deckel von dem Kästchen mit dem Glitzer. Für das, was gleich kam, brauchte er Jorges volle Kooperation. Über alle Zweifel hinaus.

»Noch was?«, fragte Jorge und hob skeptisch eine Augenbraue. Jorge war gut darin, Schwingungen aufzunehmen, weshalb Waylon auch handeln musste, wenn er seine Chance nutzen wollte.

»Ja, ich …« Er fing an zu schwitzen und auf einmal war sein Hemd viel zu eng. Unruhig nestelte er mit der freien Hand am Kragen herum und löste den oberen Knopf.

»Du kippst aber nicht gleich um, oder? Scheint ja im Moment bei euch in der Familie zu liegen.«

»Nein, es geht, ich muss nur … Ich brauche deine … Ich …«

Reiß dich zusammen! Nun war nicht der Moment einzuknicken.

Waylon hielt die Luft an, zählte innerlich bis fünf und öffnete das Kästchen komplett.

Jetzt.

Tu es!

Jorge sah ihn weiter fragend an und knüllte das BiFi-Papier zusammen. »Brayden?«

»Ja, ich …«

Scheiße.

Er zog die Hand mit dem Kästchen aus der Tasche. Jorge folgte der Bewegung mit seinem Blick, doch Waylon war schneller als er. Ehe Jorge reagieren konnte, kippte er ihm den Inhalt ins Gesicht und pustete ihm den Rest Glitzer, der noch im Kästchen heftete, entgegen.

Jorge atmete rasselnd ein. Sofort verdrehten sich seine Augen nach hinten. Der Glitzer verursachte eine heftige Rötung auf seinem Gesicht, seine Haut verfärbte sich grünlich. Jorge wedelte mit den Armen, versuchte, Luft zu bekommen, doch sein Hals schwoll an.

Die allergische Reaktion kam schnell dieses Mal, es konnte daran liegen, dass Waylon den Glitzer mit dem Kristallstaub vermengt hatte. Er brauchte mehr Magie heute.

»Ganz ruhig, Jorge.« Waylon warf das Kästchen weg und trat nach vorne. Ehe Jorge umkippen konnte, griff er unter seine Arme und zog ihn Richtung Sessel. Mit dem Fuß schob er die Bücher weg, die Jorge dort aufgebaut hatte, und setzte ihn auf das weiche Polster.

»Ist gleich vorbei.«

Jorge röchelte weiter, seine Hände krampften um die Lehnen des Sessels, in seinen Augäpfeln waren Äderchen geplatzt.

»Br-ay…«, stotterte er und drehte den Kopf, um ihn besser zu sehen.

»Es tut mir so leid, wirklich!« Waylon griff in seine Tasche und holte die vorbereiteten Spritzen heraus. Ohne Zögern rammt er Jorge eine ins Bein und drückte den Inhalt in seinen Muskel. Dann legte er eine Hand in Jorges Nacken und wartete, ob die Dosis ausreichte oder er mehr brauchte. »Versuche, ruhig zu bleiben. Du hast ein Gegenmittel bekommen, es wird alles gut, ja?«

Jorge öffnete den Mund, seine Zunge war so geschwollen, dass er nicht mehr sprechen konnte.

In Waylon zog sich alles zusammen. Er war schon mal dabei gewesen, als Jorge einen Schock durch Glitzer erlitten hatte. Als Isa ihn ins Team brachte, musste Jorge einiges ertragen, auch Experimente, die herausfinden sollten, wie hoch seine Belastungsgrenze war. Waylon hatte nie zusehen können.

»Sht«, machte er und tätschelte Jorge den schweißnassen Nacken. Seine Atmung beruhigte sich nur langsam und Waylon überlegte schon, die zweite Dosis auszupacken, doch Jorge wurde stiller. »Bitte glaube mir, dass ich das nicht tun will.«

»Ich … was?« Jorges Blick wurde weicher, seine Pupillen weiteten sich und er starrte ins Leere.

Es ging los. Die zweite Nebenwirkung vom Glitzer: Jorges Geist wurde schwächer.

»Es ist alles in Ordnung«, sagte Waylon leise und lehnte sich näher zu ihm. Nun ließen auch die Krämpfe in Jorges Händen nach, sein Körper kam zur Ruhe. »Entspann dich.«

»Okay.«

»Wir beide werden gleich ein Märchen suchen. Du wirst das Portal öffnen und lesen, völlig egal, was passieren wird, hast du verstanden?«

»Ja.«

»Du wirst nicht auf Kris reagieren. Konzentriere dich auf deine Arbeit. Wenn sie dich um Hilfe bittet, hörst du nicht hin.«

Jorge nickte und schluckte. Seine Lider klappten zu, doch er riss sie sofort wieder auf.

»Lass dir nichts anmerken«, fuhr Waylon fort. »Sei ganz normal Kris gegenüber.«

»Ja.«

»Bekommst du das hin?«

»Glaube schon.«

»Jorge!« Waylon packte seine Wangen und drehte seinen Kopf zu sich. Er wischte mit dem Ärmel den Rest des Glitzers von Jorges Haut. »Es ist wichtig. Hast du alles verstanden?«

»Hab ich.«

»Gut. Morgen … später. Heute Nacht vermutlich. Da wirst du zu dir kommen und du wirst … Wenn du Kris findest, wie sie …« Waylon presste die Lippen zusammen und tadelte sich für seine Schwäche. »Sie wird tot sein. Verblutet.«

»Warum?«

»Weil … Weil Sebastian sie getötet hat. Du wirst dich später daran erinnern, dass er derjenige war, der mit ihr am Portal war. Er wollte Kris' Blut, weil er dachte, sie könnte der Schlüssel gegen seine Krankheit sein, er ist übernächtigt gewesen, nicht mehr Herr seiner Sinne. Verstehst du das?«

Jorge nickte. Blinzelte. Nickte noch mal.

»Die beiden haben miteinander gerangelt, du wolltest helfen, aber Sebastian hat dich niedergeschlagen.« Waylon würde sich später um Sebastian kümmern und alles vorbereiten. »Du hast aber noch gesehen, wie er Kris die Kehle aufschnitt und sie auf dem Portal ausbluten ließ. Dann ist er geflohen, ich habe ihn erschossen. Es war Notwehr, verstanden?«

»Ja.« Jorges Blick wurde wieder klarer und sein Atem ruhiger. Gleich wäre die Zeit um, in der Waylon ihm Dinge suggerieren könnte, er musste aufpassen, dass er es nicht überzog.

»Wiederhole, was ich dir eben gesagt habe.«

»Sebastian hat Kris umgebracht, mich niedergeschlagen. Er ist verrückt. Du hast ihn erschossen.«

Waylon verstärkte den Druck in Jorges Nacken, um seinen Worten mehr Nachdruck zu verleihen. »Bis dahin ist alles beim Alten. Hab keine Angst, es ist alles gut.«

»Alles gut.«

Waylon schloss die Augen und wiederholte es sich selbst im Geiste: *Es ist alles gut. Sie ist nicht meine Schwester.*

»Perfekt. Ich bin stolz auf dich.« Er ließ Jorge los und wartete noch einen Moment, bis er ganz zu sich kam.

Jorge schüttelte sich, rieb sich durchs Gesicht und blickte sich verwirrt um. »Was … Was ist denn passiert?«

»Du bist umgekippt.«

»Was?«

»Du hast dich so sehr in Rage geredet wegen deiner Bücher, dass du knallrot angelaufen bist.«

»So was ist mir ja schon ewig nicht mehr passiert.«

»Vielleicht solltest du nicht so viel Kaffee trinken, ich hab dir schon tausendmal gesagt, dass dich das Zeug umbringen wird. Geht es denn wieder?«

»Ja, glaub schon.« Jorge blickte auf das Bücherchaos, das Waylon verursacht hatte, und rümpfte die Nase. »War ich das?«

»Na ja, so halb auch ich. Ich hab dich aufgefangen und dich in den Sessel plumpsen lassen.«

Jorge stemmte sich nach oben. Waylon half ihm, bis er sicher war, dass er alleine klarkam. Alles funktionierte wie geplant. Jetzt blieb nur noch eins.

Sie muss sterben.

Es ist so einfach.

Oder?

12. Kapitel

Kristin

Frankfurt, 22.50 Uhr

Ich durchquerte die stille Wohnung. Die Lichter waren gedimmt, es war kein Laut zu hören, bis auf ein leises Rauschen aus der Lüftung. Ich kam an den Konferenzräumen und Sebastians Labor vorbei und folgte dem Gang, bis ich die Stahltür erreichte, die den Portalraum abgrenzte. Sie stand einen Spalt offen, was wohl als Einladung für mich galt. Ich lief näher, spähte ins Innere und sah Licht weiter hinten. Brayden und Jorge redeten miteinander. Brayden saß auf der Lehne eines Sessels, Jorge blätterte Bücher durch. Er bemerkte mich als Erstes und sah zu mir. Brayden drehte sich ebenfalls herum und winkte mir zu.

»Hey, Kris.«

»Hallo.« Ich schloss zu den beiden auf und lächelte Jorge ebenfalls an. »Hi«, grüßte ich ihn erneut, damit er mich ansprechen konnte.

»Wir suchen ein Märchen«, sagte Jorge. »Brayden will das Portal aktivieren.«

»Okay, macht Sinn, denke ich. Schafft ihr das denn ohne Dillon?«

»Ja, ich kenne die Technik und werde Jorge helfen, wir haben eben die Einzelheiten besprochen.« Brayden stand auf und zeigte auf den Arbeitsbereich von Dillon. Er war verwaist. Die Computer waren abgebaut worden, nur ein Laptop stand noch da und wartete auf seine Benutzung.

Er deutete auf das Portal und wollte schon loslegen, doch ich umarmte ihn stattdessen. Brayden hielt die Luft an und stockte. »Was tust du?«

»Ich vermisse dich. Ich liebe dich. Es ist schön, dich zu sehen.«

Er schluckte, sein Körper bebte leicht. »Ich … Ich liebe dich auch.«

Täuschte ich mich oder wirkte er nervöser als sonst? Ich löste mich von ihm und sah ihm in die Augen. Sein Lid zuckte. »Treibt dich irgendwas um?«

»Nein, warum sollte es?«

Weil du anfängst zu schwitzen und mich kaum ansehen kannst.

So hatte er sich das letzte Mal benommen, als er meine CD-Sammlung aus Versehen in den Müll geworfen hatte und es mir gestehen musste. Er hatte tagelang drumherum geredet.

»Ich weiß, dass du nicht über Details deiner Arbeit reden darfst, aber wenn dich etwas belastet, dann höre ich dir jederzeit zu. Ich kann dich auch liebend gerne mit Pizza und schlechten Filmen ablenken. Ich bin für dich da, Brayden.«

»Ich weiß.« Er schloss die Augen und schluckte so heftig, dass es in seiner Kehle knirschte. »Lass uns bitte anfangen, sonst bekomme ich Ärger. Sobald wir ein Märchen haben, kann Jorge loslegen.«

Brayden wandte sich ab, ich lief zum Portal. Es war rund und in den Boden eingelassen. Nach wie vor erinnerte es mich an eine dieser Transportereinrichtungen, wie sie in Star-Trek-Filmen vorkamen.

»Beam mich hoch, Scotty«, sagte ich und erntete ein leises Schnauben von Brayden.

»Den konnte ich mir nicht verkneifen!«, sagte ich.

»Das kann niemand, der das Ding sieht, schon gut.«

»Ich habe vielleicht schon eins«, sagte Jorge auf einmal. »Schau mal in Belgien: *Das tapfere Schneiderlein*.«

»Warte.« Brayden tippte irgendwas auf seinem Laptop ein, während ich um das Portal herumlief. Es war an den Rändern verkohlt, von dem Unfall, den Lyn und die anderen ausgelöst hatten. Ich ging davor in die Hocke und streckte meine Finger nach der harten Oberfläche aus. Sofort kribbelte es in meinem Nacken und ich fragte mich, ob ich bereit hierfür war.

Eine weitere Runde nach Abalion.

Ein weiteres Mal dem Grimm gegenüberstehen.

Ein weiteres Mal kämpfen.

Falls es überhaupt dazu kommen würde.

»Das reicht nicht mehr«, sagte Brayden zu Jorge. »Ich kann die Verbindung nicht aufbauen.«

»Dann hat derjenige aufgehört zu lesen«, sagte Jorge. »Lass uns weitersuchen.«

Ich starrte auf das Portal und stellte mir vor, wie es wäre, das Portal in Gang zu setzen und so nach Abalion zu reisen. In echt, nicht in einer Vision. Was wäre anders? Könnte ich dennoch Ash treffen?

»Schau mal nach Italien«, sagte Brayden zu Jorge. »Südöstliche Küste.«

»Ja. Das ist … warte … *Der Königssohn, der sich vor nichts fürchtet.*«

»Das wäre perfekt, es ist lang.«

»Ich spüre es gut, wie sieht es aus mit der Verbindung bei dir?«

»Könnte klappen.«

»Ich fang einfach mal an.« Jorge räusperte sich. Ich blickte zu ihm und sah ihm zu, wie er in dem Märchenbuch den passenden Text aufschlug und dann zu lesen begann: »*Es war einmal ein Königssohn, dem gefiel es nicht, daheim in seines Vaters Hause zu sein. Und weil er vor nichts Furcht hatte, so dachte er:* Ich will in die weite Welt gehen, da wird mir Zeit und Weile nicht lang und ich werde wundervolle Dinge sehen. *Also nahm er von seinen Eltern Abschied und ging fort. Immer zu. Von Morgen bis Abend war er auf den Beinen und es war ihm einerlei, wohin der Weg ihn führen sollte …*«

Das Portal rührte sich tatsächlich. Wie beim ersten Mal vibrierten die Bodenplatten und verflüssigten sich. Die Substanz schimmerte grünlich und schlug kleine Blasen. Meine Ohren knackten wie beim Fliegen, wenn der Druck sich veränderte. Ich ignorierte es und beugte mich näher über das Portal. Wieder nahm ich Gerüche von drüben wahr, spürte einen warmen Windhauch auf meiner Haut. Ich streckte eine Hand aus und berührte sachte die bebende Flüssigkeit. Sie war weder warm noch kalt. Mir entfuhr ein leichtes Keuchen, mein Innerstes zog sich zusammen. Ich presste die Lippen aufeinander, kämpfte nicht gegen das Gefühl an und ließ kommen, was auch immer sich zeigen wollte.

»Und?«, fragte Brayden auf einmal dicht hinter mir. Ich zuckte zusammen, denn ich hatte gar nicht bemerkt, wie er sich mir genähert hatte.

»Ich weiß nicht. Ich fühle die andere Seite und die Macht des Portals, aber es ist schwer zu beschreiben.« Mein Herz wurde eng und krampfte. Es war ähnlich wie bei den Berührungen mit Ash, wenn ich sein Mal angefasst hatte.

»Versuche es.«

»Es ist, als würde ich in eine Vision gezogen werden, aber ich kann sie nicht greifen. Abalion ruft nach mir.«

»Kannst du dich darauf einlassen?«

»Vielleicht.«

Er kam näher und griff nach meiner Hand.

»Du schubst mich aber nicht rein«, sagte ich.

»Was? Wie … Wie kommst du darauf?«

Ich blickte über meine Schulter zu ihm und warf ihm einen verschmitzten Blick zu. »Du weißt genau, wieso.«

Brayden zog die Augenbrauen zusammen und wirkte, als hätte ich ihn dabei erwischt, wie er sich einen runterholte. »Ich …«

»Herrje, Brayden! Du hast mich als Kind ständig in den Pool geworfen, wenn ich nicht damit gerechnet habe!«

Er ließ die Luft aus der Lunge und zog die Mundwinkel schräg nach oben. »Ja, ich … Daran hab ich gar nicht mehr gedacht.«

»Wenn das hier vorbei ist, werden wir Urlaub machen. Für mindestens ein halbes Jahr, das sag ich dir.«

»Das ist eine gute Idee.«

Ich nickte und wandte mich wieder dem Portal zu. Brayden trat näher an mich heran, ich spannte unwillkürlich meine Muskeln, auch wenn ich ihm blind vertraute.

Ein letztes Mal atmete ich durch und konzentrierte mich. Die Flüssigkeit schimmerte und brodelte, ich vernahm die ersten Gerüche und Geräusche aus Abalion und ließ mich darauf ein.

Wie beim ersten Mal spürte ich einen leichten Sog, mein Geist drang tief in den Kern des Portals vor. Ich verlagerte mein Gewicht, versuchte alles um mich herum auszublenden, aber es fiel mir schwer.

Hinter mir raschelte es. Ich spürte Braydens Wärme in meinem Rücken, seine Stärke. Seinen Halt. Er war da für mich, er würde mich ankern, egal was passierte. Mit diesem Vertrauen ließ ich mich weiter fallen, konzentrierte mich wieder auf Abalion und auf das Portal.

Auf einmal verschwamm der Raum um mich herum. Ich blickte in einen dunklen Saal. Die Wände, der Boden, die Decke – alles war aus schwarzem Gestein, das sämtliches Licht ausschloss. Es schimmerte grünlich, als wäre eine indirekte Beleuchtung im Inneren angebracht. Ich wollte mich bewegen, aber ich kam nicht von der Stelle. Nur meinen Kopf konnte ich drehen. Um mich herum war etwas wie ein Rahmen aufgestellt, als stünde ich im Inneren eines Bildes und würde nach draußen blicken.

Nein, kein Bild. Ein Spiegel.

Auf einmal tauchte eine Frau vor mir in der Finsternis auf. Erst konnte ich sie nicht richtig erkennen, doch dann zeichneten sich ihre Konturen klarer ab. Sie trug einen langen ausladenden schwarzen Mantel, der bei ihren Schritten leise raschelte. Ein großer Kragen aus dunklen Federn hielt ihn auf ihren Schultern zusammen, auf ihrem Kopf trug sie eine Art Krone, die aussah, als wäre sie aus Zweigen oder Knochen geformt worden. Ihre Arme waren nackt und funkelten bei jeder Bewegung. Genau wie ihr Dekolleté und die Hälfte ihres Gesichts.

Syrantina.

Das war sie.

Das war die Zauberin, die Jorge so sehr fürchtete.

Sie kam gemächlich auf mich zu. Die Kristalle, die sich in ihre Haut gebrannt hatten, funkelten und blitzten auf. Ihr Blick war direkt auf mich gerichtet, ich wusste jedoch nicht, ob sie mich sah oder nicht.

Syrantina hielt inne. »Wer bist du? Ich fühle dich, aber ich sehe dich nicht.«

Ihre Augen waren dunkel, fast schwarz. Ihre Haut war makellos rein und weiß. Sie war wunderschön und ebenso gefährlich. Ich spürte es mit jeder Faser meines Seins. Diese Frau war die Dunkelheit, die Kälte, die Nacht. Sie sperrte alles Licht aus, sie erdrückte die Liebe und schluckte jede Wärme. Sie war wie ein schwarzes Loch, das alles zerstörte, was sich ihr näherte.

»Jorge ist bei uns«, sagte ich schließlich.

Sie reagierte nicht, als ich den Namen erwähnte, und mir fiel ein, was er gemeint hatte, als er mir das mit der Zeit in Abalion erklärt hatte: dass Ereignisse nicht chronologisch liefen, sondern parallel. Vielleicht hatte Syrantina ihn noch gar nicht gesehen oder auf die Erde geschickt.

»Wir wollen den Grimm vernichten. Er tötet Menschen und ich … Er wütet auch in Abalion.«

»Der Grimm.« Syrantina schloss die Augen und atmete zischend ein.

»Wir würden gerne zu dir nach Abalion kommen. Du kennst uns schon. Oder wirst uns noch kennenlernen, wie auch immer. Wir können zusammenarbeiten, aber wir müssen ein Portal wieder zum Laufen bringen. Du hast Jorge einen deiner Splitter mitgegeben.«

Sie blickte an sich hinab und drehte den Arm, der mit den Kristallen übersät war.

»Kannst du uns noch mal helfen? Kannst du uns einen weiteren Splitter geben?«

Syrantina zog die Augenbrauen zusammen. Ich war mir nicht sicher, ob sie verstand, was ich sagte, ob sie überhaupt wusste, wovon ich sprach. Sie hob das Kinn leicht an, als müsste sie über meine Worte nachdenken. Jetzt verstand ich auch, was Jorge meinte, als er sagte, dass sie keinerlei Gefühlsregungen zeigte. Es war unmöglich zu lesen, was in dieser Frau vorging; ob sie gleich die Geduld verlieren oder mir Glauben schenken würde, ob sie wütend wurde oder mir helfen konnte.

Es fühlte sich komisch an. Verwirrend. Irgendwas stimmte hier nicht. Mein Herz zog sich zusammen, wurde enger und enger. Ich wollte zurückweichen, doch in dem Moment wurde ich von hinten gepackt. Brayden griff mir mit einer Hand an die Schulter. Syrantina verschwand, ich kehrte zurück in den Raum. Mein Bruder hielt mich fest, aber auch das fühlte sich fremd und komisch an; als gehörte dieser Arm gar nicht Brayden. Ich blickte über meine Schulter und erstarrte, als ich in seinem Gesicht las.

»Was passiert hier?« Ich blickte zu Jorge, der jedoch völlig in seinem Märchen versunken war und nichts mitbekam.

Brayden öffnete den Mund, als auf einmal sein Handy pingte. Brayden ignorierte es und fixierte mich stattdessen.

»Es ist so schwer«, sagte er leise.

Ich kniff die Augen zusammen, wollte fragen, was er meinte, doch auf einmal zog er den anderen Arm hervor und hielt ein Messer in der Hand.

»Es tut mir von Herzen leid, Kris.« Er holte aus, ich riss die Hände hoch, wollte instinktiv weg. Brayden rammte mir das Messer ohne Zögern in meinen Bauch. Ich grub die Nägel in seine Schultern, keuchte erstickt und spürte, wie mir die Galle hochstieg.

»Du hättest nichts hiervon mitbekommen sollen. Gar nichts.« Er zog das Messer zurück, riss mich an sich und in die Höhe. Dann lehnte er sich mit mir über das Portal und setzte die Klinge an meiner Kehle an. Das Blut tropfte aus meinem Bauch auf die Flüssigkeit im Portal und ließ sie brodeln. Ich atmete rasselnd ein, wollte mich von ihm losmachen, doch meine Beine wurden schwammig und knickten unter mir weg.

»Was tust du?«, stöhnte ich. Mein Blut vermengte sich mit der Flüssigkeit, färbte sie von grün zu rot und entließ ein unheilvolles Wummern aus der Tiefe.

Ich schluckte, versuchte, bei Sinnen zu bleiben und meine Gedanken zu sortieren, doch egal wie ich mich anstrengte: Es war alles falsch. Ich musste in einer Vision gefangen sein, das hier konnte nicht echt sein. Es ging nicht.

»Brayden«, keuchte ich, doch er reagierte nicht.

»Du musst sterben.« Angst schwebte in seiner Stimme mit, so wie ich sie noch nie von ihm gehört hatte.

Das war falsch. Irgendwas stimmte mit ihm nicht!

Ich schloss kurz die Augen, sammelte mich, dann holte ich aus und donnerte meinen Hinterkopf gegen Braydens Nase. Er keuchte, ließ nur kurz von seinem Griff ab, doch es verschaffte mir genügend Spielraum, um mich zu befreien. Die Wunde in meinem Bauch pochte schmerzhaft, das Blut durchtränkte meine Klamotten und rann über meine Haut. Ich kippte nach vorne, stemmte mich mit den Armen auf dem Portal ab, das zischte und brummte. Die Blubberblasen wurden größer, platzten auf und verströmten einen widerlichen Geruch. Es war eine Mischung aus Blut und Fäulnis. Brayden fing an zu zittern, ich fuhr zu ihm herum und starrte in sein Gesicht. Er war aschfahl geworden, die Augen starr, Schweiß stand auf seiner Stirn.

Auf einmal fiel mir eine Ähnlichkeit auf, die ich zuvor nicht hergestellt hatte: der Mann aus der Höhle! Der aus dem Zeitungsartikel, den ich vor Kurzem gelesen und der mich in eine Vision gezogen hatte. Braydens Augen waren dieselben. Genauso gebrochen, genauso verloren. Wie konnte das sein?

Es ist nicht real.

Tränen stiegen in meine Augen. Vor Schmerz und Kummer, vor Unglauben. Die Wunde in meinem Bauch pochte. Mir wurde schwindelig von dem Blutverlust, ich presste die Hand dagegen, sammelte meine Kräfte und wollte aufspringen. Brayden hielt mich fest, ich hob sofort das Bein und rammte ihm das Knie in den Magen. Er keuchte, sackte zusammen und ließ mich los. Ich wollte zur Seite weg, aber Brayden schob den Fuß vor und stellte mir ein Bein. Ich schlug der Länge nach auf und hustete trocken. Brayden packte meinen Fuß, zog mich zurück. Das Blut verschmierte unter mir und machte den Boden rutschig. Ich drehte mich auf den Rücken, holte gleichzeitig mit dem freien Fuß aus und schlug ihn Brayden seitlich gegen den Kopf. Er fiel zurück, schüttelte sich und fasste sich an die Stelle, wo ich ihn getroffen hatte. Ich hatte ihm eine ordentliche Platzwunde verpasst. Das Blut rann in Strömen seine Schläfe hinab. Er knurrte leise, nahm das Messer noch mal und kam auf mich zu. Ich robbte von ihm weg. Hinter Brayden flammte das Portal auf, das Knurren ertönte im gesamten Raum. Er zuckte wieder zusammen, hielt kurz inne, was mir die Möglichkeit gab, nach oben zu kommen.

Mein Blick fiel auf Jorge, der wie in Trance sein Märchen las und nichts von alldem mitzubekommen schien. Ich torkelte zu ihm, rief seinen Namen. Jorge zuckte nur kurz, ich griff nach seiner Hand, wollte auf mich aufmerksam machen, aber Brayden erreichte mich und zerrte mich von ihm weg.

»Nein!«, schrie ich und kickte mit den Beinen. Brayden nahm mich in den Klammergriff, ich stemmte mich mit meinem vollen Gewicht gegen ihn, was nicht viel nutzte. Er riss mich weiter, zerrte mich wieder zum Portal. Wir kamen an Dillons Arbeitstresen vorbei, ich hob die Beine, drückte mich von dem Tisch ab und bekam so mehr Hebelwirkung gegen Brayden. Er kippte nach hinten weg, wir schlugen beide auf den Boden auf, ich landete voll auf ihm. Der Aufprall wummerte tief in meinem Bauch nach und raubte mir die Sinne. Ich schüttelte mich gegen die Benommenheit und rollte mich mühevoll von Brayden herunter. Er wollte nachfassen, doch er griff ins Leere. Ich kam auf alle viere, stemmte mich ein weiteres Mal hoch, als eine Lichtsäule aus dem Portal explodierte. Sie schimmerte in allen Farben und Facetten. Ein berstender Laut erklang und dröhnte in meinen Ohren. Ich presste meine Hand darauf, schüttelte mich, doch das Geräusch bohrte sich tief in mein Hirn. Ich verlor das Gleichgewicht, Blut lief aus meinem

Gehörgang. Auch Brayden stöhnte. Ehe ich richtig stand, packte Brayden mich von Neuem und zerrte mich zurück zum Portal.

»Warum tust du das?«, fragte ich ihn. »Was ist mit dir los?«

»Es hat nichts mit dir zu tun, aber ich habe keine andere Wahl! Schon lange nicht mehr.«

Ich stemmte die Füße in die Erde, machte mich so steif wie nur möglich, doch Brayden zerrte mich weiter und schob mich auf die Umrandung des Portals. Er umklammerte meinen Oberkörper mit einem Arm und zückte das Messer von Neuem.

Ich ließ mich gegen ihn fallen, sammelte meine Kräfte. Diese Situationen hatten wir zigfach im Training geübt, ich konnte hier rauskommen, ich war dazu fähig.

Reiß dich zusammen!

Ich holte mit dem Ellbogen aus, um ihn gegen Braydens Rippen zu donnern, doch er sah die Bewegung voraus und packte mich vorher.

»Ich kenne dich so gut, wie oft haben wir das trainiert?«, sagte er und hielt mich fester.

»Hör doch bitte auf«, flehte ich. »Lass mich gehen, wir können über alles reden.«

»Über dieses Stadium bin ich wohl hinaus. Ich muss eine Entscheidung treffen.« Brayden drückte mich nach vorne. Ich hing halb über dem Portal. Er setzte das Messer an meiner Kehle an, drückte es ganz fest auf, aber wieder zog er nicht durch. Sein Körper bebte vor Anspannung, sein Atem kam stoßweise und blies mir in den Nacken, er stöhnte leise, als hätte er Schmerzen oder als müsste er sich mit aller Macht hierzu überwinden.

»Brayden«, keuchte ich und wagte kaum, mich zu rühren, aus Angst, die Klinge könnte mir doch den Hals aufschlitzen.

Brayden setzte die Waffe etwas tiefer an, ratschte sie quer über meine Schulter und zwängte mich erneut nach vorne. Mein Blut lief den Arm hinunter, er hob ihn an, sodass es besser ins Portal laufen konnte.

Ich grub meine Fingernägel in Braydens Arm und versuchte, mich von ihm wegzustemmen, aber er umklammerte mich fester. Kaum war mehr Blut ins Portal gelaufen, zischte es erneut und das Knurren wurde lauter.

»Ich liebe dich, Kris. Wirklich. Du bist wie eine Schwester für mich gewesen und alles, was wir miteinander erlebt haben, oder nicht erlebt, war für mich genauso real wie für dich. Es bricht mir das Herz, aber es muss sein. Du musst sterben, damit ich meinen Frieden finde und meine Familie retten kann. Meine echte.«

Er drückte seine Wange gegen mein Ohr, ich fühlte Nässe an meiner Haut und wusste, dass es seine Tränen waren. Mir wurde übel, der Raum tanzte vor meinen Augen. Ich verstand es einfach nicht noch konnte ich es fassen. Braydens Worte rissen eine tiefe Lücke in mein Herz, sie waren wie eine Stampede, die alles in mir niederfegte, das Gute und Schöne, die Liebe und das Vertrauen. Sie löschte mich aus, sie löschte *uns* aus und hinterließ eine klaffende Leere, die gefüllt mit Schmerz war.

»Warum?«, stammelte ich.

»Ich weiß es nicht.« Er drückte die Klinge fester auf, schnitt in meine Haut, ich atmete scharf ein, drückte mich gegen ihn.

Das war es.

Er tut es.

Jetzt.

Ich spürte nur noch, wie die Klinge in meine Haut ritzte und das Blut floss.

13. Kapitel

Frankfurt, 22.56 Uhr

Isa kniete in der leeren Wohnung vor der Wand, hinter der der Spiegel verborgen war, den Dillon erspürt hatte. Ein Durchgang zu Abalion. Ein Weg in Moons Reich. Isa hielt die Augen geschlossen. Ihre Hände ruhten auf den Oberschenkeln, ihr Atem kam ruhig und gleichmäßig. Für jeden Außenstehenden hätte es so ausgesehen, als würde sie meditieren, doch sie sammelte ihre Kräfte für den entscheidenden Moment, auf den sie sich jahrtausendelang vorbereitet hatte.

Heute würde sie sich Moons Neumondkraft holen.

Ein dunkles Beben ließ Isa aufhorchen. Es klang so bedrohlich, dass sie Gänsehaut bekam. Sie spürte den Impuls, aufzuspringen und davonzurennen, doch sie verharrte an Ort und Stelle und blickte hoch zur Wand, auf der sich nun die Ränder des Neumondspiegels deutlich abzeichneten. Dunkle Blutstropfen quollen heraus und liefen herunter.

Kristins Blut.

Die Kraft des Neumonds.

Waylon tat es wirklich. Er opferte das Mädchen.

Sehr gut.

Isa griff neben sich und klappte das Lederbuch auf.

Die Vollmondmacht einst von Moon zu trennen, war verhältnismäßig leicht gewesen. Isa hatte die Gunst der Stunde genutzt, als Moon mit Casaju beschäftigt gewesen war, und ihr das Amulett vom Hals gerissen. Eigentlich hatte Isa das Stück behalten wollen, doch es wurde mit Casaju auf die Nachtheide gebannt. Sobald Isa Moons Macht hatte, würde sie sich den Ort sowieso vornehmen.

Aber erst hierzu. Sie blickte auf das Lederbuch und legte eine Hand darüber. »Ich will zu Moon, öffnet mir den Zugang.«

Die Antwort kam schneller als üblich, vermutlich lag es an all der Magie, die sie in diesem Moment freisetzten. Isa wurde nach vorne gezogen und stürzte fast in die Zeichen und die Geheimnisse des Buches hinein. Alles war viel klarer, viel realistischer. Die Symbole der Masali formten sich vor ihren Augen, schwebten aus dem Buch heraus und auf die Wand mit dem Neumondspiegel zu. Eines stach ganz besonders heraus.

Isa berührte es vorsichtig mit dem Finger und schob es nach vorne, bis es die Wand berührte. Sofort flammte alles vor ihr auf und der Putz krachte langsam weg. Ein kühler Luftzug wehte Isa entgegen. Sie schluckte schwer, hielt die Luft an. Aus der Wand brachen Stücke heraus, die nach und nach das dahinterliegende Geheimnis preisgaben, bis Isa schließlich den Neumondspiegel selbst sah.

Er war schwarz, der Rahmen funkelte leicht, die Oberfläche war gebrochen, als hätte jemand einen spitzen Gegenstand hineingerammt. Der Spiegel steckte zwischen dieser Welt und Abalion, verharrte im Übergang, bis er wieder gebraucht wurde.

Isa hob eine Hand. Die Magie dehnte sich mehr in den Wänden aus, verbreitete sich im gesamten Gebäude und ließ es erzittern. Sicher dauerte es nicht lange, bis die ersten Bewohner auf die Unruhe aufmerksam wurden. In Kürze wäre hier nichts mehr, wie es jetzt war, doch auch dafür hatte Isa vorgesorgt. Bald würden gezielte Meldungen an die Presse lanciert und Isa somit alle aus dem Weg räumen, die ihr noch lästig waren.

Mich hält nichts mehr auf.

Sie hob das Buch höher, konzentrierte sich auf die Macht, die darin verborgen lag. Dunkle Schatten waberten hervor und flossen um ihre Handgelenke. Das war auch damals so gewesen, als Isa sich die Vollmondmacht geholt hatte. Alles lief genauso ab wie zuvor.

»Das ist gut«, flüsterte sie. »Holt euch ihre Kraft, entzieht sie Moon, auf dass ich sie besiegen kann.«

Sie spürte etwas Feuchtes an ihrem Hals und tastete danach. Blut. Aber es kam nicht von ihr, sie hatte keine Wunde.

Das war von Kristin.

Die Macht des Neumonds floss über und durch Isa, sie spürte, wie alles eins wurde und sich ihr zuwendete.

Die Schatten aus dem Buch hatten ihre Arme nun komplett bedeckt und wanderten an Isas Schultern hinauf. Sie ließ sich darauf ein und in die Magie fallen, die sich aus den Seiten entfesselte. Beim nächsten Atemzug spürte sie Kristin deutlicher als je zuvor. Sie sah, wie sie einst geboren worden war: im Spiegelzimmer von Moon. Isa trat weiter nach vorne, setzte den ersten Fuß nach Abalion und somit in Moons Palast. Es funktionierte tatsächlich. Isa erschuf einen Übergang, wo vorher keiner gewesen war. Sie brauchte kein Portal, sie war ihr eigenes Portal geworden und sie würde sich alles holen, was sie begehrte.

Isa riss die Arme hoch. Die Schatten hatten den Neumondspiegel umschlossen und quetschten alle Energie aus ihm heraus. Der Tower bebte und vibrierte. Die Fensterscheiben erzitterten, eine Druckwelle rauschte heran und fegte quer durchs Zimmer. Isa stemmte sich dagegen, hatte ihr Buch fest in den Händen und hielt an den Symbolen fest, die sich daraus entfaltet hatten. Die Scheiben bebten intensiver, das Glas knirschte und mit der nächsten Druckwelle barsten sie in ihre Einzelteile.

»Ich will Moons Macht«, rief Isa, ohne sich um die Verwüstung zu kümmern. »Trennt sie von ihr! Bringt mich zu ihr!«

Die Wand, wo der Neumondspiegel versteckt gewesen war, war mittlerweile komplett eingestürzt. Ein neuer Raum zeichnete sich dahinter ab. Er war klein und hell. Weitere Spiegel hingen an den Wänden.

Isa kannte ihn bereits, sie war in einer ihrer ersten Visionen dort gewesen: Moons Spiegelzimmer.

Ihre Kraftquelle.

Isa lächelte und stand auf. Die Druckwelle war noch nicht ganz abgeebbt. Isa stemmte sich dagegen, machte einen Schritt nach vorne und spürte Moon nun deutlicher als je zuvor, genau wie Kristin, die mit jedem Atemzug schwächer wurde.

Ich bin so stolz auf dich, Waylon.

Das Buch behielt sie weiterhin in Händen, die Schatten waberten intensiver heraus und zerquetschten langsam den Neumondspiegel.

Isa lief weiter und setzte den ersten Fuß über die Schwelle nach Abalion. Alles kam so zusammen, wie sie es erhoffte. Sie schritt voran. Der Raum in Moons Palast zeichnete sich deutlicher ab, die Wohnung, aus der sie eben gekommen war, verschwand – und dann fand Isa sich schließlich dort, wo sie hingewollt hatte.

Kurz vor der Erfüllung ihres Ziels.

Kurz vor Moons Vernichtung.

Sie atmete tief ein, klappte das Buch zu und würdigte diesen Moment. So viele Jahrhunderte, die sie hierauf hingearbeitet hatte. All die Entbehrungen in dieser Zeit, all die Kämpfe. Es wurde belohnt. Hier und jetzt. Isa hatte es tatsächlich geschafft. Sie war in Abalion.

Sie war in Moons Reich!

Die Schatten ließen vom Neumondspiegel ab, der völlig verformt war. Die Oberfläche war nun komplett zertrümmert, seine Macht gebrochen; Kristin vermutlich tot.

Isa lächelte zufrieden und sah die anderen sechs Spiegel an den Wänden an. Sie waren nur schwache Abbilder von Moons Kraft und leicht zu zerstören.

Isa trat vor den ersten zu ihrer Rechten, ballte die Hand zur Faust und schlug auf die Mitte. Die spiegelnde Oberfläche brach sofort, Risse zogen sich nach außen zum Rahmen hin und spalteten ihn ebenfalls. Die Wand dahinter bebte, genau wie der Boden und der Rest des Palastes. Euphorie rauschte durch Isas Adern. Sie spürte, wie Moon ihre Kraft verlor und alles aus ihr floss, was sie ausmachte.

Endlich war es soweit. Endlich konnte sie sich nehmen, was sie schon immer ersehnt hatte.

»Du gehörst mir«, sagte Isa und lief zum zweiten Spiegel.

14. Kapitel

Ash

Abalion Zeit unbekannt

»Verflucht«, rief ich und taumelte aus der Vision zurück. Das durfte doch nicht wahr sein!

Abalion. Die Masali. Das Kloster. Märchen. Alte Schriften. Ein Fluch. Kris … Mein Mal fing an zu brennen und ich strich mit den Fingern darüber.

Nun endlich wusste ich es.

Kris und ich.

Was sie war.

Wer ich war.

Als ich sie berührt hatte, war das dunkle Mal kleiner geworden und sie hatte Schmerzen in der Brust verspürt. Genau an der Stelle, an der das Messer gesteckt hatte, vor dem ich sie eigentlich hatte bewahren wollen. Ich war in den Weg gesprungen, ich hatte Moons Ritual gestört und nun zahlte ich den Preis dafür. »Hätte Kris ohne mein Eingreifen diesen Fluch abbekommen, der an mir haftet?«

»Nein. Sie kann mit dieser Art von Energie umgehen, sie ist ein Teil von mir.«

»Aber ich nicht.«

»Ich sagte dir, dass dein Fluch ein Unfall war. Ich weiß nicht, was er bedeutet, ich weiß nicht, was mit dir passiert, wenn sich das Mal weiter ausdehnt. Alles ist möglich. Du trägst Magie von deiner Mutter in dir und nun auch von mir. Das Gleiche gilt für Kris. Ihr beide seid neue Wesen geworden, die es so noch nie in Abalion gegeben hat.«

Ich atmete durch und fuhr mir durchs Gesicht. »Kann es … Kann Kris mir helfen, den Fluch zu lösen?«

»Auch das kann ich dir nicht beantworten. Vielleicht weiß es deine Mutter.«

Ich schnaubte. »Das ist sinnlos. Ich habe schon versucht, mit ihr zu sprechen, sie lässt mich nicht mal in ihren Palast.« Als ich das letzte Mal dort gewesen war, hatte sie einen Blitz aus ihren Gewitterwolken entladen, der mich nur knapp verfehlt hatte.

»Nun vielleicht schon. Sag ihr alles, was du weißt. Erkläre ihr das mit Kris.«

»Ich … Ich weiß nicht.« Ich wandte mich zu Moon und musterte sie intensiv. Jetzt, da ich eingeweiht war, trat die Ähnlichkeit zwischen ihr und Kris deutlicher hervor. Die gleiche Nase, die leicht geschwungenen Lippen, die Intensität in ihrem Blick. Wie hatte ich das nicht merken können? »Hast du es gewusst?«

»Was?«

»Als ich dir von Kris erzählte? Wie wir uns zum ersten Mal begegnet sind und gegen den Grimm gekämpft haben. Hast du da gewusst, wer sie ist?«

»Zuerst nicht. Als du den Grimm mir gegenüber erwähntest, war mein Kopf nur bei ihm und den Schrecken, die er ausgelöst hat und bei … bei …«

»Liam.«

Sie wandte das Gesicht ab und rieb die Hände aneinander. »Nach all der Zeit ist er noch immer ein Teil von mir. Ich kann es nicht ändern. Ich liebe ihn und werde es bis in alle Ewigkeit.« Sie verzog das Gesicht und schüttelte sich. »Als ich dir mein Spiegelzimmer zeigte, kam mir das erste Mal eine Ahnung, wer Kris sein könnte. Die Wand, an der einst der Neumondspiegel hing, hat geleuchtet und starke Energie ausgesendet. Erst da stellte ich den Zusammenhang her und erinnerte mich an den Abend, an dem alles schiefgegangen ist.«

»Hast du mich deshalb sofort rausgeworfen?«

»Ja. Ich wusste nicht, wie ich damit umgehen sollte, ich brauchte Zeit, das zu verarbeiten. Als ich erkannte, wer Kris ist, war es zu spät.

Der Prinz hatte dich von einem Eisjäger abholen lassen und zu sich auf die Nachtheide gebracht, ich habe versucht, dich zu wecken, doch du hast erst reagiert, als die Wirkung des Mohngrases nachgelassen hatte.«

Damit hatten mich die Zentauren ins Reich der Träume geschickt, um mich dann zum Prinzen zu bringen. Tückisches Zeug. »Deshalb warst du dort gewesen, als ich aufwachte.«

»Ja, ich …« Moon schrie und krümmte ihren Oberkörper. Weitere Risse entstanden auf einmal an ihrem Hals und auf ihren Händen.

»Was ist los?«

»Meine Spiegel! Es ist Isa. Sie zerstört sie!«

Moon schrie erneut. Der Palast bebte heftig, die Risse zogen sich nun auch durch den Boden, die Wände, die Decke. Alles drohte zu bersten.

»Wie komme ich am schnellsten in dein Spiegelzimmer?«, fragte ich sie.

Moon kniff die Augen zusammen und torkelte nach vorne. Der Palast brodelte erneut, als der nächste Spiegel brach. Das Geräusch ging sogar mir durch und durch. Geröll fiel auf uns herab und schlug in den Boden ein. Plötzlich riss es die Wand hinter uns fort und ein harter Wind zog an uns.

Ich blickte über meine Schulter zurück. Der Palast hatte Schlagseite und neigte sich zur offenen Wand. Noch ein Stoß und wir landeten beide draußen. Keine Ahnung, ob Moon das überleben könnte, doch ich würde im freien Fall auf Abalion stürzen.

»Du musst raus, Ash.« Sie krallte sich in meine Schultern und wandte sich mir zu. »Vielleicht kann ich noch genügend Kraft aufbringen, dich auf die Erde zu schicken.«

»Nein«, sagte ich und schloss meine Hände um ihre.

»Ich habe nicht mehr viel Zeit.« Sie grub ihre Finger in meinen Muskel und sandte eine sanfte Energiewelle durch mich. Der Sog entstand in meiner Mitte, genau wie das helle Licht, das mich gleich erfassen und auf die Erde bringen würde.

»Ich gehe nicht, ohne dir zu helfen.«

Der Palast schwankte ein weiteres Mal zur Seite. Moon und ich verloren das Gleichgewicht, kippten mit ihm und rutschten quer über den Boden. Ich ruderte mit den Armen, versuchte mich irgendwo festzuhalten, aber ich fand nichts. Wir schlitterten auf die offene Wand zu. Moon klammerte sich an mir fest, riss eine Hand hoch und nutzte die Welle aus Energie, die sie erzeugt hatte. Sie baute eine Lichtsäule auf, gerade rechtzeitig, ehe ich aus dem Palast flog.

Wir knallten gegen die von ihr errichtete Barriere. Unter uns zeichnete sich Abalion ab. Dunkle Berge, ein See, ein Wald … Ich traute mich kaum zu atmen oder mich zu bewegen, aus Angst, die Energiewand könnte nachgeben. Doch Moon kroch bereits auf die Seite.

»Beeil dich«, keuchte sie.

Ich rollte mich herum und folgte ihr auf allen vieren. Die Energie brodelte unter meinen Füßen und Händen und zischte bei jeder Berührung.

Ich erreichte mit Moon festen Boden, sie legte ihre Finger auf die Wand vor uns und erschuf einen weiteren Durchgang, dieses Mal in einen der Flure. Wir krochen hindurch, kamen wieder auf die Beine.

»Spiegelzimmer«, sagte ich und blickte mich um. Das Schloss stand fast auf dem Kopf und sah völlig anders aus als zuvor. Von irgendwoher klirrte es wieder.

Moon schrie, die Risse dehnten sich auf ihrer Haut aus. Moon stemmte sich von der Wand ab und taumelte vorwärts. Ich folgte ihr, während immer mehr von dem Beben zerstört wurde.

Endlich gelangten wir in das Spiegelzimmer. Die Wand war völlig verbogen, die Tür eingeknickt und so verkeilt, dass sie nicht mehr zu öffnen war. Moon und ich rüttelten am Griff, sie legte ihre Finger darauf, befahl den Wänden zu weichen, aber es geschah nichts.

Sie war zu schwach.

Drinnen klirrte es noch einmal und Moon brach zusammen. Ich hämmerte gegen die Wand, trat und kickte dagegen, so fest ich konnte, aber ich bewirkte nichts.

»Ash …«

Ich stemmte die Hände gegen die Wand, als könnte ich sie mit bloßer Willenskraft aus dem Weg schieben. »Es muss gehen.«

»Ich kann dich auf die Erde schicken.«

»Dann komm mit mir.«

Sie schüttelte den Kopf. »Mein Schicksal ist an diesen Ort geknüpft, ich kann nicht fliehen, mich nicht in Sicherheit bringen, aber du dich schon.«

»Ich nutze mein Messer und helfe dir damit.« Ich könnte daraus eine Waffe machen, um Isa aufzuhalten oder das Spiegelzimmer abriegeln. Meine Finger glitten an den Griff, ich umschloss es, doch Moon legte ihre Hand über meine.

»Nicht. Du hast den Fluch schon potenziert, wir wissen nicht, was passiert, wenn du es weiter einsetzt.«

»Das ist mir egal.«

»Aber mir nicht!«

»Es ist meine Entscheidung, verdammt noch mal!« Ich zog das Messer weiter heraus, doch Moon erzeugte noch mal eine Energiesäule um mich herum.

»Wage dich nicht!«, rief ich und hatte das Messer in der Hand. Die Magie der Klinge wandte sich mir zu, bereit, meine Wünsche zu erfüllen. Ich hatte nur einen: Moon in Sicherheit zu bringen. Ich wusste, dass ich es konnte.

»Es tut mir leid«, sagte sie leise und riss die Hände hoch.

»Moon!«, schrie ich, wollte mich gegen den Sog des Kraftfeldes wehren, aber es gelang mir nicht.

»Finde Kris. Hilf Abalion!«, rief sie, ehe sich alles um mich auflöste und in der hellen Energie unterging. Ich wurde nach hinten gezogen, es fühlte sich an, als würde sich eine Schlinge um meinen Körper legen und mich fortzerren.

Der Flur löste sich auf, mir blieb nichts anderes übrig, als mich darauf einzulassen und mit der Energie zu reisen.

Moon hatte sich entschieden.

Für mein Leben.

Nicht für ihres.

Das war ihr Ende.

15. Kapitel

Abalion, Zeit unbekannt

Er ist fort.

Moon sah auf die Stelle, an der Ash eben noch gestanden hatte. Wie sehr wünschte sie sich, ihn nie kennengelernt und in die Sache hineingezogen zu haben. Ash hatte etwas Besseres verdient als all das. Sie kam erneut auf die Knie, zitterte, genau wie ihr Schloss. Mit schmerzverzerrtem Gesicht presste sie eine Hand auf ihren Bauch. Die Risse hatten sich nun über ihren gesamten Körper ausgedehnt. Der Palast brodelte und vibrierte. Ihre Macht schwand mit jedem Atemzug ein wenig mehr. Moon spürte, dass sie verlor, dass sie sich gleich auflösen würde und nichts mehr von ihr übrig blieb. Sie richtete sich auf, sah nach vorne, als langsam die Tür zum Spiegelzimmer aufschwang.

Isa stand in der Mitte und sah auf den letzten intakten Spiegel. Ihre Fingerknöchel waren blutig, ihr Körper war eingehüllt von Schatten. In ihrer Hand hielt sie das kleine Lederbuch, das einst Moon gehörte. Das Geschenk ihrer Mutter. Die Geheimnisse ihres Volkes.

Moon machte einen Schritt nach vorne. Isa drehte sich gemächlich herum und sah sie lächelnd an.

»Du kommst genau rechtzeitig für das Finale.«

Moon trat nach vorne, spannte ihre Muskeln und suchte die restliche Energie zusammen, die noch in ihr steckte. Eine letzte Mondphase, das war alles, was ihr blieb. Moon riss die Hand hoch, sammelte die Energie aus dem Spiegel und entließ eine Schockwelle auf Isa.

Diese taumelte nur zwei Schritte zurück, ehe sie sich fing und den Kopf schüttelte.

»Ist das alles, was du drauf hast?«, fragte sie und sah sie erwartungsvoll an. »Wirklich?«

»Du weißt nicht, was du tust.«

»Oh, doch. Ich weiß es sogar sehr genau.« Isa ballte die Hand erneut zur Faust und trat vor den letzten Spiegel, ohne zuzuschlagen.

Moon schüttelte den Kopf. Ihre Haut brannte, die Risse hatten sich tief in sie gegraben und würden sie beim nächsten Hieb zerreißen.

»Wenn du mich auslöschst, hat der Grimm freies Geleit über Abalion«, sagte sie. »Ich bin seine letzte Barriere. Nichts wird ihn noch aufhalten. Auch du nicht. Er wird dich genauso verschlingen wie alles andere. Er macht keinen Unterschied, nicht mal dann, wenn du ihm hilfst.«

»Wir werden sehen, Moon.« Isa blickte am letzten Spiegel empor, doch sie zögerte weiterhin. »Es ist eine Schande, so etwas Schönes zu zerstören, das muss ich zugeben.«

Moon schüttelte den Kopf, konnte sich kaum noch aufrecht halten. Ihr Körper war genauso gebrochen wie die Spiegel. »Warum? Was hab ich dir getan? Dir und Casaju? Warum tut ihr mir das an?«

Isa lächelte verschroben und tippte sich ans Kinn. »Casaju hast du nichts getan, genauso wenig wie er dir. Das war alles nur ich gewesen, von Anfang an.«

»Was?«

»Casaju war nichts als mein Spielzeug gewesen, mein Trojanisches Pferd, um von dir das zu bekommen, was ich wollte.«

»Meine Vollmondmacht.«

»So ist es.«

»Er hat nicht …«

»Casaju ist genauso einfältig wie du«, sagte Isa. »Aber auch er wird das bald zu spüren bekommen. Ich werde die Heide umgestalten.«

»Er wird sterben, wenn du die Nachtheide zerstörst.«

»Das ist anzunehmen«, sagte Isa.

»Du hast ihn auf die Welt gebracht! Er war dein Schüler, dein Schützling!«

»Er war genauso lästig wie alles andere im Kloster. Wie sehr ich es gehasst habe, dort zu dienen. Ich war nie dafür auserwählt gewesen, auf der Seite der Knechte zu stehen. Ich hätte dort sein müssen, wo du bist. Eine geborene Herrscherin.«

»Ich habe nichts hiervon gewollt. Abalion war nie das, was ich mir erhofft hatte.« Sie hätte ein Leben in Armut mit Liam bevorzugt. Sie hätte am Straßenrand gesessen und gebettelt, wenn es bedeutet hätte, mit ihm zusammenzusein.

»Wenn es dir so wenig bedeutet, kannst du ja nichts dagegen haben, wenn ich es mir nehme, mh?«

»So einfach ist das nicht. Der Grimm wütet da draußen. Er wird alles niederreißen und Abalion zerstören.«

»Das glaube ich nicht, denn ich werde es zu neuer Glorie emporheben. Abalion. Die Welt. Alles wird mir gehören.«

»Du bist verrückt, du kannst Abalion nicht beherrschen, es ist größer als du.«

Isa zuckte mit den Schultern. »Und du bist nicht die Erste, die mir das sagt. Außerdem habe ich das hier.« Sie hob das Lederbuch an und wedelte damit herum. »Es hat mich bis hierhergebracht, es wird mich noch weiter führen.«

Ja, das könnte es wirklich. Wenn Isa alle Schriftzeichen daraus entschlüsselte, stünden ihr alle Welten offen. Das Wissen in dem Buch war mächtig. Moon sah es an, dann auf den letzten Spiegel.

Ein letzter Tropfen ihrer Macht.

»Noch irgendwelche klugen letzten Worte?«, fragte Isa und trat näher an den Rahmen heran.

Moon schloss die Augen, traf eine Entscheidung, die ihr wohl ein weiteres Mal das Herz brechen sollte, aber es musste sein.

Sie hob zeitgleich mit Isa die Hand, konzentrierte sich auf die Macht, die in dem Spiegel ruhte und ihr noch zur Verfügung stand. Ein Funken. Ein kleines bisschen, mehr brauchte sie nicht.

Isa holte aus.

Moon holte aus.

Isa traf den Spiegel.

Moon entzog ihm eine einzelne Scherbe.

Die Oberfläche barst in ihre Einzelteile.

Die Welle traf Moon genauso. Sie warf den Kopf in den Nacken, ihr Herz explodierte, ihre Seele riss entzwei.

Die letzte Scherbe flog nach vorne. Moon sah sie an, konzentrierte sich nur darauf.

Ein letzter Akt.

Isa bemerkte es ebenfalls und wich zur Seite aus, ehe Moon sie damit treffen konnte.

»Viel zu langsam«, sagte Isa, doch Moon lächelte nur, denn nicht Isa war ihr Ziel gewesen.

Die Scherbe landete zielsicher in der Mitte des Lederbuches. Moon schloss die Hände vor ihrer Brust zusammen, gab sich ihrer Macht hin, die sie von innen heraus spaltete. Sie entfesselte alles, was sie einst mit der Erschaffung Abalions heraufbeschworen hatte. Die Druckwelle entlud sich aus ihr heraus. Das Buch reagierte mit ihr. Risse zogen sich über den Einband, ein Glühen entstand in seiner Mitte.

»Nein!«, rief Isa und starrte es an.

Die Seiten luden sich mit Moons letzter Kraft auf. Isa griff nach der Scherbe, zerrte sie heraus, aber es hatte Schaden genommen. Moon schrie, schloss die Augen und wurde emporgehoben. Ihre Macht schwand aus ihrem Körper. Die Risse dehnten sich über ihre Haut, brachen sie auf und entließen alles, was noch an Energie in ihr steckte.

An Moon zogen all die Bilder vorüber, die sie an diesen Punkt gebracht hatten. Sie flog über Abalion, sah die Wesen, die sie mit den Masali erschaffen hatte, sogar den Grimm, der sich mit seinem Rudel einen Weg nach oben bahnte. Er bemerkte sie. Für einen Moment fanden sich ihre Blicke und Moon sah die Liebe von Liam darin. Die Wärme, die sie geteilt hatten, die Leidenschaft, die sie beide völlig überrascht hatte, das Opfer, das sie gebracht hatten. Der Grimm hielt sie fest, als könnte er noch reparieren, was gebrochen war, doch es war längst zu spät. Moon wandte sich von ihm ab, er riss den Kopf in den Nacken und stieß ein lautes Heulen aus. Moons Körper bebte noch mehr, das Geräusch setzte sich in ihren Adern fort und brachte ihr Blut zum Kochen.

Liam und sie.

Eine Liebe, die nie hatte sein können. Sie war nicht geschrieben worden, um ein Happy End zu erleben.

Moon erkannte es nun, denn ihre Geschichte war an dieser Stelle vorüber.

Für immer.

16. Kapitel

Kristin

Frankfurt, 23.15 Uhr

Ich presste mich gegen Brayden. Unfähig, mich zu bewegen oder zu agieren. Die Klinge schnitt mir in den Hals, Blut rann aus meinem Körper, genau wie meine Liebe zu Brayden. Mein Verstand ratterte und ratterte, doch selbst jetzt begriff ich nichts, obwohl es so offensichtlich war.

Ich blickte nach unten, mir wurde schwummrig vom Blutverlust. Das Portal zischte und kochte. Schwarze Schatten stiegen daraus auf und umwaberten meinen Körper. Sie zogen an mir, sie wollten mich in die Dunkelheit holen. Ich schloss die Augen, wollte nicht länger hinsehen, obwohl ich es tun sollte. Ich sollte mich wehren, mich von Brayden losreißen, irgendwas. Aber meine Welt war gebrochen, mein Herz war gebrochen, meine Seele lag in Scherben.

Brayden umschloss mich fester. Er bebte am ganzen Körper, schluchzte leise. Dennoch gab er mich nicht frei, nahm nicht das Messer weg.

Mit jedem einzelnen Tropfen Blut, der auf das Portal fiel, verlor ich an Stärke. Merkwürdige Bilder zogen an mir vorbei. Ich sah mich selbst in einem anderen Raum mit unzähligen Spiegeln, eine Frau, die vor mir stand und mir sagte, dass sie es tun müsste; dass es ihr leid täte. Ich kannte ihre Stimme, ich hatte sie schon gehört. Dann erschien Ash, er sah mich ebenfalls komisch an. Verwirrt, erschrocken, ängstlich.

Ich hielt seinen Blick fest, flehte ihn an, mir zu helfen, auch wenn ich wusste, dass er es nicht konnte. Er hatte ein Messer in der Hand.

Da war Blut. So viel Blut. Es war von ihm und von mir. Es vermischte sich miteinander, rann über meine Brust, meine Kehle, überall hin. Das Messer vibrierte, wob ein unsichtbares Band zwischen uns und vereinte, was nicht vereint werden sollte.

Ich riss den Kopf zurück, die Klinge schnitt noch tiefer in meine Haut.

Weitere Bilder kamen. Ich sah mich erneut, wie ich durch den Spiegel stürzte und irgendwo aufknallte. Zwei Menschen fanden mich. Ein Mann. Eine Frau. Ein Wolf. Ich war bei ihnen. Lange Zeit. Conrad? Nein. Das konnte nicht er sein, aber der Mann sah ihm so ähnlich. Ich lag in einem Bett. Und schlief. Lange. Tief. Alles war laut und grell und viel zu viel. Mein Verstand konnte es nicht verarbeiten, genau wie jetzt. Ich begriff nicht, was mit mir geschah, ich hatte keinen Wortschatz dafür, ich bestand nur aus reiner, ursprünglicher Fantasie.

Ich war ein Wesen erschaffen aus der Dunkelheit und dem Mond.

Ich gehörte zu Moon. Ich gehörte nach Abalion.

Ich war kein Mensch …

Die Erkenntnis traf mich mit einer derartigen Wucht, dass mir die Luft wegblieb.

Doch es stimmte.

Ich war ein Konstrukt der Fantasie. Ich war nicht geboren, sondern erschaffen worden. Ich war anders als alle anderen.

Ich blinzelte die Tränen und den Schmerz weg. Brayden hielt mich weiter fest. Schluchzend, bebend, trauernd.

Er und ich. Er hatte viel mit mir geredet. Wir waren woanders gewesen. In einem Raum, ich lag in einem Bett, er war bei mir. Erzählte mir Geschichten von früher, wie wir aufwuchsen, was wir geteilt hatten.

Die Erinnerungen waren echt.

So echt.

Nein …

Es war alles eine Lüge. Das Bild, das in meinem Hirn entstanden war, brach in sich zusammen, genau wie meine Bindung zu diesem Mann, der mich festhielt und der nicht mein Bruder war.

Mein Gott, wie konnte das sein?

»Falsch«, stammelte ich kraft- und fassungslos. »Du bist falsch.«

»Es tut mir leid, ich wünschte, es wäre nicht so«, gab er leise zurück. »Ich hätte nichts lieber als eine Schwester wie dich gehabt.«

»Nein.« Ich hob eine Hand, aber sie war zu schwer für mich. Mein Körper sackte zusammen, die Energie floss aus mir heraus und irgendwo anders hin. Wieder kamen die Bilder. Die Bar. Conrad. Ich war dort gewesen. Lange vor diesem Abend. Er hatte mir geholfen. Er und Brayden. Sie hatten mir ein Leben gegeben. Sie hatten mir eine Lüge gegeben und ich hatte sie geglaubt.

Mein Kopf sackte nach hinten. Brayden senkte das Messer, aber die Wunde blutete weiter. Je mehr ich an Stärke verlor, desto klarer wurde alles für mich. Ich verstand, was ich war, wer ich war und es erschütterte mich zutiefst, riss mir den Boden unter den Füßen weg und brachte alles in mir zu Fall.

»Es ist bald vorbei«, sagte Brayden leise. »Bitte verzeih mir, ich …« Auf einmal gab er einen dumpfen Laut von sich und ließ mich los. Die Welt kippte, ich verlor den Halt, stürzte nach hinten und knallte auf die Erde.

Für einen Moment wusste ich nicht, was ich tun oder fühlen sollte. Ich wollte nur hier liegen, alles auf mich wirken lassen. Verstehen!

Brayden lag neben mir, er war bewusstlos, hatte das Messer fallen lassen. Ich rollte mühsam herum, stieß ihn mit der Faust an, aber er reagierte nicht. Blut lief von seiner Schläfe, er hatte eine Platzwunde.

»Kris«, rief Jorge und rüttelte mich dabei. Meine Zähne klapperten aufeinander, mein Verstand kapierte nicht, was passierte.

»Komm zu dir!« Jorge zog mich an sich. Mein Kopf fiel vor und zurück. So schwer. Alles war so schwer.

»Wir müssen hier raus«, sagte Jorge. Ich blinzelte und sah zu ihm.

»Was ist passiert?«

»Ich weiß es nicht, aber irgendwie hab ich gespürt, dass du Hilfe gebraucht hast. So wie gestern, als du im Bad bewusstlos geworden bist.« Jorge schob einen Arm unter mich und half mir auf. Ich verstand leider kein Wort, aber das schien mein neuer Dauerzustand zu werden.

»Jorge … Was …?« Er zog mich einfach mit sich Richtung Ausgang. Das Portal hinter uns bebte und sandte mehr Energie aus als zuvor. Das Becken bekam Risse, die sich quer über den Boden zogen. »Was passiert hier?«

»Nichts Gutes, fürchte ich. Sieht aus, als würde es gleich in die Luft fliegen.«

Und nicht nur das Portal. Auch das Gebäude bebte und vibrierte. Der Putz war an vielen Stellen abgebröckelt, die Decke hatte Risse und spaltete sich zum Teil.

Jorge zerrte mich mit sich, meine Beine knickten unter mir weg, doch ich bemühte mich, mit ihm Schritt zu halten. Die Wunde an meinem Bauch pochte, genau wie die an meinem Arm, meinem Hals, aber irgendwas passierte auch mit mir. Alles kribbelte, fühlte sich an, als würde ich mit einer warmen Energie abgerieben.

»Geht es, Kris?«

»Nein.«

Jorge drehte herum, wollte mich auf die Arme nehmen, hielt inne und riss die Augen auf.

»Was ist los?«, fragte ich.

»Du veränderst dich.«

»Inwiefern?« Ich blickte an mir hinab. Meine Haut leuchtete heller, ich fühlte mich leichter, als würde ich mit einer fremden Energie aufgetankt.

Ein weiteres Vibrieren im Gebäude riss meine Aufmerksamkeit zurück. Jorge und ich taumelten zur Seite, Fenster splitterten, ein heftiger Wind wehte. Ich blickte über meine Schulter zurück. Das Leuchten aus dem Portal hatte sich verzehnfacht. Der gesamte Raum war erfüllt von dem grünen Licht. Die Luft schwirrte, mir krachten die Ohren, weil der Luftdruck sich so veränderte.

»Raus!«, rief Jorge und zerrte mich weiter. Wir kamen bis zur Tür, als das Portal seine Energie entlud.

Es gab einen derart gewaltigen Schlag, dass es uns beide von den Füßen riss.

Der Lärm war ohrenbetäubend. Ich schlug irgendwo mit dem Kopf auf, Jorge wurde von mir weggerissen. Das Chaos brach los. Das Portal feuerte eine gewaltige Druckwelle durch den gesamten Raum. Der Feueralarm ging an, die Wände wurden eingerissen, Türen barsten. Ich spürte einen warmen Lufthauch und hörte die Geräusche der Stadt.

Schützend hielt ich die Hände über den Kopf, um mich gegen die herabregnenden Bruchteile zu schützen. Sie prasselten auf mich ein. Putz von der Decke, Teile aus dem Boden, den Wänden, ein Regal kippte um. Ich rollte mich so klein wie nur möglich zusammen und harrte aus, bis es vorüber war.

»Kristin?«, rief Jorge und ich antwortete mit einem dumpfen Husten. Ich richtete mich mühevoll auf und blickte mich um. Das Labor hatte es zur Hälfte weggerissen, die Wand dahinter war fort, der Blick auf Frankfurt offen. Der schrille Feueralarm verstummte, als ein Stück aus der Decke brach und herunterfiel. Ich richtete mich auf, warf die Bruchstücke von meinen Schultern und keuchte gegen den Schmerz. Mein Schädel pochte, ich hörte kaum noch etwas, außer einem lauten Surren. Das Brennen auf meiner Haut wurde intensiver, gab mir auf eine merkwürdige Weise Kraft. Ich fasste an meinen Hals, die Wunde hatte sich geschlossen und schmerzte kaum noch. Die Kraft, die das Portal entlassen hatte, hatte mich aufgetankt.

Jorge zog mich von Neuem hoch, ich suchte den Raum automatisch nach meinem Bruder ab, aber ich fand ihn nirgendwo. Er war verschüttet.

Jorge riss an der Tür, die nach draußen in den Flur führte. Er warf Bruchstücke weg, polterte und fluchte, doch ich beachtete ihn kaum. Mein Körper fühlte sich fremd an. Als wäre durch das Band, das Brayden zwischen uns getrennt hatte, etwas anderes nach oben gekommen. Meine Haut bebte und pulsierte, auch die Wunden an meinem Arm und am Bauch schlossen sich langsam. Ich heilte. Aus einer Kraft heraus, die ich vorher nicht gespürt hatte.

Abalion. Der Mond. Ich war der Neumond. Ich war das, was noch von ihm übrig war.

Die Tür neben mir polterte und Jorge packte mich erneut. Er zerrte mich in den Flur hinaus und eilte mit mir durch die Wohnung.

»Wir müssen raus!«

Und dann was?

Wo sollten wir denn hin? Was konnten wir tun?

Ich stolperte über meine eigenen Füße und keuchte. Jorge hielt inne, wollte mich weiterziehen, aber ich wiegelte ab.

»Mit mir stimmt was nicht.«

»Bist du verletzt?«

»Nein, es ist … anders. Ich … Mit mir passiert irgendwas.« Ich streckte die Arme aus, die plötzlich anfingen, grünlich zu leuchten. Wie die Energie, die sich aus dem Portal entladen hatte, tränkte sich auch mein Körper nun damit.

»Was ist das?«, keuchte ich.

»Ich weiß es nicht, wir kümmern uns später darum. Komm.« Er griff mein Handgelenk und zog mich nach vorne. Ich folgte widerwillig, stolperte mehr, als dass ich ging. »Brayden … ist noch da drin.«

»Er hat mich mit Glitzer manipuliert.«

»Was?«

»Ich spüre die Nachwirkungen. Mein Schädel pocht und ich habe einen süßlichen Geschmack auf der Zunge. Das passiert immer, wenn ich damit in Berührung komme.«

»Hallo?«, hörte ich einen Mann von draußen rufen. Das war Graig, einer der Beamten, die vor der Tür Wache hielten. »Brayden? Jorge? Kristin?«

»Hier«, antwortete Jorge und durchquerte mit mir das Wohnzimmer. Graig war schon da, bog um eine Ecke und sah uns besorgt an. Die halbe Glasfront des Raumes war gesplittert. Warme Luft strömte ins Innere und trug die Schwüle Frankfurts zu uns. Unten heulten Sirenen.

»Das Gebäude wird evakuiert«, sagte Graig. »Wir müssen sofort raus und …«

Ein Schuss fiel. Jorge und ich zuckten zusammen, Graig ebenso. Ich blickte mich verwirrt um, doch da knickte Graig in den Knien ein und kippte nach vorne. Er hatte eine blutende Wunde am Kopf.

Jorge schob sich vor mich, als wollte er mich schützen. Ich blickte zur Tür und erkannte Dillon. Sie hatte eine Waffe in der Hand, die sie nun sinken ließ. »Da bin ich wohl genau im richtigen Moment nach Hause gekommen.«

Sie sah zu Jorge und riss ihre Waffe hoch. Ihr Finger krümmte sich um den Abzug, dieses Mal war ich es, die reagierte. Ich schob Jorge zur Seite, wir stürzten auf den Boden, ich landete voll auf ihm. Die Kugel erwischte mich an der Schulter, doch der Schmerz hielt sich erstaunlicherweise in Grenzen. Ich blickte auf den Arm, die Kugel hatte nur eine kleine Streifwunde verursacht, die sich sofort schloss.

»Interessant«, sagte Dillon, doch ohne weiter darauf einzugehen, hob sie die Waffe und wollte erneut feuern. Im gleichen Moment bebte das Haus wieder, Dillon schwankte, der Schuss verfehlte mich um Haaresbreite.

Jorge schob mich von sich, richtete sich auf und wollte sich auf Dillon stürzen. Sie riss die Waffe hoch, drückte ab und traf ihn seitlich am Bein. Er taumelte nach hinten, japste nach Luft und presste die Hand auf die Wunde.

»Jorge!«, schrie ich, wollte zu ihm, doch das Gebäude brodelte weiter, die Wände wackelten – das ganze Haus schwankte. Ich geriet aus dem Gleichgewicht, es konnte nicht mehr lange dauern, bis alles zusammenkrachte.

Ich sah zu Jorge, der sich das Bein hielt und blasser wurde. Wie widerstandsfähig waren Rumpelstilzchen? Was konnte ich tun? Ich wollte mich bewegen, aber Dillon richtete die Waffe auf mich.

»Ich glaube, du bist noch nicht fertig.«

Schritte kamen von rechts auf uns zu. Ich blickte hinüber in den Gang, aus dem wir eben gekommen waren.

Brayden.

Falls das überhaupt sein Name war.

Er hinkte stark, hielt einen Arm. Seine Kleidung war verschmutzt, er hatte eine Schramme an der Schulter. Er entdeckte Dillon und zuckte zusammen. »Was machst du denn hier?«

»Was denkst du denn, was ich hier mache?! Isabella hat mich rausgeholt, weil sie sichergehen wollte, dass du es auch schaffst.«

Was? Isabella hing da auch mit drin?

»Warum lebt sie noch?«, fragte Dillon und deutete auf mich.

»Jorge hat mich überrascht. Er kam ihr zur Hilfe.«

Jorge stöhnte und richtete sich auf, Dillon zielte sofort wieder mit der Waffe auf ihn, doch sie drückte nicht ab.

»Dann solltest du es zu Ende bringen. Ich kümmere mich um Jorge.« Sie gab Brayden eine zweite Pistole. Er nahm sie an, betrachtete die Waffe unsicher.

»Worauf wartest du?«, blaffte Dillon. »Oder willst du lieber mein Messer?«

»Nein.«

Ich zuckte zusammen. Es fiel mir schwer einzuschätzen, was er tun würde. Von hinten spürte ich den warmen Luftzug durch die gesprungenen Fenster. Hätten wir einen Fallschirm, könnten wir springen und uns so in Sicherheit bringen.

»Brayden …«, stammelte ich.

»Mein Name ist Waylon. Du hattest schon mal eine Vision von mir.«

Ich nickte, denn ich hatte es vorhin schon gespürt. »Du bist der Mann, der jahrelang in der Teufelshöhle eingesperrt war.«

Ich kann nicht sterben. Er gibt nie auf. Die Zeichen an der Wand, die er hineingekratzt hatte.

Ich fixierte Brayden – Waylon – und sah ihm fest in die Augen. Er richtete zitternd die Waffe auf mich, gleichzeitig machte Jorge einen Schritt auf ihn zu. Dillon zögerte nicht lange, schoss Jorge noch mal ins Knie. Ich schrie, Jorge krümmte sich zusammen und unterdrückte den Schmerzenslaut.

»Tu es!«, brüllte Dillon und legte ein weiteres Mal an.

Ein erneutes Beben rauschte durch das Gebäude. Ich schwankte, kippte leicht nach hinten auf das gesprungene Fenster zu. Das Gebäude brodelte, aber ich blendete das alles aus und sah zu meinem vermeintlichen Bruder.

Dieser Moment. Diese Verbindung. Zwischen diesem Mann und mir.

Er war ein Fremder und ein Vertrauter.

Ein Bruder. Ein Verräter. Ein gebrochener Mann.

Er war verletzt. Er hatte verletzt. Mich.

All den Schmerz, all das, was ich empfand, wenn ich ihn anblickte, erkannte ich auch in seinen Augen. Es war schwer für mich zu fassen, denn ich wollte kein Mitleid mit ihm fühlen oder Verständnis aufbringen. Er hatte mich zutiefst erschüttert, mir das Herz aus der Brust gerissen.

Ich schloss die Augen, weil ich es nicht länger ertragen konnte, weil es mich selbst zerriss, ohne mich wieder zusammenzufügen.

»Beim heiligen Spinnrad«, sagte Jorge leise und ich blinzelte.

Brayden und Dillon starrten mich ebenso fassungslos an wie Jorge. Ich sah zwischen den beiden hin und her und bemerkte erst da das Leuchten rund um meinen Körper. Das grüne Licht hatte mich wie ein Mantel eingehüllt.

»Was ist das?«, fragte ich.

»Keine Ahnung …«, sagte Jorge und blickte zum Fenster. »Vielleicht eine Möglichkeit.«

»Anscheinend muss ich alles selbst übernehmen«, sagte Dillon und blickte Brayden an. »Wie ist das eigentlich? Solange mein Vater der Ersatz für den Grimm ist, bist du doch wieder sterblich, oder?«

Brayden fuhr zu ihr herum und starrte sie an. Sie wandte ihre Waffe von Jorge ab und richtete sie stattdessen auf ihn. Er reagierte zeitgleich, riss seine ebenfalls herum, aber er war einen Ticken zu langsam. Dillon drückte ab und schoss ihm in den Bauch.

»Nein!«, brüllte ich und wusste nicht mal, warum ich auf einmal für ihn Partei ergriff. Vielleicht, weil da trotz allem ein Band zwischen uns war. Vielleicht, weil ein Teil von mir nach wie vor daran festhalten wollte, dass er mein Bruder ist. Vielleicht, weil ich nicht noch mehr Tod verkraftete.

Brayden ließ die Waffe fallen und kippte nach hinten. Blut breitete sich unter seinem Körper aus und rann über den Boden. Jorge riss mich zurück, Richtung Fenster.

Ich hatte keine Chance zu reagieren. Jorge schloss seine Finger um meinen Arm und zerrte mich nach hinten. Dillon richtete die Waffe erneut auf uns, feuerte, doch der Schuss landete an einer Metallstrebe des Fensters.

»Was tust du?«, schrie ich, während Jorge uns weiter auf den Abgrund zog.

»Spring!«, rief er.

Ehe ich realisieren konnte, was überhaupt geschah, stürzten wir hinaus. Jorge klammerte sich an mir fest, während wir im freien Fall den Grand Tower hinaussegelten.

Mein Herz explodierte, mein Körper explodierte. Eine gewaltige Energie, die ich noch nie zuvor gespürt hatte, riss mich davon.

»Denk an Abalion!«, schrie Jorge.

Was?!

Ich sah die Lichter der Stadt an uns vorbeiziehen, die sich mit dem Glühen in mir vermischten. Das Leuchten wurde intensiver, erhellte uns beide. Meine Brust stand kurz vorm Bersten, die Energie sammelte sich in meinem Körper. Ich atmete ein und entließ alles in einem gewaltigen Knall nach draußen.

Mir schwirrte der Schädel, ein mächtiger Sog entstand in meiner Mitte.

Jorge krallte sich an mir fest – und wir stürzten gemeinsam in die Leere.

17. Kapitel

Neuseeland, Heute

Conrad stand vor seiner Bar und hielt mit zittrigen Händen den Türgriff, als wäre der metallene Knauf das einzige, was ihn davor rettete umzukippen. Es regnete heftig. Er hatte den Mantelkragen gestellt und den Hut tief in die Stirn gezogen, dennoch spürte er die Tropfen im Nacken und an den Handgelenken. Er sollte reingehen und den Sturm aussitzen, in einer halben Stunde war es sicher vorbei. Das Wetter in Neuseeland war um diese Jahreszeit launisch.

Genau wie er, seit Kris' Abreise.

Es waren erst wenige Wochen vergangen, doch er spürte ihre Abwesenheit jeden Tag. Vermutlich würde es schlimmer werden, wenn er zurück in seine Hütte in den Bergen ziehen würde, denn dort hatte er nichts mehr, was ihn von den Gedanken an sie ablenken konnte. An sie und Lyn. Er kniff die Augen zusammen und kämpfte gegen die Verzweiflung in seinem Inneren. Seit dem Unfall am Portal hatte niemand mehr etwas von ihr gehört. Conrad konnte und wollte nicht glauben, dass sie gestorben war, aber es gab keinerlei Hinweise auf ihr Überleben, bis auf die kurze Vision, die Kris von ihr gehabt hatte.

An dem Abend, als sie das erste Mal richtig erwacht war und in seiner Kneipe gesessen hatte, hatte sie Conrad von ihren Fähigkeiten erzählt. Sie wollte es ihm demonstrieren und er hatte ihr auf eine Serviette einen Satz geschrieben:

»Mein Sohn Colin lebt in New York City und ist Musicalstar am Broadway.«

Während er das notiert hatte, hatte er an Lyn gedacht und dass er sie seit dem Portalunfall nicht mehr gesprochen hatte. Kristin hatte die Lüge sofort enttarnt, sie hatte gesagt, dass Lyn in einem fernen Land mit einem Rucksack unterwegs sei. Conrad wusste nicht, ob Kris' kurze Vision auf seinem Wunschdenken basiert hatte oder ob sie wirklich Lyn in Abalion gesehen hatte. Am liebsten hätte er sie danach gefragt und sie gebeten, tiefer einzutauchen, aber er hatte sie zum einen nicht überfordern wollen und zum anderen hatte Waylon in der Ecke gesessen und alles beobachtet.

Und so blieb ihm jetzt nur dieser kleine Funken an Hoffnung, dass Kris' Vision ein kurzer Blick auf Lyn in Abalion gewesen war. Sie war eine Kämpferin. Wenn es jemand schaffte, so eine Sache zu überleben, dann sie.

Conrad hob den Kopf und ließ sich die Regentropfen auf die Stirn fallen.

Aus den Nachrichten wusste er, dass der Black-Wolf-Täter mittlerweile gefasst worden war. Es war der Vater von Dillon gewesen. Des Mädchens, das damals ebenfalls mitgekommen war und Bodenproben von dem Krater genommen hatte. Eine verzwickte Geschichte, die sich für Conrad nicht stimmig anfühlte, aber immerhin war der Spuk vorüber. Kris hatte den Fall gelöst, so wie es wohl vorhergesehen war.

Leider hatte er seither nichts mehr von ihr gehört. Es war seine Entscheidung gewesen, von ihr Abstand zu nehmen. Er wollte nicht riskieren, dass das Konstrukt, das sie in ihrem Hirn aufgebaut hatten, zusammenbrach. Waylon war im Grunde sein einziger Kontakt nach Frankfurt, aber auch er schwieg. Vermutlich hatten sie viel zu tun, jetzt, da der Täter gefasst war.

»Habe ich das richtig gemacht?« Diese Frage hatte Conrad sich jeden einzelnen Tag gestellt, seit Kristin aus der Tür gegangen war. Und wie immer hatte er keine Antwort darauf.

Etwas Kühles und Feuchtes stupste seine Hand. Conrad zuckte zusammen und sah zu Alexis, die zu seinen Füßen hockte und geduldig auf ihn wartete.

»Bist du bereit, zurück in die Berge zu gehen?«

Sie antwortete mit einem sachten Schwanzwedeln. Conrad schmunzelte, denn er wusste nicht, ob *er* dafür bereit war. Jahrelang hatte er oben in der Einsamkeit in seiner Hütte gelebt und war mehr oder weniger glücklich gewesen, aber die letzten Monate hatten so vieles verändert.

»Hey, Conrad«, hörte er einen Mann hinter sich. »Ist alles in Ordnung?«

Es war Cooper. Der Fischer.

Conrad drehte sich zu ihm um und winkte ihm zu. Cooper schloss die Tür seines Pick-ups und eilte durch den Regen zu Conrad unter das Vordach seiner Kneipe. Er schüttelte die Jacke aus, als er vor ihm stand. Alexis wich automatisch ein Stück zurück. Nicht weil sie es musste, sondern weil sie Abstand zu den Bewohnern wahrte. Die meisten begegneten ihr mit Misstrauen, obwohl sie noch niemanden gebissen hatte.

Zumindest niemanden, der es nicht verdient hatte.

»Wollte mir eben Frühstück bei dir gönnen, ist alles klar?«, fragte Cooper.

»Ja. Ich … Ich werde heute nicht aufmachen. Tut mir leid.«

»Oh. Okay.« Cooper sah ihn fragend an.

»Ich schließe.«

»Was? Aber du hast den Laden doch gar nicht lange.«

»Es war ein dummer Einfall, ihn zu eröffnen. Ein … Experiment. Ich gehe wieder zurück in die Berge.«

»Da oben wirst du vor Einsamkeit sterben, Mann.«

»Irgendwann müssen wir alle gehen.« Conrad hatte keine Angst vor dem Tod, er hatte genug gelebt.

»Deine Rühreier mit Speck sind aber legendär. Du bekommst die viel besser hin als Harry.«

»Das ist auch keine Kunst. Harry sollte kein Gastronom sein.«

»Komm schon, gib dir einen Ruck.«

Conrad seufzte und blickte das Gebäude an, das ihm in den letzten Monaten gutgetan hatte. Er musste zugeben, dass er gerne hier gearbeitet hatte, sich die Geschichten der Menschen angehört hatte … Fast wie früher.

Das Zuhören lag ihm im Blut. Conrad war nicht klar gewesen, wie sehr es ihm gefehlt hatte, dem Gerede von anderen zu lauschen.

»Du kannst die Bar gerne übernehmen«, sagte er zu Cooper, doch der winkte sofort ab.

»Auf keinen Fall. Meine Heimat ist die See, das weißt du doch.«

»Ja. Es tut mir dennoch leid. Ich kann nicht.«

»Na gut. Deine Entscheidung.«

Conrad verabschiedete sich von ihm, klappte den Kragen seiner Jacke nach oben und lief zu seinem Auto. Wie erwartet, hatte es aufgehört zu regnen. Es war angenehm kühl, eine sanfte Brise wehte vom Meer her. Vielleicht würde Conrad einen Zwischenhalt beim Strand machen, ehe er in die Berge abtauchen würde und …

Auf einmal hielt Alexis an und stellte das Nackenfell auf. Sie fixierte einen Punkt weiter vorne und fing an zu knurren. Conrad blieb ebenfalls stehen und blickte in die Richtung. Ein fremder Mann stand auf der gegenüberliegenden Straßenseite und sah herüber. Ein Reisender möglicherweise, auf jeden Fall gehörte er nicht zum Ort. Conrad kannte die Bewohner hier.

»Komm weiter«, sagte er leise zu Alexis und wollte los, doch sie rührte sich keinen Zentimeter und fixierte den Fremden. Er trug dunkle Kleidung, fügte sich fast unsichtbar in den Schatten des Hauses ein. Nicht unsichtbar genug für Conrads Wolf. Ihr gesamter Körper spannte sich an, sie zitterte leicht.

»Was ist mit dem?«, fragte Conrad.

Der Mann bemerkte natürlich, dass er entdeckt worden war. Als er Conrad zuwinkte, erkannte der das Holster, in dem eine Waffe befestigt war. Ebenso entdeckte Conrad das Abzeichen am Gürtel des Mannes.

Noch ein Agent.

»Conrad Brooke«, sagte der Mann und kam näher, doch als er Alexis erblickte, blieb er im Sicherheitsabstand stehen. »Mein Name ist Marcel Garcia. Ich soll Sie im Namen von Isabella Haynes nach Deutschland bringen.«

Arbeitete er etwa auch im Team? Seit Lyn verschollen war, hatte Conrad nicht mehr verfolgen können, was intern geschah. »Gibt es Neuigkeiten von meiner Tochter?« *Sag bitte, dass es ihr gut geht!*

»Bedauerlicherweise nicht, Sir.«

»Was will Isabella dann von mir?«

»Das weiß ich nicht. Ich habe lediglich den Auftrag, Sie abzuholen. Wenn Sie also so freundlich wären und mir folgen würden.«

Conrad machte einen Schritt nach vorne, doch Alexis knurrte weiter. Also blieb er stehen. »Ich bin mir nicht sicher, ob es eine gute Idee ist.«

»Das ist leider keine Bitte«, sagte Garcia und stemmte die Hände in die Hüften. Er verlagerte sein Gewicht, sodass Conrad die Waffe auffallen musste.

»In dem Fall weiß ich sogar, dass es keine gute Idee ist. Warum kommt Isabella nicht persönlich? Oder Waylon? Wir hatten viel Kontakt.«

»Weil sie beide eingespannt sind. Bitte kommen Sie mit. Ich will keinen Ärger machen.«

»Hey, Conrad, alles klar?«, rief Cooper von der anderen Straßenseite aus.

»Ja, danke.«

Conrad hörte ihn näherkommen. Cooper blieb hinter ihm stehen und verströmte eine angenehme Wärme. Garcia lächelte Cooper freundlich an und senkte den Arm, die Waffe verschwand wieder.

»Bist du sicher?«, fragte Cooper.

»Ja, Mister Garcia hat sich verfahren und weiß nicht, wohin er muss. Wir klären das.«

»Mh«, machte Coooper. Ihm musste die Waffe aufgefallen sein und auch, dass Garcia kein gewöhnlicher Durchreisender war. Die Menschen hier hatten einen guten Blick für Leute, die Ärger machten.

Die Spannung zwischen den Männern wuchs deutlich an und auch Alexis drängte sich näher an Conrad. Garcia blickte nach rechts und links, vermutlich um festzustellen, ob noch mehr Passanten ihn aufhalten konnten.

Schließlich nickte er und trat einen Schritt zurück. »Wie gesagt, ich bin nur auf der Durchreise und suche nach einer Unterkunft.«

Cooper legte Conrad die Hand auf die Schulter und drückte sachte. »Da müssen Sie weiter. Conrad hat seine Kneipe dichtgemacht. Harry hat aber sicherlich noch Zimmer frei. Meistens ist es dort sogar sauber.«

Conrad kniff die Augen zusammen und fixierte Garcia. Es interessierte ihn extrem, was der Mann von ihm wollte, aber gleichzeitig wusste er, dass er sich vor Garcia in Acht nehmen musste.

»Bei Harry sind Sie gut untergebracht«, sagte er nur und deutete die Straße entlang.

Garcia nickte und wich zurück. »Danke für den Tipp.« Er schloss die Jacke ganz, drehte herum und lief in die angegebene Richtung. Conrad wusste genau, dass dieser Mann nicht abziehen würde. Wenn er jetzt zurück in die Berge ginge, hätte er noch heute Abend Besuch von ihm. Leute wie der ließen sich nicht abschütteln. Die Frage war, ob Conrad ihn überwältigen konnte. Er hatte zwar Alexis, aber der Mann war ein ausgebildeter Agent. Es wäre ein Leichtes für ihn, sie abzuschießen. Garcia könnte sie ausschalten und sich dann in Ruhe um Conrad kümmern.

»Weißt du was?«, sagte er zu Cooper und drehte sich zu ihm um. »Ich glaube, ich bleibe doch noch etwas länger in der Kneipe.«

»Wirklich?«

»Ja. Du sollst dein Rührei haben, komm.«

Er überquerte mit Cooper wieder die Straße und sah sich noch mal nach Garcia um. Der Mann war nirgendwo mehr zu sehen, doch Conrad spürte ihn lauern. Das eben war nur das Kennenlernen und Herantasten gewesen. Ab jetzt müsste er auf der Hut sein.

Der Tag verlief erstaunlich ruhig. Menschen kamen und gingen, blieben zum Mittagessen oder zum Nachmittagskaffee. Conrad unterhielt sich mit einigen Fischern wie Cooper oder mit anderen Angestellten, die in der Stadt arbeiteten und gerne ihre Zeit bei Conrad verbrachten, weil er angeblich so guten Kaffee kochte. Conrad hörte jedem zu, doch seine Aufmerksamkeit war gespalten. Genau wie die von Alexis. Normalerweise lag sie tagsüber hinter der Theke, aber heute hatte sie sich in der Nähe der Tür platziert und fixierte jeden, der hereinkam. Ein Pärchen war wegen ihr sogar wieder gegangen, weil sie sich so erschrocken hatten.

Conrad wischte über die Bar und sah auf die Uhr. Es war kurz vor Mitternacht und lange Zeit, zu schließen. Die letzten Gäste waren weg, er hatte alles sauber gemacht und die Gläser gespült. Langsam ging er durch die Kneipe, kontrollierte alle Fenster und stapelte die Stühle auf den Tischen, damit Maggie morgen früh wischen konnte. Er hatte ihr zwar gestern gesagt, dass er schließen würde und sie nicht mehr kommen müsste, doch es hatte sich sofort herumgesprochen, dass er die Bar heute doch nicht geschlossen hatte. Conrad war sich sicher, dass Maggie morgen früh vor der Tür stand und hier putzte, so wie immer in den letzten Wochen.

Als er fertig war, nahm er die Schlüssel und ging zur Tür. Alexis lag nach wie vor dort und starrte auf den Eingang.

»Wollen wir schlafen gehen?« Sie knurrte nur leise. Conrad beugte sich zu ihr hinunter und kraulte sie hinter den Ohren. Sie gab sich seinen Streicheleinheiten für einen Moment hin und leckte ihm über die Hand.

»Na schön. Die Klappe in der Küche ist offen, wenn du rausmusst. Ich bin oben.« Er schloss die Tür von innen ab, dimmte das Licht in der Kneipe und lief nach hinten zu der Treppe. Conrad hatte oben ein eigenes Zimmer. Es war nicht groß und genügte ihm völlig.

Ehe er ging, nahm er sich noch eine Flasche Bier aus dem Kühlschrank und verschwand schließlich. Die Stufen knarzten unter seinen Füßen, er ließ die Hand über das Geländer gleiten und fuhr alle Unebenheiten nach. Jedes Mal, wenn er hier raufging, dachte er an Kristin; an die Wochen, die sie hier gelegen hatte, die Waylon an ihrem Bett gesessen und ihr neue Erinnerungen gegeben hatte.

Es war eine gute Zeit gewesen, trotz allem. Conrad hatte das Gefühl gehabt, gebraucht zu werden. Er hatte etwas bewirkt. Wenn sie jetzt noch Lyn fänden, wäre alles gut und er könnte …

Das Knarzen von Holz ließ ihn innehalten.

Conrad verharrte kurz vor der oberen Stufe und sah in die Dunkelheit.

»Es tut mir leid, aber Sie müssen mit mir kommen«, sagte Garcia und trat aus dem leeren Zimmer, in dem Kris einst übernachtet hatte. Er musste sich über den hinteren Treppenaufgang am Haus hochgeschlichen haben und dann über das Fenster im Flur eingestiegen sein. Es war der Fluchtweg, sollte es mal brennen.

»Du bist gut, Junge«, sagte Conrad. Nicht einmal Alexis hatte ihn bemerkt, aber das sollte sich gleich ändern.

»Ich will Ihnen nichts tun, ich bin nur hier, um meinen Auftrag auszuführen. Es wird Ihnen nichts passieren.«

»Glaubst du das wirklich?« Conrad machte einen weiteren Schritt nach oben und wandte sich zu Garcia. Leider konnte er die Hände des Mannes nicht sehen, gut möglich, dass er seine Waffe schussbereit hielt. »Warum sollst du mich abholen?«

»Das weiß ich nicht, ich hinterfrage meine Aufgaben nicht.«

»Das solltest du aber möglicherweise.« Conrad schüttelte den Kopf und spähte kurz hinunter in die Kneipe. Von Alexis war nichts zu sehen. »Was hat Isabella zu dir gesagt?«

»Nichts weiter, nur dass sie mitkommen sollen.«

»Warum ruft sie nicht an? Sie war doch sonst nicht schüchtern.« Die Frau war Conrad allerdings von Anfang an unsympathisch gewesen und Lyn hatte auch nie wirklich viel über sie erfahren können, außer dass sie angeblich eine blütenreine Weste hatte. Ihr Lebenslauf war makellos.

»Hat sie dir erzählt, wer ich bin?«

»Ich weiß, dass Sie in Black Wolf verstrickt sind. Professor Middleton hat Sie belastet.«

»Ich kenne den Mann nicht.«

»Das werden wir klären, wenn Sie mitkommen.«

»Uns ist doch beiden klar, dass ich das nicht tun werde. Wenn Isabella mich sprechen will, soll sie herkommen.«

Garcia trat einen Schritt nach vorne und richtete seine Waffe auf Conrad. »Tja, das wird nicht passieren, machen Sie es uns nicht schwerer, als es ist.«

Conrad hob die Hände und blickte Garcia fest an. Mit angehaltenem Atem überlegte er, was er tun konnte. Garcia kam langsam näher, seine Hand war ruhig, er wirkte weder aufgeregt noch nervös. Vermutlich hatte er schon zig Missionen dieser Art durchgeführt oder er rechnete nicht damit, dass Conrad Gegenwehr leisten könnte. Garcia griff mit der freien Hand hinter sich an den Gürtel und zückte Handschellen. »Ich lege sie Ihnen nicht gerne an, aber ich denke, es ist besser so. Wo ist der Wolf?«

»Unten und bewacht den Eingang.«

»Wenn er mich angreifen sollte, werde ich ihn erschießen.«

»Das denke ich mir.«

»Halten Sie ihn einfach zurück, dann wird niemand verletzt werden.«

»Ich fürchte, dafür ist es zu spät.«

Garcia reagierte nur eine Sekunde zu spät. Er fuhr herum, Alexis setzte zum Sprung an. Sie war über denselben Weg hochgekommen, den Garcia gewählt hatte – hinten zur Küche raus, über die Treppe nach oben, durchs Fenster, das er anscheinend offen gelassen hatte, denn Conrad hatte kein Klirren von Glas gehört.

Alexis riss Garcia zu Boden, er reagierte allerdings blitzschnell, zog die Beine an und trat ihr in den Bauch. Alexis verbiss sich in seinem

Arm, ruckte daran und grub ihre Zähne in sein Fleisch. Garcia schrie, Conrad holte mit dem Fuß aus, wollte nach ihm treten, doch er wich zur Seite weg. Er hob die Waffe, richtete sie auf Alexis, aber Conrad kickte sie ihm aus den Fingern. Garcia fluchte, trat Alexis nun heftiger in den Bauch und kam frei. Conrad warf sich ebenfalls auf ihn, riss ihn zu Boden, sodass Alexis ihn wieder angreifen konnte, doch Garcia rollte sich in einer eleganten Bewegung herum, befreite sich aus Conrads Griff und trat ihm mit dem Knie ins Gesicht. Der Schlag erwischte ihn heftig. Conrad sah nur wirre Punkte vor seinen Augen aufblitzen, ehe er nach hinten kippte und sich am Treppengeländer festhalten musste. In all den Jahren war er in unzählige Prügeleien verwickelt gewesen, aber mittlerweile war er alt geworden. Seine Knochen gebrechlich. Sein Körper schwächer.

Genau das bekam er nun zu spüren. Er hatte Mühe, sich aufzurichten, obwohl er früher so einen Schlag mit einem Lachen aus seinem Gesicht gewischt hätte.

Alexis attackierte Garcia erneut, er fuhr herum, trat noch mal nach ihr, doch sie verbiss sich in seiner Wade und brachte ihn zu Fall. Er schrie, trat mit dem freien Fuß gegen ihren Kopf. Sie ruckte und jaulte, doch dieses Mal hielt sie ihm stand. Conrad richtete sich mit zitternden Armen auf, ihm war schwindelig, er schmeckte Blut. Torkelnd blickte er sich nach der Waffe um, die zwei Meter entfernt von Garcia lag. Conrad musste erst an den beiden vorbei, wenn er sie erreichen wollte. Anscheinend verstand auch Garcia, auf was Conrad spähte. Er trat Alexis erneut. Heftig. Bekam sein Bein frei und rutschte nach hinten. Der Wolf schüttelte den Kopf, leckte sich über die blutende Nase und griff wieder an. Conrad nutzte die Chance, hechtete an ihr vorbei und auf die Waffe zu. Garcia machte im gleichen Moment einen Satz nach vorne, kam nahe an die Pistole heran, ehe Alexis ihn ein weiteres Mal biss. Conrad glitt an den beiden vorbei, wollte sich bücken, doch Garcia griff ihm ans Fußgelenk und zog Conrad das Bein unter dem Körper weg. Er knallte der Länge nach hin. Der Aufprall war schmerzhaft und raubte ihm den Atem. Stöhnend kam er nach oben, blickte nach rechts, die Waffe lag nur eine Armeslänge entfernt. Mit letzter Kraft beugte er sich hinüber, doch da schoss Garcias Hand vor und erreichte sie vor Conrad. Sofort schlangen sich seine Finger darum, Garcia nahm die

Pistole, richtete sie auf Alexis, die es ebenfalls bemerkte. Sie ließ von seinem Bein ab und warf sich auf ihn. Ihre Zähne zielten auf Garcias Kehle, er riss die Augen auf, nahm die Waffe, die zwischen seinem und Alexis' Körper verschwand.

Und dann erklang ein Schuss.

Conrad zuckte zeitgleich mit dem Wolf zusammen. »Nein …«, keuchte er. Tränen füllten seine Augen, er fasste sich an den Bauch, als wäre es sein Schmerz, nicht der des Tieres.

»Nein!«, brüllte Conrad und hatte das Gefühl, dass sein Herz stehen blieb. Nicht sie auch noch! Nicht das Letzte, was er noch in seinem Leben hatte!

Für unendliche Sekunden stand seine Welt still. Er konnte nicht mehr atmen, nicht mehr denken, nicht mehr fühlen. Eine Leere breitete sich in seinem Herzen aus und schlang sich um seine Seele. Der Flur tanzte vor seinen Augen, er blinzelte, wollte nicht hinsehen, aber er musste.

»Alexis …«

Sie wimmerte leise zur Antwort und richtete sich langsam auf.

»Was …«, stammelte Conrad. Er blickte zu dem Tier, zu Garcia. Da war kein Blut. Warum war nirgendwo Blut? Er hatte den Schuss gehört, Garcia hatte gefeuert!

Alexis schüttelte sich und leckte sich über die Schnauze. Schritte erklangen von der Treppe her und ein weiterer Mann kam mit gehaltener Waffe auf die beiden zu.

Alexis fuhr herum, spannte ihre Muskeln, aber dieses Mal knurrte sie nicht.

»Ist alles in Ordnung?«, fragte der Mann und ließ die Waffe sinken.

»Ich … Ich weiß es nicht.«

Alexis wich zurück zu Conrad. Er umschlang ihren Hals, tastete sie nach Wunden ab, aber da waren keine.

Dann hatte es Garcia erwischt …

Conrad robbte auf den Knien nach vorne zu ihm, hielt eine Hand an den Hals des Mannes. Sein Puls schlug. Langsam.

»Betäubung«, sagte der andere Mann auf der Treppe. »Ich musste ihn irgendwie aufhalten.«

»Was bei allen heiligen Schriften …?«

»Ich bin ihm hinterhergeflogen. Ich musste verhindern, dass er einen Fehler macht.«

Conrad musterte den Mann, der ähnliche Kleidung wie Garcia trug. Die Waffe in seiner Hand sah allerdings anders aus. Vermutlich war auch der Schuss leiser gewesen, aber Conrad hatte so unter Stress gestanden, dass er mit dem Schlimmsten gerechnet hatte.

»Du bist Sebastian Pacheco.« Lyn hatte ihn erwähnt, außerdem hatte Conrad ihn schon in den Nachrichten gesehen.

»Ja. Also, das ist zumindest der Name, den ich meistens verwende.«

Conrad runzelte die Stirn und sah ihn fragend an.

»In Wirklichkeit heiße ich Ares. Ich war einst ein Masali. Genau wie du.«

18. Kapitel

Grand Tower, 23.33 Uhr

Waylon hustete trocken und presste die Hand auf die schmerzende Wunde in seinem Bauch. Das Blut floss über seine Finger auf den Boden. Er rollte herum, drückte sich mit einem Arm nach oben. Schmerz schoss durch seine Schulter, als er die Seite belastete. Er hatte keine Ahnung, was er sich beim Einsturz des Portalraums alles verletzt hatte, aber ihm wurde fast schwarz vor Augen.

Wenigstens hat sie es geschafft.

Kristin war weg. Mit Jorge. Geflohen durch einen sehr spektakulären Stunt. Hätte Waylon es nicht mit eigenen Augen gesehen, hätte er es kaum geglaubt.

Ob Kris das die ganze Zeit schon gekonnt hatte – oder waren ihre Kräfte erst durch den engen Kontakt mit dem Portal entfesselt worden? Hatte ihr Blut das ausgelöst?

Er stemmte sich weiter nach oben und kämpfte gegen die Schmerzen an. Seine Beine zitterten, er hörte die Sirenen unten auf der Straße und die aufgeregten Rufe der Passanten.

Frankfurt hatte heute einiges zu verdauen, so viel war sicher. Vermutlich liefen schon die ersten Terrorwarnungen durchs Netz und …

Auf einmal bekam er einen heftigen Schlag ins Gesicht und flog nach hinten auf den Rücken. Waylon knallte hart auf, der Hieb ging ihm durch und durch und schien alle Knochen zu zertrümmern.

»Wie kann man nur so dumm sein?«, fragte Dillon und baute sich über ihm auf.

Sie hatte eben auf ihn geschossen. Als Dank für die Zusammenarbeit und die vielen Stunden, die sie miteinander verbracht hatten. Dillon hielt ihre Waffe in der Hand und richtete sie auf Waylons Kopf. Er öffnete und schloss die Augen, der Schmerz machte ihn so benommen, dass er kaum noch gerade schauen konnte.

Wäre es das jetzt? Zahlte er nun für seine Sünden? Für Black Wolf? Für alle, die er über die Jahre auf dem Gewissen hatte?

»Drück ab, ich habe es verdient.«

»Ja.« Sie ging über ihm in die Hocke, bis ihr Hintern seine Brust streifte, und presste den Lauf ihrer Waffe direkt auf seine Stirn. Er kannte sie gut genug, das hier erregte sie über alle Maßen. »Ich wünschte wirklich, du hättest Kris getötet und wärst auf unserer Seite geblieben.«

»Es war falsch … Alles war falsch.«

»Du wirst deine Familie nun nie wiedersehen.«

»Ich weiß.« Aber es gab keine Garantie, dass er das je hätte. Vor einigen Wochen hatte er noch Hoffnung gehegt, aber sie war heute Abend im Portalraum begraben worden. Waylon hatte verloren, so wie immer. Seine Seele gehörte in die Dunkelheit. Das hatte sie ab dem Moment, als er die Schwelle des Klosters überschritten und sein Schicksal mit Kaia besiegelt hatte.

Dillon krümmte den Finger um den Abzug. Er spannte die Beine, hätte sich gerne gewehrt, aber er hatte keine Kraft dazu. Die Wunde in seinem Bauch blutete heftig, er würde sowieso nicht mehr lange überleben, egal ob sie abdrückte oder nicht.

»Ich will dich eigentlich nicht töten, aber Isa würde mich wohl häuten lassen, wenn ich es nicht täte.«

»Ich halte dich nicht auf.« Wie um seine Worte zu bestätigen, breitete er die Arme aus und atmete tief ein. Früher hatte er oft versucht, sich das Leben zu nehmen, um dem Grimm zu entkommen. Es war ihm nie geglückt, weil die Bestie ihn nicht loslassen wollte, aber heute hatte sie ihren Ersatz gefunden, der im Gefängnis hockte und vermutlich wahnsinnig geworden war. Middleton war nun ebenfalls gebrochen, auch für ihn gab es kein Entkommen mehr.

Dillon hob einen Finger und strich Waylon über die Wange, sie fuhr die Konturen seines Gesichtes nach, seiner Nase, seiner Lippen. »Wir waren gut miteinander. Der Sex war großartig.«

»Er war okay.«

Sie verpasste ihm eine Ohrfeige und lachte kurz darauf schallend. »Du willst mich ärgern, wie süß.«

»Es ist mir egal.« Das war es wirklich. Dillon und er waren kein Liebespaar gewesen. Sie hatten ihre Triebe befriedigt, mehr nicht.

»Ich bin kein herzloses Biest«, sagte sie auf einmal und setzte sich auf seine Brust. Ihm blieb die Luft weg und aus der Wunde im Bauch schoss mehr Blut. Er atmete rasselnd ein, grub eine Hand in ihren Oberschenkel, was sie nicht sonderlich beeindruckte.

»Alle halten mich für arrogant und überheblich, aber ich bin nicht so.«

Er wünschte, sie würde aufhören zu reden und ihn sterben lassen. Vielleicht sollte er selbst Hand anlegen, ihre Waffe greifen und sich in den Kopf schießen.

»Ich will nur etwas bewirken in der Welt.«

»Das wirst du nicht durch Black Wolf.« Das war das Einzige, was Waylon zutiefst bedauerte. Er konnte nichts mehr tun, um die Menschen vor dem zu bewahren, was Isa vorhatte. Er musste darauf vertrauen, dass andere diesen Kampf kämpften. Kris. Jorge. Ash. Vielleicht sogar Syrantina und am Ende hoffentlich auch Sebastian und Marcel, die aber vermutlich schon lange tot waren.

»Wir werden sehen«, sagte Dillon. »Also du nicht mehr. Ich werde mir von Isa einen eigenen Palast wünschen. Mit vielen wunderschönen Bediensteten, die mir rund um die Uhr zur Verfügung stehen und …«

Ein Schuss fiel. Dillon zuckte zusammen und starrte geradeaus. Ein elektrischer Impuls jagte durch ihren Körper. Energie flackerte um sie herum, sie zappelte unkontrolliert, als hätte sie einen Schlag durch einen Teaser bekommen – und dann kippte sie um. Waylon riss die Arme hoch, schaffte es gerade noch, ihren Körper von seinem zu schieben, ehe sie komplett auf ihn kippte.

»Ich dachte, die hört nie auf zu labern!«, erklang eine Stimme von hinten.

Waylon hielt die Luft an, konnte es nicht glauben, aber er täuschte sich nicht. »Lyn?«

Die Schritte kamen näher, sie trat in sein Gesichtsfeld und beugte sich zu ihm. Sie hielt ihre Finger an Dillons Puls und nickte.

»Sie lebt.« Lyn drehte sich zu ihm und sah Waylon an. »Und du …?«

Er starrte sie an. Sie war nicht echt. Das konnte nicht sie sein. Vermutlich war er gestorben und hatte nun auch Visionen.

Lyn zog eine Tasche von ihrem Rücken und kramte darin herum. Sie trug fremde Kleidung, eine Mischung aus allerlei Stilen. Die Hose war aus Leder und lag eng an, ihre Stiefel waren mit Schnüren umwickelt, genau wie die Jacke aus Pelz. An ihrer Schulter baumelte ein Bogen.

»Du siehst aus wie ein Assassine«, stammelte Waylon und sie grinste.

»Ich weiß, aber hör auf zu reden. Das ist nicht gut.« Sie zog eine Phiole aus der Tasche, entkorkte sie und goss den blauen Inhalt über die Wunde in seinem Bauch.

Es war eiskalt. Waylon schrie, bäumte sich im Oberkörper auf und bohrte die Fingernägel in den Boden. Der Schmerz intensivierte sich, rauschte durch seinen gesamten Körper und brachte seinen Kopf fast zum Platzen.

»Es ist unangenehm, aber es stoppt die Blutung. Ich ruf dir gleich einen Notarzt.« Sie hob den Arm. An ihrem Handgelenk war ein kleines Amulett in Form eines Tropfen befestigt. Lyn drehte es herum und sprach hinein. »Ich bin in der Realität. Ich suche jetzt die Anthologie und das Mittel für Casaju und dann brauche ich einen Übergang zurück.«

»Sind gleich soweit«, erklang eine Stimme aus dem Amulett heraus.

»Sag mir nicht, dass das …«, stammelte Waylon.

»… Dante ist? Okay, ich sag es nicht.«

»Er lebt auch?«

»Ja, aber er ist … anders. Wo ist Isabella?«

»Oben in der Wohnung. Oder in Abalion, ich weiß es nicht. Ich … Du lebst.« Er griff nach ihrem Arm. Die Kälte in seinem Körper schmerzte weiterhin.

»Das sind die Wirkungen des Mittels.« Sie schob einen Arm unter seinen Oberkörper und zog ihn vorsichtig nach oben.

Er keuchte, seine Glieder fühlten sich an wie Eiszapfen. Lyn führte ihn zu einer umgestürzten Couch, wo er sich auf die Lehne setzen konnte.

»Ich werde Dillon fesseln. Die Betäubung sollte zwar eine Weile halten, aber so ist es wohl besser.« Sie hob erneut ihren Arm und sprach in das Amulett. »Dante? Gib mir noch fünf Minuten, ja?«

»Scherzkeks, wie soll ich wissen, wann bei dir fünf Minuten um sind.«

»Folge einfach deinem Gespür.«

»Wie … was …«, sagte Waylon und deutete auf das Amulett.

»Magie«, sagte Lyn, rollte Dillon auf den Rücken und zog Schnüre aus ihrer Tasche. Sie fesselte Dillon geschickt und routiniert und band sie an einen der Pfeiler fest, die aus einer eingestürzten Wand ragten.

Lyn stand auf, zog ein Handy aus ihrer Tasche und machte ein Selfie.

»Was tust du da?«

»Bescheid geben.« Sie schrieb in Windeseile eine Nachricht und schickte das Bild los. Als sie fertig war, kam sie zurück zu Waylon. »Du könntest mir viel Suchen ersparen, wenn du mir sagst, wo die Anthologie ist.«

Waylon blinzelte verwirrt.

Lyn packte seine Schulter. »Es ist sehr wichtig. Ich habe nur noch ein kurzes Zeitfenster, ehe die Energie des Portals kollabiert. Ich brauche das Buch und ich weiß, dass es hier ist. Wir haben die Energie orten können.«

»Sie liegt oben in meinem Zimmer.« Er hatte keine Ahnung, ob das ein Fehler war oder nicht, aber er hatte schon so viele begangen heute.

»Danke! Bin gleich wieder da!«

Sie eilte davon. Waylon zitterte vor Kälte und dem Schock, aber immerhin hatte seine Wunde aufgehört zu bluten. Er lauschte Lyns Schritten, seufzte tief, schloss die Augen, horchte in sich. War es das wirklich? Hatte er soeben eine zweite Chance bekommen? Nach allem, was er getan hatte? Er fuhr sich durchs Gesicht, die Anspannung wich nur langsam von ihm.

Er hörte auf einmal ein Rascheln neben sich, öffnete die Augen und sah nur einen Schatten, der mit einem Messer in der Hand auf ihn zusprang.

Dillon!

Sie fielen beide nach hinten über die Couch. Er schlug erneut auf, doch dieses Mal raubte es ihm nicht mehr so sehr den Atem. Dillon holte aus, wollte zustechen, aber er drehte sich zur Seite.

Das Messer aus ihrem Stiefel! Lyn hatte sie nicht durchsucht, vermutlich weil sie darauf vertraut hatte, dass ihre Betäubung noch eine Weile wirken würde.

Dillon holte erneut aus, Waylon packte ihr Handgelenk, wollte sie von sich weghalten, aber im Moment war sie stärker als er. Seine Muskeln zitterten vor Anspannung, er würde sich nicht lange gegen sie wehren können. Dillon grinste, sammelte sich und zielte auf sein Auge. Waylon atmete ein, spähte zur Treppe, wo Lyn verschwunden war, doch von ihr war nichts zu sehen. Das Messer kam näher, er griff um sich, ertastete etwas Metallenes und stockte.

Dillon bemerkte die Bewegung, wollte ihn aufhalten, aber nun war sie zu langsam. Waylon schloss die Finger um den Griff der Glock, richtete sie auf Dillon und feuerte in ihren Kopf.

Das Blut spritzte ihm entgegen, er schloss die Augen, den Mund, den Geist vor diesem Grauen. Dillon klappte erneut auf ihm zusammen. Dieses Mal für immer.

Er lag unter ihr begraben, ließ die Waffe sinken und streckte sich aus. Es war die Glock, die Dillon ihm vorhin selbst gereicht hatte, damit er Kris umbringen sollte.

Er schob den leblosen Körper von sich weg, denn auf einmal war ihm das alles zuwider. Das Kämpfen, das Morden, das Blut.

»Waylon!«, rief Lyn von oben und eilte die Treppe hinunter. Sie hatte den Rucksack mit der Anthologie über ihre Schulter gehängt. Als sie ihn erreichte, half sie ihm, Dillon von sich zu schieben. Er richtete sich benommen auf und schüttelte den Kopf.

»Bist du okay?«, fragte sie.

»Ja.«

»Sicher?«

Er nickte.

»Gut, ich muss dich nämlich alleinlassen. Ich habe versucht, den Rettungsdienst anzurufen, aber ich komme nicht durch. Die Leitungen sind überlastet. Bist du stark genug, um aus der Wohnung zu gehen?«

Waylon blickte sie an, atmete tief durch und fasste einen Entschluss. »Nimm mich mit.«

»Was?«

»Nach Abalion. Ich will in die Märchenwelt.«

»Das ist keine Reise mit Rückfahrgelegenheit. Ich kann dir nicht versprechen, dass wir noch mal ein Portal öffnen werden.«

»Es spielt keine Rolle. Isa ist dort. Kris ist dort. Ich muss mit dir kommen. Ich muss geradebiegen, was ich falsch gemacht habe.«

»Die Reise macht keinen Spaß.«

»Auch das ist mir gleich.«

Lyn atmete ein und aus, doch Waylons Entschluss stand fest. Er packte ihre Hand, drückte fest zu. »Nimm mich mit.«

Sie nickte schließlich und sprach ein weiteres Mal in ihr Amulett. »Dante, kannst du Waylon und mich transportieren? Reicht die Energie?«

»Oh, er will mit?«

»Ja, also?«

»Süße, ich hab hier so viel Energie, dass ich vermutlich halb Frankfurt nach Abalion bringen könnte; aber die wird kollabieren, sobald das Portal dichtmacht – und laut meinen Sensorwerten wird es nicht mehr lange dauern. Überlastet ganz schön, das Teil.« Sie sah Waylon noch mal eindringlich an, doch er nickte.

»Alles klar, ich bin auch gleich soweit. Muss nur noch in Sebastians Labor das Mittel für Casaju holen.«

Waylon runzelte die Stirn. Ehe er nachfragen konnte, war sie schon weg und verschwand im hinteren Bereich der Wohnung. Waylon hinkte ihr nach, musste sich alle paar Meter an der Wand abstützen.

Er kam zu einem großen Fenster, dessen Scheibe gesprungen war. Der Wind fegte herein, strich ihm über die Haut. Draußen tobte das Chaos. Sirenen heulten, die ersten Helikopter drehten ihre Kreise und leuchteten den Tower mit großen Strahlern aus. Sie gaben sich alle Mühe, jeden rauszuholen. Bestimmt waren noch etliche Menschen im Gebäude eingeschlossen und kamen nicht mehr durch. Waylons Herz zog sich zusammen, weil er mitverantwortlich war. Wie hatte er je derart vom Weg abkommen können?

Lyn kehrte zurück und stopfte eine kleine Phiole in ihre Tasche. Sie trat vor ihn und streckte ihm die Hand hin. »Bist du bereit?«

»Ja.« Er sah noch mal hinunter auf die Stadt.

Lyn hob den Arm, sprach in ihr Amulett. »Hol uns zurück, Dante.«

»Alles klar, schnallt euch an, haltet die Hände während der Fahrt bei euch und schreit, so viel ihr wollt. Es geht los!«

Waylon schloss die Finger fester um Lyns. Ihm blieb nicht einmal mehr Zeit, nach Luft zu schnappen, schon wurde er davongerissen. Es war, als hätte ihm jemand einen gewaltigen Stoß von hinten gegeben und ihn in einen tiefen Abgrund geworfen. Er raste mit betäubender Geschwindigkeit abwärts, alles in ihm zog sich zusammen, wurde gestaucht und gepresst wie in einer Zentrifuge, die auf dem Kopf stand und willkürlich die Richtung wechselte. Schneller und schneller und schneller.

Waylon riss den Mund auf, wollte schreien, aber es kam kein Ton heraus.

Er konnte nur noch fallen.

19. Kapitel

Ash

Abalion, Zeit unbekannt

Ein komisches Kribbeln in meinem Gesicht weckte mich auf. Es breitete sich von meinen Wangen her über mein Kinn, meinen Hals zu meinen Schultern aus und hinterließ überall ein unangenehmes Jucken. Ich wollte meine Hand heben, um dieses Was-auch-immer wegzuwischen, aber kaum bewegte ich den Arm, schoss ein heftiger Schmerz durch meinen Körper. Ich keuchte, das Kribbeln ließ schlagartig nach und ich hörte ein kollektives, erschrockenes Schreien.

Was zum Henker war passiert?

Ich versuchte meine Augen zu öffnen, aber die Lider klebten zusammen – und das meinte ich nicht im übertragenen Sinne.

Sie klebten wirklich zusammen.

Ich testete noch mal den Arm, wieder schmerzte es höllisch. Ich probierte den anderen, den Fuß, das Bein.

Nichts zu machen.

Okay, ruhig bleiben. Möglichkeiten abwägen. Erst einmal überprüfen, was mit mir nicht stimmte.

Eben war ich noch bei Moon gewesen, sie hatte mich aus dem Palast geworfen. Jetzt hatte ich Schmerzen. Starke. Das hieß, dass ich noch lebte, es sei denn, der Teufel hatte mich zu sich geholt und folterte mich, weil ich ständig seinen Namen missbrauchte.

Dagegen sprach allerdings, dass es eiskalt war. In der Hölle sollte es doch heiß sein. Nicht dass ich Erfahrungswerte besaß.

Außerdem war es dunkel. Nicht dass ich viel erkannte mit geschlossenen Augen.

Es roch auch nicht nach Rauch oder Schwefel, es stank nach süßlichen Gräsern; als hätte jemand sämtliche Düfte dieser Welt zusammengemischt und über mir ausgeschüttet.

Also keine Hölle.

Schon mal nicht schlecht.

Ich spannte die Muskeln, wollte mich noch mal bewegen, aber ich war wie festgekleistert. Plötzlich hörte ich leise Stimmen, die miteinander tuschelten. Sie klangen weiblich, sehr hell und vertraut.

Jetzt wusste ich, wo ich steckte!

»Ihr macht mich sofort los!«, brüllte ich, aber nichts geschah. Ich ruckte an meinen Armen und Beinen, die noch immer feststeckten. »Ich werde jeder einzelnen von euch die Flügel ausreißen!«

»Das würdest du nicht«, säuselte jemand neben meinem Ohr.

»Und wie! Irgendwann komm ich wieder frei, dann Gnade euch Gott oder an wen auch immer ihr glaubt.«

»Ich glaube, er meint es ernst«, sagte eine andere.

»Wenn wir ihn losbinden, wird er erst recht sauer«, eine dritte.

»Wenn ich mich eigenständig befreie, habt ihr ein viel größeres Problem, glaubt mir.«

»Er hat ein magisches Messer«, sagte die erste.

»Ich habe gesehen, wie er es mal verwendet hat, um ein Einhorn zu töten und dann auszuweiden.«

Was? Das hatte ich noch nie getan. Gedacht sicherlich, aber ich würde mich niemals freiwillig einem dieser Biester nähern.

»Und ich habe gesehen, dass er zehn Gnome auf einen Schlag erstochen hat«, sagte eine vierte Stimme.

Die spinnen doch.

Ich hielt trotzdem die Klappe, denn das Gespräch verlief nicht unbedingt zu meinen Missgunsten.

»Ich werde nicht scheuen, es erneut einzusetzen«, sagte ich ernst. »Ich werde euch aufspießen und über dem Feuer rösten.«

Sie schrien alle gemeinsam, dann nahm das Gewusel um mich herum zu. Sie glitten über meine Haut, das Jucken schwoll an, doch es ließ kurz darauf wieder nach. Endlich nahmen sie den Kleister von meinen Augenlidern und ich konnte sie öffnen. Ich blinzelte ein paar Mal gegen die klebrigen Fäden, die an meinen Wimpern hingen. Etwas Helles flatterte vor meinem Gesicht herum, kam näher und zog die Fäden ab.

Ich stöhnte, hob noch mal einen Arm, was nun keine Schmerzen mehr auslöste, strich mir durch die Augen und ertastete den Rest der klebrigen Flüssigkeit. Sie roch süß, wie alles hier.

»Ist das …«

»Aurorenhonig«, sagte eine der Feen. »Sehr gut für die Haut.«

»Es hilft dir, nachts besser zu sehen. Du wirst die Augen eines Adlers haben.«

»Nein, das geht nur, wenn es länger einwirkt«, sagte eine andere.

»Oh, wirklich?«

»Ja, so um die zweihundert Jahre sollten reichen. Willst du es noch mal drauf haben und so lange bei uns ruhen?«

»Nein! Will ich ganz bestimmt nicht.« Ich richtete mich vorsichtig zum Sitzen hoch, Blätter und Äste rieselten von mir ab. »Was zum Henker …?«

»Wir wollten nicht, dass du frierst, also haben wir dich zugedeckt.«

»Wie überaus freundlich.«

»Gern geschehen.«

»Außerdem kommen dauernd Gnome vorbei, sie sollten dich nicht finden und aufessen.«

»Ihr seid wirklich ungemein fürsorglich. Wie lange liege ich hier schon?« Hoffentlich keine zweihundert Jahre, wobei das ein sehr dehnbarer Begriff war.

»Eine Nacht, einen Tag«, sagte eine der Feen. »Seit der Mond am Himmel explodiert ist.«

»Was?« Ich blickte nach oben und zuckte zusammen. Es war wolkenlos, die Sterne waren gut zu erkennen, genau wie die unzähligen Trümmerteile dort oben; als hätte jemand einen großen Stein in tausend Stücke zerbröckelt und ihn über den Himmel gestreut.

Moons Palast.

Das war alles, was von ihr noch übrig war.

»Der … Der Mond ist …«

»Bumm!«, machte eine Fee und fuchtelte dabei mit ihren Armen in der Luft herum, als würde sie Konfetti werfen. »Sogar die Erde hat gebebt und seither ist es hier ganz komisch geworden.«

»Inwiefern komisch?«

Sie zuckte mit den Schultern. »Freudlos.«

»Außerdem ist es kälter und dunkler. Sogar wenn die Sonne scheint, ist alles trister.«

»Die neue Herrscherin löscht alles Helle aus.«

»Die neue was?«

»Sie hat den Mond vernichtet. Die Sterne haben es erzählt. Nun formt sie Abalion um.«

»Wartet. Was?« Redeten sie etwa von Isa?

»Das Moor der tausend Gedanken ist schon fast ausgetrocknet.«

»Und das Eisgebirge ist weg.«

»Wie weg?«, fragte ich.

Eine Fee schnippte mit den Fingern. »So. Einfach weg.«

»Das hat sie alles innerhalb eines Tages geschafft?«

Die Feen nickten eifrig und im gleichen Takt.

»Das kann doch nicht sein.« Ich fuhr mir durchs Gesicht, meine Finger verhakten sich in meinem Bart und dem, was darin hing. »Was …?« Ich tastete danach, zog daran, aber es ließ sich nicht lösen. »Was habt ihr mit mir gemacht?«

»Nicht viel«, sagte eine Fee. »Wir dachten, es gefällt dir.«

»WAS HABT IHR GEMACHT?« Ich tastete erneut danach, es fühlte sich an, als hätten sie kleine Steine in die buschigen Haare geflochten. Ich richtete mich weiter auf, sah nun auch, dass mein Hemd an der Brust offen stand und ich bunte Malereien auf meiner Haut hatte. »Ihr elenden Mistkröten!«

»Du bist gemein. Wir haben uns so viel Mühe gegeben!«

Ich funkelte die kleine Fee wütend an, bis sie sich trollte, hob dann die Arme und betrachtete den Rest meines Körpers. Sie hatten mich angemalt! Mit Glitzer! Und Blütenstaub. Und sie hatten Perlen auf meine Arme geklebt. Verflucht, sie hatten sogar das dunkle Mal auf meiner Haut verziert. Die Muster und Linien funkelten, wenn ich den Arm bewegte, ein Kreis war blau ausgemalt, mit kleinen Wellen drin und einem … »Ist das ein Boot?!«

»Ja, wir dachten, das könnte ein großer See sein, mit einem Fischer, der ...«

Ich wollte sie mit der Hand wegklatschen, doch sie reagierte viel schneller und war abgetaucht, ehe ich nur ihren Flügel streifen konnte.

»Gefällt es dir nicht?« fragte eine.

»Ich bin keine Leinwand, die man anpinseln kann!« Deshalb hatte es überall gejuckt und gekribbelt. Sie hatten diesen Glitzer aufgetragen. »Gib mir einen Spiegel!« Wobei ich nicht sicher war, ob ich das wirklich sehen wollte.

»Oh, er will es bewundern!«

»Nein, er wird wütend.«

»LOS!«, brüllte ich und die Feen stoben in alle möglichen Richtungen davon. Keine Ahnung, wie viele hier waren. Zwanzig, dreißig, hundert?! Gott, wie ich diese Biester HASSTE!

Zwei von ihnen kamen zurück und hatten tatsächlich einen Spiegel dabei, den sie gemeinsam tragen mussten. Ich nahm ihn entgegen, drehte ihn herum und betrachtete mein Gesicht.

Ich hielt die Luft an.

Ich legte den Spiegel weg.

Ich stieß die Luft aus.

Ich nahm den Spiegel wieder hoch.

In meinem Bart waren zig funkelnde Muscheln und Perlen geflochten, meine Augen waren dunkel geschminkt, ich hatte knallrote Lippen und ein Herz auf der Stirn! In Pink! Es funkelte ebenfalls!

Ich drehte den Spiegel herum, holte aus und nutzte ihn als Feenklatsche. Sie stoben wild hin und her, während ich eine Reihe von Flüchen ausstieß und versuchte, sie zu zerschmettern!

Eine schnippte mit den Fingern, der Spiegel löste sich auf und fiel als Konfetti auf die Erde. Ich kickte die Überreste weg, fuhr herum und brüllte sie weiter an. Ich ließ alles raus, was sich angesammelt hatte. Wirklich alles! Von diesem verdammten Fluch des Messers hin zu meinen Kämpfen mit dem Grimm, dem ständigen Hin- und Hergeschubse, dem Zusammentreffen mit Kris, der Vergangenheit meiner Mutter, meinem Dasein, allem, was Moon mir erklärt hatte, dem Angriff durch Isa. Kämpfen, kämpfen, kämpfen, immer mehr, immer heftiger.

Irgendwann war ich fertig.

Ich hatte alles rausgeschrien, was ich in mir gehabt hatte, sank auf die Knie und atmete tief durch.

Die Feen schwirrten weiterhin um mich herum, behielten jedoch Abstand.

»Geht es dir besser?«, fragte eine.

»Ich …«, meine Stimme war rau vom vielen Schreien und Fluchen und … Verdammt ja, es ging mir besser.

Das hatte rausgemusst.

»Ihr seid so lästig, wisst ihr das.«

Zwei flogen vor mich und zuckten mit den Schultern. »Aber du siehst zufriedener aus, das ist wohl das Wichtigste«, sagte die eine.

»Wir dürfen unsere Zufriedenheit nicht verlieren«, sagte die andere und stimmte eine leise Melodie an.

»Wenn ihr anfangt zu singen, werde ich noch mal schreien.«

Sie hörten sofort auf zu summen.

»Da wir das geklärt haben«, fuhr ich fort: »Könnt ihr zwei Dinge tun: Erstens, mir sagen, wo ich bin.«

»Das ist ganz einfach«, sagte eine und zeigte nach links. »Da drüben geht es zum *Trunkenen Fährmann* und da vorne zum Feuersteig.«

Dann hatte Moon mich in der Nähe von daheim ausgesetzt. Immerhin.

»Zweitens: Wascht dieses verdammte Zeug ab.« Feenglitzer war ziemlich schwer wegzuwischen, dreimal so schlimm, wenn sie es mit ihrem Zauber verstärkt hatten. Ich kannte einen Kerl, den sie aus irgendeinem Grund nicht leiden konnten. Sie hatten seine Lippen doppelt so groß gemalt und Hasenzähne draufgeklebt. Die Augenbrauen hatten sie mit borstigen Stacheln bestückt, er hatte sich jedes Mal die Finger aufgeritzt, wenn er sich an der Stirn kratzte. Soweit ich wusste, lebte er abgeschieden irgendwo in den Bergen.

Die beiden Feen schauten mich an und kicherten. Drei andere kamen heran und fingen an, miteinander zu tuscheln.

»Denkt nicht mal ansatzweise darüber nach, mich so herumlaufen zu lassen, denn dann werde ich euch so dermaßen eure kleinen knochigen Feenärsche aufreißen, dass ihr euch wünscht, ihr wärt Fliegenscheiße am Schuh eines Riesen, denn DAS wäre tausendmal besser!«

Ein Raunen gefolgt von einem leisen »Oooh« ging durch die Feenmenge.

»Das ist mein Ernst«, schob ich nach und verschränkte die Arme vor der Brust. Zugegebenermaßen sah ich vermutlich nicht so aus, mit dem Glitzer und dem Herz auf der Stirn, aber ich würde meine Drohung umsetzen. Ich hatte noch nie Angst vor Feen gehabt und würde heute nicht damit anfangen.

»Ihr könnt …«, setzte ich an, doch da hörte ich auf einmal ein leises Husten. Ein männliches leises Husten, also definitiv keine weitere Fee.

Die Biester flatterten aufgeschreckt hoch, dann stoben sie zusammen zu einem kleinen Feenball und versteckten sich hinter meinem Rücken.

»Wirklich jetzt?«, fragte ich und schüttelte den Kopf.

Das Husten klang erneut, lauter dieses Mal. Ich brummte leise, tastete nach meinem Messer – das wie immer ganz zuverlässig an meinem Gürtel baumelte – und lief auf das Geräusch zu. Es kam von rechts, von den Bäumen. Ich hielt mich dicht an einem Stamm, nutzte ihn als Deckung und schlich weiter voran. Vermutlich war es nur ein Wanderer, der sich verirrt hatte, aber in Abalion konnte man nie vorsichtig genug sein. Schon gar nicht in diesen Tagen.

Er hustete wieder, es raschelte und jemand taumelte nach vorne. Ich griff an mein Messer, machte mich bereit, mich gegebenenfalls zu verteidigen, doch das war nicht nötig.

Konnte mein Tag eigentlich noch schlimmer werden, als er es jetzt schon war?

Ja.

Jetzt.

Ich hätte es tausendmal lieber mit zwanzig Räubern gleichzeitig aufgenommen, mich erneut mit den Gnomen geprügelt – oder meinetwegen sogar gegen den Grimm gekämpft –, als diesem Typen in meiner jetzigen Aufmachung zu begegnen.

Scheiße, ich würde sogar einen Nesselausschlag am Hintern bevorzugen!

»Destan«, sagte ich leise und ließ mein Messer los. Warum in Teufels Namen traf ich immer dann mit diesem Typen zusammen, wenn ich gerade in der Klemme steckte oder am Tiefpunkt meines Daseins angekommen war?

Er hustete zur Begrüßung, krallte die Hände in die Rinde und zitterte am ganzen Leib.

Der sah nicht gut aus. Schlimmer als bei den letzten Treffen auf der Nachtheide und beim *Fährmann*.

Destan wartete, bis der Hustenanfall vorüber war, dann richtete er sich auf. Seine Haut war blass, die dunklen Haare klebten ihm strähnig und verschwitzt im Gesicht, er hatte tiefe Augenringe.

Doch das alles schwand für einen Moment, als er mich sah.

Das Herz. Der Glitzer. Die Perlen im Bart. Das volle Programm.

Ich seufzte, stemmte die Hände in die Hüften und machte mich bereit, auf was auch immer gleich an Erniedrigungen auf mich zukommen sollte.

Destans Mund klappte auf. Er hob einen Finger, deutete auf meinen Arm.

»Ja, der glitzert«, sagte ich.

Auf meine Stirn.

»Ja, das ist ein Herz«, sagte ich.

Auf meine Brust.

Meine Brust? Was war auf meiner Brust. Ich blickte nach unten, aber ich konnte den Kopf nicht so weit neigen, als dass ich was erkennen konnte.

Destan lachte leise, hustete, lachte.

»Lass es raus, schon gut«, sagte ich und öffnete die Arme, wie um ihn zum Kampf herauszufordern.

»Ash, du … ich …«

Ich fixierte ihn, er schwankte. Das war nicht gut.

»Kippst du um?«, fragte ich ihn.

Er antwortete nicht, klappte den Mund wieder zu, fasste sich an die Brust, als hätte er Schmerzen.

»O Mann, kipp bitte nicht um. Ich hab keine Lust, dich aufzufangen und …«

Zu spät. Destan klappte in den Knien zusammen und fiel nach vorne. Ich fluchte, machte einen Schritt auf ihn zu und schlang meine Arme um ihn, damit er nicht der Länge nach hinplumpste.

Er gab ein leises Keuchen und ein gemurmeltes Danke von sich.

»Jaja, schon gut.« Ich ließ ihn vorsichtig hinsetzen, wartete, ob er sich wieder im Griff hatte. Er fing noch mal an zu husten, heftiger dieses Mal. Ich setzte mich neben ihn, wartete mit ihm, bis es besser wurde.

»Hast du … Hast du Wasser?«

»Gute Frage.« Ich pfiff durch die Zähne. Mit einem Schlag erschienen die Feen wieder vor uns und flatterten wild umher. »Wie sieht es mit Wasser aus?«

»Zum Waschen oder zum Trinken?«

»Beides.«

Die Feen flatterten aufgeregt hin und her, dann in alle Richtungen davon.

»Machen die etwa, was du ihnen sagst?«, fragte Destan und hustete ein letztes Mal.

»Nein, aber ich kann ja so tun als ob.« Ich stemmte die Ellbogen auf die Knie und sah ihn an. »Was ist mit dir los?«

»Was ist mit dir los?« Er deutete auf meine Stirn.

»Ich hab manchmal das Bedürfnis, mich bunt anzumalen und mich mit Feen zu umgeben, jeder braucht Hobbys. Also? Warum bist du krank?«

»Ich … Ich weiß es nicht. Es hat einfach so angefangen. Kein Heiler kann mir helfen, keine Medizin verschafft mir Linderung.«

»Als wir uns am Steinsäuresee getroffen haben, ging es dir noch ganz gut.«

»Wegen dem Lotusnektar, den ich tags zuvor getrunken habe. Er verringert meine Symptome, aber die Abstände zwischen den Anfällen werden kürzer, außerdem ist das Zeug schwer zu bekommen.«

»Das stimmt.« Lotusnektar war selten, teuer, beliebt.

Vier Feen kamen zurück und brachten ein Blatt, gefüllt mit Wasser. Jede hob einen Zipfel, sodass es nicht herauslief.

»Danke«, sagte Destan und wollte danach greifen, doch statt es ihm zu geben, übergossen sie mich damit.

Es war eiskalt.

»Ihr verdammten Mist…« Ich holte aus, aber sie schwirrten schon wieder weg und kicherten.

»Immerhin bist du das Herz los«, sagte Destan leise lachend.

»Bin ich?«

»Und den Glitzer.«

Ich streckte die Arme aus und sah an mir hinab. Meine Kleidung war erstaunlicherweise trocken geblieben, dafür waren alle Feenmarkierungen weg. »Was ist hier?« Ich zeigte auf die Stelle über meiner Brust, die ich nicht sehen konnte.

»Da ist …« Destan hustete erneut, so stark dieses Mal, dass ich befürchtete, er würde gleich ersticken.

Es dauerte ewig, bis er sich beruhigt hatte.

Die Feen sahen ihn an, tuschelten leise, flogen davon, kamen wieder zurück. Eine reichte ihm eine Blüte, von der eine zähe Flüssigkeit tropfte. Destan blickte auf, sein Finger zuckte, aber er griff nicht danach.

Ich verstand ihn. Feen waren trickreich, sie konnten Destan auch in einen Frosch verwandeln oder ihn in Tüll packen oder wusste der Geier was.

Da sein Husten aber nicht besser wurde, nahm er es schließlich.

»Du musst es ablutschen«, sagte eine Fee.

Destan nickte und tat es zögernd. Kaum berührte die Blüte seine Lippen, hörte das Husten auf. Er atmete erleichtert durch und nippte noch mal an dem Ding. »Danke«, hauchte er leise.

»Du bist so was von am Arsch«, sagte ich.

»Ich weiß. Vermutlich wächst mir gleich ein Schwanz oder ich laufe blau an.«

»So wie Scarf, das eine Mal in dem Sommer, wo es so heiß war.«

»Als er sich abkühlen wollte und in den Nachtmoossee gesprungen ist.«

»Und wir alle so: Nein Scarf, tu es nicht!«

»Aber er winkte nur ab und hat sich Hintern voran reinplumpsen lassen.«

Destan, Scarf, Brass und ich. »Gott, waren wir besoffen.«

»Er kam raus, sein Gesicht war dick angelaufen und purpurrot. Sogar seine Nasenhaare hatten sich verfärbt.«

»Er sah aus, als wäre er die ganze Zeit zornig. Jeder fragte ihn, was er für Probleme hätte und ob es nicht besser wäre, darüber zu reden, statt alles in sich hineinzufressen.«

»Immerhin hat er so sein Weib kennengelernt.«

»Stimmt.« Ich wusste gar nicht, ob er mit ihr glücklich war. Sie war eine dieser Schreignome, die sich nur brüllend unterhielten. Ziemlich anstrengend auf Dauer.

»Das war die beste Nacht meines Lebens.«

»Ja.« Auf gewisse Weise schon. Wir hatten öfter zu viert abgehangen. Irgendwie hatten wir uns gefunden, weil alle gleichzeitig bei Werfan aufgetaucht waren und auf seine Türschwelle gekotzt hatten – was ich wiederum hatte wegwischen müssen. Doch die Jungs hatten es nicht zugelassen und ihre Sauerei selbst entfernt, obwohl sie kaum noch geradeaus schauen konnten. Das war wohl der Beginn einer merkwürdigen Freundschaft, die heute allerdings nicht mehr bestand. Nichts in Abalion währte lange.

Ich sah hoch in den Himmel, wo die Trümmer von Moons Palast schwebten. Mein Herz zog sich schmerzhaft zusammen und ich musste die Augen schließen.

»Du hast sie gemocht, mh?«, fragte Destan.

»Ja. Und nein. Sie war anstrengend.« Und gütig. Leidenschaftlich. Herrisch. Wunderschön. Eiskalt.

»Tut mir leid, Mann.«

Ich zuckte nur mit den Schultern, denn mehr blieb mir nicht übrig. Destan und ich saßen eine Weile schweigend nebeneinander, sein Husten war kaum noch vorhanden.

»Warum bist du krank?«, fragte ich schließlich.

»Ich weiß es nicht. Es ging beim großen Beben los. Zu Beginn war alles harmlos, doch mit jedem Mondzyklus hat es sich verstärkt. Ich dachte erst, Moon hätte mich verflucht.«

Ich öffnete den Mund, doch es kam kein bissiger Kommentar über Moon heraus.

»Wie alt warst du beim großen Beben?«, fragte ich.

»Wie meinst du das?«

»Na so, wie ich es sage. Wie alt warst du da?« Ich selbst war noch klein gewesen. Gerade erst in Abalion angekommen.

Destan sah mich an, als hätte ich ihn soeben gebeten, ihm die Geheimnisse des Universums zu erläutern. »Haben dir die Feen vielleicht auch den Verstand vernebelt?«

»Nein, ich will doch nur …«

»*Zeit … Wie empfindest du sie?*«, schwirrten mir Moons Worte auf einmal durch den Kopf. Sie hatte mich das gefragt, kurz bevor sie mich aus dem Palast geworfen hatte. Ich hatte dort mit der Frage nicht viel anfangen können, aber so langsam bekam ich ein Gefühl dafür, was sie meinte.

»Kein Wesen in Abalion macht sich Gedanken über Zeit. Sie haben kein Gefühl dafür, was Vergangenheit oder Zukunft ist. Was ist Zeit für dich? Nimmst du sie wahr? Spürst du, wie Tag um Tag vergeht? Wie aus heute gestern wird und das Morgen auf dich wartet?«

»Du bist so erschaffen worden«, sagte ich schließlich leise. »Deshalb weißt du nicht, was ich meine.«

»Du verwirrst mich. Oder diese Blüte verwirrt mich. Vielleicht werde ich verrückt und verstehe auf einmal nur noch komische Dinge.«

»Nein, tust du nicht. Schon gut. Erzähl mir mehr. Als du im *Fährmann* warst, wolltest du unbedingt eine Münze.«

»Die Münze, die der Fährmann vom Teufel erhalten hat.«

»Wozu brauchst du sie?«

»Um einen Fährmann zu rufen.«

»Das ist ein Mythos, das weißt du doch.«

»Wir werden sehen.«

Ich runzelte die Stirn. »Was, wenn es dir gelingt? Wo soll er dich denn hinbringen?«

»Ich weiß es nicht.«

»Du betreibst den ganzen Aufwand und weißt nicht, warum?«

»Ich wachte irgendwann auf und hatte das dringende Bedürfnis, nach der Münze zu suchen und einen Fährmann zu rufen. Es ist wie ein Lied, das dir nicht mehr aus dem Kopf geht. Meine Gedanken kehren ständig dorthin zurück. Ich werde so lange danach suchen, bis ich sie habe. Egal wie oft Werfan mich rauswirft. Die Münze ist dort. In irgendeiner verwahrlosten Ecke, die nie jemand sauber macht.«

»Davon wirst du jede Menge finden im *Fährmann*. Hast du Werfan denn wegen der Münze gefragt?«

»Natürlich. Was denkst du wohl, was er geantwortet hat?«

»Wenn ich eine Münze mit solchem Wert besäße, würde ich nicht diese Spelunke führen.« Nein, er würde fünf andere Spelunken dazu eröffnen. Werfan liebte den Dreck, in dem er hauste. Er war glücklich dort, auch wenn er es nie zugeben würde.

Hätte Moon mir nicht erzählt, dass er nicht von hier ist, hätte ich das nie bemerkt. Der Mann passte sich perfekt in diese Welt ein. Er beschwerte sich zwar über vieles, bis der Tag vorüber war, aber ich wusste, dass er im Grunde seines Herzens zufrieden war.

»Ich muss sie finden«, sagte Destan. »Ich muss beenden, was mich befallen hat, sonst werde ich wahnsinnig. Es fühlt sich an, als würde meine Seele explodieren. Manchmal schlafe ich ein und wache erst Tage später wieder auf. Ich weiß nicht mehr, wohin ich gehöre, wer ich bin, was ich will. Einst war alles so klar für mich. Ich hatte ein Ziel, ich wollte ...«

Er hielt inne, rieb die Hände aneinander und schüttelte den Kopf. »Nicht einmal das weiß ich noch. Egal wie sehr ich versuche, mich daran zu erinnern: Es ist weg. Ich weiß nur, dass ich glücklich war und eine Aufgabe hatte.«

»Hat das was mit deinen Narben zu tun?« Ich deutete auf seine Brust. Als wir uns beim *Fährmann* zuletzt getroffen hatten, war sein Hemd ein Stück verrutscht und ich hatte die verheilten Wunden gesehen, die sich wie Striemen über seine Haut bis zu seinem Rücken zogen. Mir waren sie da das erste Mal bewusst aufgefallen.

»Ich weiß nicht, woher die sind oder wer mir die zugefügt hat. Sie waren einfach eines Tages da. Mal werden sie stärker, mal schwächer. Mal haben sie geblutet, dann waren sie wieder weg. Ich hänge fest, Ash. Ich bin nichts und alles und ich ... Gott, hör dir den Müll an, den ich von mir gebe.« Er drehte die Blüte der Feen in seiner Hand und warf sie weg. »Vermutlich doch nicht ohne Nebenwirkungen.«

So dumm fand ich sein Gerede nicht. Objektiv gesehen mochte es wenig Sinn ergeben, aber nachdem was Moon mir über Abalion gesagt hatte, war es auf eine gewisse Art logisch. Wenn Destan ein Märchenwesen war, hatte ihn irgendwann einer dieser Masali-Mönche erschaffen. Was, wenn Destan Teil einer Geschichte hätte werden sollen, die nie zu Ende geschrieben worden war? Möglicherweise hatte Moon das verhindert, als sie das Kloster angegriffen und zerstört hatte.

Auf einmal krachte es im Gebüsch. Ich horchte auf, Destan richtete sich ebenfalls auf.

»Bleib hier.« Ich erhob mich und spähte nach rechts und links. Mein Mal fing an zu pochen und die Haut darunter zu brennen. In meinem Magen zog sich alles zusammen. Ich ging ein paar Schritte, nahm ein aufgeregtes Flattern wahr. Ich blickte über meine Schulter zurück. Die

Feen hatten sich zu einem Pulk zusammengefunden und hielten sich an den Händen. Sie schnatterten aufgeregt miteinander und wichen zurück. Wenn Feen eins konnten, dann sehr gut vor Gefahren warnen. Sie waren listig, aber sie waren auch sehr ängstlich und hielten sich aus echtem Ärger grundsätzlich heraus. Ich sollte wohl auf sie hören und mit ihnen mein Heil in der Flucht suchen, aber ich wäre nicht Ash der Narr, wenn ich einmal auf die Vernunft hören würde. Ich suchte mein Messer und lief zwischen zwei Bäumen hindurch. Mein Mal pochte heftiger, das Brennen dehnte sich jetzt auch über meinen Oberkörper aus. Ich blieb stehen, der Wald vor mir war dunkel und schien undurchdringbar. Die Luft roch anders als eben noch. Kälter, mehr nach Lehm oder Moos oder so. Oder, nein: Das waren Blumen.

Rapunzeln.

»Ash?«, fragte Destan. Ich hörte ihn näherkommen. »Ich glaube, wir sollten besser gehen.«

»Ja.« Ich trat einen Schritt nach vorne. Entweder die Behandlung der Feen hatte mich tollkühn gemacht oder mein menschlicher Instinkt tickte auf einmal anders als zuvor. Vielleicht, weil ich nun die Wahrheit kannte und dieser Bereich in mir verstärkt wurde? Falls ja, mussten mein menschliches Ich und mein Abalion-Ich ein ernstes Wörtchen miteinander reden. In der Welt da draußen gab es vermutlich keine Riesen oder fleischfressenden Ungeheuer oder Wesen, die einen aufspießen und braten wollten, aber hier schon.

Als ich den nächsten Schritt machte, veränderte sich auf einmal alles. Der Wald wurde heller, die Bäume strahlten und funkelten. Es wurde wärmer und bunter. Die Farben wirkten wie aufgedreht.

»Was ist denn hier los?«, fragte Destan und kam neben mich.

»Keine Ahnung.«

»Rapunzel!«, rief auf einmal ein Mann. »Rapunzel, lass dein Haar herunter!«

Ich blickte Destan an, wir zuckten mit den Schultern und gingen auf das Geräusch zu. Hinter den nächsten Bäumen öffnete sich eine große Lichtung, auf der überall Blumen in den schillerndsten Farben blühten. Außerdem stand da ein riesengroßer Turm an einem Abhang.

Der Mann, der gerufen hatte, war jung und nobel gekleidet. Er trug einen taillierten Mantel, enge Hosen, Stiefel aus feinstem Leder. Seine hellbraunen Haare glänzten genauso wie seine Kleidung, er hatte sie zu einem Pferdeschwanz zusammengebunden.

»Kennst du den?«, fragte Destan.

»Nein.« Wir gingen gemeinsam näher, der Mann reagierte nicht auf uns, sondern starrte weiter an dem Turm hoch und rief nach seiner Rapunzel.

Doch niemand antwortete. Ich blickte an der Mauer nach oben, sie war vermoost und verwildert. Eine Tür zum Turm sah ich nicht, nur das eine Fenster an der Spitze, an dem ein Büschel blonder Haare hing und träge im Wind flatterte.

»Rapunzel! Lass dein Haar herunter.«

»Da ist niemand, Mann«, sagte Destan und ging näher auf den Kerl zu. Vermutlich überlegte er, ob es sich lohnte, ihn auszunehmen, aber ich war mir nicht sicher. Dieses Verhalten, das Nichtreagieren, das Aufsagen bestimmter Sätze … Er war ein Wesen aus einem Märchen.

Das hier war nicht gut, denn wenn wir diese Schicht in Abalion betreten konnten, war die Grenze ein weiteres Mal geschwächt worden. Destan hatte den Mann erreicht und tippte ihm vorsichtig auf den Arm, doch er ignorierte ihn und schrie nach dem Rapunzel, das nicht antworten würde.

»Der ist irre«, sagte Destan.

»Ja.« Mich streifte ein kühler Luftzug und der Geruch von nassem Fell drang mir in die Nase. Meine Nackenhaare stellten sich auf, ich blickte mich um, lauschte auf jedes Rascheln im Wald, das unsere Lichtung umgab.

Destan redete auf den Mann ein, ich ging ein paar Schritte auf den Turm zu und blickte mich weiter um. »Wir sollten verschwinden«, sagte ich leise.

»Hast du seine Kleidung gesehen? Der ist reich!«

»Destan, wir …« Der Windhauch streifte mich erneut. Kälter dieses Mal. Bedrohlicher. »Wir sollten verschwinden.« Ich drehte mich in die Richtung, aus der wir gekommen waren, doch da war kein Weg mehr. »Zum Henker.«

Ein dunkles Knurren kam von allen Seiten. Ich hielt inne, spannte die Arme und sog die Luft ein.

Sie sind wieder da …

Destan hatte es ebenfalls gehört und sah sich um. »Was war das?«

»Wölfe. Mach dich auf einen Angriff gefasst.«

Kaum hatte ich ausgesprochen, raschelte es auch schon lauter im Gebüsch. Ich blickte mich um. Drei Wölfe traten aus dem dunklen Wald heraus. Sie gingen ganz ruhig, ihre Körper waren angespannt, aber noch nicht angriffsbereit. Sie wirkten eher, als wären sie auf der Pirsch. Ich betrachtete sie, verhielt mich still, denn ich war nicht sicher, ob sie es auf uns abgesehen hatten.

Sie steuerten auf den Mann zu, der noch immer am gleichen Fleck wie eben stand und sich nicht der Bedrohung gewahr wurde, die sich ihm näherte. Die Wölfe bleckten die Zähne, einer löste sich aus der Gruppe, doch ein zweiter schnappte nach ihm, wie um ihm zu zeigen, dass er warten sollte. Die beiden gerieten in einen Zwist, während der dritte gemütlich weitertrottete und den Mann fixierte.

Ich wich nach rechts aus, fand einen großen Stein und hob ihn sicherheitshalber auf. Der Wolf hatte den Mann erreicht, der nicht einmal auf das Tier reagierte, sondern nur seinen Turm anstarrte. Die beiden anderen bemerkten, dass ihnen eine Beute durch die Lappen ging, sie beendeten ihren Zwist und stürzten gleichzeitig nach vorne.

Ich konnte nicht erkennen, wer zuerst zuschlug, es war auch egal. Zu dritt rissen sie den Mann nieder und rammten ihre Zähne in seinen Leib. Er schrie nicht einmal. Der Geruch nach Blut stieg mir in die Nase, ich blickte weg und wich mit Destan nach hinten.

»Weißt du, was hier los ist?«, fragte er.

»Nein, aber ich denke, uns bleibt nichts anderes übrig, als durch den Wald zu fliehen.«

Ich packte Destan am Ärmel, wollte ihn mit mir ziehen, als das nächste Knurren erklang.

Greller. Lauter. Bedrohlicher. Größer. Stärker.

Mein Körper reagierte umgehend. Mein Herzschlag beschleunigte sich, mir wurde kurz schwindelig, das Mal auf meiner Haut heizte sich auf.

»Das klang wie …«, setzte Destan an.

»Wie ein großer schwarzer böser Wolf.«

Ich blickte über meine Schulter zurück. Die Bäume wackelten bis in die Wipfel. Die Erde bebte bei jedem seiner Schritte.

Bumm. Bumm. Bumm.

Destan schluckte schwer, hielt die Luft an. Ich verharrte genauso still, obwohl alles in mir nach Flucht schrie.

Die Bäume neigten sich zur Seite, das Holz barst, das Knurren hallte über die gesamte Lichtung.

»Das … Das glaub ich nicht«, stammelte Destan.

Ich biss den Kiefer aufeinander und starrte auf die Stelle, an der sich eine große schwarze Tatze hindurchschob. Die Schnauze folgte. Er hatte die Zähne gebleckt, Blut troff von seinen Lefzen, seine gelben Augen funkelten unheilvoller und intensiver als je zuvor.

Kam es mir nur so vor oder war er gewachsen? Er sah stärker aus, sein Fell glänzte und schimmerte, sein Körper strotzte nur so vor Kraft.

»Was ist das?«, keuchte Destan.

»Der Grimm«, sagte ich. »Wir sind am Arsch!« Ich zerrte Destan mit mir weg. Er reagierte sofort, eilte mir hinterher, auch wenn ich nicht den Hauch einer Ahnung hatte, wohin wir fliehen sollten.

»Bist du dem etwa schon mal begegnet?«, brüllte er.

»Ja. Leider.«

Der Grimm richtete sich auf, als er uns bemerkte, und stieß wieder sein Knurren aus. Sogar die Bäume wackelten. Destan und ich stürmten geradeaus weiter.

Hinter uns krachte es ohrenbetäubend. Ich warf einen Blick über meine Schulter zurück. Der Grimm war nach vorne geprescht und hatte dabei den Turm eingerissen, vor dem der Mann gestanden hatte. Von dem Kerl waren nur noch seine blutigen Klamotten und undefinierbare Reste übrig, die ich mir nicht näher ansehen wollte. Die drei Wölfe hoben ebenfalls ihre Köpfe, einer leckte sich die Blutreste vom Maul und knurrte uns an.

Wir wichen zurück, gefährlich nahe an den Felsvorsprung heran. Der Grimm trieb uns in die Richtung, ohne dass wir es verhindern konnten. Ich spähte über meine Schulter und sah nach, wie tief es nach unten ging.

»Du denkst hoffentlich nicht darüber nach, zu springen«, sagte Destan.

»Doch, ehrlich gesagt schon.«

»Du bist irre!«

»Ich weiß.«

»Kannst du mit deinem Messer zwei Leute wegwünschen?«

»Nein.«

Der Grimm bemerkte, dass wir augenscheinlich festsaßen und verlangsamte seine Schritte. Er bleckte die Zähne ein weiteres Mal und schnappte in die Luft, wie um uns zu zeigen, was er gleich mit uns machen würde. Wir kamen an den Felsvorsprung. Ich blickte noch mal hinunter und sah in der Tiefe ein sanftes grünes Glühen. Entweder war das der Weg raus oder in diese reale Welt, von der Moon gesprochen hatte – oder noch tiefer runter nach Abalion.

Ich starrte den Grimm an, dann meine Hände. Könnte ich es wieder wagen? Könnte ich noch mal das Leuchten erzeugen? Und mich damit noch stärker verfluchen. Das Mal hatte sich bedenklich weit über meinen Körper ausgebreitet. Wollte ich tatsächlich riskieren, es zu vergrößern?

»Nutze das Messer, bring wenigstens dich in Sicherheit.«

Ich warf Destan einen schrägen Blick zu. »Das ist ja überaus galant von dir.«

»Ich will dir nichts Böses, wollte ich noch nie. Ich will einfach nur finden, wonach ich suche, auch wenn ich nicht mal weiß, was das eigentlich ist. Du stehst mir dummerweise nur ständig im Weg herum.«

Ich schüttelte den Kopf und zog Destan einen nächsten Schritt mit mir nach hinten. Ich würde nicht ohne ihn gehen und ihn dem Grimm überlassen. Ich blickte hinunter. Das grüne Glimmen hatte zugenommen und sich über die Baumwipfel ausgebreitet. »Siehst du das?« Ich deutete nach unten.

»Ja.«

»Ich glaube, das ist unser Weg raus.«

»Glauben ist nicht wissen.«

»Das stimmt, aber was ich weiß: Dieses Biest wird uns mit Haut und Haaren verschlingen.«

Die anderen Wölfe kesselten uns ein. Sie schlossen von den Seiten zum Grimm auf und fixierten uns genauso knurrend.

»Wir müssen springen«, sagte ich.

»Auf keinen …«

Weiter kam er nicht. Ich packte ihn am Ellbogen und zerrte ihn einfach mit mir nach hinten. Destan fluchte lautstark, krallte sich an meiner Schulter fest, während wir beide abwärts segelten. Der Grimm sprang an die Kante des Felsvorsprungs und stieß ein donnerndes Brüllen aus. Ich drehte mich im Fallen. Das grüne Glühen kam näher und näher. Gleich würde es uns verschlingen und hoffentlich irgendwo anders ausspucken.

In der Realität möglicherweise. Bei Kris. Vielleicht in ihrem Schlafzimmer. Oder während sie unter der Dusche …

Das Glimmen stülpte sich über uns und saugte uns ein. Destan schrie, ich kniff die Augen zusammen und versuchte, die Orientierung zu behalten, doch um uns wurde alles in ein gleißendes Licht getaucht.

Wir fielen weiter, ohne Halt, aber auch ohne aufzuprallen. Ich ruderte mit den Armen – und betete, dass ich mich nicht getäuscht hatte.

20. Kapitel

Kristin

Abalion, Zeit unbekannt

Es hat nichts mit dir zu tun.

Brayden zückte ein Messer

Es hat nichts mit dir zu tun.

Er hob es an meine Kehle!

Es hat nichts mit dir zu tun.

Er drückte zu.

Es hat nichts mit dir zu tun.

Verraten. Gefallen. Zerstört.

Zurückgelassen in einer Welt voller Scherben und Schmerz. Ich war gebrochen. Von innen heraus. Zersplittert wie die Scherben, die mit uns in die Tiefe geregnet waren.

Es hat nichts mit dir zu tun.

Nein?

Mit wem dann?

Was hatte er getan?

Wie konnte er das tun?

Wie konnte er mich verraten?

Wie konnte er nicht der sein, der er vorgegeben hatte zu sein?

Weil ich auch nicht bin, was ich dachte zu sein …

»Kristin!«

Ich wurde grob geschüttelt, meine Zähne klapperten aufeinander, etwas Helles leuchtete mir ins Gesicht und blendete mich.

»Kristin Denise Collins!«

Noch mal das Schütteln, noch mehr Licht.

Geh weg.

»Wach bitte auf!«

Ich hob die Hand, wollte Jorge fortschieben, aber meine Arme bestanden nur aus Wackelpudding.

»Geht es dir gut? Kannst du mich verstehen? Lebst du noch?«

»Was?«, stammelte ich und öffnete die Augen. »Du siehst doch, dass ich noch lebe.«

»Ja. Nein. Ich meine, vielleicht ist es jetzt anders.«

»Warum sollte es das sein?«

»Weil wir nicht mehr auf der Erde sind.«

Ich fuhr hoch und donnerte mit Jorges Kopf zusammen. Wir schrien beide auf und rieben uns die Stirn. »Entschuldigung.«

»Nicht schlimm.«

Ich blickte mich um und fand mich an einem Bachlauf wieder. Das Wasser plätscherte gemütlich, die Sonne strahlte mir mitten ins Gesicht. Die Temperaturen waren angenehm. Alles leuchtete und blühte wie in einem kitschigen Disneyfilm.

Wie in einem Märchen …

»O mein Gott«, sagte ich und richtete mich weiter auf. »Sag nicht, dass … dass wir …«

»… in Abalion sind?«, presste er vorsichtig hervor. »Dann müsste ich dich anlügen und das mag ich wirklich nicht gerne tun.«

»Wie …« Ich tastete an mir hinab. Die Wunden, die mir Brayden zugefügt hatte, waren geschlossen, nur das getrocknete Blut erzählte noch davon, was mir widerfahren war.

Nicht mein Bruder. Es hat nichts mit mir zu tun …

Ich blickte zu Jorge, der vorhin die Schusswunde abbekommen hatte, aber auch er wirkte recht erholt.

»Erinnerst du dich, wie du aus den Visionen aufgewacht bist und deine Wunden schneller geheilt sind?«, fragte er.

Ich nickte.

»Anscheinend geht das auch umgekehrt. In dem Moment, als wir die Grenze passierten, wurde es besser.«

»Das ist abgefahren.« Ich tastete nach der Beule, die sich auf meiner Stirn bildete und vermutlich nicht so schnell heilen würde.

»Wir sind in die Märchenwelt gesprungen«, ergänzte Jorge.

»Weil du mich aus dem Fenster geworfen hast!« Ich gab ihm einen Klaps auf die Brust, er zuckte nicht mal zusammen.

»Genau wie Syrantina es mit mir gemacht hat.«

»Was?«

»Ich habe es dir doch erzählt, erinnerst du dich?«

»Natürlich tue ich das, aber ich hätte nicht gedacht, dass du das noch mal abziehst.«

»Das lag weniger an mir als an dir.«

»Ich kann dir nicht folgen.«

»Du hast ein Portal eigenständig geöffnet. Ich habe es erst nicht geschnallt, doch dann sah ich die grüne Energie überall. Sie hat sich rund um den Tower ausgebreitet. Je mehr du dich gegen Brayden gewehrt hast, desto stärker wurde sie. Als hätte dein Geist nur darauf gewartet, dass du aufwachst. Dass du erkennst, was du bist.«

»Ein Wesen aus Abalion.« Es war verrückt, das zu sagen, aber es entsprach der Wahrheit.

»Ja.«

Ich atmete durch und ließ das sacken. Mein Verstand wollte diese Wahrheit noch von mir fernhalten, aber wenn ich in mich kehrte, dann wusste ich, dass es stimmte. Ich hatte eine Tür geöffnet und der Wahrheit in die Augen geblickt. Auch wenn diese schwer zu begreifen war. Ich seufzte und zog die Beine an. »Wie konnten wir das nicht merken?«

»Keine Ahnung. Dabei hatte ich gehofft, dass ich es spüren würde, wenn mir einer der Unsrigen gegenübersteht. Pustekuchen. Wäre ich mal auf die Idee gekommen, dich eigenständig anzusprechen, dann hätten wir es wohl geschnallt.«

»Das hätte geklappt, oder?«

»Ich gehe davon aus. Wesen aus Abalion können sich anreden, hier sowieso.«

»Ich habe es auch nicht bemerkt.« Rückblickend hatte es aber in der Tat genügend Momente gegeben, in denen ich niemanden angesprochen hatte. Ich hatte mir schlichtweg keine Gedanken darüber gemacht, es nicht registriert. »Wer bin ich, Jorge?«

»Ich habe leider keine Ahnung, aber wenn ich raten müsste, würde ich sagen, dass du ziemlich viel auf dem Kasten hast. Vielleicht sogar so viel wie Syrantina.«

Ich schüttelte den Kopf und versuchte zu verstehen, was nicht zu verstehen war. Mein Gehirn brachte es nicht zusammen, aber mein Herz schon. Auf eine komische, entrückte Weise wusste es genau, dass alles so hatte kommen müssen. Dass es von Anfang an nie anders hatte sein können. Denn Brayden war nicht mein Bruder. Er war es nie gewesen.

Dieser Fakt sickerte nur ganz langsam in mich und war mit am schwersten zu verdauen.

Mein Bruder. Der Mann, den ich mein Leben lang kannte, mit dem ich so viel geteilt hatte. Die Erinnerungen an früher, an unsere Kindheit, unsere Eltern. Gott, nicht einmal die waren echt! Ich hatte am Grab meiner Mutter und meines Vaters gestanden, ich hatte um sie geweint, getrauert – und nun sollte nichts davon real gewesen sein?

Wie?

Wie sollte ich das verdauen? Wie sollte ich von hier aus weitergehen? Ich fuhr mir durchs Gesicht, nahm meinen Körper intensiver als je zuvor wahr. Diese Arme, die Beine, meine Hülle, meine Seele. Echt. Unecht. Ich wusste es nicht.

»Was soll ich jetzt tun?«, fragte ich leise.

»Weitergehen?«

Weitergehen. Ein einfaches Wort. Eine einfache Handlung. Weitergehen, nachdem das Leben nicht mehr das war, was man angenommen hatte. Weitergehen, wenn alles zusammenfiel. Weitergehen, obwohl es bis in die Tiefe der Seele schmerzte.

Weitergehen.

Es hat nichts mit dir zu tun.

Tränen stiegen mir in die Augen, ich wischte sie hastig weg. Ich wollte nicht deshalb weinen. Brayden hatte das nicht verdient. Ich durfte nicht zulassen, dass er mich derlei aus der Bahn warf. Egal was er mir angetan hatte, egal was mit mir passiert war. Er durfte mich nicht niederreißen!

»Kris«, sagte Jorge leise und legte eine Hand auf meine. »Ich kann nicht einmal ansatzweise begreifen, was in dir vorgeht oder dir einen Rat geben, was du tun sollst, aber ich bin für dich da, okay? Du musst das nicht alleine durchstehen.«

»Mein Leben basiert auf einer kompletten Lüge.«

Er presste die Lippen zusammen und sah mich mitfühlend an.

»Ich weiß, wie wir eingeschult wurden, ich kann mich an meinen ersten Kuss erinnern, Eiscreme an Sonntagen, an Pizzaabende mit meinem Bruder, an all die Dinge, die Menschen tun.«

Brayden ist nicht mein Bruder.

Ich bin nicht seine Schwester.

Es war alles gelogen.

Alles.

Mir schnürte es die Kehle zu und gleichzeitig die Luft ab. Alle Erinnerungen an früher, alle Gedanken: Sie türmten sich vor mir auf und entzogen mir sämtliche Energie. Ich wollte mich unter ihnen zusammenrollen, nie mehr aufstehen, kapitulieren! Ich …

Das darf ich nicht!

Ich streckte die Hände aus, drehte sie herum, sah mich an. Ich musste mir meiner selbst bewusst werden, fühlen, wer ich war. Sehen. Riechen. Wie konnte ich nur so blind gewesen sein? Wie konnte ich all das nicht bemerken? »Ich bin wie Neo.«

»Yeah«, sagte Jorge und klatschte in die Hände. »Das ist der perfekte Vergleich. Bin ich dann Morpheus? Habe leider keine Pillen dabei.«

Ich blickte ihn an und schüttelte den Kopf. »Du bist mein Lebensretter. Du brauchst weder eine Pille noch sonst was.«

Er seufzte leise, ich stand auf und nahm ihn in die Arme. »Danke«, hauchte ich leise an sein Ohr.

»Jederzeit gerne wieder.«

Ich löste mich von ihm und atmete tief durch.

Weitermachen.

Jorge hatte recht.

Ich zwängte alle quälenden Gedanken nach hinten, holte ein Pflaster heraus und klebte es auf diese klaffende Wunde meiner Vergangenheit. Eine billige Maßnahme, um Schmerzen zu lindern, die nicht zu lindern waren, doch alles, was ich tun konnte.

»Ash«, sagte ich schließlich: »Wir müssen ihn finden. Bisher haben wir uns immer angezogen, aber ich weiß nicht, ob das auch so ist, wenn ich in echt hier bin.«

»Wenn er nicht auf irgendwelchen Streifzügen ist, wohl am ehesten beim *Trunkenen Fährmann*.«

»Okay. Das wäre ein Anhaltspunkt, oder aber …« Mh, das wäre vielleicht auch eine Möglichkeit.

»Mir gefällt der Ausdruck in deinen Augen nicht.«

»Wir könnten zu Syrantina.«

Jorge riss abwehrend die Hände hoch. »Auf keinen Fall. Da bekommen mich keine zehn Erdzwerge hin.«

»Sie wartet vielleicht noch auf dich.«

»Was doppelt schlimm wäre, denn ich habe die Anthologie nicht dabei, wie du ja weißt.«

»Wir könnten ihr alles erklären.«

»Nein, nein, Kris. Niemand kann der Frau irgendwas erklären. Vermutlich schlägt sie dir den Kopf ab, ehe du auch nur ihren Thronsaal betreten kannst. Vergiss es.«

Ich schüttelte den Kopf. »Ich habe sie aber gesehen. Vorhin. Als mein Brud… als Brayden mich …« *Töten wollte.* »Ich habe sie gesehen. Wir haben kurz miteinander geredet. Sie wirkte nicht wirklich so böse, wie du sagst.«

Jorge starrte mich mit einem Ausdruck an, als hätte ich ihm eben gesagt, dass der Teufel normalerweise mit den Engeln im Himmel Harfe spielte. »Ich verstehe, dass du verwirrt bist und dich das alles mitnimmt.« Er legte eine Hand auf sein Herz. »Wirklich. Dennoch gehen wir nicht zu Syrantina. Mal abgesehen davon, dass man eh nicht in ihr Schloss kommt, wenn sie einem keinen Zugang gewährt.«

»Lass es uns wenigstens probieren.«

Er stemmte die Hände in die Hüften. »Du bist ganz schön stur.«

»Ich weiß. Tut mir leid. Ich versuche doch nur, einen Sinn hinter all dem zu erkennen. Ich versuche weiterzugehen, so wie du gesagt hast. Abgesehen davon will ich wissen, wer ich bin, warum Brayden diese Show abgezogen hat. Ich muss!«

Jorge schnaubte und schüttelte den Kopf. »Na gut. Wir machen das so: Wir gehen zum *Trunkenen Fährmann* und erkundigen uns nach Ash. Wir müssen herausfinden, in welcher Zeit wir in Abalion sind.«

»Und wenn wir ihn nicht finden, gehen wir zu Syrantina.«

Jorge gab ein komisches Geräusch von sich, das wie ein Wimmern und Stöhnen gleichzeitig klang.

»Jorge: Ich wurde eben von dem Mann, dem ich blind vertraute, herumgeschubst und ausgenutzt und verletzt. Du musst nicht mit mir kommen, wenn du nicht willst, ich verstehe, wenn du lieber frei sein magst. Du hast es dir verdient, mehr als alles andere. Du hast deine Pflichten erfüllt, jetzt lebe das Leben, das du dir für dich gewünscht hast. Du bist wieder zu Hause. Zeig mir nur den Weg zum *Fährmann* und ich komme alleine klar.«

Jorge sah mich lange an. Er verzog keine Miene, sprach kein Wort, aber ich nahm an, dass er die Optionen durchging, die ihm blieben. Schließlich wandte er sich ab und deutete auf eine Baumreihe. »Da drüben könnte der östliche Bruchwald sein, falls ja, wäre es nicht weit zum *Fährmann*.« Er drehte sich um die eigene Achse und lief in die Richtung. »Oder wir sind in der Nähe von Amqua, dann wäre es wiederum näher zu Syrantina.«

»Ich habe das eben ernst gemeint, du musst nicht mitkommen.«

»Und ich habe es ernst gemeint, als ich sagte, du müsstest das nicht alleine durchstehen. Abgesehen davon würdest du keinen Tag in Abalion überleben, glaub mir.«

Ehe ich etwas erwidern konnte, ging er zum Bach und folgte ihm. Obwohl ich mich auf die Umgebung konzentrierte und alles in mich aufnehmen wollte, kamen unwillkürlich Bilder aus meiner vermeintlichen Vergangenheit hoch. Unser Urlaub vor zwei Jahren, als Brayden und ich nach London geflogen waren, oder an Weihnachten zuvor, als er sich das Bein beim Snowboarden gebrochen hatte.

Jedes dieser Erlebnisse flackerte vor meinem inneren Auge auf und platzte wie eine Seifenblase. Die Erinnerungen und Gedanken flossen aus mir, spulten sich vor mir ab und rissen mit jedem Bild, mit jedem Gefühl ein Stück von meinem Herzen heraus.

Mein Leben.

Eine Lüge.

Meine Familie.

Eine Lüge.

Meine Freunde.

Eine …

»Ha!«, sagte Jorge. »Ich glaube, ich weiß, wo wir sind. Da vorne kommt gleich eine Biegung, dann fließt der Bach einen kleinen Hang hinunter. Wir müssen ihm noch ein Stück folgen, ihn dann links liegen lassen und eine Wüste durchqueren. Aber keine Angst, es ist nicht sonderlich heiß dort.«

»Geh voraus, ich folge dir.«

Jorge nickte, beschleunigte seine Schritte und ich trabte hinter ihm her. Der Bach machte tatsächlich eine Biegung, aber er führte leider keinen Hang hinab. Auch von einer Wüste war weit und breit nichts zu sehen. Da waren nur Bäume. Viele.

»Mist«, sagte Jorge. »Ich war mir so sicher.«

»Ist nicht schlimm, lass uns einfach weiterlaufen, bis du was findest, was du kennst.«

»Es ist echt lange her, dass ich hier war und manchmal verändert sich Abalion.«

»Du musst dich weder rechtfertigen noch entschuldigen.«

Wir folgten dem Wasser eine ganze Weile, bogen mal hier ab und mal dort, ich hatte keine Ahnung, wo wir waren oder aus welcher Richtung wir überhaupt gekommen waren. Es fiel allerdings auf, dass es schon wieder dunkler wurde. Eben hatte die Sonne noch im Zenit gestanden, nun dämmerte es bereits. »Sind die Tage hier kürzer als bei uns?«

»Mal so, mal so. Ich habe oft das Gefühl, dass es sich anpasst. Bin einmal durch 'ne Wüste gelaufen und habe mich verirrt, der Tag wollte und wollte nicht vorübergehen. Abalion kann verwirrend sein.«

Nicht nur Abalion.

Wir gingen weiter, tatsächlich brach sehr rasch die Nacht an und hüllte die Umgebung in Dunkelheit. Kein Mond stand am Himmel, nur unzählige Sterne, die hier völlig anders aussahen als bei uns. Ich wich einem großen Stein aus, gegen den ich fast getreten wäre. »Es ist erstaunlich, wie gut ich sehen kann, obwohl es so finster ist.«

»Dazu habe ich eine Theorie«, sagte Jorge und kam neben mich: »Ich glaube, es ist wie in Filmen.«

»Wie meinst du das?«

»Na ja, in Filmen und Büchern ist alles anders. Das Dunkle ist nicht ganz so dunkel, die Helden werden nicht so schnell müde, können tagelang im gleichen Outfit herumwandern, ohne dass sich jemand beschwert, dass sie stinken. Sie putzen sich nicht die Zähne, gehen selten aufs Klo und essen wenig.«

Ich klappte den Mund auf und wieder zu. »Das stimmt!«

»Ich weiß. Oh, mein Favorit sind übrigens Liebesfilme.«

»Warum das?«

»Das Pärchen wacht morgens auf und sofort knutschen sie rum. Haben die keinen komischen Geschmack im Mund? Keinen Morgenatem.«

»Jorge … Was geht in deinem Kopf vor?«

Er zuckte mit den Schultern. »Als ich in dieser Welt ankam, habe ich mich auf alles gestürzt. Ich habe Filme geschaut, Bücher gelesen, nach und nach sind mir die Unterschiede zur Realität bewusst geworden. In Filmen ist alles größer, alles schöner, manchmal auch alles schwerer. Wenn es Katastrophen gibt, dann laufen diese richtig daneben und der Held bekommt so oft auf die Mütze, dass es ein Wunder ist, warum er noch bei Verstand bleibt. Sie werden bis ans Limit herausgefordert, müssen Prüfungen ablegen, die in der Realität niemals so stattfinden würden. Genauso ist es in Abalion auch.«

»Nach dieser Theorie hätten wir dann aber ziemlich schlechte Karten.«

»Ich weiß. Ich habe nicht gesagt, dass ich es gut finde. Nichts ist so grausam wie die Fantasie.« Auf einmal hielt er inne. »Hast du das gehört?«

»Ich weiß nicht.« Die Geräusche waren mir noch nicht so vertraut wie bei uns daheim. Diese Welt fühlte sich völlig fremd an.

»Da.« Er zog den Kopf ein und zeigte auf eine Reihe dicht stehender Bäume. Ich spähte in die gleiche Richtung, doch ich erkannte nach wie vor nichts. Jorge blickte nach rechts und links und ballte die Hände zu Fäusten. »Ich wünschte, wir hätten Waffen.«

»Ja.«

Wir liefen langsam weiter, Jorge behielt die Baumreihe fest im Blick, bis ich ebenfalls das Rascheln hörte. Es wurde lauter, kam näher. Wir hielten inne, wichen einen Schritt zurück – und im nächsten Moment stand ein Einhorn vor uns.

Ein echtes.

Lebendes.

Großes.

Einhorn.

»Du meine Güte«, sagte ich.

»Nicht bewegen. Verhalte dich ganz ruhig, zeige keine Angst.«

»Ich habe keine Angst.« Es sah völlig friedlich aus. Wie ein weißes Pferd mit einem Horn eben. Es spitzte die Ohren, blickte in unsere Richtung und blähte die Nüstern.

Jorge drängte mich nach hinten. »Erinnerst du dich, was ich dir über die Biester erzählt habe?«

»Nicht reizen, nicht falsch angucken, sind sehr aggressiv.«

»Ja.«

Das Tier brummelte leise und beäugte uns mit seinen tiefen dunkelbraunen Augen.

»Das ist nie im Leben gefährlich.« Ich war kein Pferdeexperte, aber Brummeln hieß Freude, nur wenn sie angreifen wollten, legten sie die Ohren an. So hatte ich es zumindest mal irgendwo gelesen. »Es tut uns nichts.«

»Das denken alle, bis es zu spät ist und man aufgespießt wird. Die Stimmung der Biester schwankt von einem Moment zum anderen.«

»Das ist albern, Jorge. Lass uns weiter und …«

Auf einmal surrte etwas an uns vorbei und schoss auf das Tier. Es riss den Kopf hoch, stampfte mit den Füßen auf und wirbelte herum. Ein Pfeil war vor ihm auf dem Boden gelandet. Er hatte es um einen halben Meter verfehlt. Das Einhorn schnaubte, fuhr herum und galoppierte davon, ehe der Schütze erneut feuern konnte.

»Wie kann man nur so dumm sein?«, rief eine männliche Stimme von hinten.

Ich drehte mich um und sah den Weg entlang, zwei Männer traten aus dem Gebüsch. Ein kleiner dicker und ein großer hagerer. Ihre Kleidung war zerschlissen, sie trugen beide keine Schuhe. Der kleinere ließ den Bogen sinken und starrte Jorge voller Entsetzen an. Der andere hatte uns noch nicht bemerkt und setzte seine Schimpftirade fort.

»Es stand so dicht an uns dran, das kann man doch gar nicht verfehlen!«

Der Kleine hörte dem anderen gar nicht zu, starrte nur Jorge an und fing an zu zittern.

»Was hat der denn?«, fragte ich.

»Mich erkannt«, sagte Jorge.

»Was?«

»Er weiß, wer ich bin. Und mit meiner Familie legt man sich besser nicht an.«

»Das sieht er auf den ersten Blick? Habt ihr irgendeine Besonderheit? Tragt ihr alle diesen Bart?«

»So ähnlich.«

»Hörst du mir überhaupt zu …?«, fragte der Größere und gab dem anderen einen Klaps auf den Hinterkopf. Der beachtete aber auch das nicht, warf den Bogen weg und suchte postwendend das Weite.

»Was soll das denn jetzt?!«, brüllte der andere hinterher und sah uns auch endlich an. Seine Gesichtszüge entgleisten, er hob die Hände, als müsste er eine Gefahr abwehren. »Bitte verzeiht, Herr. Wir … Wir haben nicht … Wir wollten nicht …« Er blickte seinem Kollegen nach, dann noch mal zu Jorge – und schon haute auch er ab und folgte dem anderen.

»Wow«, sagte ich. »Deine Familie hinterlässt wirklich einen bleibenden Eindruck bei den Leuten.«

»Ja, und wir sollten weiter.« Jorge nahm mich am Ellbogen und zog mich nach hinten. »Es liegt was in der Luft, was mir ganz und gar nicht gefällt.«

Wir gingen den Weg entlang, Jorge blickte sich allerdings alle paar Meter um. Ich spürte nur einen leichten Lufthauch im Nacken, ansonsten nahm ich nichts wahr.

»Sie sind schon da«, sagte er irgendwann.

»Wer?«

»Meine Familie. Bestimmt haben sie Ortungszauber aufgestellt, sollte ich noch mal einen Fuß nach Abalion setzen. Ich hätte es wissen müssen. Es ist viel zu gefährlich für dich, mit mir zusammen zu sein. Du musst dich …«

Es war zu spät. Von vorne galoppierten drei Reiter an, von hinten zwei. Sie saßen auf großen schwarzen Rössern und trugen herrschaftliche Gewänder, die im Wind flatterten. Ihre Gesichter waren unter Kapuzen verborgen, ich konnte sie nicht erkennen.

»Zum dreifachen Donnerblitz!« Jorge zerrte mich vom Weg runter, wollte mit mir im Unterholz verschwinden, doch zwei Pfeile landeten vor seinen Füßen. Die Reiter schlossen auf, umzingelten uns.

»Sieh an, sieh an«, sagte einer, mit einer seltsam vertrauten Stimme.

»Der verloren gegangene Sohn.«

Jorge hob die Hände, schob mich hinter sich, als könnte er mich so beschützen, aber da wir komplett umstellt waren, machte das wenig Sinn.

»Es tut mir leid, Kris.«

»Wer sind diese Männer?«

»Ja, Jorgie, magst du uns nicht vorstellen?«

»Eigentlich nicht.«

Die Reiter lachten und schlossen uns weiter ein. Der erste zog die Kapuze herunter, dann der andere. Ich blickte von einem zum nächsten. Mir klappte der Mund auf.

»Aber … Das ist ja …«, stammelte ich und deutete auf die Männer, die uns eingekreist hatten. »Die sehen alle aus wie du!«

»Ich weiß«, sagte Jorge. »Darf ich dir meine Cousins vorstellen?«

Die Rumpelstilzchen.

21. Kapitel

Abalion, Zeit unbekannt

Isa starrte auf das Buch in ihrer Hand. Ein Teil der Seiten rieselte zwischen ihren Fingern hindurch, zerfiel zu Staub und vermischte sich mit den Spiegelsplittern auf dem Boden. Die andere Hälfte war zum Glück intakt, auch wenn der Einband einen tiefen Riss aufwies.

Isa schloss die Augen und atmete gegen ihre Wut an. Es brachte nichts, wenn sie die Fassung verlor. Moon hatte bereits dafür gebüßt und Isa müsste das Beste daraus machen. Sie blickte auf die Seiten, die heil geblieben waren, und wartete, ob die Schriftzeichen sich zeigen wollten.

Es dauerte, bis das Werk reagierte und blasse Symbole erschienen. Sie waren bei Weitem nicht mehr so kräftig wie zuvor, aber sie mussten wohl oder übel ausreichen. Isa starrte auf die Zeichen und konzentrierte sich auf die Macht in ihnen. »Wie kann ich den Kristall der Fantasie wieder zusammensetzen? Zeigt es mir.«

Die Bruchstücke der Spiegel fingen alle gleichzeitig an zu vibrieren. Isas Zellen genauso. Abalion war völlig neu für sie. Dieser Palast und diese Welt fühlten sich lebendig an; als wäre nichts aus fester Materie, sondern nur Energie.

Isa stellte sich in die Mitte des Raumes und ließ sich auf genau diese Energie ein. Ihr Körper dehnte sich aus und wuchs über seine eigenen Grenzen, sie spürte, wie sie verändern konnte, was auch immer sie wollte.

Mit dem nächsten Atemzug stellte sie sich vor, etwas anderes zu tragen. Sie wollte ihr eng anliegendes Kostüm gegen ein wallendes Kleid tauschen. Kaum erschien es in ihrem Geist, reagierte die Energie darauf. Aus ihrem Rock wurden mehrere Laken dicken Stoffes, die Bluse verwandelte sich in eine metallene Korsage, die Jacke bekam lange, ausladende Ärmel. Isa lachte, drehte sich um ihre Achse und wandelte ihr Gewand, bis sie zufrieden war und sich wie eine wahre Herrscherin fühlte.

Auch der Palast wurde für sie greifbarer. Sie bekam ein Gefühl für die Wände und die Decken, den Raum um sich.

»Ich sollte sauber machen.« Isa hob die Hand und sah auf die Bruchstücke der Spiegel. Sie wollte etwas Neues erschaffen; etwas, das nichts mit Moon zu tun hatte, aber es Isa ermöglichte, alle Bereiche in Abalion zu betreten. Wenn sie die Kontrolle über die Welt erlangen wollte, musste sie überall hinkönnen.

Sie gab mehr Energie in ihre Finger. Die Bruchstücke erhoben sich vom Boden und schwebten kollektiv an eine Stelle vor Isa an der Wand. Sie sammelten sich zusammen, fügten sich wie ein Puzzle zu einem neuen Gegenstand. Einem neuen Spiegel.

Er war mächtiger und schöner als alles, was vorher hier gestanden hatte. Die ersten Spiegel waren ein Sinnbild für Moons Macht gewesen, der neue würde Isa repräsentieren. Sie ließ ihn auf eine Höhe von vier Metern wachsen und zwei in die Breite. Sein Rahmen war dunkelgrün mit verschiedenen Kristallen auf der Oberfläche. Symbole und Figuren waren eingraviert. Stationen aus Isas Leben: Sie sah sich als Mönch im Kloster; als die Tochter, die ihr Vater weggeschickt hatte; als Frau, die von Waylon gerettet worden war; als Agentin, die gegen Black Wolf ermittelte; als Herrscherin über Abalion. Überall wuchsen Ranken und Dornen heraus, die nach oben hin spitzer wurden. Es war ein mächtiges Werk, das die pure Überlegenheit ausstrahlte.

Isas Konterfei lächelte ihr von der anderen Seite entgegen. Sie trat näher an die Oberfläche heran und bewunderte sich selbst. Die Robe kleidete sie vorzüglich, auf ihrem Kopf war eine Krone aus einem Sternengeflecht entstanden, das sich sanft um ihren Schädel schmiegte.

Isa bekam Gänsehaut. Dies war einer jener Momente, über die sie früher oft geschrieben hatte: wenn die Geschichte ihren Höhepunkt erreichte, die Heldin bekam, was sie wollte. Oder war Isa die Antagonistin?

»Auslegungssache.« Sie drehte sich erneut, ließ ihre Robe funkeln und glitzern und lachte leise. Nun musste sie nur noch herausfinden, wie sie den Kristall der Fantasie zusammensetzen konnte, um seine volle Macht zu übernehmen.

»Ich will …«, setzte sie an, doch sie biss sich auf die Lippe. Die Versuchung war zu groß. Sie musste es sagen: *»Spieglein, Spieglein an der Wand …, wie werde ich die Herrscherin über dieses Land?«*

Die Oberfläche des Spiegels wurde trüb, Isas Abbild verschwand und sie hielt die Luft an. Erst geschah nichts, also trat Isa näher an den Spiegel und presste ihre Hand auf den Rahmen. Der Spiegel vibrierte dumpf, ein tiefes Grollen kam aus seinem Inneren und eine tiefe Stimme antwortete: *»Wanderin aus Nubra, Königin Abalions. Nur wer die Macht des Kristalls entbrannt, die Herrschaft über dieses Land erlangt.«*

Etwas regte sich. Funken glitzerten auf der anderen Seite. Eine Szenerie wollte sich zeigen. Erst blieb das Bild unscharf, nach und nach aber wurde es klarer. Isa wartete gebannt, bis sie erfuhr, wo genau sie nach dem Kristall der Fantasie suchen musste. Ein Grollen kam aus dem Spiegel, eine kalte Brise wehte ihr entgegen und ließ sie frösteln, aber sie trat nicht zurück, behielt die Szene gegenüber genau im Auge.

Eine Wiese entstand vor ihr, sie war gefüllt mit Marktständen voller Essen und schöner Kleidung. Die Menschen und Wesen lachten und feierten und genossen ihr Leben in vollen Zügen. Es war ein schillernder Ort voller Zauber und Freuden.

Die Nachtheide.

Das musste sie sein.

Die Bilder im Spiegel zogen an ihr vorbei. Isa schwebte über den Dingen, war wie ein Vogel, der sich alles vom Himmel aus ansah. Sie flog an einem Heckenlabyrinth vorbei und schließlich hinein in einen wunderschönen einsamen Garten. Er war farbenprächtig mit den wildesten Pflanzen, die sie je gesehen hatte. Isa schwebte über die Beete und Rabatten, hin zu einem großen einzelnen Baum.

»Das ist nicht wahr.« Sie erkannte ihn sofort, denn sie hatte sehr viele Jahre Schutz in seinem Schatten gesucht. Er war in einem schrecklichen Zustand, seine Blätter hingen welk herab, die Rinde war verdörrt und er war mit einer grünen Schicht überzogen.

»Was ist mit dem Baum?«

Isa flog auf den Stamm zu. Statt dagegenzuprallen, schwebte sie ins Innere des Gewächses, wo sich unendlich viele Kristalle in wirren

Bahnen verästelten; als würde der Baum nur aus diesem Gestein bestehen. Isa schwebte tiefer hinab, der Stamm löste sich auf, die Kristalle sammelten sich in der Mitte und formten sich um. Isa reiste in der Zeit zurück, sah, wie der Baum an Kraft gewann, wie er all die Jahre im Kloster gestanden und den Masali als Ort des Rückzugs gedient hatte.

Und dann schließlich war er nur noch eine kleine Pflanze, die eben erst aus dem Boden gewachsen war. Zerbrechlich und rein. Entstanden an der Stelle, an der Anabels Überreste begraben worden waren.

Die Kristalle schwebten um die Stelle, formten sich um und bildeten einen größeren länglichen Stein. Er lief auf der einen Seite spitz zu, auf der anderen war eine scharfe Bruchkante.

»Der Stein der Fantasie«, sagte Isa. »Kann ich ihn aus dem Baum also extrahieren? Muss ich auf die Nachtheide?«

Der Spiegel brodelte erneut. Auf einmal blieb das Bild im Inneren stehen, als wäre es eingefroren worden. Es wurde wieder unscharf, verschwamm und zeigte eine neue Szene.

Isa sah nun fünf Männer auf Pferden, sie ritten über weitläufige Wiesen, an Bachläufen entlang, über Täler und Hügel. Hinter ihnen schritten zwei Menschen, sie waren an die Pferde gebunden und offenbar ihre Gefangenen.

»Wer ist das?«, fragte Isa.

»Soll euch die Fantasie durchfluten, so muss der Neumond weiter bluten. Im Monde liegt die Kraft, im Monde liegt die Macht. Ihr siegt, wenn ihr sie euch zunutze macht.«

Die Szene im Spiegel zoomte näher heran. Es funktionierte fast wie eine Spionagekamera, mit der Isa überall nach Abalion blicken konnte. Sie kam an die kleine Gruppe, betrachtete die Reiter und stockte. Sie sahen alle gleich aus und alle wie … wie Jorge.

Isa trat näher an den Spiegel heran. »Zeig mir mehr.«

Die Kamera schwenkte nach hinten zu den Gefangenen. Isa hielt die Luft an. Wut kochte in ihr hoch, sie ballte die Hände zu Fäusten.

»Das darf doch nicht wahr sein! Sie lebt noch!?«

Kristin. Jorge.

Sie waren beide hier. Beide in Abalion. Mehr oder weniger wohlauf.

Isa betrachtete Kristin näher. Sie hatte eine Schnittwunde am Hals, die allerdings schon fast geheilt war.

»Waylon hat versagt?!« Isa stieß einen derben Fluch aus und wedelte mit der Hand vor dem Spiegel herum. Die Szenerie gefror mitten in der Bewegung.

Isa war kurz davor, auf den Spiegel einzuschlagen, aber das würde ihr kaum weiterhelfen. Sie musste einen kühlen Kopf bewahren, so wie immer. Sie musste nachdenken, ruhig bleiben. Rückschläge passierten, das war völlig normal. Sie kannte das durchs Geschichtenschreiben. Wie oft hatte sie sich in eine Ecke manövriert, aus der sie nicht mehr glaubte entfliehen zu können – Tage später war sie aber doch auf die rettende Lösung gekommen.

So wäre es nun auch. Sie musste nur denken. Einen Schritt nach dem anderen gehen. Sie drehte die Faust herum und betrachtete ihren Körper. Moons Kraft floss durch ihre Zellen, sie spürte sie deutlich. Aber wenn Kris nicht tot war, dann fehlte Isa noch ein Anteil davon. Der Neumondspiegel war zwar zerstört, doch mit Kris war der letzte Funke dieser Macht am Leben.

Isa tippte auf das Buch und dachte nach. Sie würde es selbst machen und Kris erledigen.

Isa würde diese Göre zerquetschen. Sie ballte die Hand und bohrte die Fingernägel so fest in ihr Fleisch, bis das Blut tropfte.

»Ich hol dich schon noch.«

22. Kapitel

Ash

Abalion, Zeit unbekannt

»Ich bringe dich um, wenn wir nicht gestorben sind«, keuchte Destan.

»Ich bringe mich selbst um, keine Sorge.«

Das war eine dumme Idee gewesen. Eine von der Art: *Kann man machen, sollte man aber nicht, wenn man an seinem Leben hängt.*

Destan und ich waren hart irgendwo aufgeprallt. Ich hatte meine Augen noch geschlossen, denn ich wollte gar nicht sehen, wohin es uns verschlagen hatte.

Mir schmerzte alles. Ich hätte meinen Bart darauf verwetten können, dass ich mir sämtliche Knochen gebrochen hatte; dass ich in meiner eigenen Blutlache lag und darauf wartete, bis mir die Lichter ausgingen. Genauso musste Sterben sich anfühlen: merkwürdig losgelöst und gleichzeitig schmerzerfüllt, als würde sich jemand durch die Eingeweide graben.

»Ich hasse dich«, sagte Destan und rührte sich langsam.

»Ich hasse mich selbst, danke.« Ich spannte die Beine an und zog sie vorsichtig zur Seite. So weit, so gut. Also nahm ich die Arme dazu, schob sie unter meinen Körper und mich zum Sitzen hoch. »Ich glaube, wir haben es geschafft.«

»O Mann, ist mir übel.«

»Kotz mir nicht auf die Stiefel, verstanden?«

Destan stöhnte, schraubte sich mühevoll in die Höhe und behielt sein Essen, wo es war. Ich stand ebenfalls langsam auf und belastete vorsichtig meine Beine. Erstaunlicherweise war nichts gebrochen. Wir waren da tatsächlich mehr oder weniger heil herausgekommen.

»Ich glaube es nicht«, sagte ich und drehte mich zu Destan. Auf einmal landete seine Faust mitten in meinem Gesicht. Ich war zu perplex, um zu reagieren oder den Hieb abzuwehren, fasste an meine Nase und taumelte nach hinten.

»Du Arschloch!«, rief er und setzte zu einem weiteren Schlag an, doch dieses Mal duckte ich mich weg.

»Ich habe uns das Leben gerettet!«

»Indem du uns fast getötet hast!«

»Du hast ja keine brauchbaren Vorschläge eingebracht.«

»Mir wäre noch was eingefallen, keine Bange.« Er holte noch mal aus, ich stob nach vorne, rammte ihm meine Schulter in den Bauch und dann gingen wir wieder zu Boden. Ich trat und schlug gleichzeitig zu, genau wie er. Wir verkeilten uns ineinander, rollten herum und prügelten uns haltlos. Destan steckte ein. Ich steckte ein. Er teilte aus. Ich teilte aus. Es war ein Kampf ohne Gewinner, so war das stets zwischen uns. Wir waren uns zu ähnlich, als dass einer überlegen gewesen wäre.

Irgendwann ließ Destan von mir ab und rollte sich schwer atmend auf den Rücken. Wir lagen beide am Boden, streckten die Arme von uns und schnauften durch.

»Zufrieden?«, fragte ich ihn.

»Mitnichten. Du bist immer noch ein Arschloch.«

»Erzähl mir was Neues.« Ein weiteres Mal schraubte ich mich nach oben, doch nun blutete meine Nase und ich hatte eine kleine Platzwunde an der Schläfe. Destan hatte dafür eine aufgesprungene Lippe und hielt sich den Magen.

Ich spuckte einen blutigen Klumpen aus und sah mich um. Dieses Mal waren wir noch näher beim *Fährmann*. Er lag hinter der nächsten Anhöhe, somit sollte mir nun hoffentlich nichts mehr im Wege stehen. »Ich gehe nach Hause. Komm mit oder bleib hier, mir egal.«

Destan erhob sich, klopfte den Dreck von seinen Sachen und blickte mich an. »Was ist mit Abalion los? Und diesem Grimm?«

»Lange Geschichte, aber im Grunde will uns eine verrückte Frau zerstören. Ihr Name ist Isa, sie hat Moon getötet und den Grimm auf uns losgelassen, der wiederum alles zerfleischt, was ihm zwischen die Zähne kommt, hast es ja gesehen.«

»Und dieser Ort, an dem wir waren? Was ist Rapunzel?«

Ich spuckte noch mal aus und zog gleichzeitig die Nase hoch. »Keine Ahnung, es wird auch bald keine Rolle mehr spielen, denn ich gehe davon aus, dass der Grimm ein Märchen nach dem anderen auslöscht, so wie Moon es vorhergesagt hat.«

»Er tut was?«

»Abalion wird schon bald nicht mehr so sein, wie du es kennst. Vielleicht ist deine Münze dann das kleinste Problem.«

Destan kniff die Augen zusammen und blickte in die Richtung des *Fährmanns*. »Ich komme mit dir.«

»Das hab ich befürchtet.«

»Du wirst mir helfen, diese Münze zu finden.«

»Äh, nein. Ich werde meine Wunden auswaschen, mir was zu Essen klauen, einen Kelch Wein trinken und dann schauen, wer von den Ladys heute Zeit für mich hat.« Oder auch nicht, ich war viel zu müde. »Morgen gehe ich zu den Rumpelstilzchen.«

»Und übermorgen holst du der Königin ihr Kind.«

»Was?«

Destan zuckte zusammen, als hätten ihn seine Worte überrascht. »Was hab ich da eben gesagt?«

»Keine Ahnung. Und warum hab ich gesagt, dass ich zu den Rumpelstilzchen will?«

»Weil du bescheuert bist.«

»Sieht ganz so aus.«

Er fasste sich an den Kopf und schüttelte sich. »Lass uns gehen.«

Ich beäugte ihn skeptisch, dann folgte ich ihm den ausgetretenen Pfad zum *Fährmann* hoch, den ich seit meiner Kindheit in- und auswendig kannte und in jedem erdenklichen Zustand passiert hatte. Betrunken, angeschossen, müde, halb verhungert, durstig, mit zwei Frauen in den Armen – die bei der nächsten Gelegenheit mit zwei anderen Typen loszogen, nur weil sie mehr Geld hatten. Meistens überkam mich ein Gefühl des Nachhausekommens und der Geborgenheit. Der *Fährmann* war meine Heimat. Auf eine abstruse, merkwürdig verschrobene Art fühlte ich mich hier wohl.

Wir passierten die Anhöhe. Ich dachte weiterhin darüber nach, warum ich auf einmal so ein Verlangen hatte, zu den Rumpelstilzchen zu gehen, als der *Fährmann* in Sicht kam. Mit Blick auf das Meer stand er unverändert da. Die untergehende Sonne zauberte einen orange-goldenen Schein auf die Fassade und ließ ihn nicht ganz so verfallen aussehen, obwohl auch sie nicht über das krumme Dach hinwegtäuschen konnte oder den Gestank eliminieren, der uns in die Nase wehte: Alkohol, Schweiß, Blut, Pisse – das war es, was den *Fährmann* ausmachte.

Die Feier war in vollem Gange, die Leute grölten und jubelten, ihre schiefen Gesänge waren sicher bis zum Meer runter zu hören.

Destan hielt inne und mich am Arm fest. Ich machte mich sofort von ihm los.

»Ich möchte dich wirklich darum bitten, mir mit der Münze zu helfen. Es ist wichtig.«

Er blickte mich mit einem komischen Dackelblick an, mit dem er bei den Frauen sicherlich gut landen konnte, bei mir aber auf Granit biss. Dennoch tat er mir leid. Auf eine abgefahrene Weise. Er konnte nichts dafür, was er war. Dieses Drängen nach der Münze war vermutlich so tief in seinen Zellen verankert, dass es ihn nie loslassen würde.

Ich seufzte. »Na schön, du Nervenhannes. Ich werde dich mit in mein Zimmer nehmen und Werfan fragen, aber nur unter der Voraussetzung, dass du nichts anfasst. Werfan macht dich einen Kopf kürzer, noch ehe du Luft holen kannst.«

»Verstanden. Ich bin nur an der Münze interessiert.«

Ich schnaubte.

»Na gut. An Lotusnektar vielleicht auch.«

»Vergiss es.«

»Aber Werfan hat doch sicherlich welchen, oder?«

»Glaube nicht. Den letzten hat er an einen Händler auf der Heide verkauft. Fürs Dreifache dessen, was er bezahlt hat.« Und der Händler verlangte vermutlich das Fünffache. Lotusnektar war äußerst beliebt, viele waren bereit, horrende Summen dafür hinzublättern. Eine Liebe, die man nicht erobern konnte, Gefälligkeiten, die man benötigte: Sobald man Lotusnektar trank, konnte einem niemand mehr widerstehen. Kein Wesen. Kein Tier. Nichts.

Wir liefen weiter, bis wir die Vordertür erreichten. Ich öffnete und hielt die Luft an. Wie erwartet, war es brechend voll. Männer, Frauen,

Elfen, Zwerge, Waldgeister und was sonst noch Gefallen an dieser Art von Feiern hatte, tummelte sich hier. Viele waren schon so besoffen, dass sie eingeschlafen waren. Unter den Tischen, am Treppenaufgang, einer hing halb über der Theke und wurde von einem Gnom ausgeraubt.

In den hinteren Ecken wurde ordentlich geküsst und anderen Dingen nachgegangen, während rechts an zwei großen Tischen ein Trinkspiel lief, das Werfan just in dem Moment unter tosendem Beifall gewann. Er wischte sich das Bier vom Bart, rülpste und klopfte sich auf die Brust, wie ein Gorilla, der sein Revier verteidigen musste. Dann stellte er den Krug ab und spähte zu uns hinüber. Mich schauderte auf einmal bei seinem Anblick.

Dieser Mann war ein Mensch.

Genau wie ich.

Zum ersten Mal sah ich ihn mit anderen Augen. Zum ersten Mal wurde mir klar, dass wir beide nicht aus Abalion stammten und eigentlich auch nicht hierhergehörten.

Werfan bemerkte natürlich, dass ich ihn musterte. Er kniff die Augen zusammen und wir hielten uns einen Moment lang gegenseitig mit Blicken fest. Er wirkte wirklich anders als alle anderen hier. Ein wenig deplatziert, wie ein Bild, das nicht in die Reihe passte. Warum war mir das vorher nie aufgefallen? Und vor allem: War es bei mir auch so? War ich ebenfalls das Glied, das sich nicht in die Kette fügte?

Werfan nickte mir zu. Ich deutete nach oben und wollte mich schon in Bewegung setzen, als er Destan bemerkte. Werfans Blick verfinsterte sich und er arbeitete sich durch die Menge auf uns zu. Destan wich einen Schritt nach hinten.

»Hast du irgendwelche Dummheiten angestellt das letzte Mal?«, fragte ich ihn. Er hatte zwar gesagt, dass er im *Fährmann* herumgeschlichen war, aber mehr nicht.

Destan schüttelte den Kopf, doch so wie er aussah, wusste er genau, was ihm gleich blühen würde. »Ich dachte, Werfan ist nicht nachtragend. Er wirft doch ständig Gäste raus und lässt sie wieder rein.«

»Kommt ganz darauf an, wie sie sich benommen haben.«

»Kann sein, dass ich versucht habe, was von seinem Wein zu klauen.«

»Oh. Du bist tot, Mann.« Er hätte seinen Fuß erst gar nicht über die Schwelle setzen sollen. Werfan hasste es, wenn Gäste bei ihm klauten.

Seit er einem Kerl mal beide Hände abgehackt und ihn an die Außenmauer genagelt hatte, kam es auch nur noch selten vor. Destan wollte sich in Bewegung setzen, doch Werfan hatte uns schon erreicht. Ich musste den Kopf in den Nacken legen, er war ein Ochse von einem Mann und ich fragte mich, ob er als Mensch in der realen Welt auch so gewesen war.

»Ash«, sagte Werfan, ohne mich anzusehen. Stattdessen durchbohrte er Destan.

»Er ist mit mir hier«, sagte ich rasch und drängte mich zwischen die beiden.

»Was?«, fragte Werfan.

»Er ist mein Gast.«

»Dein Gast«, wiederholte Werfan skeptisch.

»Ja, also ich … ich und er …« Gott, wie kam ich aus der Nummer am besten raus? Ich lehnte mich näher zu Werfan, der netterweise den Kopf senkte, sodass ich ihm ins Ohr flüstern konnte.

»Wir wollen es versuchen. Miteinander.«

Werfan richtete sich wieder auf. Sah zu Destan. Zu mir. »Er hat mich beklaut.«

»Ich habe es nur versucht«, sagte Destan, der von dem Gespräch eben hoffentlich nichts mitbekommen hatte. »Nichts von deinem Wein kam weg.«

»Siehst du«, sagte ich und legte einen Arm um Destans Schulter. Erst wollte er sich von mir wegdrehen, doch ich drückte ihn fester an mich. »Kein Schaden entstanden.«

»Du und er?«, fragte Werfan und deutete mit einem Kopfnicken auf ihn.

»Ja. Wirf ihn bitte nicht raus. Nicht heute zumindest.«

Er kratzte sich am Kinn und dachte über meine Worte nach. Werfan hatte mir noch nie Besuch verwehrt.

»Ich wusste nicht, dass du mit Männern …«

»Tja, für alles gibt es ein erstes Mal.«

»Wie bitte?«, sagte Destan, doch ich bohrte meine Fingernägel fester in seine Schulter, bis er leise quiekte.

»Na gut. Du kennst die Regeln.«

»Nichts kaputtmachen, keine Sauerei hinterlassen. Ich weiß.«

Werfan blickte zu Destan, der mittlerweile begriffen hatte, wo der Hase lang lief und ihn freundlich anlächelte.

»Geh schon mal hoch, ich muss kurz mit Ash reden.«

Ich ließ Destan los und nickte ihm zu. Er lehnte sich nach vorne, als wollte er mich küssen, doch ich ballte die Hand zur Faust und funkelte ihn an. Er grinste nur, drehte herum und eilte die Treppen hinauf.

»Raus«, sagte Werfan und schob mich zur Tür. Ich ließ mich von ihm hinausbugsieren und trat in die frischer gewordene Abendluft.

Werfan schloss die Tür hinter uns, die Geräusche wurden gedämpfter. Durch die Fenster kam noch genügend Licht, ich konnte ihn gut erkennen.

»Was is eigentlich los mit dir?«, fragte er.

»Ich sagte doch, dass ich es mal ausprobieren will. Machst du etwa doch ein Fass deshalb …«

»Nein.« Er hob die Hände und schüttelte den Kopf. »Mir ist es völlig egal, mit wem du es treibst. Ich meine das!« Er packte meinen Arm und schob das Hemd nach oben. »Es ist schlimmer geworden.«

Ich hielt die Luft an und sah auf das dunkle Mal, das sich mehr als deutlich von meiner Haut abhob. »Ich hätte nicht gedacht, dass dir das überhaupt auffällt oder dich interessiert.«

»Ich bin kein Narr. Ich weiß sehr wohl, was hier vor sich geht. Ich spüre die Veränderungen im Land. Habe ich schon immer.«

»Moon ist tot.« Keine Ahnung, warum ich das nun sagte, aber es hatte rausgemusst.

»Ich weiß. Es tut mir leid. Du mochtest sie.«

Diese Worte aus seinem Mund zu hören, irritierte mich über alle Maßen. Werfan hatte mein Leben lang so getan, als wäre ich ein lästiges Anhängsel, das wie ein dummer Welpe immer wieder zurückkam. Er tolerierte mich, aber er kümmerte sich nicht um mich.

»Ich weiß, dass ich dir nie ein guter Vater war. Wollte ich nie sein, denn diese Rolle hätte ich nie ausfüllen können. Aber ich habe mich um dich gesorgt.«

»Ach?«

»Als ich damals in den *Fährmann* kam, wurde mein Leben vollkommen auf den Kopf gestellt. Ich wurde das hier …«, er zeigte auf seine Muskelberge, »… und du warst ein Junge ohne Eltern.«

»Ich … Ich weiß es. Moon hat mir gesagt, woher ich komme.«

»Hat sie?«

»Ja, ich weiß alles. Von der anderen Welt. Von den Menschen.«

Werfan nickte nur und ließ die Luft aus der Lunge. »Dann weißt du auch, was mit deiner Mutter los ist.«

»Niemand weiß, was mit meiner Mutter los ist, aber mir ist klar, dass auch sie aus einer anderen Welt stammt.«

»Gut. Das ist gut. Es war eine schwere Zeit. Damals. Als wir hergekommen sind. Alles ist zerbrochen und wir … Wir beide hatten nur noch uns. Ich wollte für dich sorgen. Wirklich. Aber ich konnte es nicht. Der *Fährmann* hat mich zurückgehalten. Es ist wie mit dem Bild, das oben im Flur hängt. Irgendeine Magie wirkt an diesem Ort und ich kann mich ihr nicht entziehen. Dieser Ort ist nicht … Er ist anders.«

»Inwiefern?«

»Ich weiß es nicht. Ich kann es nicht in Worte fassen, aber ich bin mit ihm verschmolzen. Ich konnte nur eines tun: dir die Tür offen halten, wann immer du sie gebraucht hast.«

So wie heute. So wie die vielen Male, an denen ich nicht gewusst hatte, wohin mit mir.

»Ich kann nicht mal diese Spelunke auf Vordermann bringen«, sagte er und sah zum schiefen Dach. »Zu Beginn habe ich es versucht, doch mit jedem Nagel, den ich einschlug, mit jedem Brett, das ich erneuerte, verwandelte ich mich mehr. Mein Körper wurde mir fremder, genau wie ich mir selbst auch. Abgesehen davon wurden alle Veränderungen am Haus am Tag darauf zurückgesetzt. Ich kämpfte gegen den Verfall, der nicht aufzuhalten war.«

»Ich hatte keine Ahnung.«

»Ich weiß.«

»Du hättest es mir sagen können.«

»Das hab ich.«

»Was?«

»Ich habe es dir etliche Male erklärt, dir schon früh gesagt, woher wir gekommen sind.«

»Hast du nicht.«

»Doch. Wir standen schon oft an dieser Stelle und führten dieses Gespräch. Du hast dich nie daran erinnern können, nicht ein einziges Mal.«

Ich wich einen Schritt zurück und schüttelte den Kopf. »Das … Das wüsste ich doch …«

»Es ist die Magie dieses Ortes. Sie will keine Veränderung, genauso wenig wie sie will, dass ich von hier weggehe. Ich bin an den *Trunkenen Fährmann* gebunden. Vielleicht nur deshalb, damit du ein Heim hast, in das du zurückkehren kannst. Es mag nach Rattenpisse stinken, aber du warst stets sicher bei mir, meine Tür stand dir immer offen.«

»Du hast mich an Zigeuner verkauft und Profit aus mir geschlagen.«

»Weil ich nicht anders konnte!« Er trat näher, packte mich an den Schultern. »Bitte, glaub mir! Es ist, als hätte ich mir diese fremde Haut übergestreift, die nicht die meine ist. Ich tue Dinge, die ich früher nie in Erwägung gezogen hätte; als wäre ich in eine Rolle geschlüpft. Dieses Leben habe ich mir nicht ausgesucht, ich wurde hineingestoßen. Ich will nicht … Ich wollte das nie. Doch ich war das Einzige, was du noch hattest.«

Ich blickte auf das dunkle Meer, dass sich bis zum Horizont erstreckte. Früher hatte ich mich oft gefragt, was dahinter lag, ob es noch mehr Inseln wie die unsere gab. Niemand hatte es je herausfinden können. Keiner, der sich auf den Weg gemacht hatte, kehrte zurück.

»Höre in dich«, sagte Werfan. »Ich konnte dich schon oft überzeugen, du weißt, dass ich die Wahrheit spreche.«

Ich schloss die Augen und nickte leicht. Ich spürte, was er meinte. Die genauen Umstände, wie Werfan und ich hergekommen waren, kannte ich nicht. Die Einzigen, die es mir erklären könnten, waren meine Eltern, aber vielleicht spielte es auch keine Rolle, denn er hatte recht. Er hatte mir immer ein Heim geboten, wenn ich eins gebraucht hatte. Auf eine abstruse Art und Weise fühlte ich mich hier sicher.

»Du denkst, ich schere mich nicht um dich«, fuhr Werfan fort. »Doch ich habe dich im Blick. Ich weiß sehr wohl, wo du dich herumtreibst.«

»Du spionierst mir nach?«

»Nicht bewusst, es ist eher ein Gefühl. Ich kann dich nicht sehen, also keine Angst; aber wenn ich mich auf dich konzentriere, dann spüre ich dich.«

»Es wäre schön, wenn du mir ab und an auch helfen würdest. Ich hätte es weiß Gott in den letzten Tagen brauchen können.«

»Ich weiß. Ich würde sofort, wenn ich dazu in der Lage wäre. Ich würde mir ein Bein für dich ausreißen, sollte es bedeuten, dass ich dich unterstützen kann. Doch es geht nicht.«

Ich kniff mir in den Nasenrücken und wandte mich ab. »Ich muss das erst verdauen.«

»Natürlich. Morgen wirst du es sowieso vergessen haben. Also, was soll's?« Er zuckte resigniert mit den Schultern.

»Das wird nicht passieren.«

»Auch das sagst du jedes Mal.«

Ich öffnete den Mund, um weiterzubohren, ihm zu versichern, dass es anders sein könnte, weil ich jetzt so viel mehr wusste, aber vermutlich hatte ich auch das vorher schon beteuert. Also klopfte ich ihm auf die Schulter und lief zurück zur Tür. »Ich muss zu Destan.«

»Natürlich musst du das.«

»Danke, dass du mir das mitgeteilt hast.«

»Jederzeit wieder. Vielleicht kommt irgendwann der Tag, an dem du es nicht mehr vergisst.«

23. Kapitel

Abalion, Zeit unbekannt

Das Erste, was Waylon bewusst wahrnahm, war das kalte Gestein im Rücken. Er stöhnte, spannte die Arme und Beine und kämpfte gegen den Frost in seinem Inneren an. Die Wunde in seinem Bauch fühlte sich anders an. Besser. Er tastete danach und fand nur noch eine kleine Erhebung, die leicht spannte. Langsam hob er die Lider, doch es blieb dunkel.

»Lyn?«

Er richtete sich auf und rieb sich über die Augen. Es wurde nicht heller. Er erkannte nur leichte Umrisse, die grünlich schimmerten. Hatte er seine Sicht eingebüßt? Es würde ihn nicht wundern, nach diesem elenden Sprung durchs Portal.

Waylon zog die Beine an, die Unterlage war kalt und hart. Er lag auf einem großen Steinbett. Ohne Laken oder Matratze.

»Hallo?«

Die Decke, die Wände, der Boden – alles war aus einem finsteren Material, welches das Licht absorbierte. Waylon blinzelte ein paar Mal, wartete, ob sich seine Augen an die Dunkelheit gewöhnen würden, aber es passierte nicht mehr viel. Unwohlsein stieg in ihm auf. Er erinnerte sich an seine Zeit in der Höhle, als er eingemauert worden war und über viele Jahre hatte ausharren müssen. Schweiß brach ihm aus, Panik formte sich in seinen Eingeweiden.

Ruhig bleiben, schalt er sich, aber es fiel ihm schwer. Sein Bewusstsein erinnerte sich zu gut daran. Die vielen verzweifelten Momente, in denen er sich vor Angst die Haut blutig gekratzt hatte oder mit dem Schädel gegen die Wand gedonnert war, bis er nichts mehr gefühlt hatte. Verzweiflung. Atemnot. Enge. Finsternis. Sie hatten ihn zigfach übermannt, ihn innerlich zerrissen und nicht wieder zusammengefügt. Waylon hatte nicht sterben können, es hatte kein Entrinnen gegeben. Kein Ende.

Und nun? Hatte Lyn ihn gerettet und eingesperrt, damit er für seine Taten büßte? Stand ihm wieder dieses Schicksal bevor? Würde sie das tun? Nach der Rettungsaktion eben?

Vielleicht hatte sie ihn deshalb nicht getötet. Damit sie ihn in die ewige Nacht werfen konnte. Erst Hoffnung schüren und dann zerstören. Aus dieser Art des Leidens war der Grimm gestrickt. Waylon wäre dazu verdammt, hier zu hocken und jämmerlich zu …

Stopp!

Jetzt!

Er atmete tief ein.

Er atmete tief aus.

Noch mal.

Und noch mal.

Und noch mal.

Nur langsam beruhigten sich seine Gedanken und auch sein Körper. Es hatte nicht nur düstere Momente in der Höhle gegeben. Waylon war irgendwann an einen Punkt gekommen, an dem er seine Lage akzeptiert hatte; weil ihm nichts anderes übrig geblieben war. Es hatte keinen Ausweg gegeben. Das Einzige, was er hatte tun können, war Frieden mit der Situation zu schließen – und genau das hatte er getan.

Wie Mönche in Tibet, die in stiller Meditation ihren Geist erweiterten und sich nur auf ihren Atem konzentrierten. Waylon hatte sich bewusst in sich zurückgezogen und in sich geblickt. Nur so hatte er diese Zeit überstehen können. Mit Ruhe. Und Gelassenheit.

Genau das brauchte er jetzt auch.

Er atmete weiter, musste das logisch betrachten. Seine Wunden waren geheilt, er hatte keine Schmerzen. Das hätte sie nicht tun müssen. Sie hätte ihn in seinem Elend versinken lassen können, bis er krepiert wäre.

Aber es ging ihm gut.

Ihm drohte keine unmittelbare Gefahr.

Ruhe.

Gelassenheit.

Atem.

Waylon streckte sich, stand langsam vom Bett auf und hob die Hände vor sich, um nicht gegen ein Hindernis zu stoßen. Vielleicht könnte er diesen Raum ganz leicht verlassen. Wenn er in Panik auf dem Bett hockte, würde er es nicht herausfinden. Er tastete sich eine Weile umher, fand eine Wand, an der er sich entlanghangelte. Schritt für Schritt, immer auf seinen Atem besonnen. Seine Finger glitten über die kühle Oberfläche und dann fanden sie ihn schließlich: einen Türgriff.

Ganz einfach.

Waylon drückte ihn nach unten, zog die Tür auf und gelangte in einen weiteren Raum, in dem es allerdings genauso dunkel war.

»Ist jemand da? Lyn?«

Etwas raschelte neben ihm. Er fuhr herum, blinzelte in die Dunkelheit, die ihm nicht mehr ganz so finster vorkam.

»Wer ist da?«

Er hörte ein leises Seufzen, das ihm durch und durch ging.

»Hallo?«

Waylon machte einen Schritt darauf zu, hielt die Luft wieder an. Jemand war hier mit ihm in diesem Raum. Er spürte die Präsenz. Dunkel und drohend und lauernd.

Kurz flackerte noch mal Angst in ihm hoch, dass ihn gleich etwas anfallen und zerfleischen könnte, aber er zwang auch diese zurück und hielt seine Sinne wachsam. Das Gute an der Dunkelheit war, dass er sich aufs Hören und Fühlen konzentrierten konnte. Er gab sich diesen Eindrücken hin, wurde aufmerksam für das, was um ihn herum geschah. Waylon vernahm ein leises Donnergrollen von draußen und leise Atemzüge.

»Ich will keinen Ärger«, sagte er. »Lyn hat mich hergebracht. Sie hat mich gerettet, worüber ich sehr dankbar bin. Auch für die Heilung.«

Keine Antwort.

»Es wäre schön, wenn ich erfahren könnte, wo ich bin und wer du bist. Ich höre dich.«

Von links nun. Waylon drehte sich in die Richtung und hatte das Gefühl, dass derjenige um ihn herumging, doch er hörte keine Schritte.

Waylon blieb stehen und ließ seine Arme locker an seinem Körper hängen. Er würde keine Spiele spielen, sondern abwarten, was passieren sollte. Er war so müde, er wollte nicht mehr kämpfen oder sich sorgen oder sich fürchten.

»Ich warte einfach, ja?«, sagte er. »Du kannst dich mir jederzeit zeigen.«

»Du weißt, wer ich bin«, sagte eine tiefe Frauenstimme. Sie klang dunkel und verhangen und so vertraut, dass es ihm eiskalt den Rücken herunterlief.

»Was … du … Kaia!«

»So hat mich schon lange niemand mehr genannt.«

»*Syrantina.*« Waylon hielt die Luft an und schluckte trocken. Sie war da. Hinter ihm. Neben ihm. Vor ihm. Er stand vor der Frau, die er einst geliebt und mit der er eine Familie gegründet hatte. Er stand vor der Frau, die sich selbst geopfert hatte, um ihn von dem Grimm zu befreien. Ein Opfer, das er nicht hatte annehmen können, weil er glaubte, er würde sie dadurch retten.

»Kannst du … Ich würde dich gerne sehen«, sagte er leise.

Sie brummte lange und tief, das Geräusch setzte sich in den Wänden, dem Boden, in Waylons Eingeweiden fort. Mit dem nächsten Blinzeln erkannte er mehr von der Umgebung. Er stand in einem großen Saal, neben ihm war eine lange Tafel mit Stühlen aufgebaut. Alles schimmerte grünlich, die gleiche Farbe, die das Portal ausgestrahlt hatte. Es war nicht hell, aber er erkannte genug.

»Wo bist du?«

»Hier«, sagte sie hinter ihm und er fuhr herum.

Ihr Körper hob sich nur schwer von der Dunkelheit ab, aber Waylon erkannte sie. Sie trug ein langes schwarzes Kleid mit einem ausladenden Federkragen. Ihre Haut war elfenbeinweiß, ihre schwarzen Haare wallten über ihre Schultern und vereinten sich mit der Schleppe. Ihre rechte Körperhälfte funkelte durch die Spiegelsplitter, die sich in ihre Haut gebrannt hatten. Es sah aus, als hätte sich ein Stück Nachthimmel mit Sternen übergezogen. Beeindruckend und erschreckend zugleich.

Syrantina funkelte ihn mit durchdringendem Blick an. Es war nicht möglich zu lesen, was in ihr vorging. Sie drehte den Kopf, legte ihn leicht zur Seite und musterte Waylon.

Seine Knie wurden weich, er wusste auf einmal nicht mehr, was er sagen sollte. Was das Richtige war. Wie oft hatte er sich vorgestellt, noch mal mit ihr sprechen zu können? Seit Isa ihm erzählt hatte, dass sie Kontakt zu ihr gehabt hatte, hatte er wieder und wieder in seinem Kopf durchgespielt, wie es wäre, ihr gegenüberzustehen. Er hatte sich Worte zurechtgelegt, wusste, wie er sich verhalten wollte, was er sie fragen musste. Nun war sein Geist leer. Er konnte sie nur ansehen und das bewundern, was aus ihr geworden war.

Eine dunkle Herrscherin, vereint mit der Finsternis.

»Ich … du …«

Syrantina machte eine ausladende Handbewegung und auf der Tafel erschienen allerlei Gerichte und Getränke. »Du wirst Hunger haben, denke ich.«

»Was?« Waylon drehte sich herum und sah auf den reich gedeckten Tisch. War es das, was sie von ihm wollte? Er sollte sich hinsetzen und essen? »Wir müssen … Es gibt so viel zu bereden.«

»Ich weiß.«

»Wo ist Ash? Geht es ihm gut?«

»Meistens. Ich sehe ihn nicht immer.«

»Aber du kannst … Wir …« Er schüttelte den Kopf.

»Setz dich einfach hin, Waylon«, sagte Lyn auf einmal von rechts. Eine Tür klickte und ihre Schritte hallten an den Wänden wider. »Es ist alles gut.«

Er drehte sich zu ihr, erkannte nun immer mehr in dieser eigenartigen Dunkelheit. Seine Augen passten sich an und nahmen die neue Umgebung wahr.

»Ich bin überfordert«, sagte er.

»Ich weiß.« Sie schnappte sich ein paar Trauben vom Tisch und steckte sie in den Mund. Lyn zog einen Stuhl hervor und nahm Waylon gegenüber Platz. »Aber du solltest wirklich was essen. Es wird dich stärken. Du hast viel Blut verloren.«

Er blickte unsicher zu Syrantina, die noch hinter ihm stand und ihn weiter gefühllos musterte. Waylon kannte diesen Blick von ihr. Kaia hatte ihre Emotionen bei der Geburt von Ash verloren und war ihm nie mit Liebe oder Kummer begegnet. Dennoch fuhr es ihm durch und durch und er wünschte, sie könnte mehr für ihn sein.

Zögerlich nahm er Platz und goss sich einen Kelch mit Wasser ein. Es schmeckte wohltuend und erfrischend. Mit jedem Schluck spürte er, wie seine Kräfte zurückkehrten.

»Wir schulden dir eine Erklärung«, sagte Lyn und tischte sich von dem Hähnchen und den Kartoffeln auf. Waylons Magen knurrte eindringlich, er blickte zu Syrantina, die sich am Ende der Tafel niederließ und sich einen Becher mit Wein einschenkte.

»Als ich durch das Portal stürzte, war ich erst mal verloren«, sagte Lyn. »Mein Kopf war voll mit den Eindrücken aus dieser Welt. Ich fühlte mich, als hätte jemand alles Wissen aus allen Märchen mit einem Schlag in meinen Verstand geprügelt. Es war überwältigend, berauschend und verängstigend.«

»Ich fühle mich nicht so«, sagte Waylon und nahm sich ebenfalls von dem Fleisch.

»Weil wir dir ein Serum gegeben haben, das den Übergang leichter macht. Mittlerweile können wir auch die Zeitverschiebungen ausgleichen. Es besteht also keine Gefahr, dass wir in der Vergangenheit oder Zukunft landen, wenn wir rüber in die reale Welt gehen.«

»Wir?« Er blickte zu Syrantina, die stumm der Unterhaltung folgte.

»Sie war eine große Hilfe.«

»Aber, ich … Ich dachte, dass sie …«

»Die böse Hexe ist?«, fragte Lyn.

»Nach allem, was Jorge gesagt hat …«

Syrantina schnaubte. »In Abalion wird viel geredet und noch mehr verurteilt. Diese Wesen können nur Schwarz oder Weiß denken. Sie sind nicht dazu erschaffen worden, hinter eine Seele zu blicken.«

Waylon spießte ein Stück Fleisch auf und nahm es in den Mund. Es schmeckte köstlich, mit das Beste, was er je gegessen hatte. Er dachte an die vielen Momente zurück, in denen er mit Jorge über Syrantina gesprochen hatte. Waylon hatte ihn absichtlich öfter ausgefragt, weil er alles über sie hatte wissen wollen. Jorges Schilderungen waren nie positiv gewesen.

»Angeblich hast du den Weg zum Schloss mit Leichen gepflastert«, sagte er leise. Er wollte ihr nichts vormachen, sondern ehrlich sein.

»Das ist richtig«, sagte sie gelassen. »Ich habe sie ermordet und aufgespießt. Du kannst sie dir gerne ansehen.«

Er schluckte hart am nächsten Bissen.

»Sie wollten mich angreifen, ich habe mich verteidigt und ein Fanal gesetzt. Ich hoffte, dass sie mich so in Ruhe lassen.«

»Viele in Abalion wollen ihre Kristallsplitter haben«, sagte Lyn. »Weil sie voller Magie sind. Solche Dinge sprechen sich herum, stacheln die Gemüter an.«

Sollte er es glauben? Konnte es wirklich sein, dass Syrantinas Ruf auf derlei Gerüchten beruhte? Und falls ja: Wäre es so ungewöhnlich?

»Die böse Hexe, die nicht böse ist«, sagte er leise.

»Uns wurde es fast zum Verhängnis«, sagte Lyn. »Das Portal hat Dante und mich direkt in Syrantinas Palast geworfen. Da drüben sind wir gelandet.« Sie zeigte auf eine Stelle weiter links. »Vermutlich, weil das Portal aus ihrem Splitter errichtet worden war und man die Tür nur hierher öffnen konnte. Syrantina dachte, wir wären ebenfalls gekommen, um sie anzugreifen.«

»Wie konntet ihr das aus der Welt schaffen?«, fragte Waylon.

Lyn schob den Teller zur Seite und sah zwischen ihm und Syrantina hin und her. »Dante. Er hat sich … Ich sagte dir ja, dass er sich verändert hat.«

Waylon zog die Augenbrauen zusammen. Er ließ den nächsten Bissen aus, weil er vermutete, dass diese Geschichte gleich heftig werden könnte.

»Syrantina wollte uns töten, aber Dante hat sich selbst geopfert, um ihr zu zeigen, dass wir nicht wegen ihr hier sind, sondern helfen wollen. Er bot ihr alles, was er tun konnte, damit sie die Wahrheit erfuhr.«

»In Abalion gibt es das Hausrecht auf Wahrheit«, sagte Syrantina. »Jeder, der hier eindringt, ist mir Rechenschaft schuldig, wenn ich das wünsche. Zu Beginn habe ich mir die Mühe gemacht und jeden Eindringling gefragt, was er will. Sie kamen alle für das Gleiche. Ich hätte diese beiden auch sofort vernichtet, doch es machte mich stutzig, dass sie so weit in mein Schloss hatten eindringen können. Zudem spürte ich meine Magie an ihnen. Also zwang ich sie dazu, mir die Wahrheit zu sagen.«

»Das Hausrecht wirkt bei Menschen aber anders«, sagte Lyn. »Unsere Körper ertragen die Magie nicht. Es wurde uns schnell klar, dass wir es nicht aushalten könnten, doch anstatt aufzuhören, stellte Dante sich zur Verfügung, weil er Syrantina beweisen wollte, dass wir im Guten kamen. Es hat ihn gespalten – und das meine ich nicht im übertragenen Sinne.«

»Aber … Er lebt doch noch. Du hast mit ihm gesprochen.«

Sie nickte und deutete hinter Waylon. »Das tut er.«

Waylon hörte ein leises Atmen hinter sich, es klang röchelnd und halb erstickt. Er versteifte die Schultern.

»Nicht erschrecken, ja?«, sagte Lyn.

Waylon drehte sich langsam um und machte sich auf das Schlimmste gefasst. »O mein Gott.«

»Sieht übler aus, als es ist«, sagte Dante. Seine Stimme klang brüchiger als vorhin. Waylon hielt die Luft an und wünschte sich, dass er nicht so viel gegessen hätte. Dante war einst ein durchtrainierter, gut aussehender junger Mann gewesen. Voller Elan, voller Kraft, voller Energie. Jetzt war er ein … Waylon fand nicht mal einen Ausdruck dafür. Sein Körper glich kaum mehr dem eines Menschen. Dantes Beine waren dicke Baumstämme, die mit Ranken umwuchert waren. Er hatte vier lange, spinnenförmige Arme und einen wulstigen, hölzernen Körper. Zum Teil zog seine menschliche Haut sich über das Geäst, zum Teil kleine Äste und Blätter. Sein Gesicht war nur noch zu erahnen. Er hatte einen kleinen Mund mit langen Schneidezähnen, keine Nase, dafür große dunkle Augen. Das war auch das Einzige, was noch an den Mann erinnerte, den Waylon einst gekannt hatte. Sie waren menschlich geblieben, sahen ihn offen und freundlich an.

»Ich … Ich weiß nicht, was ich sagen soll.«

Dante hob einen knöchernen Arm und winkte ab. »Ich lebe noch und wie gesagt: Es ist halb so wild.« Er kam langsam näher, seine Schritte klangen dumpf, aber erstaunlich leise. Er bewegte sich geschmeidiger, als er aussah.

»Ich vermisse nur das da.« Er zeigte auf die reich gedeckte Tafel und seufzte leise.

»Du kannst nichts essen?«

»Doch, aber nicht mehr das, was Menschen zu sich nehmen. Ich stehe jetzt auf Insekten und Würmer und all den ekligen Kram.«

Waylon schloss die Augen, hatte das Gefühl, gleich zu platzen, weil er all das kaum verarbeiten konnte.

»Es war der einzige Weg, wie wir ihn retten konnten, nachdem Syrantina ihn befragt hatte«, sagte Lyn.

»Du hast …«, setzte Waylon an.

»Es war nicht meine Wahl«, sagte Syrantina. »Ich hätte ihnen beiden einen schnellen Tod geschenkt.«

»Das stimmt«, sagte Dante. »Erstens wollte ich nicht sterben, zweitens musste sie wissen, dass wir die Wahrheit sprachen. Unsere Reise nach Abalion durfte nicht umsonst gewesen sein.«

Waylon blickte zu Lyn, die leicht zusammengesunken war. »Ich wollte mich auch zur Verfügung stellen, aber Dante hat es nicht zugelassen.«

»Hab sie k.o. geschlagen.« Er lachte leise, wobei die Blätter an seinen Armen auf und ab hüpften. »Es reichte, wenn einer von uns das auf sich nahm.«

»Du hättest sie auch einfach gehen lassen können«, sagte Waylon zu Syrantina.

»Auch das habe ich schon versucht. Zu Beginn tötete ich die Eindringlinge nicht, sondern ließ sie frei. Sie kamen wieder. Mit mehr Männern, mit mehr Gewalt. Jedes Mal. Sie zerstörten meinen Palast, ließen die Sonne ein. Es kostet mich alles, diese Wände aufrecht zu halten. Sobald ich einen Hauch von Licht abbekomme, werde ich geschwächt. Die Kristalle brennen sich in meine Haut, es ist, als würde ich in Flammen aufgehen. Allein diese Dunkelheit schützt mich. Ich will nur meine Ruhe, mehr nicht.«

»Sie dachte, wir wären wie die anderen«, sagte Lyn. »Sie kennt es nur so, seit sie hier ist.«

Waylon versuchte es nachzuvollziehen, aber es fiel ihm schwer. Hatte sie wirklich keine andere Wahl gehabt, als jeden zu ermorden, der sich ihr näherte?

»Du kannst an mir zweifeln oder nicht«, sagte sie. »Es spielt keine Rolle. Ich lege keinen Wert auf dein Urteil.«

»Weil du immer noch nichts fühlst.«

»Ja.«

Deshalb konnte sie auch so leicht morden. Es berührte sie nicht. Sie kannte keine Reue oder Genugtuung. Sie kannte nur Leere. Immerwährende Leere.

»Ich … Ich habe kein Recht, dich zu verurteilen und tue es auch nicht. Ich habe selbst schlimme Dinge getan.«

Schweigen entstand und gab Waylon Zeit, einigermaßen zu verdauen. »Wir müssen auf alle Fälle Kris finden«, sagte er schließlich. »Sie ist mit Jorge in Abalion. Wenn Isa erfährt, dass sie noch lebt, wird sie sie töten wollen.«

»Ich kann Eisjäger nach ihnen ausschicken«, sagte Syrantina. »Das Rumpelstilzchen schuldet mir sowieso noch was.« Sie sagte das mit einem drohenden Unterton in der Stimme.

»Wir haben die Anthologie dabei«, meinte Lyn rasch. »Es besteht also kein Grund, Jorge zu bestrafen.«

Syrantina hob eine Augenbraue, kommentierte es jedoch nicht weiter. Dieser Blick behagte Waylon ganz und gar nicht. Sie mochte sich im Moment friedlich zeigen, doch sie war ein brodelnder Vulkan. Völlig unberechenbar, wann er ausbrechen wollte.

»Wie mächtig ist Isa jetzt, da sie Moon getötet hat?«, fragte Waylon. »Sie hat noch ein Lederbuch der Masali, mit dem sie auf die alte Magie zurückgreifen kann.«

»Moon überwachte das Leben in Abalion sowie alle Märchenschichten«, sagte Syrantina.

»Also kann Isa Abalion kontrollieren?«

»Nein, dazu müsste sie die Fantasie beherrschen. Aber sie kann für viel Unruhe sorgen. Die Wesen hier reagieren nicht gut auf Veränderung. Es überfordert sie.«

Waylon rutschte in seinem Stuhl hin und her. »Gesetzt den Fall, Isa bekäme den Kristall der Fantasie, mit dem Abalion errichtet worden ist: Was wäre dann?«

Alle Blicke richteten sich auf ihn.

»Ist sie deshalb hier?«, fragte Lyn. »War das euer Plan? Ihr wolltet Abalion übernehmen?«

»Ich … Nein … Mein … Ich wollte mich einfach nur vom Grimm lösen, mehr nicht. Die Albträume mit ihm waren kaum zu ertragen.« Er warf Syrantina einen Seitenblick zu. Sie hatte es hautnah miterlebt, sie wusste, was der Grimm mit ihm gemacht hatte. »Es hörte erst auf, als wir Black Wolf gestartet haben und Middleton mein Ersatz geworden ist, aber Isa meinte, dass der Grimm mich jederzeit wieder befallen könne, wenn etwas schiefgeht. Sie wollte erst Moon aus dem Weg schaffen, sich dann den Kristall holen, den Grimm töten und … und dich und Ash befreien.«

Syrantina reckte das Kinn, sagte aber nichts.

»Als Kris uns vor die Füße fiel, nutzte Isa die Gelegenheit, um Moon an dieser Stelle anzugreifen. Es war genau das, was sie noch gebraucht hat. Ihr Blut verband alles miteinander.«

»Mein Gott, Waylon«, sagte Lyn. »Ihr habt uns von Anfang an belogen! Mein Vater und ich dachten, ihr wolltet Black Wolf aufhalten, jetzt sagst du, dass ihr es ausgelöst habt!«

»Ja. Ich weiß und ich bin gewiss nicht stolz darauf. Ich dachte, es wäre das Richtige. Ich wollte meinen Frieden. Isa erzählte mir von dir.« Er blickte zu Syrantina. »Und Ash. Sie meinte, wir können euch befreien, wenn sie erst die Kontrolle über Abalion hat. Ich war so blind. So dumm.« Rückblickend verstand er nicht, wie er auf Isa je hatte hören können, aber sein Urteilsvermögen war getrübt gewesen. Es war gewiss keine Entschuldigung, aber alles, was er tun konnte. Er musste die Fehler geradebiegen und für das einstehen, was er getan hatte. »Ich werde euch helfen, mit allem, was ich kann. Ich erzähle euch alles. Jedes Detail ihres Planes, wobei ich nicht weiß, ob sie ihn mir komplett offenbart hat.«

»Wie kann sie diesen Kristall denn bekommen?«, fragte Lyn. »Wo ist er versteckt?«

»Er wurde in zwei Hälften gebrochen, nachdem Anabel sich damit umgebracht hat und zu Moon geworden ist«, sagte Syrantina. »Eine blieb im Kloster, die andere ging nach Frankfurt, wo ich mich damit tötete.«

»Das heißt, eine Hälfte ist auf der Erde und die andere hier im Schloss – oder wie darf ich das verstehen?«, fragte Lyn.

»Über die Nachtheide besteht ein Zugang zum Kloster. Er ist durch ein Kraftfeld geschützt, das um den alten Baum steht. Und was dieses Schloss hier angeht«, Syrantina atmete ein, es fühlte sich an, als würde sich ihre gesamte Präsenz in den Wänden ausdehnen: »Das ist alles, was vom Kristall übrig ist, genau wie die Splitter.«

»Wie könnte sie den Kristall aus der Heide und diesem Schloss bekommen?«, fragte Waylon.

»Die Heide ist gut geschützt, sie müsste viel Macht aufwenden, wenn sie diese stürzen wollte. Genau wie mein Heim.«

»Würde denn die Macht des Grimms ausreichen?« Er traute sich kaum, diese Frage zu stellen, aber der Gedanke lag so nahe.

»Durchaus möglich«, sagte Syrantina gelassen. Sie wirkte weder beunruhigt noch besorgt. Wie auch?

»Okay, und was könnte Isa mit dem Kristall tun?«, fragte Lyn.

»Alles«, sagte Syrantina. »Wer den Kristall beherrscht, beherrscht die Fantasie. Sie kann Abalion vernichten oder ganz neu aufbauen, sie kann die Welten vermischen, sie kann mehr erschaffen. Jeder noch so kleine Gedanke könnte wahr werden. Die Fantasie ist unbegrenzt.«

»O mein Gott. Wir müssen das Casaju sagen. Sebastian soll …«

»Sebastian?«, fragte Waylon. »Was hat der damit zu tun?«

»Ja, also …«, setzte Lyn an und räusperte sich: »Er heißt nicht wirklich Sebastian, sondern Ares – und er ist auch ein Masali.«

»Was?!« Sebastian war Ares?

»Er ist Isa und dir schon eine Weile auf den Fersen, konnte aber nie herausfinden, was ihr vorhattet.«

»Aber, das ist doch nicht …« Waylon schloss die Augen und schüttelte sich. »Deshalb habe ich nie eine Spur von ihm im Kloster gefunden, als ich nach Isa gesucht habe.«

»Er hat sich vor dir versteckt.«

»Warum?«

»Weil du auf der bösen Seite stehst natürlich.«

»Das tue ich nic…« Doch, tat er. Waylon war zum Bösewicht in dieser Geschichte geworden, auch wenn er es nie darauf angelegt hatte. Nun konnte er nichts mehr daran ändern, nur versuchen, den entstandenen Schaden zu beheben. »Seit wann weißt du es?«

»Er hat sich mir am Morgen vor dem Portalunfall offenbart.«

»Warum dir?«

»Vermutlich wegen meines Dads. Er hat allen anderen misstraut, deshalb bat er mich, dir gegenüber nichts zu sagen. Abgesehen davon hatte ich sowieso nicht mehr die Gelegenheit.«

»Ich … Ich fasse es nicht.« Aber es erklärte einiges. Sebastian war Waylon gegenüber meist zurückhaltend geblieben und hatte ihn öfter im Stillen beobachtet. Waylon erinnerte sich noch zu gut, wie er Kris auf ihn angesetzt hatte, weil er und Isa sich gefragt hatten, was er im Schilde führte. Nun wusste er es.

»Da ihr das nun geklärt habt«, sagte Syrantina: »Wo ist die Anthologie?«

»Im Rucksack, den ich mitgebracht habe«, sagte Lyn. »Ich hole sie für dich.«

»Das ist nicht nötig.« Syrantina schnippte mit den Fingern und der Rucksack erschien vor ihr auf dem Tisch. Sie atmete tief ein und aus und schob langsam den Stoff beiseite, um das Buch herauszuholen.

»Kann ich …«, setzte Waylon an. »Kann ich dir helfen? Ich war dabei, als die Brüder Grimm das Buch geschrieben haben. Ich habe ihnen mit einigen Geschichten geholfen.«

Syrantina sah ihn nur an, ohne Gefühl. Ohne Andeutung, was in ihr vorging.

»Tja, also«, sagte Dante: »Ich denke, wir sollten euch zwei sowieso mal alleinlassen. Habt bestimmt viel zu bereden. Komm, Lyn. Wir funken Sebastian an und teilen ihm das mit dem Kristall mit.«

Dante und Lyn standen auf. Waylon und Syrantina waren alleine. Das erste Mal seit ihrer Trennung im Berg. Waylon schluckte trocken, er wusste nicht, was er zu ihr sagen sollte, obwohl ihm tausend Worte auf der Zunge brannten. Aber wie könnte er sie ausdrücken und ihr klarmachen, dass er sie noch immer liebte? Dass er nie aufgehört hatte, dass sie und Ash alles für ihn waren?

»Wie geht es dir?«

Syrantina zuckte mit den Schultern. »Wie immer. Es ist still.«

Damit meinte sie nicht das Schloss, sondern ihre Seele.

»Nichts hat sich geändert«, fuhr sie fort. »Wenn überhaupt, ist es nur noch dunkler geworden.«

»Das tut mir leid.«

»Mir nicht.« Sie schnippte wieder mit den Fingern. Der Speisesaal verschwand und Waylon fand sich mit ihr in einem Arbeitszimmer wieder. Das Buch lag in der Mitte auf einem Tisch.

»Das ist beeindruckend«, sagte Waylon und drehte sich um seine Achse.

»Simple Magie«, sagte Syrantina. »Das Schloss und ich sind eins. Es reagiert auf all meine Gedanken. Das Einzige, was mir manchmal bleibt.«

»Du … Du bist einsam.«

»Das spielt keine Rolle.«

»Für mich schon. Das hat es immer. Ich wäre gerne früher mit dir in Kontakt getreten, aber ich konnte nicht.«

»Ich weiß.«

Sie ließ ihre Finger über das Buch gleiten und zischte leise. »So lange her.«

»Jorge hätte es dir gebracht, aber durch die Zeitverschiebung zwischen den Welten ist er lange nach den Brüdern Grimm bei uns gelandet.«

»Du musst ihn nicht verteidigen.«

»Ich will nur nicht, dass du ihm etwas antust. Er ist ein guter Kerl.«

Sie ignorierte seine Worte und strich weiter mit den Fingern über den Einband der Anthologie. Als sie an die Stelle gelangte, wo einst der Splitter gesessen hatte, hielt sie inne. »Ein Teil von mir.«

»Kaia …«

»Nenn mich nicht so. Kaia ist tot.«

»Syrantina. Ich will nicht, dass du …«

»Was du willst oder nicht willst, ist irrelevant. Du siehst mich als die Frau, die einst die deine war, doch die bin ich nicht mehr. Suche nicht nach etwas, das es nicht gibt.«

Er öffnete den Mund und schloss ihn wieder. Es brachte nichts, mit ihr zu diskutieren, sie war noch starrsinniger geworden als damals.

Syrantina presste ihre Hand flach auf den Einband und schloss die Augen.

»Wie hast du überhaupt von dem Buch erfahren?«

»Es geschah irgendwann. Erst bemerkte ich nur ein leichtes Glimmen, gefolgt von einem Knurren, das durch alle Wände drang. Es klang bedrohlich und finster. Die Splitter in meiner Haut flammten gleichzeitig auf und brannten intensiv. Ich war verunsichert, doch dann sah ich dieses Buch vor meinem geistigen Auge. Es ergab keinen Sinn für mich, aber ich hielt an der Vision fest, bis ich begriff, dass es in der Menschenwelt zwei Brüder gab, die unsere Märchen aufschrieben und sie in diesen Seiten verewigten.«

»Die Brüder Grimm.«

»Ich bemühte mich, Kontakt mit der Welt zu bekommen, nun, da ich einen ersten Einblick darauf erhalten hatte und jemand mir antwortete.«

»Isa. Sie hat mir erzählt, dass sie mit dir gesprochen hat. Ich dachte wirklich, dass sie dich befreien wird.«

»Ich brauche sie nicht.« Sie blätterte das Buch auf und strich über die Seiten. »Die Lösung liegt hier drin. Ich spüre es.«

»Die Lösung für was?«

»Für all das.« Sie zeigte um sich herum.

»Das heißt, das Buch kann dir helfen, aus der Finsternis zu kommen?«

»Dieses Leben in der Dunkelheit, ich …« Sie schüttelte den Kopf und presste die Lippen aufeinander.

Waylon würde alles für diese Frau tun. Er verstand sie so gut. Der Grimm hatte ihrer beider Leben zerstört. »Weißt du, wonach du suchen musst?«

»Noch nicht.« Sie schlug es langsam auf. Ein leises Seufzen drang aus dem Buch, gefolgt von einem Wimmern; die Rufe all der Opfer, die durch Black Wolf ihr Leben gelassen hatten.

Waylon schauderte, Syrantina hingegen reagierte nicht. Sie blätterte zum ersten Märchen: *Rotkäppchen*.

Waylon trat neben sie und wollte eine Hand auf ihre legen.

»Wenn du mich anfasst, werde ich dir die Finger abhacken.«

Er hielt sofort inne und wich zurück. »Ich wollte dir nur zeigen, dass ich bei dir bin und helfen will.«

»Niemand berührt mich.« Sie funkelte ihn an. Waylon spürte einen heftigen Stich in seiner Brust. Sie hatte nicht nur ihre Gefühle eingebüßt, sie ertrug auch keine Nähe mehr. Was käme als Nächstes? Die totale Isolation? Keine Gespräche mit anderen? War ihre Grausamkeit nach draußen der erste Schritt dorthin?

»Du verlierst dich. Deshalb bist du so scharf auf das Buch. Du brauchst es mehr, als du zugibst.«

Sie kniff die Augen zusammen und wandte sich wortlos der Anthologie zu. Mit einer geschmeidigen Bewegung nahm sie Platz und begann zu lesen. Waylon zog den Stuhl so nahe zu ihr, dass er sie nicht berührte, aber mit ins Buch schauen konnte.

Sie arbeiteten im Stillen. Waylon hielt sich zurück, bemüht, ihr weder zu nahezukommen noch sie unnötig anzusprechen. Er war schon zufrieden damit, in ihrer Nähe zu sein. Etwas, das ihm so lange verwehrt geblieben war.

Schließlich kam sie an die Stelle, an der eigentlich das Märchen von dem Mädchen sein sollte, das nicht schlafen konnte. »Hier fehlt eins.«

»Was?«, fragte er und beugte sich näher. Erst da erinnerte er sich daran, was Isa einst von ihm verlangt hatte. Waylon hatte es völlig verdrängt in der Zwischenzeit. »*Das Mädchen, das nicht schlafen wollte* … Isa hatte mich damals darum gebeten, es zu entfernen, weil die Brüder Grimm es eigenständig hinzugefügt hatten.« Er kniff sich in den

Nasenrücken, schüttelte den Kopf. »Wie hatte ich das nur verdrängen können? Ich habe den Meister der Druckerei bestochen, damit er es rausgenommen und durch leere Seiten ersetzt hat. Die Brüder Grimm waren außer sich vor Wut, als sie das gesehen haben, und machten den armen Mann dafür verantwortlich.« Waylon hatte ihn schließlich zum Schweigen gebracht, ehe er ausplaudern konnte, wer der wahre Schuldige war. »Es tut mir leid«, sagte er und meinte damit nicht nur, dass Syrantina das Märchen nicht mehr lesen konnte, sondern auch all das Elend, das er verursacht hatte.

»Um was ging es in dem Märchen?«

»Ich habe es nie gelesen, ich weiß nur, dass das Mädchen nicht schlafen wollte, weil es Angst vor dem Tod hatte.«

»Vielleicht genau das, was ich gebraucht hätte.« Sie wirkte weder wütend noch enttäuscht über diese Sache. Syrantina blieb so kalt, dass Waylon fröstelte.

»Vielleicht hilft dir eins der anderen Märchen. Lass uns weitersuchen, wir können …«

»Du solltest jetzt gehen.«

»Ich will dir helfen!«

»Das kannst du nicht.«

»Syrantina …«

Sie hob die Hand und er verstummte. Die Diskussion war offenkundig beendet, ehe sie überhaupt angefangen hatte. Waylons Stuhl wurde ihm unter dem Hintern weggezogen, er sprang rasch auf, damit er nicht auf den Boden plumpste. Syrantina nahm die Anthologie, wandte sich ab, rückte in unerreichbare Ferne für ihn und verschwand in ihrer Dunkelheit.

Er blieb alleine zurück. Mit Kälte im Herzen und Schwere in der Seele.

24. Kapitel

Neuseeland, Heute

Conrad starrte den Mann an, der soeben Marcel Garcia betäubt hatte.

Ein Masali. Ares.

Der Name sagte Conrad nichts, aber das hatte nichts zu bedeuten.

Ares wandte sich an Garcia und beugte sich zu ihm hinunter. »Er ist weggetreten. Wo kann ich ihn am besten verarzten? Die Bisswunden sehen übel aus.«

»Im Zimmer nebenan.«

Gemeinsam packten sie Marcel an Armen und Beinen und trugen ihn in Kristins ehemaligen Raum. Sie legten ihn vorsichtig auf das Bett, das unter seinem Gewicht knarzte.

»Deine Matratze wirst du wegwerfen müssen, wenn wir fertig sind. Er blutet noch.«

»Das ist nicht schlimm. Ich wollte den Laden sowieso dichtmachen.«

»Ich hole rasch meinen Arztkoffer, bin gleich wieder da.«

Ares verließ das Zimmer und Conrad kümmerte sich in der Zeit um Alexis. Er untersuchte sie erneut, gründlicher dieses Mal. Sie hatte eine leichte Prellung an der Vorderpfote und zuckte, wenn er ihre Seite streichelte, aber sonst schien es ihr gut zu gehen.

»Das bekommen wir wieder hin«, sagte er und kraulte sie hinter den Ohren. »Danke für deine Hilfe.«

Sie leckte ihm über die Hand und legte die Pfote über seinen Arm. Conrad senkte seine Stirn auf ihre und konnte sein Glück kaum fassen, dass sie noch bei ihm war. Er wusste nicht, ob er ihren Verlust verkraftet hätte.

Nach wenigen Minuten kehrte Ares mit einem großen schwarzen Koffer zurück. Er öffnete ihn und machte sich daran, Garcia zu versorgen.

»Wie willst du ihm das später eigentlich erklären?«, fragte Conrad.

»Ich werde ihn in alles einweihen. Es wurde genug totgeschwiegen. Marcel ist kein übler Kerl, er folgte nur den Befehlen einer Frau, die nichts Gutes im Sinn hat.«

»Isabella Haynes.«

»Ja.« Ares schnitt das Hosenbein auf und betrachtete die Wunde. »Er hat Glück, dass er noch ein Bein hat. Wölfe können Hirschknochen zerbeißen.«

»Sie hätte es getan, wenn sie es darauf angelegt hätte.« Aber Alexis war keine Bestie. Sie wollte nur Conrad beschützen. »Du sagtest, du bist ein Masalimönch.«

»Ja. Ich war einst Diener in dem Kloster, genau wie Isa, wie Casaju, Kaia. Ich war glücklich dort. Wir alle lebten in Harmonie, bis Waylon kam und diese störte.«

»Die Geschichte kenne ich bereits. Isabella und Waylon hatten mir alles erklärt, als sie das erste Mal zu mir kamen, um Kris zu sehen.«

»Verstehe. Ich arbeite unerkannt unter ihnen, sie wissen also nicht, wer ich bin. Mein Aussehen ist magisch verändert.«

»Was?«

»Alles fing an, als Moon das Kloster zerstört hat. Der Tag war grauenvoll gewesen. Es passierte kurz nachdem Casajus Seele auf der Nachtheide war und ging so schnell, dass wir kaum reagieren konnten. Ich kümmerte mich mit Cyrus und Anantha um Casajus Körper, der sicher aufbewahrt werden musste, bis er aus Abalion zurückkehren würde. Wir waren unten an der Baumwurzel, als Moon zuschlug. Die Wände krachten ein, begruben uns und alles, was wir uns jahrtausendelang aufgebaut hatten. Es war das blanke Inferno. Isa und Salome wurden weiter oben irgendwo eingeschlossen. Lange Zeit wussten wir nicht, dass die beiden überlebt hatten, wir dachten, wir wären die Einzigen.«

»Wie seid ihr aus dem Kloster gekommen?«

»Wir haben uns rausgegraben. Oder eher: Ich habe mich rausgegraben, die anderen beiden sind nach Abalion.«

»Sie haben einen Übergang gefunden?«

»Wie gesagt, wir waren unten an der Baumwurzel eingeschlossen, dort befand sich auch das Becken, über das wir mit Moon unsere Geschichten ausgetauscht hatten. Als Moon das Kloster zerstörte, wollte sie auch den Übergang vernichten, aber sie hatte ihn nicht ganz geschlossen. Cyrus und Anantha wurden hineingezogen, als wir versuchten, uns zu befreien. Sie landeten in Abalion, während ich in der Realität blieb. Eingeschlossen unter Tonnen von Geröll. Wir Masali sind unsterblich, solange wir innerhalb der Mauern bleiben. Casajus Körper und ich waren also konserviert. Die Jahre zogen ins Land, ich hatte jegliches Zeitgefühl verloren und grub mich Stück für Stück frei. Irgendwann hörte ich andere Arbeiter, die die Trümmer durchsuchten. Ich wollte erst auf mich aufmerksam machen, doch ich erkannte Waylons Stimme, genau wie die von Isa und Salome. Er hatte sie befreit und suchte nach uns. Cyrus und Anantha waren zu dem Zeitpunkt schon in Abalion und ich … Ich weiß nicht. Ich habe stillgehalten und mich versteckt. Es war nur ein Gefühl, eine Vorahnung, dass mit Isa etwas nicht stimmen könnte. Ich hatte so viel Zeit, darüber nachzudenken, was an jenem Tag passierte, als sie Casaju an Moon übergab. Wie wütend Moon auf einmal wurde, wie unberechenbar. Sie musste einen Grund dafür haben, nachdem sie uns jahrelang friedlich gegenübertreten war. Außerdem hatte es mich verunsichert, Waylon wiederzuhören. Was wollte er bei uns? Wie hatte er uns finden können? Ich habe gewartet, bis sie weg waren. Danach grub ich mich weiter voran. Jedes Jahr ein paar Zentimeter, bis ich freikam.«

»Mein Gott, wie lange warst du eingesperrt?«

»Ich kam zehn Jahre nach der ersten Black-Wolf-Welle Ende der Neunziger heraus, also sehr lange.«

Conrad schüttelte den Kopf und lief zum Fenster. Die Sonne ging schon wieder langsam auf. »Was passierte mit Casajus Körper? Hast du ihn dort gelassen?«

»Nein. Das Risiko, dass er durch die Ausgrabungen gefunden werden könnte, war mir zu groß.«

»Wohin hast du ihn gebracht?«

Ares holte Luft. »Ich war mir nicht sicher, wie ich ihn aufbewahren sollte. Würde er zerfallen, ohne den Schutz der Mauer, oder hielt es ihn am Leben, solange er auf der Heide war? Die Welt hatte sich so sehr verändert, ich habe lange gebraucht, um sie zu begreifen. Zu Beginn hatte ich mich mit Casaju in einem kleinen Dorf verbarrikadiert. Als ich merkte, dass er sich nicht veränderte, beschloss ich, die Welt weiter zu erkunden. Ich konnte schlecht in Indien bleiben.«

»Aber mit Casaju zu reisen, stelle ich mir schwer vor.«

»Deshalb habe ich ihn erst dort gelassen. Er war in einem kleinen Bergdorf, bei Menschen, die über die Masali Bescheid wissen. Oder eher: Bescheid gewusst haben. Da das Kloster seit Jahrhunderten verschüttet war, waren wir nichts weiter als Legenden. Doch die Menschen waren mir gegenüber mehr als offen und erklärten sich bereit, ihn zu hüten. Ich zog also los, flog über den Kontinent, besuchte andere Städte und lernte. Eines Abends traf ich in einer Kneipe eine Frau, die ihren Vater durch Black Wolf verloren hatte. Ich wusste sofort, dass es etwas mit uns Masali zu tun haben musste und fing an zu recherchieren. Über die nächsten Jahre habe ich Isas Spuren zurückverfolgt bis zu den Brüdern Grimm und erkannte, dass sie gemeinsam mit ihr die Anthologie geschrieben hatten. Irgendwas bezweckte Isa mit diesem Buch, doch ich hatte keine Ahnung, was es war. Ich habe ein Medizinstudium begonnen, mich bei der Polizei eingeschleust, mich tiefer in die Materie vorgegraben. Mit der Zeit fand ich sogar Gefallen an dem Job. Durch meine gute Arbeit kam ich näher und näher an das Black-Wolf-Team ran. Als die Morde wieder losgingen, wurde ich ein Teil des Teams, doch ich wusste, dass Isa mich sofort erkennen würde, sollte sie je mit mir in Kontakt kommen. Und dann passierte es: Vier Jahre nachdem ich aus dem Kloster draußen war, hatte ich einen merkwürdigen Traum. Cyrus und Anantha haben mich besucht und mir gesagt, dass sie auf der Nachtheide seien, um Casajus Seele zu finden. Sie wollten ihm helfen, wieder wach zu werden und in seinen Körper zu gelangen. Ich hatte natürlich zuvor schon versucht, ihn aufzuwecken, aber es war mir nie gelungen. Casaju *ist* die Nachtheide. Moon hat ihn in diesen ewigen Schlaf geschickt, er kann nur erlöst werden, wenn er freiwillig zurückkehrt. Ich reiste zurück nach Indien und holte Casaju mit zu mir. Momentan ist er in einer privaten Residenz in Frankfurt. Dort habe ich mir absolute Verschwiegenheit und beste medizinische Versorgung erkauft. Anantha, Cyrus und ich arbeiten seit Jahren daran, Casaju zu wecken. Sie wollen ihn auf der Heide überzeugen, ich versuche seinen Körper wachzubekommen. Leider ist der Prinz unnahbar und die Heide tückisch. Anantha und Cyrus verlieren sich mehr und mehr – und das, obwohl sie mich als Anker haben.«

»Anker?«

»Wir wussten, dass die Heide sie verführen würde und ich habe eingewilligt, dass sie sich mit mir verbinden. Sie haben einen Zauber aufgetrieben, der uns hilft. Leider hat er eine gewaltige Nebenwirkung: Ich kann nicht mehr schlafen.«

»Bitte?«

»Ich werde nicht mehr müde. Mein Körper kann nicht abschalten. Meine Schlafenszeit wird für Cyrus und Anantha verbraucht. Sie ruhen vor der Nachtheide, sind im ewigen Schlaf gefangen und ich dafür im ewigen Wachen. Es macht mich fast wahnsinnig.«

»Es ist nicht schlimm, wenn du eine Nacht ohne meine Dienste aushältst, auch eine zweite ist möglich, doch ab der dritten wird es gefährlich, mein Kind. Die Geister der Nacht werden deinen Verstand auffressen.« Wie gut erinnerte Conrad sich an die Geschichte von dem Mädchen, das nicht schlafen wollte. So langsam hatte er das Gefühl, dass sich ein Kreis nach dem anderen in seinem Leben schloss und alles mit seiner Vergangenheit zusammenhing.

»Kannst du das nicht kappen?«, fragte Conrad.

»Dann verlieren die beiden sich endgültig auf der Heide. Außerdem wollen wir Casaju helfen. Ich habe mittlerweile einen Weg gefunden, wie wir ihn ohne sein Einverständnis in seinen Körper bringen können.«

»Wie das?«

»Seit Jahren forsche ich daran, entwickelte Seren und Mittel unterschiedlicher Art und testete diese mit seinem Blut. Black Wolf hat mir tatsächlich zu einem gewissen Teil geholfen. Ich habe aus dem Blut der Opfer Enzyme extrahiert, die nur in Abalion vorkommen. Den endgültigen Durchbruch lieferte mir dann aber Kris. Als sie von ihrer letzten Reise zurück aus Abalion kam, haftete grüner Kristallstaub vom Baum aus dem Kloster an ihr, genau wie eine teerartige Substanz.

Ich mischte beides meinem Mittel bei und ich denke, nun habe ich es gefunden. Wenn wir es schaffen, dieses Mittel in Casajus Seele auf der Heide zu injizieren, wird er zurück in seinen Körper gezogen, ob er will oder nicht. Wir können den Zauber brechen, den Moon über ihn und die Nachtheide gelegt hat.«

»Aber es gibt keine Garantie.«

»Die gibt es nie, doch ich werde Casaju nicht hängen lassen. Er ist ein guter Mann und ein fantastischer Masali. Fast so stark wie du. Oder deine Schwester.«

»Ich verstehe dich. Ich würde Freunde auch nicht im Stich lassen, völlig egal, wie aussichtslos die Lage erscheint.«

Conrad nickte und atmete durch. Er brauchte eine kurze Pause, um das zu verdauen. Und einen Whiskey. »Ich hol mir was zu trinken, du auch?«

»Nein danke, ich nehme keinen Alkohol zu mir. Ich bin aber sowieso gleich fertig, lass uns unten weiterreden.«

Conrad verließ das Zimmer, während Ares die letzten Verbände an Garcia anbrachte und ihm dann folgte. Alexis blieb oben im Flur. Ein Auge auf den Mann gerichtet, der sie angegriffen hatte, das andere auf Conrad und Ares.

»Weißt du eigentlich über Kris und Waylon Bescheid?«, fragte Conrad und goss sich einen Whiskey ein.

»Ja, und das führt mich zur zweiten Sache, die ich dir noch sagen muss.«

»Ich bin ganz Ohr.«

Ein Vibrieren aus seiner Tasche ließ ihn innehalten. »Moment.« Er zog sein Handy hervor, sah auf die Nachricht und ließ die Luft aus seiner Lunge. Er stieß ein leises Lachen aus und sank auf einen Barhocker.

»Was ist passiert?« Conrad konnte nicht einschätzen, ob Ares eine gute oder eine schlechte Nachricht erhalten hatte.

»Nimm lieber noch einen Schluck«, sagte Ares. Conrad runzelte die Stirn, tat es dann aber.

Ares beobachtete ihn und hob das Handy an. »Das hier ist echt. Ich verspreche es.«

»Du machst mir Angst.«

»Brauchst du nicht haben.« Er drehte das Display herum, damit Conrad draufschauen konnte.

Als er das Bild sah, ließ er das Glas fallen, das in seine Einzelteile zersprang.

»Atmen, Conrad. Es ist alles gut«, sagte Ares und legte eine Hand auf Conrads Unterarm.

Conrad nahm ihm das Handy mit zitternden Fingern ab und starrte auf das Foto und die darunter erschienene Nachricht: *»Dad. Mir geht es gut. Sorge dich nicht. Ich werde gleich zurück nach Abalion gehen, ich muss leider. Vertraue Sebastian. Er ist auf unserer Seite. Ich bin noch im Tower und nehme Waylon mit. Wir erklären dir alles später. Ich liebe dich. Bis hoffentlich ganz bald. Lyn.«*

»Lyn. Sie ... Sie lebt?«

»Ja.«

»Ich wusste es!« Conrads Hände fingen an zu zittern, er bekam schlecht Luft und sein Herz zog sich zusammen. Keuchend legte er die Finger auf seine Brust.

»Geht es?«, fragte Ares besorgt.

Das Stechen nahm zu und Conrad hatte das Gefühl, als würde ihm jemand seine Eingeweide herausreißen. »All die Zeit ...«

»Als Lyn durch das Portal stürzte, landete sie bei Syrantina. Sie haben eine Art Abkommen getroffen. Lyn hilft ihr, die Anthologie zu beschaffen, Syrantina bietet ihr dafür Schutz und Magie.«

»Du stehst schon die ganze Zeit mit ihr in Kontakt?«

»Ja.«

»Warum hast du es nicht gesagt?!«

»Das tue ich jetzt.«

»Vorher! In all den Wochen, in denen sie als vermisst galt.«

»Weil ich nicht wusste, wem ich trauen kann. Natürlich hätte ich dich kontaktieren können, aber dann wäre ich dir auch eine Erklärung schuldig gewesen. Hätte dir sagen müssen, wer ich bin.«

»Stattdessen wartest du, bis es fast zu spät ist!«

»Nein, ich wartete, bis Black Wolf vorüber war. Ich habe das alles mit Lyn besprochen und sie pflichtete mir bei. Wir wollten sehen, wie Kris sich entwickelt, warum sie dir vor die Füße gefallen ist, was ihre Aufgabe in diesem Spiel sein sollte. Ein falscher oder voreiliger Schritt hätte alles ins Wanken gebracht. Isa hätte mich enttarnen und töten können, ich musste versteckt bleiben. Es tut mir leid, dass wir so lange gewartet haben. Wir hätten in dem Moment reagieren müssen, als wir Middleton gefangen hatten, aber dann glitt es uns aus den Fingern.«

Conrad atmete tief ein und aus, las die Nachricht seiner Tochter ein weiteres Mal und noch mal und noch mal.

Sie lebte wirklich.

Sie war in Abalion.

Conrad ließ sich auf den Barhocker sinken, fuhr sich durch die Haare und schüttelte den Kopf. »Ich will zu ihr. Ich muss sie sehen.«

»Das geht leider nicht. Wir können nicht unbegrenzt Portale nach Abalion öffnen und brauchen dafür immer so etwas wie einen Anschub. Wie beim Batterieüberbrücken beim Auto. Lyn nutzte die Gelegenheit herzukommen, um die Anthologie zu holen. Sie und Dante sind schon lange dran, das Buch aufzuspüren, aber sie konnten es nicht finden, solang Black Wolf aktiv war. Doch nun, da es vorbei ist …«

»Verstehe. Sie ist also nur deshalb hergekommen?«

»Und um das Mittel zu holen, das Casaju wecken soll.«

»Ich will mit ihr sprechen. Geht das wenigstens?«

»Das sollte für ein paar Minuten möglich sein, ja. Ich werde versuchen, eine Verbindung aufzubauen.«

Conrad nickte. Seine Beine zitterten fürchterlich, seine Brust schnürte sich zu und er hatte das Gefühl, als würde sein Herz gleich stehen bleiben. Seine Tochter lebte! Sie war da draußen, genau wie er es all die Zeit vermutet hatte. Er wischte sich die Tränen aus den Augen und sah Sebastian zu, wie er eine Verbindung nach Abalion aufbaute.

25. Kapitel

Kristin

Abalion, Zeit unbekannt

Meine Handgelenke brannten, als stünden sie in Flammen. Die Rumpelstilzchen hatten uns gefesselt und zogen uns hinter ihren Pferden her. Beim ersten Kilometer glaubte ich, mir würde es das Schultergelenk auskugeln, doch dann konnte ich mich dem Rhythmus des Tieres vor mir anpassen und in der gleichen Geschwindigkeit mitlaufen. Mittlerweile hatte ich das Zeitgefühl verloren und auch keine Ahnung, wohin wir überhaupt gegangen waren. Mein Orientierungssinn war eigentlich gut, doch in Abalion schien alles anders zu sein.

Wir liefen an Bergketten entlang, über Wiesen, vorbei an Seen, mal einen Hang hoch, mal einen runter. Fast schon idyllisch, wenn ich nicht gerade hinter einem Pferd hergezogen werden würde. Bisher hatten die Rumpelstilzchen wenig mit uns gesprochen, uns nur knappe Anweisungen gegeben, schneller zu laufen und uns ruhig zu verhalten. Ihre Namen hatten sie uns nicht verraten. Jorge sagte, dass Rumpelstilzchen das nie machten, weil sie glaubten, dass in Namen sehr viel Macht lag.

»Wir überleben das nicht«, sagte Jorge auf einmal.

»Wie bitte?«

»Das war es. Wir sind tot. Also gleich. Wenn sie uns ins Lager gebracht haben. Dann ist es vorbei. Es war schön, dich gekannt zu haben, Kris. Wirklich schön. Tut mir leid, dass du meinetwegen in der Klemme sitzt, du hättest dich von mir trennen sollen, als du die Gelegenheit hattest.«

»Ist das nicht ein wenig theatralisch?« Bei unserem gemeinsamen Frühstück vor Kurzem war er noch so gelassen gewesen.

»Thea… Das sagst du nur, weil du meine Familie nicht kennst. Ich mache es noch mal deutlich für dich.« Er drehte sich zu mir und formte die Worte extra breit. »Wir.Werden.Sterben!«

»Seid still da hinten«, rief eines der Rumpelstilzchen von vorne. Mich irritierte es nach wie vor, dass sie alle wie Jorge aussahen. Wobei ich kleine Unterschiede erkannte. Der, der mich an sein Pferd gebunden hatte, trug eine kleine Narbe über dem linken Auge, weshalb ich ihn Scar taufte; der auf dem anderen war fülliger, also nannte ich ihn Mac; der rechte hatte einen kürzeren Bart, ich nannte ihn Boy, weil er auch jünger wirkte.

»Da vorne wohnen wir«, flüsterte Jorge und deutete auf ein Tal, in dem unzählige Zelte aufgebaut waren.

»Sagtest du nicht, dass deine Familie mächtig ist?«

»Das ist sie.«

»Warum hausen sie dann nicht in einem Schloss?«

»Weil sie keine Lust darauf haben. Wir sind gerne unterwegs, schlagen das Lager mal hier auf und mal dort. Je nachdem, wo es die besten Chancen gibt, ein Baby zu klauen.«

»Bitte, fang nicht damit an.« Hoffentlich hatten sie keines da. Ich würde es nicht aushalten, wenn sie eins vor meinen Augen aufessen sollten.

Wir folgten einem ausgetretenen Sandpfad und liefen an den ersten Zelten vorbei. Andere Rumpelstilzchen streckten ihre Köpfe heraus. Es waren alles Männer und alle sahen aus wie Jorge.

»Mir wird gleich schwindelig«, sagte ich, »als hätte ich zu viel getrunken und sähe nun alles doppelt und dreifach.«

»Du gewöhnst dich dran.« Doch er wirkte ebenfalls alles andere als entspannt. Sein Blick huschte nervös zwischen den Zelten hin und her.

»Habt ihr keine Frauen?«

»Doch, natürlich haben wir die.«

»Und die sehen auch aus wie du?«

Er blickte mich irritiert an und schüttelte den Kopf. »Das wäre wirklich bizarr.«

Ach, und das hier war es nicht?! Ich biss mir auf die Lippen und beließ es dabei. Abgesehen davon hatten wir angehalten.

Wir standen auf einem kleinen Platz, der von Zelten umringt war. In der Mitte war eine Art Thron aus Holzstämmen aufgebaut, davor brannte ein Feuer. Viele Rumpelstilzchen saßen um die Stelle und wärmten sich die Hände an den Flammen. Sie blickten auf, als sie uns sahen, einige zogen sich sofort zurück, andere beäugten uns neugierig.

Umgeben von unzähligen Jorges … Ich schüttelte mich und sah in die Menge. Sie trugen alle ähnliche Kleidung, was es natürlich noch schwerer machte, sie zu unterscheiden. Manche hatten längere Haare, andere kurze. Sie trugen alle einen Bart, aber bei einem waren Perlen hineingeflochten, der andere hatte bunte Strähnen eingefärbt. Füllige, schlanke, gebeugte. Sie waren äußerlich zwar alle im gleichen Alter, doch an ihrer Körperhaltung erkannte ich, dass manche wohl jünger waren. Viele hielten kleine hölzerne Stöcke in der Hand, die irgendwie nach Kochlöffeln aussahen.

Ein Raunen ging durch die Menge, als jemand aus einem Zelt trat und auf uns zukam. Die Rumpelstilzchen machten ihm sofort Platz und neigten die Köpfe.

»Lass mich raten: Das ist der Pate?«, fragte ich.

Jorge hatte den Vergleich angebracht, als er mir von seiner Familie erzählt und gemeint hatte, sie wären wie die Mafia.

»Wir werden sterben«, wiederholte er mit zittriger Stimme.

Der Pate trat auf uns zu. Auch er sah natürlich aus wie Jorge, aber seine Züge waren viel härter, verlebter, autoritärer. Er trug mehrere Schichten aus Fellen übereinander, seine schweren Stiefel reichten ihm bis über die Waden. Er wirkte bullig und massiv. Ein Mann, mit dem definitiv nicht zu spaßen war. Ein Auge war getrübt, er hatte eine lange Narbe am Hals, die sich bis hoch zu seinem Ohr zog, wo auch keine Haare mehr wuchsen. Am Gürtel des Paten hing ein langes Horn.

»Einhorn«, sagte Jorge und deutete auf die alte Verletzung. »Das Biest hat ihn angegriffen und hätte ihn fast getötet, aber er hat es zuerst erledigt.«

Scar kam zu uns und nahm uns die Fesseln ab, ehe er sich zu den anderen gesellte. Ich rieb über meine Handgelenke, um die Taubheit loszuwerden.

Der Pate trat näher und blieb vor uns stehen. Er musterte uns intensiv und eindringlich. Sein Blick ging mir tatsächlich durch und durch. Die Macht, die dieser Mann ausstrahlte, war zu greifen.

»Sohn«, sagte er schließlich mit tiefer Stimme.

Sohn? Jorge hatte mir nur erzählt, dass seine Familie mächtig war, aber nicht, dass dieser Mann sein Vater war.

»Vater«, gab Jorge zurück und neigte den Kopf.

Der Pate brummte leise und lief um uns herum. »Wer ist das Weib?«

»Ich bin Kristin …«, weiter kam ich nicht, denn Scar schlug mir von hinten in die Knie, sodass ich nach vorne einknickte.

»Du redest nicht, Frau!«, sagte Scar und baute sich neben mir auf.

Im Ernst jetzt? Rumpelstilzchen waren sexistisch?

»Sie … Sie ist ein gewöhnlicher Mensch«, sagte Jorge schließlich. »Ohne Zauberkräfte.« Er warf mir einen kurzen Blick zu. Anscheinend wollte er nicht weiter darauf eingehen, wer ich war.

Der Pate reckte das Kinn und trat hinter mich. Seine Finger streiften über meine Haare. Er ließ ein paar Strähnen hindurchgleiten. Ich ballte die Hände zu Fäusten. Wenn der Kerl mich dumm anmachte, würde ich ihm den Arm brechen. Brayden mochte mir alles vorgelogen haben, aber ich konnte mich verteidigen und wehren. Ich würde mich nicht in Abalion von einem sexistischen Rumpelstilzchen vorführen lassen!

»Wie bist du Syrantina entkommen?«, fragte er schließlich und trat wieder nach vorne.

»Sie hat mich gehen lassen.«

»Warum?«

»Weil sie einen Auftrag für mich hatte.«

»Welchen?«

»Ich sollte ihr etwas beschaffen, aber ich habe es nicht getan.«

»Dann hättest du nicht zurückkommen sollen.«

»War so nicht geplant.«

»Du hast sehr viel Unruhe in unsere Familie gebracht«, sagte der Pate.

»Ich … weiß.«

Der Mann holte aus und knallte Jorge die Faust ins Gesicht. Der flog nach hinten, wurde aber von Mac festgehalten. Ich rutschte auf den Knien hin und her, unsicher, ob ich eingreifen sollte oder nicht, doch Jorge schüttelte leicht den Kopf, zog die Nase hoch und sah seinen Vater wieder an.

»Es ist falsch, Babys zu essen«, sagte Jorge nur.

Ein weiteres Raunen ging durch die Menge, gefolgt von wildem Klopfen mit den Kochlöffeln.

»Ruhe!«, brüllte der Pate und alle verstummten augenblicklich. Er trat näher vor Jorge und funkelte ihn aus seinem gesunden Auge an. »Du und deine Spinnereien haben uns entzweit! Wie eine Seuche hat deine These sich unter uns verbreitet.«

»Das heißt, es sind noch mehr abtrünnig geworden?«, fragte Jorge.

Der Pate zog nur die Oberlippe hoch. »Wegen dir haben wir unsere beste Familie für Babys verloren! Der König und die Königin haben sich nach Lysanta abgesetzt!«

»Da sieh mal einer an. Hat die Kleine denn überlebt, die wir gerettet haben? Haben die Feuerdrachen sie …«

Der Pate holte aus und donnerte Jorge die Hand ins Gesicht. »Abalion bricht! Alles verändert sich. Der Mond ist zerstört, eine neue Macht sammelt sich am Himmel.«

»Isabella«, sagte ich.

Der Pate fuhr herum und Scar verpasste mir eine Ohrfeige. Ich knirschte mit den Zähnen und wurde langsam wirklich wütend!

»Sie hat recht«, sagte Jorge. »Wir kennen die, die sich die Macht geholt hat. Sie stammt aus einer gefährlichen Welt und sie ist sehr mächtig.«

»Lass uns zusammenarbeiten«, sagte ich. »Wir können sie möglicherweise aufhalten.«

»Zusammenarbeiten?«

»Ja. Ihr. Wir. Sie … Sie ist gefährlich.«

»Das sind wir auch.«

»Ich fürchte, gegen sie werdet ihr nicht ankommen, doch wir haben viel Wissen sammeln können. Seid nicht stur und verbündet euch mit uns.«

»Mit dem Verräter verbünden«, sagte der Pate nur und zupfte an seinem Bart. »Ich denke eher nicht.« Der Pate kam näher an Jorge heran. Sie hatten die gleiche Größe und konnten sich genau in die Augen sehen. Ein merkwürdiges Grinsen erschien auf seinem Gesicht. Er hatte bereits davon gewusst. Von Moon und Isa und dem Grimm, ich sah es ihm an. Der Pate wägte lediglich seine besten Optionen ab. »Du musst wissen, wer deine Feinde sind und wer dir helfen kann.«

Jorge straffte die Schultern und sah seinem Vater offen ins Gesicht. Er bemühte sich um Selbstsicherheit, doch ich bemerkte, wie sehr er mit sich rang und kämpfte. Seine Hände zitterten leicht, sein Atem kam schneller. Wieder bei seiner Familie zu sein, irritierte ihn über alle Maßen.

Der Pate bemerkte es anscheinend auch. Sein Auge zuckte, dann trat er einen Schritt zurück. »Syrantina hatte nicht den Schneid, ihn zu töten, so wollen wir es gerne nachholen.«

Ich spannte die Muskeln und überdachte unsere Alternativen. Wir waren umzingelt. Ich konnte nicht abschätzen, wie viele Männer es waren. Selbst wenn ich ein paar niederringen konnte, kämen wir wohl nicht weit. Es sei denn, Jorge hatte noch einen grandiosen Einfall. Ich warf ihm rasch einen Blick zu, doch er erwiderte ihn nicht. Er wirkte wie gefangen von der Macht, die diese Wesen ausstrahlten.

»Wir zerreißen ihn nach alter Tradition!«, rief der Pate. Die anderen jubelten, klopften wieder mit ihren Stöcken. »Die Frau geht ans Spinnrad! Sie soll arbeiten, bis ihre Finger bluten.«

Mein Gott, jetzt begriff ich langsam, was Jorge meinte, als er sagte, dass ihn nichts mehr schocken konnte nach seinem Leben hier. Scar packte mich von hinten und wollte mich abführen. Ich atmete tief ein, sammelte mich kurz und schlug ihm mit der Faust in den Bauch. Er zuckte auch tatsächlich zusammen, aber mehr nicht. Der Mann war wie ein Felsen. Ich holte ein weiteres Mal aus, trat ihm mit dem Knie in die Weichteile, doch nicht einmal das beeindruckte ihn. Von hinten packte mich der nächste und schlang den Arm um meine Kehle. Scar kam von vorne, ich hob die Beine, trat ihm voll ins Gesicht, aber er verzog keine Miene.

»Lass es, Kris. Du kannst sie nicht schlagen«, rief Jorge, der nun ebenfalls abgeführt wurde. »Wir sind verloren!«

»Ich werde nicht einfach so aufgeben!« Ich ruckte, versuchte mich zu befreien, aber der Mann, der mich von hinten hielt, umschloss mich nur fester. Also biss ich ihm in den Muskel, was ihn völlig kaltließ.

Scar schüttelte den Kopf, packte mich am Handgelenk und zerrte mich mit sich. Es fühlte sich an, als wäre ich hinter einen LKW gebunden worden. Egal wie sehr ich mich gegen ihn wehrte: Ich hatte keine Chance und verschwendete nur meine Kräfte.

Wir wurden beide abgeführt. Zwischen den Zelten hindurch. Die gesamte Meute folgte uns, schlug mit ihren Kochlöffeln aufeinander und machte einen Heidenlärm. Ich dachte über das Märchen *Rumpelstilzchen* nach und wie die Magd schließlich aus dem Bann des Männchens gezogen worden war.

»Sie hat seinen Namen erraten.« Könnte das die Lösung sein? »Jorge?«

»Nein, das geht nicht.«

»Doch! Natürlich. Sie hat ihn Rump…« Mir blieb das Wort im Halse stecken. Ich öffnete den Mund, wollte ihn hinausschreien, aber er kam nicht aus mir. »Was ist das denn jetzt?«

»Du kannst den Namen nicht im Lager aussprechen, er wird durch einen Zauber unterdrückt..«

»Was? Warum das denn?«

»Weil er Unglück bringt.«

»Aber das ist …« Unfair! Verdammt noch mal. Ich probierte es noch ein paar Mal, das Wort Rumpelstilzchen laut zu sagen, aber da war nichts zu machen. Es kam nicht über meine Lippen.

Wir gelangten an eine Reihe von Spinnrädern, an denen bereits Frauen saßen. Die meisten waren in einem erbärmlichen Zustand, abgemagert und blass. Ihre Kleidung war zerlumpt, ihre Hände bluteten, es tropfte auf die Fäden, die sie spannen.

Ich wurde erneut gepackt und neben eine junge Frau gesetzt. Sie reagierte nicht einmal, sah stoisch geradeaus und arbeitete an ihren Fäden weiter.

»Es tut mir leid, Kris«, rief Jorge, der ebenfalls abgeführt wurde. »Ich … Ich … Es tut mir leid!«

»Nein!«, schrie ich. »Warte!«

Scar packte mich, umschloss meine Hände und legte sie an die Spindel. Ich rief und kickte um mich, doch als meine Finger das Stroh berührten, durchfuhr mich eine heftige Welle an Energie. Mir wurde schwindelig, mein Blickfeld schränkte sich ein und die Geräusche wurden ausgeblendet. Scar brachte mich in die richtige Position, setzte meinen Fuß auf das Pedal unten und trat die ersten Male für mich mit, bis ich selbst in den Rhythmus fand. Meine Zunge wurde pelzig, meine Finger kribbelten und wie von Geisterhand geführt fing ich an, das Stroh zu spinnen. Ich atmete ein, wollte mich gegen diesen Sog wehren, aber ich konnte es nicht mehr. Mein Fuß betätigte das Pedal, ich zupfte an dem Stroh, ließ es auf die Spule gleiten.

Alles fiel von mir ab, was mich eben noch beschäftigt hatte. Die Sache mit meinem Bruder, die Rettung Abalions, Jorge. Alle Gedanken an zu Hause, an das, was passiert war, was wir tun wollten. Es wich von mir und machte einer friedvollen Ruhe Platz.

Es fühlte sich an, als wäre ich angekommen.

26. Kapitel

Ash

Abalion, Zeit unbekannt

Ich trat zurück in den *Fährmann*. Werfans Gerede schwirrte mir durch den Kopf. Vor allen Dingen weil er meinte, ich könnte mich morgen nicht mehr daran erinnern. Was, wenn ich es aufschrieb? Mir das Gesagte die ganze Nacht lang wiederholte, bis die Sonne aufging?

Was, wenn ich das alles schon probiert hatte?

Ich sah auf die betrunkenen Gäste, die langsam ruhiger wurden. Einige Hartgesottene soffen noch und duellierten sich, wer am längsten durchhielt. Bald würde es stiller werden, die Leute würden ihren Rausch ausschlafen oder – wer es schaffte – sich mit den Ladys vergnügen.

Ich stoppte beim Tresen, schnappte mir einen Krug mit Wasser und klaute von einem der Gäste die Tasche, aus der ein Laib Brot herausschaute. Es war ein Kinderspiel, die Leute auszunehmen. Von einem anderen borgte ich mir eine goldende Kette, man konnte nie wissen, wann man sie brauchen konnte, und lief schließlich nach oben, um nach Destan zu sehen. Auf dem Weg kam ich an dem Bild des Fährmanns vorbei und musterte es kurz. Alles war unverändert. Der Fährmann stand auf seinem Floß und hielt das Ruder fest in seinen knochigen Händen. An seinem Gürtel hing besagte Münze, die Destan unbedingt haben wollte. Normalerweise schenkte ich dem Bild nicht viel Aufmerksamkeit, weil es recht unheimlich war. Wenn man lange genug vornedran stand, konnte man das Wasser riechen und hören. Als Kind hatte ich stets gefürchtet, er könnte mich zu sich auf das Floß zerren.

Ich wandte mich ab und lief weiter zu meinem Zimmer, wo Destan unruhig hin und her tigerte.

»Hier«, sagte ich und reichte ihm den Krug mit Wasser und die Hälfte des Brotes. Er nahm es dankend entgegen und gab mir den Krug zurück, als er getrunken hatte.

»Was hat Werfan von dir gewollt?«

»Nichts Wichtiges.«

»Hast du ihn wegen der Münze gefragt?«

Mist, nein, das hatte ich voll vergessen nach seiner Offenbarung. »Hab ich. Er gab mir aber noch keine Antwort. Das macht er manchmal. Ich hake später noch mal nach.«

Ich stellte mich ans Fenster und aß die andere Hälfte des Brotes. Es war hart und trocken und schmeckte nach nichts, aber wenigstens füllte es den Magen. Eine Mütze voll Schlaf wäre auch gut. Ich hatte zwar erst beim Prinzen vor der Nachtheide gelegen, aber ich fühlte mich, als würde mir gleich der Schädel platzen, wenn ich mich nicht ausruhte.

Ich blickte hinüber zum Wald, aus dem ein dunkles Grollen drang. Mir stellten sich die Nackenhaare auf. Keine Ahnung, ob der Grimm uns suchen würde, ob er sich aus den Märchenschichten befreien konnte und falls ja: was er dann als Nächstes angreifen würde.

Wohin trieb es das Tier? Was wollte es, außer so viel wie möglich zu zerstören?

Vielleicht nichts. Vielleicht nur Frieden. Moon war davon überzeugt gewesen, dass Liam noch zu retten war.

Ich sah auf meine Finger, aus denen die Energie geschossen war. Keine Ahnung, wie ich das steuern konnte, ob es doch eher an Kris lag. Ich musste einen Weg finden, zu ihr zu gelangen, aber wie? Die einzigen Schnittstellen zur realen Welt, die ich kannte, waren die Nachtheide und das Kloster, in das mich der Prinz geworfen hatte.

Oder die Rumpelstilzchen …

Ich zuckte zusammen, weil mir schon wieder dieser Gedanke durch den Kopf schoss. Was war das denn mit diesen Biestern? Ich hatte keinen Kontakt mehr zu ihnen gehabt seit der Sache mit dem Baby, das ich mit Jorge vor ihnen gerettet und an die Feuerdrachen verloren hatte. Und ich war auch nicht scharf darauf, den Clan zu treffen. Die waren unheimlich.

Ich drehte mich um, ließ mich auf mein hartes Bett sinken und schloss die Augen. Da wir sowieso noch warten mussten, konnte ich mir auch eine Mütze Schlaf gönnen.

Destan war an der Wand zusammengesunken und hatte die Augen geschlossen. Seit wir angekommen waren, wirkte er noch erschöpfter als vorher.

»Danke, dass du mir hilfst«, sagte er leise. »Ich weiß, dass du mich nicht leiden kannst.«

»Ich überlege es mir vielleicht anders, wenn du nicht die Klappe hältst. Ich will mich ausruhen.« Mein Körper fühlte sich bleiern und schwer an. Die Erlebnisse der letzten Stunden steckten mir ordentlich in den Knochen. Vermutlich bräuchte ich einige Nächte, ehe ich mich davon erholt hatte, aber ich musste nehmen, was ich bekommen konnte.

»Auf deiner Brust ist übrigens nichts«, fügte er an.

»Was?«

»Als du bei den Feen warst, habe ich darauf gedeutet und gelacht, aber da ist nichts. Ich wollte dich nur veralbern.«

Ich grummelte und richtete mich auf. An das Erlebnis hatte ich schon gar nicht mehr gedacht. Ich griff nach dem kleinen Spiegel, der auf einem Schemel neben meinem Bett lag, und sah hinein.

»Warum sagt mir niemand, wie müde ich aussehe?«

»War schon schlimmer.«

Ich drehte ihn ein Stück nach unten, um meine Brust anzuschauen, aber da war wirklich nichts mehr. Nur das Symbol, das sich weit über meine Haut ausgebreitet hatte. Zum ersten Mal konnte ich es selbst richtig sehen. Ich musste zugeben, dass es einem Kunstwerk glich. Ich schob das Hemd zur Seite und öffnete es an der Vorderseite, damit ich mehr erkennen konnte. Die Symbole zeichneten sich nun scharf ab. Vorher war es eher wie ein willkürlicher Tintenkleks gewesen, aber jetzt fügten sie sich perfekt an meine Muskeln und Gelenke an. Kreise, Striche, Bögen, Wellen … Ich war vollgeschrieben mit den Zeichen der Masali, die einzeln und für sich betrachtet schon außergewöhnlich waren, aber zusammen genommen eine ganz eigene Kunst ergaben. Ich fuhr einige der Linien nach und überlegte, ob ich irgendein Zeichen schon mal gesehen hatte. Bei den Geißlein im Wald waren die Wände voll davon gewesen, genau wie bei Moon an den Spiegeln und im

Kloster an diesem Becken. Überall, wo die Magie der Masali wirkte, tauchten diese Dinger auf. Sie verbanden irgendwas miteinander, wollten ein großes Bild kreieren, das sich mir noch nicht erschloss.

»Fummelst du eigentlich an dir rum?«, fragte Destan. »Ich geh solange raus, wenn du mit dir allein sein willst.«

Ich ließ den Spiegel sinken und mich zurück aufs Bett fallen. »Du kannst mich mal.«

»Ich dachte, das wäre nur Gerede gewesen, wegen Werfan vorhin. Ich mache es normalerweise nicht mit Männern, aber wenn du das als Gefälligkeit für deine Hilfe willst, können wir es tun.«

»Destan! Zum Henker. Halt einfach die Klappe und ruh dich aus.«

»Ich mein ja nur.«

Ich seufzte, streckte Arme und Beine von mir und schloss die Augen. Destan hustete ab und an und nestelte noch eine Weile herum, ehe auch er stiller wurde. Mein Atem kam gleichmäßiger, ich bemühte mich loszulassen, doch der Schlaf wollte nicht kommen, obwohl ich so müde war. Ich rollte von einer Seite auf die andere, probierte alle möglichen Stellungen, aber es gelang mir nicht, Ruhe zu finden. Also richtete ich mich wieder auf und sah zu Destan. Er hatte sich zusammengerollt und zuckte im Schlaf. Sah nicht aus, als würde er gut träumen.

»Hey«, sagte ich leise, doch er reagierte nicht. Also stand ich auf und lief zu ihm. Seine Augen flackerten, er wachte aber nicht auf. Er ballte die Hände zu Fäusten, ließ sie wieder los.

»Nein«, sagte er. »Ich muss sie finden.«

»Wen denn?«, fragte ich.

»Die Prinzessin. Sie braucht die Fantasie.«

»Welche Prinzessin?«

»Feuerdrachen.«

Ich stockte und blickte ihn an. Schon wieder diese Biester. »Destan?« Ich rüttelte ihn, aber er schlug nach mir, ohne wach zu werden. Sein Körper glühte, sein Atem kam schneller.

»Destan?« Er würde mir hier hoffentlich nicht wegsterben, oder? Was passierte, wenn er die Münze nicht bekam? Hatte dann sein Leben den Sinn verloren?

Ich wartete einen Moment, dann stand ich auf und verließ das Zimmer. Der Trubel schwelte nach wie vor. Ich ignorierte das Gerufe und lief weiter bis zu dem Bild des Fährmanns.

Ich untersuchte es rasch, fand aber nichts Außergewöhnliches daran, bis eben auf die Tatsache, dass das Ding lebendig wirkte und gruselig war. Es war weder von der Wand zu lösen noch konnte ich es zur Seite schieben. Destan schwor, dass diese Münze hier sei, aber dann müssten wir wohl den ganzen *Fährmann* absuchen, wovor mir leicht graute. Wusste der Geier, was in all den Löchern und Ritzen hier lebte.

»Guckst es dir jans schön of an«, lallte jemand hinter mir. Ich zuckte zusammen und sah erst jetzt den Kerl, der in der Ecke zusammengesunken war.

»Uzmaer.« Der Typ lebte praktisch im *Fährmann.* Niemand wusste, wie alt er war, er hatte schlohweiße Haare, einen Bart, der ihm bis zum Bauchnabel reichte, war abgemagert und runzelig und er trug nur eine beigefarbene Hose. »Weißt du was über das Bild?«

Er zuckte mit den Schultern. Ich ging vor ihm in die Hocke und stupste ihn vorsichtig an. Uzmaer brauchte eine Weile, bis er seinen Alkoholpegel erreicht hatte, dann erst wurde er gesprächig.

»Es ist wichtig. Kannst du mir etwas über die Münze verraten?«

»Die Münze des Teuvels. Das einzige Geldstück, mit dem man einen Fährmann b'zahlen kann.«

»Du weißt nicht zufällig, wo die da ist?« Ich zeigte auf das Bild. »Angeblich soll sie hier versteckt sein.«

Der Alte lachte schallend. »Is sie nich. Der da«, er zeigte auf das Bild, »hat dise Kneipe dagegen getauscht und alles versoffen. Was denks du, warum es *Trunkener Fährmann* heiß?«

»An wen gab er die Münze?«

»Der Teuvel hat sie wieder.«

»Na großartig.«

Uzmaer grinste und zeigte die drei Zähne, die ihm noch geblieben waren. »Hol dir doch auch eine.«

»Wie das?«

»Geh in die Unterwelt zum Teuvel un lass dich von ihm fressn.«

»Sehr witzig.«

»Oder sag die geheime Formel.«

»Welche Formel?«

Er winkte mich näher zu sich ran. Ich tat ihm den Gefallen, atmete flacher, denn er stank abartig nach Alkohol.

Uzmaer öffnete den Mund, was es nur noch schlimmer machte. »Weiß nich. Sie is ja geheim.«

»Du …«

Er blickte mich an, klopfte sich auf den Schenkel und lachte lauthals. Idiot. Aber ich war selbst schuld, wenn ich ihm solche Fragen stellte. Ich sah hoch zum Bild und folgte dem Wellengang im See.

»Gesetzt den Fall, ich würde so eine Münze bekommen, wie kann ich einen Fährmann rufen?«

»Über das Lied natürlich.«

»Und wie geht das – oder ist das auch geheim?«

Uzmaer schmatzte lautstark, ehe er mir antwortete. »Also, du stells dich an ein Ufer, ja?«

»Ja.«

»Du muss laut sprechen …«

»In Ordnung. «

»Und dann … « Er gähnte intensiv, schmatzte noch mal. Seine Augen klappten zu.

»Uzmaer!« Ich schüttelte ihn, er zuckte zusammen. »Wie geht das Lied des Fährmanns?«

Er sah mich an, blinzelte verwirrt, schien sich zu entsinnen. »Wenn ich das jetzt singe, kommt er.« Er deutete auf das Bild hinter sich.

»Was? Aber hier ist doch gar kein Wasser.«

»Doch!« Uzmaer gab mir einen Klaps gegen den Hinterkopf und zeigte auf das gemalte Wasser.

»Du willst mich verarschen.«

Er schürzte die Lippen, kniff die Augen zusammen und verschränkte die Arme vor der Brust. »Dann hilf dir doch selbst.«

»Nein, nein, ich habe es nicht so gemeint. Kannst du mir das Lied aufschreiben?« Verflucht, konnte der überhaupt schreiben?

Uzmaer schloss demonstrativ die Augen, atmete tief ein und ließ die Luft in einem Säuseln wieder aus.

»Nicht einschlafen!« Ich rüttelte ihn durch, erhielt aber außer einem Murren keine Antwort. Er schnarchte friedlich, sein Kopf war auf die Brust gesackt, ein Sabberfaden löste sich von seinen Lippen.

Mist! Ich brauchte jemanden, der mir dieses Lied verriet! Ich stand auf, wollte zurück in mein Zimmer, als auf einmal unten ein Streit vom Zaun brach. Ungewöhnlich war das nicht, doch der Tonfall der Männer klang aufgeregter als üblich. Ängstlicher. Ich erhob mich und ging zum Geländer.

Die Gäste scheuchten wild umher, Werfan eilte durch die Gaststätte nach draußen. Ich sah ihm nach und setzte mich ebenfalls in Bewegung. Auf dem Weg nach unten stieß ich mit Barb, dem Barbier, zusammen. »Was ist passiert?«

»Ach, die spinnen, seit Moon weg ist. Denken, Abalion ist dem Untergang geweiht.«

»Mh.«

»Außerdem speit Lou wieder Feuer.«

»Das hat er doch seit Ewigkeiten nicht mehr.«

»Genau, deshalb deuten sie es als schlechtes Omen.«

Ich bedankte mich bei ihm, rannte die restlichen Stufen hinunter und zur Tür hinaus. Eine Handvoll Feen flatterte aufgeregt um eine Traube von Männern herum und stachelte sie ordentlich auf. Sie waren in Panik verfallen, riefen ihnen zu, dass Abalion im Meer versinken würde und niemand mehr sicher wäre. Werfan hatte einen Besen in der Hand und wedelte mit dem Ding, um die Feen zu vertreiben, aber er war viel zu langsam.

Ich rannte zu ihm, er fluchte derbe, ließ endlich den Besen sinken und gab seine Bemühungen auf. »Dann schlagt euch halt die Köpfe ein.«

Die Männer stritten immer lauter, zwei von ihnen waren bereits in einen Faustkampf verwickelt.

»Und euch Mistviecher will ich hier nicht mehr sehen!«, rief er den Feen zu. Sie ignorierten ihn.

Werfan schüttelte den Kopf. »Kann ihnen zwar Hausarrest erteilen, aber der gilt hier draußen natürlich nicht. Die machen mir die ganzen Gäste verrückt.«

»Was ist denn mit Lou?«

»Was weiß ich. Abalion spinnt ab und zu. So wie beim großen Beben. Der alte Lonet sagte, dass er am Himmel ein grelles grünes Leuchten gesehen hat und dass zwei Menschen heruntergefallen seien.«

Ich stockte, mir wurde urplötzlich siedend heiß. »Haben sie überlebt?«

»Ja, aber die Rumpelstilzchen haben sie einkassiert. Einen Mann und eine Frau. Was weiß ich. Dummes Gerede.«

»Warte, warte …« Da waren sie wieder. Dieser elende Clan. Und was sollte das mit den zwei Menschen? Die Frau war doch nicht etwa Kris, oder? »Wo sind die Rumpelstilzchen?«

Werfan kniff die Augen zusammen und schüttelte den Kopf. »Da willst du nicht hin, Junge. Gehe nie zum Fürst, wenn du nicht …«

»Ich weiß, aber ich … Ich fürchte, ich muss.«

Er runzelte die Stirn.

»Lass es einfach meine Sorge sein, ja?«

»Das sind alles schlechte Omen!«, rief einer aus der Menge. »Ich gehe nach Hause zu meiner Frau.«

»Du hast keine Frau!«, erwiderte ein anderer.

»Dann such ich mir eine.«

»Die drehen total durch«, sagte Werfan. »Sie sind nicht geschaffen für derlei Probleme.«

»Wie meinst du das?«

»Ich habe die Bewohner Abalions beobachtet über all die Jahre. Sie leben ihr Leben in einem gewissen Rahmen. Sie bewältigen kleinere Krisen des Alltags, aber mit solchen Dingen kommen sie nicht klar. Ich sprach mit ein paar Gästen über das große Beben in Abalion. Das, als wir in diese Welt kamen. Ich wollte verstehen, was passiert war. Syrantina konnte ich nicht erreichen, du warst zu jung. Niemand konnte mir weiterhelfen. Die Menschen hier haben das Beben zwar registriert, aber sie konnten nicht darüber sprechen. Es lag außerhalb ihres Geistes.«

»Weil sie das nicht kennen.« Ich selbst hatte mir auch nie Gedanken darüber gemacht oder jemanden gehört, der je darüber gesprochen hatte. Es war einfach passiert, fertig.

»Jetzt kommt die nächste Krise und sie wissen nicht, was sie tun sollen.«

Werfan hatte recht. Die Männer wuselten umher, beschimpften sich gegenseitig.

»Wie kopflose Hühner.«

»Ich muss zu den Rumpelstilzchen.«

»Du bist ein sturer Bock.«

»Ich weiß.«

Werfan stemmte die Hände in die Hüften und seufzte resigniert. »Na gut, aber sag nicht, ich hätte dich nicht gewarnt. Lonet hat sie im hinteren Bruchwald gesehen, ab da musst du ihre Spur selbst verfolgen.«

»Mach ich. Danke.« Ich wollte schon los, doch da fiel mir noch was ein. »Könnte ich wohl Leni haben?«

»Nein.«

»Ausnahmsweise? Es ist wirklich wichtig.«

»Es ist immer wichtig, oder? Meine Antwort bleibt dieselbe.«

Dann musste ich sie mir eben ausleihen. »Eins noch: Destan ist auf der Suche nach einer Münze. Der alte Uzmaer hat mir gesagt, dass es einen Spruch gibt, mit dem man dem Teufel eine abnehmen könnte, weißt du was davon?«

»Fängst du jetzt auch mit diesem Mist an? Der alte Uzmaer hat sich den Verstand weggesoffen. Hier gibt es keine Münze. Ich kenne den *Fährmann* in- und auswendig.«

»Und was ist mit dem Lied, mit dem man einen Fährmann rufen kann?«

Werfan starrte mich an und schüttelte den Kopf. »Versprich mir, dass du das niemals tun wirst! Es ist gefährlich. Wenn du einen Fährmann rufst, musst du ihn bezahlen, sonst bist du dem Tode geweiht. Du wirst in die ewige Dunkelheit des Wassers gezogen, dort wirst du wieder und wieder qualvoll ertrinken, bis ans Ende deiner Tage.«

Ich stieß ein heiseres Lachen aus. »Also genau das Richtige für mich.« Ich konnte nicht mal schwimmen. »Ich nehme an, die Bezahlung geht nur über diese spezielle Münze.«

»Vermutlich, ich war noch nie so leichtfertig, einen zu rufen.«

Ich atmete durch und überlegte, was ich als Erstes tun sollte. Die Spur der Rumpelstilzchen würde nicht ewig frisch bleiben, der *Fährmann* stünde aber sicherlich morgen noch da.

»Ich sollte los. Könntest du ein Auge auf Destan werfen?«

»Nein.«

»Er ist oben in meinem Zimmer, ich habe ihn eben nicht wach bekommen.«

Werfan runzelte die Stirn. »Ich sagte dir, ich will keine Scherereien, wenn du deine Gäste fertig machst, kümmere dich selbst um sie.«

»Ich habe ihn nicht … Zum Henker, wir haben nur geredet.«

»Das sagen alle.«

»Komm schon! Du warst all die Jahre kein wirklicher Vater, sei es jetzt!«

»Wir sind nicht mal verwandt.«

»Du weißt genau, was ich meine.«

»Hätte ich dir nur nichts gesagt, war ja klar, dass du das ausnutzt.«

»Ich …« Warum machten es mir eigentlich alle immer so schwer? »Ich nutze dich nicht aus, ich bitte dich höflich darum.«

Er schüttelte den Kopf und winkte ab. »Na gut. Dieses eine Mal. Die Sonne geht bald auf, dann wirst du das Gespräch von vorhin sowieso vergessen haben.«

»Vielleicht dieses Mal nicht.«

Er schnaubte nur, wandte sich ab und wollte zurück ins Innere, als ihm noch etwas einfiel und er sich abermals umdrehte. »Ach, Ash.«

»Ja?«

»Hab gehört, dass dir Eisjäger auf den Fersen sind. Du solltest vorsichtig da draußen sein.«

»Klar, warum auch nicht mal zur Abwechslung ein wenig Gefahr in meinem Leben.« Der elende Prinz musste sie geschickt haben.

Werfan zuckte mit den Schultern, drehte herum und lief zurück zum *Fährmann*. Ich blickte ihm einen Moment nach, ehe ich mich ebenfalls auf den Weg machte.

27. Kapitel

Kristin

Abalion, Zeit unbekannt

Drehen. Drehen. Ziehen. Drehen. Drehen. Ziehen.

Meine Finger glitten über den Faden, während mein Fuß in einem Rhythmus stoisch das Pedal betätigte. Mein Sichtfeld hatte sich auf das Spinnrad eingeschränkt, es gab nichts um mich herum. Meinen Körper nahm ich kaum noch wahr, genauso wenig wie Geräusche oder Gerüche oder sonst was.

Drehen. Drehen. Ziehen. Drehen. Drehen. Ziehen.

Ein angenehmer Gleichklang. Eine angenehme Stille. Ich könnte mich in sie fallen lassen. Ich könnte hierbleiben für die nächsten tausend Jahre. Oder zehntausend. Oder eine Million. Nur der Faden und ich und mein Blut, das Tropfen für Tropfen auf die Erde fiel und von ihr aufgesaugt wurde.

Drehen. Drehen. Ziehen. Drehen. Drehen. Ziehen.

So schön.

So einfach.

28. Kapitel

Abalion, Zeit unbekannt

Isa trat durch ihren Spiegel und setzte den ersten Fuß auf die Erde Abalions. Ihr neues Reich. Schon bald würde es ihr in Gänze gehören, sie wäre die wahre Herrscherin über all das und noch viel mehr. Sie breitete die Arme aus, sog die Luft tief in ihre Lunge. Sie fühlte sich reiner und klarer an als alles, was sie bisher geatmet hatte. Als würde ihr Körper das erste Mal richtigen Sauerstoff aufnehmen, richtig am Leben sein. Nicht mal in ihren besten Zeiten im Nubra Tal hatte sie eine derartige Stille und einen solchen Frieden empfunden.

Das ist es also.

Das hieß es, wenn man sich seinem Ziel näherte. Wenn alle Fäden zusammenliefen, die Dinge an die richtige Stelle fielen, für die sie so lange gearbeitet hatte. Dies war ihre neue Heimat. Die Welt neigte sich ihr zu. Isa spürte die volle Wucht Abalions. Alle Tiere, alle Wesen, alle Bäume, Seen, Flüsse. Sie blickten zur neuen Herrscherin. Was für ein Gefühl es sein musste, wenn Isa erst die gesamte Fantasie unter ihrer Kontrolle hatte. Die Welt der Menschen. Der ganze Globus, das ganze Universum, nur für sie. Der Fantasie waren schließlich keine Grenzen gesetzt. Wer sollte Isa davon abhalten, andere Welten zu bereisen, mehr zu erobern, sich als Herrscherin der Galaxis zu etablieren.

Niemand kann mich aufhalten, wenn ich den Kristall erst habe.

Es gab nur vorher eine Kleinigkeit zu erledigen. Sie ließ die Arme sinken und blickte sich um. Isa war zwischen wunderschönen Hügeln und Feldern gelandet. Das Gras leuchtete sattgrün, die Sonne hatte sich über den ersten Berg erhoben und ließ die Welt in sanfter Wärme erstrahlen. Isa wusste, dass sie das Wetter, die Gezeiten, die Tage und die Nächte ebenfalls kontrollieren konnte. Sie könnte die Sonne vom Himmel holen und den Mond … Ach nein. Den Mond gab es ja nicht mehr. Sie lächelte überlegen. Vermutlich würde sie einen neuen formen, am besten aus den Überresten von Moons Palast. Es wäre Isas persönliche Trophäe, die sie an den Nachthimmel heftete. Menschen hängten sich Hirschgeweihe an die Wand, sie die Überreste des Mondes.

»Wie passend.«

Sie schnippte mit den Fingern, veränderte ihre grüne Robe in ein enger anliegendes Kleid, mit dem sie besser laufen konnte. Die Absätze ihrer Stiefel machte sie flacher, die Ärmel kürzer, sodass sie die warme Luft besser spüren konnte. Außerdem kreierte sie einen Gürtel mit zwei kleinen Messern und einer Tasche für ihr Lederbuch.

Isa passierte den ersten Hügel und sah von Weitem schon die Ansammlung der Zelte. Die Rumpelstilzchen. Es war ein Kinderspiel gewesen, sie zu finden.

Mit erhobenem Haupt schritt sie den Weg hinunter und zwischen den Zelten hindurch. Köpfe spähten hinaus, die Männer tuschelten miteinander, verschwanden wieder im Inneren. Isa blickte einigen von ihnen nach und kam kurz ins Stocken.

Sahen die alle aus wie Jorge?

Sie blieb stehen und dachte darüber nach. Isa war die Schöpferin der Rumpelstilzchen. Sie hatte die Geschichte damals im Kloster geschrieben, eine ihrer ersten großen Erzählungen, die sie in die Welt entlassen hatte. Es hatte eine Weile gedauert, bis sie den Dreh herausgehabt hatte, etliche Entwürfe waren dabei entstanden. Die Rumpelstilzchen waren erst grausam und roh gewesen, sie lebten in einem Zeltlager, ähnlich dem, das sie nun betreten hatte.

Es war ein interessantes Gefühl, in ihre eigene Schöpfung zu gelangen. Obwohl das aus ihrem Kopf entstanden war, war dieser Ort anders. Die Rumpelstilzchen hatten sich eigenständig weiterentwickelt, folgten ihren Regeln. Im Grunde war es so, als setzte man Tiere auf einer Insel aus, überließ sie sich selbst und kehrte nach tausend Jahren zurück. Die Evolution nahm ihren Lauf.

Sie blickte nach rechts und links und wartete, dass sie weiteren Rumpelstilzchen begegnete, aber es zeigte sich niemand mehr, bis sie in der Mitte der Zeltstadt angekommen war.

»Kommt her!«, rief sie und drehte sich im Kreis. »Ich bin die neue Herrscherin über Abalion. Ich bin ab heute eure Meisterin.«

Erst hörte sie nichts, dann auf einmal flog etwas zischend auf sie zu. Isa fuhr herum, riss die Hand hoch und ließ den Pfeil noch im Flug zersplittern. Sie blickte sich nach dem Schützen um, fand ihn erst nicht. Aber sie spürte ihn. Und die anderen. Sie warteten im Schutz ihrer Zelte, machten sich einen Spaß daraus, Isa hinzuhalten.

»Das könnt ihr haben.« Sie richtete ihr Kleid, trat nach vorne und richtete ihre Hand auf das erste Zelt in ihrer Nähe. Mit einem weiteren Schnippen ihrer Finger ging es in Flammen auf. Das nächste zerfetzte sie in seine Einzelteile, bis nur noch kleine Schnipsel übrig blieben. Das übernächste ließ sie in Rauch verschwinden, aus dem vierten rannten zwei Rumpelstilzchen. Isa schloss die Hand, hielt die beiden so in der Bewegung fest und zog sie zu sich heran. Sie strampelten in der Luft mit den Beinen, ruderten mit den Armen, aber sie kamen nicht frei. Isa holte sie zu sich wie der Angler seine Fische. Sie waren ihr ausgeliefert. Unwürdiges Getier, das sie mit Leichtigkeit zerquetschen könnte.

Sie drehte die beiden Männer zu sich, um ihnen besser in die Augen blicken zu können. Die zwei sahen wirklich aus wie Jorge.

Wie irritierend.

»Wer ist euer Anführer?«, fragte sie.

Der erste verzog das Gesicht, der zweite wagte es, Isa anzuspucken.

»Einem Weib antworte ich nicht!«, donnerte er.

»Ach ja?« Sie trat näher vor ihn und lächelte. Sie hatte sogar gehofft, dass sich einer widersetzen würde, so konnte sie weiter ihre Macht austesten und sehen, wie weit sie gehen konnte. Isa setzte einen Finger an seiner Wange an. Er wollte den Kopf drehen, schaffte es aber nicht. Sie ließ den Finger langsam nach unten gleiten und wie ihr Nagel seine Haut streifte, löste sich diese langsam von seinem Gesicht ab. Der Mann schrie und zappelte, aber sie machte weiter.

»Ein gefangenes Tier muss man häuten, ehe man es verspeist. Oder macht ihr das nicht mit den Kindern, die ihr fangt?«

Das Rumpelstilzchen schrie intensiver, je tiefer sie kam. Sie presste auch die anderen Finger auf, damit sie mehr Fläche abziehen konnte. Blut rann über ihre Hand, doch das störte sie nicht. Sie blickte dem Mann fest in die Augen. Obwohl er wie Jorge aussah, fand sie nichts von ihm dort. Sie waren sich äußerlich ähnlich, aber nicht im Inneren.

»Ich frage gerne noch mal: Wo ist euer Anführer?«

Der andere presste die Lippen aufeinander, sah seinem Kumpel zu, wie er sich wand und unter Schmerzen fast ohnmächtig wurde. Isa ballte die Hand zur Faust, wollte sie dem Mann in die Brust bohren, als zwei weitere Pfeile durch die Luft surrten. Dieses Mal waren sie nicht auf Isa gerichtet, sondern auf die beiden Männer. Sie trafen ihr Ziel mitten ins Herz und töteten so beide.

Isa ließ augenblicklich von ihnen ab, die leblosen Körper plumpsten auf die Erde. Sie drehte sich herum. Ein weiterer Jorge stand vor ihr. Ein Hüne im Vergleich zu den anderen. Erhaben und majestätisch.

»Du hast also das Sagen hier.«

»So ist es. Was willst du, Weib?«

»Du wirst mich mit Eure Hoheit, Meisterin oder Herrin ansprechen. Tust du das nicht, dann …« Sie blickte zu dem Rumpelstilzchen, das neben dem Anführer stand, und wedelte mit der Hand durch die Luft. Der Mann griff sich an die Kehle, röchelte. Er öffnete den Mund, zeigte auf seine Zunge, die auf die doppelte Größe angeschwollen war und tiefer in seinen Hals rutschte. Der Anführer zischte, konnte nichts weiter tun, als zuzusehen, wie ein weiterer seiner Männer sich quälte und schließlich an seiner Zunge erstickte.

»Also?«, fragte Isa und rieb die Hände aneinander. Sie würde eben erst warm, sie könnte das den ganzen Tag machen.

Der Anführer kam näher, stapfte mit gewaltigen Schritten auf sie zu und baute sich vor ihr auf. Erstaunlicherweise war er größer als Jorge, sie musste ihren Kopf in den Nacken legen, um ihn anzusehen. Sie blickte ihm starr in die Augen. Sie hatte keine Angst, sie könnte diesen und alle anderen im Dorf mit einem Fingerschnippen zerquetschen. Dazu brauchte sie sich nicht einmal anzustrengen.

Es war schon fast langweilig.

»Was willst du, Isabella aus der anderen Welt?«, fragte er und knirschte mit den Zähnen.

»Oh, du weißt, wer ich bin?«

»So ist es.«

»Und dennoch.« Isa hob tadelnd einen Finger und schnalzte mit der Zunge.

»Herrin«, fügte er nicht minder knirschend an.

»Es ist eine Frau bei euch. Eine Fremde. Sie muss erst gekommen sein.«

»Ja«

»Wo ist sie?«

»Sie gehört uns.«

»Nein, sie gehört mir, so wie alles in Abalion.«

Der Anführer verschränkte die Arme vor der Brust und funkelte Isa an.

»Moon ist ausgelöscht«, sagte sie.

»Ich weiß.«

»Die Machtverhältnisse werden sich verschieben, es liegt ganz an dir, auf wessen Seite du am Ende stehen willst.«

Er zuckte mit der Lippe, etwas funkelte in seinem Auge.

»Ich kann dich zerquetschen oder du kämpfst an meiner Seite.«

Er reckte das Kinn, mahlte so heftig mit den Zähnen, dass es knirschte. Dieser Mann erinnerte Isa sehr an ihren ersten Entwurf des Rumpelstilzchens. Feindlich, arrogant, Frauen hassend, übermächtig. Im eigentlichen Märchen hatte sie ihn kleiner gemacht, wie einen Gnom. Ein Männchen, das voller Zorn war und sich am Ende selbst zerriss, als die Königin seinen Namen erriet.

»Und?«, fragte sie. Er atmete ein und aus, blickte sich im Lager um.

»Die Frau sitzt an der Spindel.« Er holte Luft, presste die Lippen aufeinander.

»Wie schön, dann bring mich zu ihr.«

Der Anführer drehte herum, schob einen Mann neben sich zur Seite und stapfte schnurstracks weiter. Isa folgte ihm, die anderen Rumpelstilzchen wichen ehrerbietig sofort zur Seite.

Isa wurde quer durchs Lager geführt, bis sie an einem weiteren Platz vorbeikam. Ein Rumpelstilzchen war auf eine Streckbank gespannt und keuchte leise. Isa wollte schon an ihm vorbei, als sie etwas Vertrautes an ihm ausmachte. »Jorge?«

Er schreckte hoch, blickte zu ihr, seine Augen weiteten sich. »Isa!«

Er fing an zu zappeln, hatte aber nicht viel Spielraum. Isa trat näher zu ihm. Jorges Arme und Beine waren fest eingespannt, ein Rad drehte sich stückchenweise voran und zog ihn langsam in die Länge.

»Bald ist er tot«, sagte der Anführer und blickte zu Isa. »Scher dich nicht um ihn.«

Sie betrachtete Jorge lange und intensiv.

»Bitte, hilf mir«, sagte er. »Lass mich nicht sterben.«

»Mh«, machte sie. »Ich habe dich stets sehr gemocht.«

Er wimmerte, seine Augen wurden glasig. Jorge war nichts als gütig zu ihr gewesen, hatte alles ertragen, was er musste, hatte den Befragungen standgehalten und dennoch mit ihr zusammengearbeitet. Ohne ihn wäre sie nie so weit gekommen, wie sie es nun war. Sie hätte nie die Wohnung im Grand Tower gefunden, nie das Portal gebaut, nie die Gelegenheit gehabt, den Neumondspiegel von Moon in der Wand zu entdecken.

Sie nickte, beugte sich zu ihm und setzte einen Kuss auf seine Stirn. »Ich danke dir. Für alles.«

Ohne ein weiteres Wort wandte sie sich ab und überließ ihm seinem Schicksal. Er rief nach ihr, flehte sie an, ihn nicht zurückzulassen und ihn wenigstens zu erlösen, wenn sie ihm schon nicht helfen wollte, aber Isa blendete sein Rufen aus. Sie hatte andere Dinge, um die sie sich kümmern musste.

Sie kamen an den Platz mit den Spindeln. Acht Frauen saßen da und spannen stumm ihre Fäden. Manche von ihnen waren vornüber gesunken, andere saßen noch aufrecht. So wie Kris. Ihr Blick war abwesend, ihre Finger glitten über das Stroh.

»Wozu macht ihr das?«, fragte sie.

»Ihr Blut tränkt unsere Erde, das gibt uns Kraft und wir behalten unsere Magie, aus Stroh Gold zu machen.« Der Anführer deutete auf ein Zelt in der Nähe, in dem Stroh gesammelt wurde. Ein Rumpelstilzchen kam mit einem großen Goldklumpen heraus, den er auf einen Karren lud.

»Gutes Geld für gute Geschäfte«, sagte der Anführer.

Dass es gute Geschäfte waren, bezweifelte Isa, aber nun wunderte es sie nicht, wie diese Wesen ihre Macht in Abalion hatten etablieren können. Sie stellten ihre eigenen Reichtümer her, indem sie Frauen ausnutzten.

Schlau.

Isa lief weiter zu Kris und betrachtete sie von allen Seiten. Sie reagierte nicht auf Isa, spann weiter ihren Faden und tränkte die Erde mit ihrem Blut. »Sieht sie mich?«

»Nein. Sie bekommen nichts mit. Irgendwann kippen sie tot um. Dann ersetzen wir sie.«

Isa nickte und ging vor Kris in die Hocke, sie legte eine Hand auf ihr Knie und sah zu ihr auf. Das war sie. Der Anteil von Moon, der Isa noch fehlte. Wenn sie Kris aus dem Weg geräumt hatte, wäre sie unaufhaltsam.

»Ich will nur sie. Der Rest ist mir egal.«

Der Anführer wies einen der Männer an, Kris loszumachen, doch Isa winkte ab. Auf einmal wurde sie unsicher, ob sie Kris bei Bewusstsein haben wollte, wenn sie sie tötete. Was, wenn sie in Abalion mehr Macht als draußen hatte? Sich gegen Isa wehren konnte? Sie durfte kein Risiko eingehen.

»Das wird so gehen«, sagte Isa und zückte ihr kleines Lederbuch. Es war in einem desolaten Zustand. Viele Seiten waren zerfleddert. Sie blätterte eine leere Stelle auf und konzentrierte sich. Der Anführer der Rumpelstilzchen betrachtete sie interessiert. Sie funkelte ihn an und er trat einen Schritt zurück.

»Los«, sagte Isa zu dem Buch. »Nehmt euch den Rest von Kristins Macht. Löscht alles von Moon aus.«

Es dauerte länger als üblich, bis die Magie reagierte, doch dann erschienen die Zeichen und stiegen langsam aus dem Papier auf. Sie umschlossen Isas Hand, wanderten auf die Erde und zu Kristin hinüber. Sie reagierte noch immer nicht, webte weiter ihr Stroh und starrte blind geradeaus.

Ein Kinderspiel. Wie so vieles hier.

Isa lächelte und sah zu, wie die Schatten Kristins Körper umschlangen.

29. Kapitel

Kristin

Abalion, Zeit unbekannt

Drehen. Drehen. Ziehen. Drehen. Drehen. Ziehen.

Immer weiter.

Immer mehr.

Es hörte nie auf.

Meine Finger glitten über das Stroh. Mein Blut rann auf den Boden. Meine Seele driftete in unbekannte Sphären.

Drehen. Drehen. Ziehen. Drehen. Drehen. Ziehen.

Weiter. Weiter. Weiter. Bis …

… etwas Kaltes mich am Bein streifte.

Ich zuckte zusammen, es störte meinen Rhythmus aus Schmerz und Trägheit. Die Kälte wanderte an meinen Waden nach oben, zu meinen Knien, meinen Oberschenkeln. Sie zog an mir, wollte mich zu sich holen und noch mehr vergessen lassen.

Ich zuckte. Blinzelte. Stoppte kurz.

»Schätze, sie wird wach«, sagte ein Mann. Ich hatte seine Stimme schon mal gehört. Er hatte mich hergebracht, Jorge und mich. Oder?

Wo war ich?

Die Kälte hatte meine Hüften erreicht, glitt nun über meinen Bauch.

»Überlass das mir«, sagte eine Frau.

Isa.

Sie war hier. Bei mir. Ganz in der Nähe. Die Härchen an meinen Armen stellten sich auf. Mein Körper reagierte auf die Bedrohung, die von ihr ausging und die sie die ganze Zeit so gut vor mir versteckt hatte.

Eindrücke prasselten auf mich nieder. Ich sah all die Bilder der Vergangenheit. Mich. Meinen Bruder, der nicht mein Bruder war. Jorge. Unsere Reise in diese Welt. Die Gefangennahme. Die Spinnräder.

Ich war meiner Freiheit beraubt.

Jorge verurteilt.

Wir steckten fest. In dieser Welt. An diesem Ort, den ich nicht benennen konnte.

Ich zuckte erneut, als die Kälte meinen Bauch streifte und sich nach oben arbeitete.

»Nein«, keuchte ich.

»Komm zu mir«, sagte Isa und klang nun näher als eben noch. »Du wirst genauso sterben wie Moon.«

Die Kälte umschloss meinen Oberkörper, presste die Luft aus meinem Brustkorb.

Isa wollte mich töten. So wie sie Moon getötet hatte. Sie wollte das beenden, was Brayden nicht hatte tun können.

Ich hatte überlebt.

Bis hierher.

Weil ich eine Kämpferin war.

Weil ich mich nie unterkriegen ließ.

Ich hatte durchgehalten. Ich würde jetzt nicht aufgeben.

Ich schwankte, schüttelte mich. Die Kälte kam ins Stocken.

»Was soll das, macht weiter«, sagte Isa.

»Wir töten sie gerne für dich«, sagte der Anführer.

»Sei still!«, blaffte sie zurück.

Ich blinzelte. Sah meine Hände, das Spinnrad. Langsam wurde auch der Rest der Umgebung klarer und ich erkannte den Platz, auf den ich gebracht worden war. Der Pate stand hinter Isa, er hatte die Arme vor der Brust verschränkt und sah abfällig zu ihr, wie sie sich bemühte, mich mit den Schatten des Buches zu vernichten.

»*Lass es nicht zu*«, hörte ich eine leise Stimme in meinem Kopf. »*Du hast die Kraft, dich zu wehren. Tu es!*«

Moon? Nein, die Stimme gehörte jemand anderem. Ich hatte sie schon mal gehört. In meiner ersten Vision durch Black Wolf.

Die Frau mit dem Samenkorn!

Ich blinzelte erneut, wurde klarer im Kopf.

»Nein«, sagte ich erneut. Entschlossener. Fester.

Isa fluchte, hielt das Buch höher und presste eine Hand flach auf. Ihre Finger glühten, als sie mehr Magie in die Seiten speiste, aber die Zeichen waren nicht mehr stark genug.

Ich sah zum Paten. Andere Männer kamen dazu und bauten sich hinter ihm auf. Sie bildeten eine eiserne Wand aus Muskelmasse, gegen die ich nach wie vor nichts ausrichten konnte. Es sei denn, ich könnte endlich ihren Namen aussprechen, der mir nicht über die Lippen kommen wollte.

Ich blickte zu Isa, die mich wütend anfunkelte, das Buch zuklappte und nun ein Messer zückte.

»Dann eben so!«, brüllte sie und zielte auf meine Kehle.

Ich reagierte instinktiv, riss ein Knie hoch und erwischte Isa mit einem Seitwärtskick am Bauch. Sie flog nach hinten weg. Ich fegte das Spinnrad von mir. Die Rumpelstilzchen sahen erst zu Isa, dann zu mir.

»Ihr mischt euch nicht ein, verstanden?« Isa kam auf die Beine und strich ihre Kleidung glatt. Sie funkelte mich wütend an, hob eine Hand und formte darin eine dunkle Energie, die sie auf mich entließ. Ich duckte mich weg, die Energie traf einen Mann hinter mir. Er verdrehte sofort die Augen und kippte um.

Der Pate knurrte, seine Finger zuckten, aber er tat nichts, um Isa aufzuhalten. Ich trat gegen das Spinnrad, brach einen Teil vom Holz ab und krallte es mir. Einen offenen Kampf gegen die Rumpelstilzchen würde ich nicht schaffen, sie waren zu stark und viel zu viele.

Isa hob erneut die Hände, ließ sie nach unten schnalzen und die Erde gab ein lautes Brodeln von sich. Eine Druckwelle raste auf mich zu. Sie fegte einen Teil der Frauen mitsamt den Spinnrädern um.

Der Pate zischte. »Was tust du! Wir brauchen sie!«

»Ich ersetze euch jeden Schaden. Sei still!«

Ich sprang nach links weg, doch der Druck war gewaltiger, als ich gedacht hatte. Ich kam ins Straucheln, verlor das Gleichgewicht. Isa riss noch mal die Hände hoch und runter. Die Welle wechselte die Richtung, einige Zelte stürzten ein, die Rumpelstilzchen eilten heraus und brachten sich in Sicherheit.

»Es ist nur ein Weib!«, rief der Pate. »Bring es hinter dich.«

Isa brüllte zornig. Sie presste ihre Hände zusammen und formte lange Eisspeere darin.

Nicht ihr Ernst.

Mit einem diabolischen Grinsen entließ sie die Dinger nach mir. Ich machte mich kleiner, war aber zu langsam. Einer der Speere traf mich im Oberschenkel. Ich schrie vor Schmerz. Gleichzeitig rauschte eine merkwürdige Energie durch meinen Körper. Es fühlte sich an, als würde Isa mich eher stärken als schwächen, als würde meine Seele an ihrer andocken und sich etwas von ihr nehmen.

Ihre Magie ist von Moon! Sie ist noch ein Teil von mir.

Womöglich konnte ich mir das zunutze machen.

Der Speer in meinem Bein schmolz, hatte eine klaffende Wunde hinterlassen. Ich presste die Hand auf, versuchte, den Schmerz auszublenden. Isa feuerte erneut, doch die Eisstäbe erreichten mich dieses Mal nicht. Es war, als würde eine Wand zwischen ihr und mir aufgebaut werden.

»Was ist das?«, fragte Isa wütend.

Ich nahm meinen abgebrochenen Holzstock und rannte zu einer der Frauen am Spinnrad. Rasch durchtrennte ich den Faden, an dem sie saß, und rüttelte sie heftig. »Wach auf!«

»Nein!«, brüllte der Pate. Zwei Rumpelstilzchen eilten auf mich zu und wollten mich aufhalten, doch ehe sie mich erreichten, entließ Isa zwei weitere Energieblitze und traf dieses Mal die Männer.

»Ich sagte: Halt dich raus!«

Ich rannte zur zweiten Frau, durchtrennte auch bei ihr den Faden, dann zur dritten, zur vierten.

»Steht auf«, brüllte ich. »Haut ab.« Ich rannte ebenfalls weiter, fand einen kleinen Weg, der zwischen den Zelten hindurchführte. Isa verfolgte mich, ich hörte ihre Schritte, sie jagte ein Zelt nach dem anderen hoch, hinterließ tiefe Krater an den Stellen.

»Das sind meine Märchen!«, brüllte sie. »Ich habe sie erfunden.«

Ich wollte um die nächste Ecke biegen, als mich wieder etwas traf. Dieses Mal an der Schulter. Kälte streifte mich und mit dem einsetzenden Schmerz kam auch mehr Energie in mich. Der Name der Rumpelstilzchen formte sich stumm auf meinen Lippen. Plötzlich hatte ich das Gefühl, dass ich ihn aussprechen konnte, dass ich es nur noch wagen musste. »*Heute back ich, morgen brau ich, …*«

Ich wurde in den Rücken getroffen und flog nach vorne. Isa hatte eine weitere Druckwelle nach mir geschickt. Rasch richtete ich mich auf, rannte weiter und erreichte den großen Platz, an dem Jorge und ich den Anführer das erste Mal getroffen hatten. Die Rumpelstilzchen kreisten mich ein, sie hielten Keulen, ihre komischen Kochlöffel und Bögen in der Hand. Isa schloss ebenfalls auf. Ich blickte mich zu allen Seiten um, fand aber keinen Weg mehr, um zu entkommen. Ich war eingekesselt.

»Du kannst mir nicht entwischen, niemand kann das«, sagte Isa.

Ich drehte mich zu ihr um. Die Wunden, die sie mir mit den Eisstäben zugefügt hatte, schlossen sich. Isa grinste, rieb noch mal die Hände zusammen. Dieses Mal machte sie kein Eis, sondern ein dunkles Metall. Sie formte zwei kleine scharfe Wurfmesser, eines in jeder Hand.

Der Pate kam den gleichen Weg und wartete hinter ihr. Er kniff die Augen zusammen, musterte mich abfällig, aber ich erkannte auch Zorn gegen Isa in seinem Blick. Er wagte nicht, sich gegen sie aufzulehnen, obwohl er das wohl gerne getan hätte.

Isa fixierte mich und kam näher. Sie drehte die Wurfmesser herum, ich blickte beide an, wägte ab, wie ich ihr am besten ausweichen musste. Sie war keine versierte Kämpferin. Ich schon. Zumindest glaubte ich, dass ich das war. Die Erinnerung war in mir, ich wusste, wie Brayden mich gedrillt hatte, wie unser Vater mich gedrillt hatte. Die Bilder waren echt. Mein Körper konnte die Bewegungen, ich wusste es! Egal ob erfunden oder nicht: Ich war stark.

Ich blieb stehen und fixierte Isa. Verhielt mich ganz ruhig und wartete.

»Willst du es mir so leicht machen?«, fragte sie.

»Wir werden sehen.«

Sie holte aus und warf das erste Messer. Ich drehte mich nur einen Hauch zur Seite, sodass es mich auf jeden Fall treffen würde. Wieder in die Schulter. Der Schmerz war intensiv, der Name der Rumpelstilzchen formte sich wieder in meinem Mund. Ich zog die Klinge aus meiner Schulter. Der Zauber, der auf diesem Lager lag, lichtete sich.

Ich konnte ihn durchbrechen. Ich musste es nur aussprechen, nur dieses Vertrauen in mich selbst haben. Ich atmete tief ein, öffnete den Mund und sprach klar und deutlich: »Ach wie gut, dass niemand weiß, dass ihr Rumpelstilzchen heißt!« Sie kamen aus mir heraus. Einfach so. Die Konfrontation mit Isa hatte mir geholfen, klarer zu werden und den Zauber zu überwinden.

Die Rumpelstilzchen hielten kollektiv die Luft an. Der Pate stockte, starrte erst mich an, dann Isa, dann wieder mich.

»Du … Was hast du getan?«, brüllte er.

Hoffentlich das Richtige.

Isa löste sich aus ihrem Schreck, sie holte aus, wollte das zweite Messer werfen, doch nun war es der Pate, der sie zurückhielt. Sie fuhr zu ihm herum.

»Du wagst es!«

»Raus! Sofort!«

Der Himmel zog sich zusammen und die Luft kühlte rapide ab. Ich blickte mich um, die Rumpelstilzchen sprangen auseinander, eilten in Panik davon.

»Sie hat den alten Fluch entfesselt, niemand ist mehr sicher!«, rief der Pate.

»Ihr Narren«, brüllte Isa, doch da schoss ein mächtiger Blitz vom Himmel. Er hinterließ einen gewaltigen Krater in der Mitte des Platzes, ich konnte nur im letzten Moment ausweichen. Die Rumpelstilzchen stoben davon. Die Blitze entluden sich binnen Sekunden, schossen wahllos vom Himmel. Sie trafen die ersten Männer, die es in der Mitte zerriss. Es war ein ekelhafter und erschütternder Anblick.

Wie im Märchen.

Isa funkelte mich an, scherte sich nicht weiter um die Blitze, doch sie machten auch nicht vor ihr halt. Einer verfehlte sie nur haarscharf, ihr Kleid fing Flammen, sie schrie, schlug das Feuer aus und krümmte sich.

»Ich befehle dir aufzuhören!«, rief sie in den Himmel und reckte ihre Hände. Die Wolken antworteten mit einem langen Donnergrollen. Sie zogen sich über Isa zusammen, ballten ihre Energie. Meine Haare stellten sich, so sehr lud die Luft sich mit Elektrizität auf – oder was auch immer ihr gleichkam in Abalion. Isa starrte nach oben, realisierte, dass die Gewalt sich gegen sie richten würde und machte einen Satz zur Seite. Ich wirbelte herum, suchte nach einem Ausweg, doch unter all den herumirrenden Männern und dem Rauch war es schwer, etwas zu erkennen. Außerdem würde ich nicht ohne Jorge gehen.

Der nächste Blitz schoss herunter, zielte auf mich. Ich sprang nach vorne weg, landete auf dem Bauch und rollte sofort herum. Er streifte mich am Bein, riss ein Stück Fleisch heraus, es brannte höllisch. Ich richtete mich auf, meine Wunden pochten dumpf, doch sie schienen schon wieder zu heilen. So wie zuvor in der Wohnung regenerierte mein Körper viel schneller als üblich. Ich blickte mich nach Isa um, die wieder auf die Beine kam und die Verfolgung aufnahm. Mir blieb nichts anderes übrig, als nach vorne mitten hinein in die Masse aus Leibern zu springen. Die Rumpelstilzchen waren völlig in Panik verfallen und irrten kopflos umher. Ich wurde herumgeschubst, kam fast unter ihre Füße und konnte mich erst im letzten Moment wieder hochziehen. Jemand quetsche mich von hinten, von vorne, von der Seite. Mir blieb die Luft weg, ich krallte mich irgendwo fest, zog mich nach oben und stemmte mich gleichzeitig weg von den Leibern, doch das machte alles nur schlimmer.

Plötzlich steckte ich mittendrin in dieser angsterfüllten Masse. Die Gewitterwolken schlossen sich über uns, jemand schrie und schon entlud sich der nächste Blitz.

Ich wurde zwischen zwei Männern eingequetscht, der eine wollte nach rechts, der andere nach links. Sie pressten mich in ihre Mitte, ich bekam keine Luft mehr, sah alles nur noch doppelt und verschwommen.

Der nächste Blitz schlug ein, traf dicht neben mir, was mir ein wenig Raum verschaffte. Der Rechte ließ von mir ab, weil er nun auch in die andere Richtung wollte, ich stürzte auf die Erde, fing mich mit den Händen ab und richtete mich sofort auf. Ich hielt mich an die Stelle, wo der Blitz eingeschlagen hatte, und atmete zum ersten Mal tief durch. Die Männer strebten weiter auseinander, lösten sich endlich auf und die Masse suchte ihr Heil in der Flucht. Ich fuhr herum, versuchte, mich zu orientieren, aber es war dunkel geworden und die Luft hing voller Rauch. Ich presste die Hand vor den Mund, irrte weiter. Immer dorthin, wo noch genügend Platz für mich war.

»Wo bist du?!«, plärrte Isa.

Als ob ich ihr das sagen würde …

Ich stieg über zwei eingestürzte Zelte, kletterte über Stoff und zerrissene Matratzen und gelangte schließlich auf einen weiteren Platz.

Vier Streckbänke waren hier aufgebaut. Sie waren zusammengestürzt und übereinander gefallen. Das war es, oder? Der Pate hatte vorhin gesagt, dass sie Jorge zerreißen wollten.

»Jorge!«, schrie ich und räumte eine Latte nach der anderen weg. Das Gewittergrollen war noch nicht vorüber, ich hörte es schon wieder zu mir ziehen und arbeitete schneller.

»Antworte! Jorge?!«

Ich grub und grub und grub. Die Wolken kamen, formierten sich über meinem Kopf. Ich blickte nach oben, zerrte eine weitere Latte weg und fand einen Arm.

Ehe ich ihn packen konnte, schnellte der Blitz herab. Ich musste zur Seite weg und mich unter einem Geröllhaufen in Sicherheit bringen.

»Kris«, keuchte Jorge.

Ich war sofort wieder auf den Beinen und eilte zu ihm. Ein weiteres Mal räumte ich alles beiseite, bekam seinen Oberkörper und seinen Kopf frei. Er sah fürchterlich aus. Seine Handgelenke waren blutig, sein war Gesicht blass.

»Kannst du aufstehen?«

»Weiß nicht.«

Ich räumte mehr Unrat von ihm herunter, sah hoch in den Himmel, wo sich das Gewitter neu formierte. »Ich glaube, das war nicht die beste Idee.«

»Doch, die war super«, hustete Jorge. »Die Idioten müssen von Zeit zu Zeit den Arsch aufgerissen bekommen.«

»Aber wir bekommen ihn ebenfalls aufgerissen.«

»Nur bis wir aus dem Lager draußen sind. Weiter reicht es nicht.«

Ich griff seine Hand und half ihm nach oben. Jorge schrie vor Schmerz, als er seine Beine belastete. Er knickte ein, riss mich fast mit sich, doch ich stemmte mich dagegen.

»Wohin müssen wir?«, fragte ich.

»Egal, nur immer in eine Richtung gehen, dann kommen wir raus.«

Ich lief geradeaus los, da dort am wenigsten Hindernisse lagen. Wir kamen nicht gut voran, die Blitze machten immer wieder Jagd auf uns und wir konnten ihnen nur mit Mühe ausweichen.

Immerhin dauerten die Abstände zwischen den Einschlägen länger, wir konnten öfter durchatmen.

»Isa ist auch hier«, sagte ich. »Sie hat versucht, mich zu töten und mich verwundet. Mit jedem Treffer wurde mein Geist klarer, bis ich schließlich die Worte wusste, die dann das Gewitter auslösten.«

»Interessant, als wärt ihr miteinander verbunden.«

Etwas schlug dicht neben meinem Kopf ein. Dieses Mal war es nicht das Gewitter, sondern Isa. Sie stand vor uns, die Arme zur Seite ausgestreckt und zwei große Schwerter in der Hand. »Du kannst mir nicht entkommen.«

Ach, nein?

Ich tastete an meine Schulter- und Beinwunde, die sie mir zugefügt hatte, aber beide waren so gut wie verheilt.

»Wir sind verbunden«, wiederholte ich Jorges Worte, machte mich von ihm los und stellte mich Isa in den Weg.

Eine angenehme Energie flutete mich, durchströmte meine Zellen und ließ mich beben. Isa schien es auch zu bemerken, denn sie blinzelte unsicher.

Ich bin auch ein Teil Abalions. Ich muss es nur annehmen. Es akzeptieren.

Diese Welt gehört mir. Ich gehöre ihr. Wir sind eins.

»Du hast die Kraft, dich zu wehren«, hatte die Frau mir vorhin gesagt. Vielleicht hatte ich die wirklich.

Isa zischte, rotierte die Schwerter und kam näher. Jorge wich zurück. Ich blieb stehen.

»Äh, Kris.«

Isa funkelte mich an, die Schwerter wurden schneller, entwickelten sich zu tödlichen Schneiden, die alles mit Leichtigkeit durchtrennten. Isa schnitt sich eine Schneise zu mir frei, hackte alles nieder, was sich ihr in den Weg stellte. Ich ballte die Hände zu Fäusten, sammelte meine Energie, so wie sich die Energie in den Wolken gesammelt hatte. Meine Handinnenflächen kribbelten.

Aus dem Augenwinkel erkannte ich, dass das Gewitter sich erneut formierte; dass es näher kam.

Isa ebenso.

Ich ließ es zu.

Alles.

Ich nahm an, was ich war. Ich ließ mich fallen.

Moon hatte mich von sich gelöst, sie hatte mir gegeben, was sie noch gehabt hatte. Einen Tropfen ihrer Macht; den letzten, den sie entbehren konnte.

Sie hatte diese Welt erschaffen.

Sie hatte mich erschaffen.

Und ich würde dieses Schicksal annehmen.

Isa rannte auf mich zu, die Schneiden kreuzten sich vor ihr. Ich riss die Fäuste hoch. Der nächste Blitz entlud sich, ich ließ ihn kommen, genau wie sie. Er traf mich an den Händen, der Schmerz war betäubend, aber ich konnte mich ihm entgegenstellen, denn nun galt es für mich. Vielleicht auch für Abalion.

Ich hatte Kraft. So viel Kraft! Ich war wie das Samenkorn, das ich von der Frau geschenkt bekommen hatte. Es lag an mir, was ich aus mir machte, zu was ich gedeihen wollte.

Ich öffnete die Hände, fing den Blitz ein und schleuderte ihn nach vorne.

Isa und ich prallten aufeinander. Eine Macht traf die nächste. Ich wurde nach oben gerissen, dann nach hinten. Eine gewaltige Druckwelle entfesselte sich zwischen uns und pfefferte uns beide auseinander.

Sie sah mich an.

Ich sah sie an.

Wir schwebten für Sekunden im schwerelosen Raum. Trieben auf der Welle einer Macht, die so viel größer war als wir beide.

Isa hatte nicht die volle Kontrolle über Abalion.

Ich auch nicht.

Wir waren Teile eines Ganzen.

Wir hatten das angenommen, was wir annehmen mussten.

Ich schloss die Augen, ließ mich in die Druckwelle fallen.

»Das wirst du mir büßen!«, brüllte Isa. Ein großer Spiegel entstand hinter ihr und riss sie in seine Oberfläche. Sie verschwand darin wie ein Stein in einem See.

Unser Kampf war nicht vorüber. Noch lange nicht. Ich rutschte über den Sand, überschlug mich ein paar Mal und blieb hustend liegen.

Es fühlte sich an, als wäre ich einmal im Schleudergang durch die Waschmaschine gerüttelt worden.

Ich rollte mich auf den Rücken, spuckte einen Klumpen Dreck aus. Über mir strahlte der blaue Himmel, die Luft war warm und angenehm. Der Rauch des Gewitters hatte sich verzogen. Das Lager der Rumpelstilzchen war verschwunden. Dem Erdboden gleichgemacht.

Ich blickte zur Seite. Jorge lag mit ausgestreckten Armen und Beinen neben mir und kam ebenfalls langsam zu sich. Ich robbte zu ihm, griff seine Hand und lachte leise.

»Wir haben es geschafft!«, sagte ich.

»Mpf«, machte er.

Ich atmete vor Erleichterung auf und blieb einfach so liegen.

Durchatmen. Für einen Moment Pause. Mehr brauchte ich nicht.

»Du hattest recht. Isa und ich sind verbunden.«

»Okay. Ich … Können wir drüber reden, wenn ich wieder denken kann?«

»Natürlich.« Ich stand auf, half Jorge ebenfalls auf die Beine.

»O Mann, das brauch ich so schnell nicht wieder.«

»Ich auch nicht.«

»Danke, dass du mich da rausgeholt hast.«

Ich lächelte und nickte. »Wir passen auf uns gegenseitig auf, wie wäre das?«

Er streckte mir eine Hand hin und ich ergriff seine warmen Finger.

»Das klingt nach einem guten Plan«, sagte er und seufzte.

Wir blieben eine Weile so liegen, kamen wieder zu Atem und beruhigten uns. Irgendwann schraubte Jorge sich hoch, half mir ebenfalls. Seine Beine zitterten und er schwankte leicht, aber es schien ihm gut zu gehen.

»Werden sie uns wieder jagen?«

»Möglich. Wir sollten weiter und uns versteckt halten, ich kenne ein paar Orte, wo wir …«

Auf einmal erklang Hufgetrappel von hinten. Wir fuhren beide herum. Ein Mann fegte auf einem Schimmel die Wiese entlang. Ich kniff die Augen zusammen, denn er kam mir sehr bekannt vor. »Ist das … Ash?«

Jorge trat neben mich und nickte. »Sieht ganz danach aus.«

Was machte er denn hier? Zogen wir uns doch jedes Mal an, wenn ich nach Abalion kam? Sogar jetzt, wenn ich mit meinem Körper da war und nicht nur in einer Vision?

»Ich hoffe, dass wir nicht gleich zum Grimm gebracht werden.« Einen weiteren Kampf könnte ich nun wirklich nicht brauchen.

Ash bremste vor uns und sprang aus dem Sattel. Wir starrten uns an. Jeder unsicher darüber, ob gleich etwas passieren würde oder nicht.

Es tat gut, ihn zu sehen. Er wirkte ein wenig müde, aber sonst schien er wohlauf zu sein. Wärme flutete mein Herz und eine Vertrautheit baute sich zwischen uns auf. Wir hatten uns bei den letzten Besuchen stets gegenseitig angezogen, weil auch wir auf irgendeiner Ebene miteinander verbunden waren. Ich erinnerte mich an die Bilder, die ich hatte, als ich mit Brayden am Portal gewesen war. Ash kam auch darin vor, er hatte ein Messer in der Hand gehalten und mich angestarrt und …

»Kris?«, fragte er auf einmal dicht vor mir. Ich hatte gar nicht richtig mitbekommen, dass er so nahe war.

»Ich … ja. Ich bin hier. Und Jorge. Und es ist keine Vision.«

»Jorge?« Ash kniff die Augen zusammen

»Haben mal das Baby gemeinsam gerettet, weißt du noch?«

»Ja, ich hab dich nur nicht gleich erkannt. Ihr seht alle so gleich aus. Was tut ihr hier und was zum Henker ist passiert?«

»Wir hatten Krach mit den anderen Rumpelstilzchen«, antwortete ich. »Hast du gespürt, dass ich da bin?«

»Ich … Ich weiß es nicht genau. Ich hab nur dauernd an die Rumpelstilzchen denken müssen und bin hergekommen.« Er strich sich über den Nacken. »Hatte das Gefühl, dass du Hilfe brauchst.«

»Ja, durchaus, aber ich habe mich schon selbst gerettet.«

»Das sehe ich. Sind die Rumpelstilzchen tot?«

»Nein«, sagte Jorge. »So schnell sterben die nicht aus, aber Kris war ganz schön mies drauf.«

»Du warst das …« Ash deutete auf die verbrannten Zelte ringsum, den Ruß und den Dreck und die Trümmer. Vorsorglich wich er einen Schritt zurück. »Wir werden aber nicht gleich wieder gegen den elenden Grimm kämpfen müssen, oder?«

»Ich hoffe es nicht.« Er hielt die Luft an und sah mir fest in die Augen. »Wir … Wir müssen reden. Es ist viel passiert in der Zwischenzeit.«

»Das stimmt.« Wir fixierten uns und ich hätte mich am liebsten nach vorne in seine Arme fallen lassen. Auf einmal hatte ich das Gefühl, dass ich bei Ash Ruhe finden konnte; dass er und ich gemeinsam so viel stärker waren als alles, was sich uns in den Weg stellen wollte. Mein Herz zog sich zusammen, doch es schmerzte nicht wie zuvor, wenn wir uns nähergekommen waren. Stattdessen schwang eine ganz neue Kraft zwischen uns, die sich über uns legte und uns einhüllte.

»Äh, Leute«, sagte Jorge leise und kam näher. »Ich will ja euren Moment nicht stören, aber wir bekommen schon wieder Besuch.«

»Was?«, sagte ich und drehte mich um. Ich brauchte einen Moment, ehe ich wieder klar sehen konnte. Ash irritierte mich.

»Verflucht«, sagte er und wandte sich ab.

Weitere Reiter kamen über die Wiese auf uns zu. Sie trugen lange Kutten mit Kapuzen, ihre Gesichter blieben verborgen.

»Sind das etwa auch Rumpelstilzchen?«, fragte ich.

»Nein, schlimmer.«

»Es geht schlimmer?«

Ash wich zurück zu seinem Pferd und nahm die Zügel. »Die sind hinter mir her. Wenn ich weg bin, lassen sie euch in Frieden.«

»Was?«

»Das sind Eisjäger«, sagte Jorge. »Was wollen sie von dir?«

»Mich einkassieren. Ist allerdings etwas übertrieben, gleich drei nach mir zu schicken.« Er schwang sich auf sein Pferd. »Wir … Es tut mir leid. Wir müssen uns irgendwo wiedertreffen. Kommt zum *Fährmann* und …«

Weiter kam er nicht, denn etwas kleines Spitzes traf ihn seitlich am Hals. Ash zuckte zusammen, griff an die Stelle und zog einen Pfeil heraus. »Diese elenden …« Er kippte vom Pferd, noch ehe er den Satz vervollständigen konnte.

Die Eisjäger schlossen zu uns auf und kreisten uns ein. Jorge und ich rückten näher zusammen, denn es sah ganz und gar nicht danach aus, als wären sie nur hinter Ash her. Einer der Jäger stieg vom Pferd ab, lief zu Ash und beugte sich zu ihm. An seinem Handgelenk prangte ein Tattoo in Form einer kleinen Eisblume. Er hielt inne, als es aufleuchtete. Es sah aus, als würde er eine Nachricht oder so was empfangen.

Jorge schob mich sachte nach hinten weg, doch die anderen beiden galoppierten um uns herum und behielten uns im Auge.

»Was wollen die?«, fragte ich.

»Weiß noch nicht. Normalerweise handeln sie nur im Auftrag.«

Der Eisjäger, der bei Ash kniete, sah zu uns. Obwohl er mich direkt anblickte, konnte ich noch immer nicht sein Gesicht unter der Kapuze erkennen.

»Wir sind am …«, setzte Jorge an, als ihn ebenfalls etwas am Hals traf. »… Arsch.«

Ich fuhr herum, überlegte, was ich tun konnte, doch mir blieb nicht lange Zeit, bis auch mich ein Pfeil erwischte. Einer der reitenden Eisjäger hatte ihn abgefeuert. Ich zog ihn raus, sofort flutete eine unangenehme Kälte meinen Körper und alles in mir wurde steif. Der Jäger sprang vom Pferd, kam auf mich zu und fing mich netterweise auf, ehe ich auf den Boden knallte.

30. Kapitel

Abalion, Zeit unbekannt

»Das ist inakzeptabel!«, brüllte Isa und donnerte ihre Faust gegen die Wand.

Sie war zurück in ihrem Palast, nachdem Kris sie mit dem Blitz getroffen hatte. Ihre Haut brannte von der Begegnung, genau wie ihre Seele!

»Warum? Warum habe ich versagt?« Sie griff nach dem Buch, dass sie wieder in ihre Tasche gesteckt hatte, nachdem die Schatten ihr nicht hatten helfen können. Der Blitz, den Kris auf Isa gefeuert hatte, hatte dem Werk den Rest gegeben. Es zerfiel noch in ihren Händen zu Staub.

Jahrtausendelange Geschichte der Masali – einfach so ausgelöscht. All die Geheimnisse, die in dem Buch noch auf sie gewartet hätten, all das Wissen – für immer verloren. Isa rieb die Hände aneinander, betrachtete den Staub und Ruß ihres Scheiterns. In ihrem Inneren brodelte es, sie musste dringend etwas zerstören, um ihre Wut auszulassen. Sie wandte sich zum Spiegel, durch den sie eben zurückgekehrt war. Ihre Haare standen wirr ab, ihr Kleid war zerrissen. Isa schnippte mit dem Finger. Sofort fiel der Dreck von ihr, der Stoff wandelte sich in ein neues Gewand und ihre Haare glänzten seidig schwarz mit einigen weißen Strähnen.

Äußerlich war sie wiederhergestellt, aber sie fühlte sich nicht besser. Isa brauchte mehr Kraft, wenn sie siegen wollte. Sie durfte nicht kurz vor ihrem Ziel einknicken oder sich von solchen Hindernissen aufhalten lassen.

Sie brauchte jemanden, der mehr Gewalt hervorrufen konnte als sie. Jemanden mit mehr Schlagkraft.

Isa wandte sich dem Spiegel zu, atmete tief durch und traf eine Entscheidung. »Zeige mir den Grimm.«

Sofort reagierte die Oberfläche. Eine neue Szenerie entstand. Isa sah ein Schloss, das auf einem Hügel stand. Die Außenwände waren mit Rosenranken umwachsen, die dicke Dornen besaßen. An einigen hingen aufgespießte Jünglinge. Daneben lagen schlafende Dorfbewohner. Menschen. Tiere. Sie alle waren im ewigen Schlummer gefangen.

»Dornröschen.«

Isa kniff die Augen zusammen. Eins ihrer großen Märchen. Sie hatte es selbst geschrieben. Dornröschen und Schneewittchen waren für sie einst das gewesen, was für Casaju seine Feuerdrachengeschichte war. Selbstläufer. Sie hatte hart kämpfen müssen, bis sie die Märchen fertig gehabt hatte.

Auf einmal erklang ein dunkles Knurren aus dem nahe gelegenen Wald neben dem Hügel. Isa sah in die Richtung. Sofort veränderte sich auch der Blickwinkel im Spiegel. Die Bäume wankten, das Geäst raschelte. Isa blickte näher hin, zoomte sich heran – und da war er.

Seine gelben Augen blitzten auf, er trat durch das Dickicht hinaus und spähte zu den schlafenden Menschen. Er ging ein paar Schritte, ehe er sich hinsetzte, den Kopf in die Höhe riss und ein lang anhaltendes Jaulen ausstieß. Isa gefror das Blut in den Adern bei dem Geräusch. Es war intensiv und eindringlich und nicht von dieser Welt. Es kam aus den Tiefen der Hölle, dem Abgrund einer gebrochenen Seele.

Es dauerte nicht lange, bis eine Antwort erklang. Mehr Wölfe stimmten in das Gejaule ein und ließen es zu einem grausigen Gesang anschwellen. Das Geäst raschelte erneut, dann trat das Rudel des Grimms hervor. Fünf, zehn, fünfzehn schwarze Wölfe. Sie kamen von allen Seiten, umrundeten den Grimm, der sie um das Dreifache überragte, und sahen ihn erwartungsvoll an.

Er leckte sich über die Schnauze und lief auf die schlafenden Menschen zu. Isa hielt die Luft an, sie ahnte, was gleich kommen würde.

Der Grimm stieß ein dunkles Knurren aus, die anderen stimmten in dieses ein und stürzten sich auf alles, was sie erwischen konnten. Sie machten vor nichts halt und rasten in blanker Zerstörungswut durch das Märchen.

Isa griff in ihre Rocktasche und holte den Splitter hervor, den sie aus der Anthologie gebrochen hatte. Sie drehte ihn in der Hand und schloss ihn fest in ihre Faust. Gleich würde sich herausstellen, ob sie ihn wirklich kontrollieren konnte.

»Spiegel: Bring mich in das Märchen.«

Die Oberfläche wurde klarer, das Bild dahinter deutlicher. Vor Isa erschienen Stufen, die in den Spiegel führten. Sie trat vorsichtig einen Schritt nach vorne und schob den Fuß gegen die gläserne Oberfläche. Sie gab sofort nach und ermöglichte Isa den Übergang auf die Märchenseite.

Sehr gut.

Isa ging weiter, folgte den Stufen in diese andere Ebene von Abalion, bis sie komplett durch den Spiegel gelaufen war und im Märchen ankam.

Sie blickte sich um, folgte dem Knurren der Wölfe und ging an zerfledderten Leichen vorbei, die in ihrem eigenen Blut lagen. Den Tieren schien es nicht ums Fressen zu gehen, sondern nur ums Töten. Nur ums Vernichten von Leben. Oder?

Sie hielt bei einem toten Mann inne und beugte sich über ihn. Seine Haut war mit einer moosartigen Substanz überzogen, die ihn langsam einschloss und bedeckte. Es sah aus, als würde sich ein Kokon um ihn schließen.

Isa hielt inne und dachte darüber nach. Das hatte sie im Bericht von Kris gelesen, als diese aus der ersten Vision zurückgekehrt war. Der Grimm hatte den Black-Wolf-Täter ebenfalls eingesponnen und daraus war später einer seiner Wölfe entstanden.

Er züchtet sein Rudel nun eigenständig.

Black Wolf musste ihn so sehr gestärkt haben, dass er dazu in der Lage war. Sie lief näher zum Hügel und entdeckte den Grimm an einer Baumreihe. Sein schwarzes Fell schimmerte im Sonnenlicht, er ruckte an einem Körper herum, ehe er sich aufrichtete und Isa anstarrte.

Sie musste einen Kloß hinunterschlucken. Ihr Herz begann zu flattern und sie spürte die Nervosität hochkochen. Diese Bestie war mächtig. Isa fühlte es in ihren Zellen. »Grimm.«

Er bleckte die Zähne und riss das Maul auf. Isa konnte seiner Bewegung kaum folgen, da spannte er schon die Muskeln und wollte sie attackieren. Sie machte vor Schreck einen Satz nach hinten, riss die Hand mit dem Splitter hoch, der eine helle Energiewelle entfesselte. Der Grimm hielt in der Bewegung inne, jaulte auf und zog den Schwanz ein. Genau wie die anderen Wölfe ringsum. Sie winselten und fiepten und suchten Schutz.

Es funktioniert …

Isa hielt den Splitter höher und richtete sein Strahlen auf das Tier. Das zuckte nur noch mehr zusammen und wich nach hinten weg.

»Höre, Bestie«, sagte sie. »Ich habe dir die Macht verliehen. Ich kann dich kontrollieren.«

Der Grimm schüttelte sich, hatte nur Augen für den Splitter und das Licht, das ihm offensichtlich Schmerzen bereitete. Isa ließ es sinken, zum Zeichen, dass sie ihm nicht feindlich gesinnt war. Vorerst.

Der Grimm fixierte nun sie mit seinen gelben Augen. Isa lief es eiskalt den Rücken hinunter. In seiner Iris sah sie all den Schmerz und das Leid, das er verursacht hatte. All die Albträume, die durch ihn entstanden waren, all die Finsternis, die er auf die Welt gebracht hatte. Isa wurde übel, denn das ganze Ausmaß dessen, was dieses Tier war, traf sie wie ein Fausthieb mitten in den Bauch. Sie wusste von Waylon, wie sehr er gelitten hatte, aber nun spürte sie es selbst. Sie sah all die Toten, die der Grimm hinterlassen hatte. Die triste Welt, die hinter ihm lag. Ein Inferno aus Blut und Feuer und Schmerz.

Isa fasste sich an die Schläfe, unterbrach den Augenkontakt und wich zurück. Sie durfte sich nicht von diesem Tier einfangen lassen, sonst würde sie wie Waylon enden.

»Du wirst tun, was ich dir befehle!«

Der Grimm schnappte nach vorne, seine Zähne kamen bedrohlich nahe an Isas Gesicht, aber er erwischte sie nicht. Isa atmete vor Erleichterung auf. Sie hob die andere Hand und zeichnete einen Kreis in die Luft. An der Stelle entstand ein Fenster, das auf die Nachtheide zeigte. »Gehe mit mir dorthin und hilf mir.«

Der Grimm leckte sich über die Schnauze und knurrte erneut. Er blickte auf das Fenster, das Isa errichtet hatte. Sie erweiterte es zu einem Durchgang, der groß genug für ihn war. Er lehnte sich nach vorne, doch dann zog er auf einmal den Kopf ein und wich zurück.

»Was ist?«, fragte Isa und blickte durch das Fenster hindurch. »Wovor hast du Angst?« Sie sah ebenfalls in das Fenster hinein, erkannte aber nicht gleich, was ihn beunruhigte.

Die Nachtheide wirkte friedlich, es war dunkel, ein satter Vollmond hing am Himmel. Isa stockte, als sie ihn entdeckte. Sollte er nicht überall zerstört sein? Warum existierte er noch auf der Heide?

Weil er dort weggesperrt war …

Im Grunde hatte Isa das selbst verursacht. Sie hatte Casaju und die Vollmondmacht auf die Heide gesperrt. Großartig! Wie sollte sie herrschen, wenn überall noch Reste von Moon in Abalion verstreut waren?

»Dieser elende Mond«, zischte sie und sah zum Grimm. Er hatte Angst davor. Der Grimm war bei Vollmond erschaffen worden, Moons stärkster Kraft. Kris hatte gesagt, dass sich jedes Mal der Mond verfinsterte, ehe der Grimm auf der Bildfläche erschienen war. Erst bei der Mondfinsternis war er rausgekommen, vorher nicht.

»Das kann ich womöglich für dich ändern.« Sie drehte sich zur Nachtheide, hob ihre Hand und richtete sie auf den satten vollen Mond. Sie konzentrierte ihre Kraft darauf, rief einen dunklen Schatten wach und schob diesen vor die leuchtende Kugel am Himmel. Sie verfinsterte sich sofort, das Strahlen wurde schwächer, bis auf eine Korona war nichts mehr vom Mond zu sehen.

»Siehst du?«, sagte sie und blickte ihn an. »Die Nachtheide kann dein Übergang in die oberste Schicht Abalions sein. Geh hinüber, hilf mir und ich werde dir ebenfalls helfen. Wenn ich erst die Fantasie beherrsche, kann ich dir weitere Welten eröffnen. Wir müssen keine Feinde sein.«

Der Grimm schritt langsam auf Isa zu. Sie spannte ihren Körper an, doch sie zeigte keine Angst, sie würde nicht zurückweichen. »Ich kann dir so viel mehr geben.« Vielleicht sollte sie das wirklich. Sie könnte den Grimm in die reale Welt bringen und ihm einen Kontinent nur für sich überlassen. Isa hätte ihn so unter Kontrolle und er wäre gefügig.

»Komm nur her. Ich sorge dafür, dass dein Rudel die Heide betreten und wieder verlassen kann. Sie werden so viel Schaden anrichten können, wie du wünschst.«

Er fixierte sie, während er auf den Durchgang zuging, seine Tatzen hinterließen ein leichtes Vibrieren im Boden. Die Wölfe folgten ihm, einige schnappten nach Isa, aber keiner griff sie an. Sie hob das Kinn, zeigte sich überlegener, als sie sich fühlte. Der Grimm knurrte, doch er ließ sie in Frieden, trat in den Durchgang zur Nachtheide und verschwand auf der anderen Seite. Erst als alle weg waren, atmete Isa vor Erleichterung auf und sackte zusammen.

Sie kniff sich in den Nasenrücken und schüttelte den Kopf. Ein letztes Mal sah sie auf die Leichen, die der Grimm und die Wölfe hinterlassen hatte, dann trat sie zurück in ihr Reich.

Jetzt musste Isa nur noch seiner Spur aus Verwüstung folgen.

31. Kapitel

Kristin

Abalion, Zeit unbekannt

Ich stöhnte leise und bewegte träge meine Arme und Beine. Die Betäubung des Eisjägers pochte in meinen Adern nach, meine Glieder waren steif. Ich atmete tief ein und wieder aus, wurde mir nur langsam meines Körpers und meiner Umgebung gewahr. Ich öffnete die Augen, blinzelte, doch es blieb dunkel. Mit Mühe rollte ich mich herum und bemerkte, dass ich auf einem weichen Bett lag. Ich richtete mich langsam auf, blinzelte noch mal und erkannte nun mehr vom Zimmer. Es war ein großer Raum, das Bett stand an der Wand, daneben eine Kommode, ein Schrank, ein Stuhl mit einem kleinen Schminktisch. Obwohl es so dunkel war, stellten sich meine Augen erstaunlich schnell auf die Lichtverhältnisse ein. Als würde ich auf einmal Nachtsicht erlangen. In der anderen Ecke stand ein Sessel, auf dem sich jemand regte. Eine Frau. Sie streckte die Arme und Beine, hatte anscheinend auch geschlafen.

»Oh, hallo, du bist ja wach«, sagte sie und richtete sich gähnend auf. »Entschuldige, ich bin eingenickt. Portalreisen machen so müde.«

»Was?« Ihre Stimme kam mir bekannt vor, aber ich konnte sie nicht einordnen oder richtig erkennen, sie saß zu weit weg.

»Mein Name ist Lyn. Wir kennen uns. So ein bisschen.« Sie stand auf und kam langsam auf mich zu.

»Lyn? Conrads Tochter?«

»Ja, genau.«

»Du lebst?«

»Ja. Dante auch. Wir sind in Syrantinas Schloss. Tut mir leid wegen der Eisjäger, aber es war die schnellste Art, dich zu finden.«

»Was?« Mir klappte der Mund auf. Ich musterte sie und versuchte sie mit dem Bild abzugleichen, das Jorge mir auf dem Handy gezeigt hatte. Könnte hinkommen, auch wenn sie viel dünner war. Sie setzte sich zu mir aufs Bett und lächelte mich an. »Wie geht es dir? Hat das Gift nachgelassen?«

»Ich … Ich glaube schon.« Lyn kam mir unheimlich bekannt vor, als hätte ich sie schon mal irgendwo getroffen. Ich schloss kurz die Augen, dachte an den Moment am Portal, als ich dieses Bild von Conrad gehabt hatte. Conrad. Mein Bruder. Eine Frau. Sie war auch dort gewesen. »Wir haben uns schon mal gesehen.«

Lyn nickte. »Das muss alles so verwirrend für dich sein. Es tut mir leid, auf welche Art du herausgefunden hast, wer du wirklich bist, Waylon ist bei …«

»Wo ist sie?«, hörte ich eine Stimme auf dem Flur rufen.

»Ash.« Ich stand vom Bett auf, schwankte kurz, doch dann ging es.

»Kris?!«, rief er draußen. Türen knallten. Er hastete anscheinend von einem Raum zum anderen.

»Hier«, antwortete ich und öffnete.

Er war noch nicht auf meiner Höhe, doch als er mich sah, rannte er mir entgegen, packte mich am Arm und zog mich mit sich. »Wir müssen sofort verschwinden.«

Ich konnte gar nicht reagieren, so eilig hatte er es. Meine Füße verhakten sich ineinander, ich war barfuß, der Boden eiskalt. »Nicht so schnell.«

»Doch, Kris. Wir können nicht bleiben.«

»Nein, warte! Lyn hat mir eben was erzählen wollen und wo ist Jorge?«

»Den hab ich noch nicht gefunden.«

Ash kugelte mir fast den Arm aus, weil er mich so grob mit sich zog. Hinter mir hörte ich Schritte.

»Bleibt, bitte«, rief Lyn. »Es ist alles in Ordnung!«

»Weiter«, sagte Ash nur, zog mich den Gang entlang bis in einen großen Speisesaal. Dort saß jemand am Tisch. Im ersten Moment erkannte ich nur Äste und einen Stamm und Blätter. *Ist das ein Baum?* Der sich bewegte!

»Du meine Güte«, sagte ich und machte einen Satz nach hinten. Ash reagierte nicht ganz so panisch. Ohne mich loszulassen, drehte er nach rechts und wollte dort weiter.

»Ganz ruhig, Leute«, sagte der Baum. »Wir tun euch nichts, das wird sie auch nicht.«

»Sicher doch«, sagte Ash. »Und Wachteleier sind nicht giftig!«

»Äh, nein, sind sie nicht«, sagte der Baum.

»Ha! Wir reden wieder, wenn du welche gegessen hast. Stell dich auf ein paar qualvolle Tage ein!« Ash durchquerte mit mir den Speisesaal, drückte eine weitere Tür auf, die in einen anderen Raum führte. Nirgendwo gab es Fenster, die einzige Lichtquelle war ein grünes Leuchten, von dem ich aber nicht ausmachen konnte, woher es kam. Ash fluchte, packte mich fester und durchquerte auch diesen Raum mit mir.

»Kris, Ash, wartet bitte!«, rief Lyn. Sie holte uns ein und stellte sich uns in den Weg. »Syrantina wird euch nichts tun.«

»Deshalb hat sie uns auch von den Eisjägern holen lassen«, sagte Ash.

»Sie hat zwei nach Kristin und Jorge geschickt, weil sie euch finden und in Sicherheit bringen wollte.«

»Und der dritte?«, fragte Ash.

»War nicht von ihr. Aber letztlich hat sie ihn so gut bezahlt, dass er seinen Auftrag geändert hat. Sie hat dich auch gerettet, Ash. Sonst wärst du nicht hier.«

»Pft.« Er schob Lyn auf die Seite und wollte weiter, aber nun war ich es, die sich querstellte. »Was soll das?«, fragte er.

»Was, wenn es stimmt?«

»Hat dich das Eisgift vernebelt?«

»Nein, aber womöglich hat sie uns wirklich nur retten wollen. Ich kenne Lyn. Also nicht persönlich, aber ich … Ich vertraue ihr.« Tat ich wirklich, warum auch immer.

»Und das soll mich überzeugen?«

»Wir kennen uns von früher«, sagte Lyn. »Mein Vater und ich haben Kris gefunden.«

Er hielt inne, sah sie an, sah mich an, zog die Augenbrauen zusammen.

»Wir sollten nicht überstürzt handeln«, fügte ich an.

»Wo ist Syrantina?«, fragte er.

»Ich glaube, sie ist runter mit Jorge«, sagte Lyn.

»Das sagst du erst jetzt?«, rief Ash und setzte sich wieder in Bewegung.

»Was hat das zu bedeuten?«, fragte ich.

»Dass sie ihn umbringen wird.«

»Nein«, sagte Lyn. »Wir lassen nicht zu, dass sie das … Hey!«

Ash war schon zur Tür draußen. Ich warf Lyn einen Blick zu, dann folgte ich ihm. Wir kamen in einen weiteren Flur. Treppen führten nach unten, in eine große Halle, mit Geweihen und Fellen an der Wand, einem Kamin, in dem kein Feuer brannte, dann noch ein Gang, mehr Räume, mehr Ecken, mehr Nischen. Ash bewegte sich erstaunlich zielstrebig durchs Schloss, als wüsste er, wohin er müsste.

»Du warst schon mal mit Jorge hier, richtig?«, rief ich, während wir durch die Flure hasteten.

»Einmal. Ich habe mir den Weg gemerkt.«

Lyn schloss zu mir auf, wir bogen um eine weitere Ecke – und da war sie.

Syrantina stand in der Mitte eines Saals, rechts und links waren Waffen aller Art aufgestellt, auch große Pfähle, Streckmaschinen, eiserne Jungfrauen, alles.

Jorge war bei ihr, er kauerte am Boden, hielt sich die Hand an die Kehle und röchelte.

»So viel dazu, dass sie ihm nichts tun wird!«, rief Ash und eilte zu ihnen.

Beim Näherkommen entdeckte ich einen Mann, der auf Syrantina einredete. Ich stockte. Als ich ihn erkannte, wäre ich fast wieder über meine Füße gefallen. Ash eilte zu Jorge, wollte ihn von seiner Mutter wegziehen, aber er konnte ihn nicht mal anfassen. Um ihn herum war ein Kraftfeld aufgebaut. Ich hielt den Atem an, fing an zu beben.

»Kristin«, sagte Brayden leise und drehte sich zu uns. Als er Ash bemerkte, riss er die Augen auf und wich einen Schritt zurück.

»Was machst denn du hier?«, fragte ich.

»Ich habe ihn geholt«, sagte Lyn. »Aus dem Tower. Das war es, was ich eben sagen wollte. Er hat mir alles erzählt, was zwischen euch war.«

Jorge stöhnte, ich schüttelte mich, riss mich von Brayden los. Erst musste ich mich um Jorge kümmern. Syrantina hielt eine Hand in die

Höhe gestreckt. Sie schloss die Finger langsam, mit jedem Zentimeter zappelte Jorge mehr.

»Hör sofort auf!«, brüllte Ash Syrantina an.

»Er hat mich betrogen«, sagte sie ruhig.

»Das hat er nicht«, sagte Brayden. »Du hast bekommen, was du wolltest. Du hast die Anthologie, lass ihn gehen, er konnte nichts dafür.«

Sie reagierte nicht, schloss nur die Finger weiter.

»Nein!«, schrie ich und griff nach ihrem Arm. Na ja, ich wollte ihn greifen, denn ich kam nicht mal in die Nähe von ihr. Sie winkte mit einer Hand, mir knickten die Beine ein und ich stürzte der Länge nach hin. Ich kroch nach vorne, Lyn half mir, wieder auf die Beine zu kommen, doch ich stieß sie weg.

»Hör auf! Bitte!«, rief ich. »Er hat alles getan, was du wolltest.«

»Hätte er das, wäre er nun nicht in dieser Lage.«

Ich fuhr zu Lyn und Brayden herum, sah von einem zum anderen. »Tut doch was!«

Jorge japste erneut. Seine Bewegungen wurden langsamer. Ich wurde panisch. Das durfte doch nicht wahr sein, nicht nach allem, was wir erlebt hatten!

»Mutter«, sagte Ash und trat vor sie.

Mutter? Syrantina war seine Mutter?

»Wenn es dir auch nur einen Hauch wichtig ist, was ich von dir halte, dann wirst du ihn loslassen.«

Sie starrte ihn an. Er starrte zurück.

Syrantina hob eine Augenbraue, musterte Ash. Ihr Blick war unergründlich und eiskalt. Unglaublich, dass die beiden verwandt sein sollten!

»Lass.Ihn.Gehen«, wiederholte er und baute sich vor ihr auf.

»Dein Vorschlag ist inakzeptabel.«

Jorge keuchte ein weiteres Mal, hustete, die Ader auf seiner Stirn stach scharf hervor. Ich ballte die Hände. In mir braute sich etwas zusammen, das mächtig und groß und unkontrollierbar war. Ich wusste nicht, woher es kam oder was es bedeutete, aber es fühlte sich ähnlich an wie vorhin, als ich Isa mit dem Blitz getroffen hatte. Ich stellte mich zwischen Syrantina und Jorge, gab mich diesem Gefühl hin, so wie bei den Rumpelstilzchen, riss die Hände hoch und ließ sie mit Wucht hinuntersausen.

Die Druckwelle schleuderte sowohl sie als auch Jorge zurück. Syrantina donnerte gegen die nächste Wand, Jorge kam aus ihrem Griff frei. Alle hielten den Atem an.

»O Gott«, keuchte ich und schwankte. Ash war sofort bei mir, um mich aufzufangen. Lyn und Brayden eilten zu Jorge.

Syrantina rappelte sich hoch und starrte mich an. Ich erkannte weder Wut noch Furcht noch sonst eine Regung in ihr. Sie richtete sich auf, strich ihr Kleid glatt und kam ganz ruhig auf mich zu. Ash schob sich vor mich. Hinter mir bewegte sich jemand, dann trat Brayden auf einmal auf meine andere Seite und schirmte mich ebenso gegen Syrantina ab.

»Lass es«, sagte Ash.

»Diese Frau …«, sagte Syrantina und deutete auf mich.

»Ich … Ich weiß nicht, was ich getan habe. Ich wollte nur meinem Freund helfen.«

Syrantina machte eine Handbewegung. Ash und Brayden wurden einfach zur Seite gedrückt, ohne dass sie es verhindern konnten. Ich zuckte zusammen, warf einen Blick über meine Schulter zu Jorge, aber es schien ihm gut zu gehen.

Syrantina blieb ganz dicht vor mir stehen, fixierte mich mit ihrem stechenden Blick. Mir lief es eiskalt den Rücken hinunter und ich erinnerte mich daran, was Jorge mir über sie erzählt hatte. Wie furchteinflößend und niederträchtig sie war. Er hatte recht. Ich sah das Dunkle in ihren Augen, die Abgründe, in die nur Seelen dringen konnten, die nichts mehr zu verlieren hatten. Es war nicht unbedingt böse, aber finster. Ein schwarzes Loch, in dem alles Helle absorbiert wurde.

»Du bist ein Teil von Moon«, sagte sie. »Erschaffen aus ihrer Magie und meinem Blut.«

»Deinem Blut?«, wiederholte ich.

»Wegen mir«, sagte Ash. »Moon hat mein Blut benutzt, um dich aus dem Spiegel zu lösen, aber das Ritual ging schief. Deshalb ziehen wir uns immer wieder an. Wir sind irgendwie verbunden.«

Ehe ich auf ihn eingehen konnte, kam Syrantina näher. Sie strahlte keine körperliche Wärme oder irgendwelche Energie aus; als wäre sie gar nicht existent. Sie hob eine Hand, nahm eine Strähne meines Haares in die Hand und ließ sie durch die Finger gleiten. »Erinnerst du dich an alles?«

»Ich sehe nur Fragmente. Bilder, Gefühle. Ich weiß, dass ich von Moon abstamme, kein Mensch bin, dass Brayden …«, ich sah zu ihm, »… nicht mein Bruder ist«.

»Kris, ich …«, setzte Brayden an.

»Sei still«, sagten Syrantina und ich gleichzeitig.

Sie hob die Hände, ich hielt die Luft an, aber ich wich nicht zurück. Ihre Finger berührten mich an den Schläfen und damit schoss eine Reihe von Bildern durch meinen Schädel. Ich flog zurück in der Zeit, sah mein Leben an mir vorbeiziehen wie bei einem Film. Alles rauschte an mir wirr vorüber, die Zeit im Team in Frankfurt, meine Reise nach Neuseeland und die Dinge, die davor passierten. Ich. Ein Leben. Nicht meins. Brayden. Conrad. Geschichten. Sie erschufen mir eine Existenz, weil ich sonst an meinem eigenen Körper zerbrochen wäre. Die Eindrücke der Erde hatten mich überflutet. Ich war außer Balance gewesen, gefangen in einem Nirvana aus Raum und Zeit. Hätten Conrad und Brayden mir keine menschliche Vergangenheit gegeben, wäre ich für immer dort gefangen geblieben. Im Nichts. Im Chaos. In meinen eigenen Gedanken.

Meine Reise ging weiter. Ich flog nach oben, Spiegelsplitter rauschten um mich herum. Ich wurde wieder zusammengesetzt, kehrte zurück zu meinem Ursprung, wo Ash und Moon auf mich warteten. Er hielt das Messer in seiner Hand, starrte mich an. Er hatte mir helfen wollen und sich selbst in Gefahr gebracht. Moon hatte mich von sich getrennt. Ich war nur eine Hülle gewesen, die von Conrad und Brayden mit einer Seele gefüllt worden war. Ich wäre nichts ohne sie geworden. Ein verlorener Stern. Ein ungedachter Gedanke. Ein dunkler Fleck.

Ich keuchte leise. Syrantina nahm ihre Hände weg und trat einen Schritt zurück.

»Ich verstehe«, sagte sie und rieb ihre Fingerkuppen aneinander. »Deine Macht ist interessant. Etwas Neues. Erschaffen aus vielen Energien der Fantasie. Moon. Ich. Der Kristall.«

»Und … Und was mache ich damit?« Mein Mund war ganz trocken geworden, ich hatte Probleme beim Schlucken.

»Das musst du wohl selbst herausfinden.« Sie ließ ihren Blick über meinen Körper schweifen. »Aber das eben könnte ein guter Anfang gewesen sein.«

Sie wandte sich ab und lief Richtung Tür. »Ihr dürft bleiben. Das Rumpelstilzchen auch. Ich werde euch helfen, Isa aufzuhalten.«

»Woher der Sinneswandel?«, fragte Ash.

Syrantina hielt inne, ohne sich umzudrehen. »Wenn Kris so viel Macht hat, wie sie eben demonstrierte, dann wird Isa noch mehr besitzen. Sie hat Moons Palast übernommen, sie wird der neue Stern am Himmel.«

»Du hast Angst, dass sie dich besiegen kann.«

»Nein, ich habe keine Angst, mein Sohn. Vor nichts. Und niemandem. Ich will nur überleben.«

Sie verließ den Raum. Alle atmeten vor Erleichterung auf.

Ich spürte eine Hand auf meiner Schulter und blickte zurück. Es war Ash.

»Geht es?«

»Ja.« Ich wandte mich um, ging zu Jorge, der sich auf Lyn stützte. Er öffnete den Mund, wollte etwas sagen, aber es kam nur ein heiseres Krächzen heraus.

»Oh, Jorge«, sagte ich und lehnte meine Stirn gegen seine.

»Er wird wieder«, sagte Lyn und schob ihren Arm um seine Taille. »Keine Sorge.«

Ich nickte nur. Jorge lächelte mich matt an, ließ sich von Lyn aus dem Raum führen.

Die Tür klickte leise. Nun waren da nur noch Ash und mein vermeintlicher Bruder. Ich drehte mich langsam zu ihm um und sah ihm fest in die Augen.

»Du …«, sagte ich leise und er zuckte zusammen.

»Ich habe all deinen Zorn verdient, Kris.«

Ich trat näher an ihn heran. Langsam. Schritt für Schritt.

»Es tut mir so leid«, sagte er.

Mein Körper kribbelte, als duschte man mich mit einem heftigen Brausestrahl ab. Ich spürte alle möglichen Emotionen in mir hochkochen. Wut. Trauer. Angst. Und auch Liebe.

»Ich wollte dir nur helfen, genau wie Conrad. Wir mussten dir eine Identität geben, du wärst sonst durchgedreht.«

Ich kam noch näher, bis ich ganz dicht vor ihm stand. So nah, dass ich ihn riechen und fühlen konnte; dass sein vertrauter Duft Bilder von früher in mir weckte; dass sich meine Seele daran erinnerte, wer er war. Wer ich war.

Nicht seine Schwester.

Es schmerzte. So sehr. So stark.

Ich verpasste ihm eine Ohrfeige, noch ehe ich genau wusste, was ich da tat. Er zuckte zusammen, mehr nicht.

Also schlug ich noch mal zu. Fester. Meine Augen füllten sich mit Tränen, die Wut bahnte sich ihren Weg nach draußen und ich ließ sie zu.

Brayden verhielt sich weiter passiv. Abwartend.

Ich spannte die Arme, ballte die Hände zu Fäusten und holte wieder aus. Brayden wich auch dieses Mal nicht zurück, ließ zu, dass meine Fingerknöchel ihn hart am Kinn trafen.

»Du Arschloch!«, brüllte ich und dann gab es kein Zurück mehr für mich. Ich schlug auf ihn ein, ich trat, ich schrie, ich ließ alles raus, was sich in mir aufgestaut hatte. Alles an Energie, was ich noch hatte. Mich wunderte es selbst, wie kraftvoll ich noch war nach dem Kampf mit den Rumpelstilzchen, aber Braydens bloßer Anblick reichte, um meine Dämme brechen zu lassen. Schmerz. So viel Schmerz. Und Hoffnung. Und Angst.

Er ließ es über sich ergehen, kassierte stumm meine Schläge ein und wartete, bis ich mich abreagiert hatte.

Irgendwann war es vorüber. Ich taumelte, weinte, schluchzte und krallte mich an seiner Schulter fest, um nicht nach vorne zu kippen.

»Es tut mir leid«, wiederholte er immer und immer wieder.

»Aaaaahh …«, schrie ich, trommelte kraftlos weiter auf ihn ein, prügelte den Restschmerz aus mir heraus. »Ich … Ich will das nicht.« Ich wollte ihn hassen. Ich wollte ihn lieben. Ich wollte, dass er mein Bruder war.

»Es tut mir leid«, sagte er weiter und schloss die Arme um mich. Ich wollte mich gegen ihn wehren, aber ich konnte nicht mehr. Meine Beine gaben nach, meine Seele gab nach, mein Körper gab nach. Seine Umarmung dämpfte mein Schluchzen. Ich krallte mich weiter an ihn, verzweifelt und flehend und voller Trauer.

»Es tut mir leid«, sagte er noch mal und drückte mich fester. Seine Stimme klang genauso verhangen wie meine. Kratzig und müde und der Welt überdrüssig.

»Gott, Kris. Ich wünschte, ich hätte es nicht gemacht, ich wünschte, ich hätte dir wirklich ein Bruder sein können. Doch egal wie es zwischen uns gelaufen ist, woher du kommst, woher ich komme: Du bist meine Schwester.«

»Nein.«

»Du bist meine Familie.«

»Nein.«

»Ich liebe dich.«

»Nein.« *Nein, nein, nein.* Ich wollte ihn wegstoßen, mich von ihm abwenden, ihn nie mehr an mich heranlassen. Ich wollte ihn hassen!

Aber ich konnte nicht.

Mein Körper wandte sich ihm zu. Meine Seele wandte sich ihm zu. Nur mein Kopf sagte, dass er ein Lügner und Betrüger war, dass er mich benutzt hatte.

Irgendwann richtete ich mich auf und wischte die Tränen aus meinen Augen. Brayden hielt meinen Blick fest. Lange. Intensiv. Und voller Liebe.

Ich fuhr auf dem Absatz herum und lief zur Tür. Zeit. Ich brauchte Zeit, das zu verarbeiten; alles, was heute passiert war.

Ash folgte mir, heftete sich an meine Seite und brachte mich stumm zurück zu meinem Zimmer.

Irgendwann standen wir vor meiner Tür. Ich verharrte still, unsicher, was ich tun sollte. »Danke fürs Herbringen. Ich hätte mich verlaufen.«

»Ja, weißt du, man nennt mich auch Ash den Pfadfinder.«

Ich schmunzelte. Ash legte den Daumen und den Zeigefinger unter mein Kinn und hob es an. »Schätze, dich nennt man Kris den gefährlichen rechten Haken.«

»Das war noch gar nichts.«

»Denk ich mir.« Ash öffnete für mich. Ich trat rückwärts ins Zimmer, blieb an der Schwelle stehen und blickte ihn noch mal an. Mein Körper war am Ende, genau wie meine Seele. Alles, was ich nun brauchte, war ein heißes Bad, was zu essen und Schlaf, aber ich hatte auch Angst davor, was passierte, wenn sich diese Tür schloss. Wenn die Einsamkeit kam und ich mit den Gedanken alleine war. »Würdest du …?«

Ash sah mich skeptisch an und runzelte die Stirn.

»Ich … Ich glaube, ich könnte heute gut Ash den Freund brauchen.«

Er lächelte sanft und nickte. »Den kannst du gerne haben.«

Ich drehte mich um und ging wortlos ins Zimmer.

Er folgte mir.

32. Kapitel

Ash

Abalion, Zeit unbekannt

Ein Rascheln weckte mich. Für jeden anderen wäre es nicht laut genug gewesen, um davon wach zu werden, doch für mich klang es, als hätte jemand einen Baumstamm neben mich geworfen. Ich blinzelte, zuckte zusammen, als ich den warmen Körper an meiner Seite spürte.

Was zum Henker …

Mein erster Impuls war es, aufzuspringen und nach einer Waffe zu greifen, doch dann wurde mir bewusst, wer da an mich gekuschelt lag. *Kris.*

Wir waren gestern tatsächlich Arm in Arm eingeschlafen und nun total verknotet. Meine Füße hatten sich um ihre gewickelt, unsere Beine waren ineinander verhakt, mein linker Arm lag quer über ihrem Brustkorb, der andere unter ihrem Kopf. Sie lag mit dem Rücken zu mir und ihr Hintern drückte gegen meine … äh … ja, *guten Morgen, da unten.*

Ich rückte ein Stück von ihr zurück und versuchte, meinen Arm herauszuziehen, ohne sie aufzuwecken. Meine südlichen Regionen fanden dieses Genestel allerdings eher ansprechend. Ich grummelte, rollte mich herum und bekam den Arm frei. Als ich den anderen von ihrem Brustkorb nehmen wollte, wurde sie halb wach und drehte mit mir herum, sie hing nun halb auf mir und wir knäulten noch mehr zusammen.

Großartig.

Ich lag auf dem Rücken, atmete durch, nahm einen Moment ihren Körper wahr. Diese Frau war das Ungewöhnlichste, was ich je kennengelernt hatte. Und das hatte eine Menge zu bedeuten.

Kris seufzte leise im Schlaf und kuschelte sich noch enger an mich. Mir wurde heiß bei der Berührung, ein angenehmes Kribbeln rauschte durch mich. Ganz schlecht.

Ich schob langsam ihren Arm von mir herunter, um aufzustehen. Da ich an der Wand lag, musste ich einmal über sie drüber, um aus dem Bett zu kommen. Ich rollte mit den Augen, weil diese Situation lächerlich abstrus war.

Ich bekam das zweite Bein frei, drückte mich mit dem Ellbogen ab und rutschte vorsichtig über sie. Ein weiteres Mal regte sie sich, legte sich auf den Rücken, als ich genau über ihr kauerte. Sie stellte ein Bein auf, als wollte sie damit eine Barriere für mich schaffen, und öffnete die Augen.

Ich zuckte zusammen.

Sie ebenso.

Hitze stieg zwischen uns auf. Meine Hose spannte noch mehr. Kris verlagerte ihr Gewicht unter mir, unsere Hüften rieben aneinander und ich konnte nicht verhindern, dass mir ein leichtes Stöhnen von den Lippen kam.

Wir sahen uns nur an. Mehr nicht. Ihre grünen Augen wirkten tief, unergründlich und voller Magie. Ich schluckte gegen die Trockenheit, doch es half nichts. Langsam kam ich ihr entgegen, bis ich ihren Atem auf meiner Haut spürte und ihren Duft einatmen konnte. Sie wirkte fremd an diesem Ort, auch wenn sie ein Teil davon war. Sogar ihr Geruch war anders als alles in Abalion. Eine erdige Unternote schwebte um sie herum, gab mir das Gefühl, irgendwo zu sein, wo es neue Regeln gab und neue Magie. Wir erschufen unsere eigene Welt voller Fantasie. Das Mal brannte auf meiner Haut. Erst jetzt fiel mir auf, dass Kris keine Schmerzen davon bekam.

Als wir uns die letzten Male nähergekommen waren, hatte sie immer über Herzprobleme geklagt.

Ich wollte sie darauf ansprechen, doch sie drehte den Kopf, berührte meine Nase mit ihrer und schloss die Augen. Ihre Lippen öffneten sich, ich müsste nur noch ein Stück näher, um sie zu küssen. Kris zog auch das andere Bein an, unsere Hüften lagen aufeinander. Stoff rieb über Stoff, ich krallte die Fingernägel ins Bettlaken. Obwohl wir uns nicht mal küssten, war dies intimer als alles andere, was ich je mit einer Frau erlebt hatte. Wir berührten uns auf einer Ebene, die ich noch nie zuvor betreten hatte. Kris und ich existierten abseits von Abalion und abseits von ihrer Welt.

Ich sah sie an. Mein Mund schwebte nach wie vor dicht über dem ihren, aber ich konnte es nicht tun. Ich konnte und wollte das nicht zerstören, was zwischen uns hing. Ich konnte mich nicht auf sie einlassen, nicht hier zumindest. Nicht jetzt.

Abgesehen davon war ihr Leben gerade auf den Kopf gestellt worden. Sie brauchte nicht noch mehr Komplikationen und ich brachte immer Komplikationen mit mir. Nicht umsonst nannte man mich auch Ash den …

»Ash?«

Ich zuckte zusammen und hielt die Luft an. Sie hob eine Hand, drückte sie sachte gegen meinen Brustkorb. Eine Aufforderung an mich. Der magische Moment war gebrochen, wir rissen uns beide zusammen, denn es war besser so. Ich folgte ihrer Bewegung und rutschte rüber zur Bettkante, um endlich aufzustehen.

»Entschuldige«, sagte ich leise und stieg umständlich aus dem Bett.

»Nein, ich … Es ist gut so.«

Ich nickte nur, sah mich im Zimmer um, leicht unschlüssig, was ich nun tun sollte. Frisch machen wäre eine Option. Eindeutig.

Sie beobachtete mich, wie ich aufstand, zog die Beine an und legte ihr Kinn auf die Knie. Ich wäre am liebsten zurück zu ihr gekrochen und hätte sie weiter festgehalten. Warum konnten Frauen das eigentlich so gut?

»Weißt du, was lustig ist?«, fragte Kris.

»Ich bin ganz Ohr.«

Ein verschmitztes Lächeln trat auf ihre Lippen. »Ich habe tatsächlich keinen Morgenatem.«

»Bitte?«

»Etwas, das Jorge zu mir sagte.«

»Ich wusste ja, dass Rumpelstilzchen nicht alle Latten am Zaun haben, aber keine Ahnung, was er damit meinte.«

Sie fuhr sich mit der Zunge über ihre Vorderzähne – und ich wünschte, sie würde das mit meinem …

»Ist nicht so wichtig«, sagte sie und stand ebenfalls auf.

»Gut, ich kann dir nämlich nicht folgen.« Dieser Zunge hingegen schon. Ich räusperte mich und wandte mich ab. »Ich schaue mal, ob sich meine Mutter dazu herablässt, uns mit dem Frühstück genauso zu verwöhnen wie mit dem Abendessen.«

»Es war sehr gut.«

»Ja.« Meine Mutter hatte vielerlei Speisen in Kris' Zimmer erscheinen lassen, ohne dass wir irgendwas hätten sagen müssen. Sogar ein voller Waschzuber mit warmem Wasser und frische Kleidung waren irgendwann im Raum manifestiert. Nicht dass Kris und ich gemeinsam gebadet hätten, wogegen ich nichts gehabt hätte – ich hatte brav gewartet, bis sie fertig war und auch nicht gespickt. Na ja, ein bisschen vielleicht.

»Danke für alles«, sagte sie und sah mich an. »Ich habe keine Ahnung, was mit mir passiert, was ich da gestern getan habe.« Sie sah auf ihre Finger. »Aber ich verändere mich, seit ich hier bin.«

»Vielleicht wirst du wirklich was Neues, so wie es meine Mutter sagte. Als ich die letzten Male dem Grimm entkommen bin, nachdem du mich im Stich gelassen hattest …«

Sie warf ein Kissen nach mir, dem ich allerdings auswich.

»Ich hab dich nicht im Stich gelassen, ich wurde aus der Vision gezogen.«

»Wie auch immer.« Ich schmunzelte. »Ich habe durch meine Hände auch eine Energie geschossen. Sie hat geleuchtet. Hell und silbern. Und das hat ihm nicht wirklich geschmeckt.«

»Was sind wir Ash?«

»Ich weiß es nicht.« Wir hatten gestern noch viel geredet, sie hatte mir von sich erzählt, ich ihr von mir, aber wirklich schlau waren wir nicht daraus geworden. »Ich werde …«

Es klopfte an der Tür. Ehe ich antworten konnte, wurde sie auch schon aufgerissen. Es war Lyn.

»Ihr müsst sofort kommen«, sagte sie. »Die Nachtheide wird angegriffen.«

Kris und ich verließen das Zimmer und eilten ihr hinterher. Wir trafen uns in einem großen Raum. Dante hatte in der Mitte einen Tisch aus Stein errichtet. Er hatte drei komische flache Scheiben aufgestellt, die miteinander über einen Faden verbunden waren. Eine durchsichtige Karte Abalions schwebte in der Luft.

»Magie«, sagte ich und trat näher.

»Technik«, antwortete Dante. »Wobei einige der Meinung sind, dass es auch Magie sein könnte.«

»Woher hast du diese Sachen?«, fragte Kris. Sie wirkte bei Weitem nicht so erstaunt wie ich. Dafür funkelte sie Brayden wütend an, der neben Dante am Tisch stand.

»Hab alle Sonden zusammengesucht, die wir je nach Abalion geschickt haben«, sagte Dante. »Zudem hatten wir eine Art Care-Paket dabei, als wir das Portal getestet haben. Messgeräte, Sender, Detektoren, Wärmebildkameras … Alles, was du dir denken kannst. Ein Teil wurde durch die Explosion zerstört, aber einiges hab ich retten können. Ich habe Geräte umfunktioniert und erweitert.« Er streckte einen Arm aus und wollte etwas von einem Tisch holen, doch er kam nicht ran. Ich wollte ihm schon helfen, als er einfach den Arm wachsen ließ und danach griff.

»Beeindruckend«, sagte ich.

»Praktisch vor allen Dingen«, sagte Dante und zog den Arm zurück. »Kann mich beliebig vergrößern oder verkleinern.«

»Nicht schlecht.« Ich trat näher an die Scheiben und beäugte sie skeptisch.

»Die Dinger nennt man Pads«, sagte Kris und kam neben mich. »Es beißt nicht.«

»Das sagen Waldhasen auch – und wenn du ihnen vertraust und sie streicheln willst, reißen sie dir den Finger ab.«

»So ein Quatsch. Hasen sind niedlich.«

»Klar. Absolut entzückend, genau wie Einhörner.« Ich drehte mich zu Dante. »Was ist mit der Nachtheide?«

»Ja, pass auf.« Dante tippte auf eines der Pads, die Karte von Abalion veränderte sich und vergrößerte einen Abschnitt. »Das ist der Bereich rund um die Heide. Wie du siehst, treiben sich dort jede Menge Tiere in Größe von Hunden herum.«

»Das sind die Wölfe«, sagte ich. »Ich habe sie vor Kurzem schon mit Destan getroffen.«

»Ein Rudel. Die Helfer des Grimms«, sagte Brayden. »Sie können die Grenzen überwinden und diese schwächen. Seht sie als Vorhut für ihn. Isa hat gesagt, dass jeder Black-Wolf-Täter in ein Mitglied des Rudels verwandelt wird.«

»Das waren diese Kokons«, sagte Kris. »Weiß du noch, wie uns der Grimm bei der Hütte mit den Geißlein überrascht hat?«

»Natürlich«, sagte ich. »Er hat das später auch mit Peter getan. Kann er denn noch mehr Wölfe machen?«

»Das weiß ich nicht, aber ich würde davon ausgehen«, sagte Brayden. »Der Grimm soll Abalion zerpflücken wie ein Wurm ein Stück Holz. Er bohrt sich von innen durch alle Schichten dieser Welt, bis alles bricht.«

»Das hat auch Moon gesagt, sie wurde immer schwächer, je mehr er gewütet hat.«

Dante zeigte uns den angrenzenden Wald. Die Nachtheide selbst war ein großer roter Fleck. »Ich kann nicht sehen, was drinnen passiert, aber bis eben hat sie noch nicht so viel Wärme ausgesendet. Ich würde mal sagen, auf der Heide geht ordentlich die Post ab. Zudem jagen die Wölfe ringsum in den Wäldern und im angrenzenden Gebiet. Ich empfange ebenfalls Wärmesignaturen von den Wesen, die dort liegen und schlafen, während ihr Geist auf der Heide ist. Jetzt seht euch das an.« Er tippte etwas ein, das Bild veränderte sich und wir erkannten eine Reihe von menschlichen Körpern, die auch rötlich strahlten. Die Wölfe rückten von rechts und links an und stürzten sich auf sie.

»Sie töten die Schlafenden«, sagte ich. »Das heißt, ihre Seelen auf der Heide lösen sich ebenfalls auf.«

»Das ist aber noch nicht alles«, sagte Dante und veränderte ein weiteres Mal unseren Blickwinkel. Wir sahen drei Wölfe, die Richtung Heide liefen und plötzlich verschwanden.

»Sie gehen auf die Heide«, sagte ich. »Normalerweise funktioniert das nur im schlafenden Zustand.«

»Was, wenn das nicht für die Wölfe gilt?«, fragte Dante.

»Vielleicht hilft Isa ihnen«, sagte Brayden. »Sie hat den Splitter aus der Anthologie und meinte, dass sie damit den Grimm kontrollieren kann. Was, wenn sie sich mit ihm verbündet?«

»Dann sind wir am Arsch«, sagte ich.

»Wir müssen dorthin«, sagte Kris.

»Aber wir kommen nicht auf die Heide und draußen hinlegen können wir uns auch nicht«, sagte ich. »Die Wölfe würden uns sofort plattmachen.«

»Ich habe mich ausführlich über die Heide informiert«, ergänzte Dante. »Es gibt noch andere Wesen, die ebenfalls rein- und rauskönnen.«

»Du meinst die Zentauren«, sagte ich.

»Genau. Die Diener des Prinzen. Soweit ich es habe herausfinden können, sind sie dazu in der Lage, die Grenzen zu passieren. Mit ihren Körpern.«

»Das ist richtig«, sagte ich. »Aber das hilft uns nicht weiter. Die Zentauren sind nicht unbedingt kooperativ.«

»Vielleicht sind sie es jetzt, wo ihre Heide bedroht wird«, sagte Kris.

»Ich würde nicht darauf zählen.«

»Aber wir müssen es versuchen«, sagte Lyn. »Erstens müssen wir Casaju holen, ehe die Heide zerstört wird, denn wenn das passiert, wird auch er ausgelöscht werden.«

»Und zweitens müssen wir den Kristall schützen«, ergänzte Brayden.

»Genau.«

Ich lehnte mich nach vorne und stemmte die Hände auf der Tischplatte ab.

»Ihr müsst die Zentauren dazu zwingen«, sagte Syrantina plötzlich. Jeder zuckte zusammen, weil sie einfach aus dem Nichts neben uns auftauchte. Ich rollte mit den Augen. Dieses theatralische Erscheinen ging mir auf die Nerven.

»Und wie sollen wir das anstellen?«, fragte ich.

»Indem ihr ihnen keine Wahl lasst.«

»Diese Biester kann man zu nichts zwingen«, sagte ich.

»Natürlich, wenn man genügend Druck aufbaut, kann man jeden zwingen. Ich schicke euch einen Olgul mit. Er kann einen von ihnen anlocken und ihn dazu bringen, euch einzulassen.«

»Auf keinen Fall«, sagte ich.

»Was ist ein Olgul?«, fragte Kris.

»Es ist eine menschähnliche Rasse, die oben im Osten Abalions in einer abgelegenen Gegend lebt. Einen Olgul heuerst du nur für eine Sache an: zum Foltern und Quälen. Sie haben kein Gewissen, keine

Gefühle, sie kennen keinen Schmerz und hören nicht auf, bis sie haben, was sie wollen.«

»Das klingt rabiat«, sagte Brayden.

»Das ist es und wir werden es nicht tun.«

»Eine andere Möglichkeit habt ihr nicht«, sagte Syrantina.

»Es gibt immer andere Möglichkeiten«, sagte ich. »Womöglich haben die Wölfe die Grenze schon so weit zerstört, dass wir sie ebenfalls passieren können. Auf die Heide selbst können wir mit dieser Technik nicht blicken, oder?«

»Nein. Keine Chance«, sagte Dante.

»Isa will den Kristall der Fantasie zusammensetzen«, sagte Brayden. »Gibt es auf der Heide etwas, das ihr dabei hilft?«

»Der Baum vielleicht?«, sagte ich. »Er führt in das Kloster, das Moon zerstört hat.«

»Ich erinnere mich an ihn«, sagte Brayden. »Die Mönche haben dort Anabels Überreste begraben und der Baum wuchs daraus empor.«

»Es gibt einen Garten, in den mich der Prinz gebracht hat. Der Baum zum Kloster ist dort, allerdings ist er umgeben von einem Kraftfeld.«

»Isa wird dort angreifen«, sagte Brayden.

»Das würde der Prinz nie zulassen, er kann alles mit seinen Gedanken beeinflussen.«

»Es sei denn, er ist abgelenkt«, sagte Brayden.

»Durch den Grimm«, sagte Kris. »Er und sein Rudel machen die Drecksarbeit und Isa hat freie Bahn.«

Kris trat um den Tisch herum und sah sich alles näher an. Brayden kam neben sie, ihr Körper versteifte sich automatisch. Immerhin schlug sie nicht wieder auf ihn ein.

»Denkst du, dass du den Grimm noch mal mit deinen Strahlen vertreiben kannst?«, fragte Kris.

»Als ich ihn das letzte Mal mit Destan sah, konnte ich es nicht.« Aber da war Kris auch nicht dabei gewesen. Womöglich hing es mir ihr zusammen.

»Wollen wir es versuchen?«, fragte sie und sah mich herausfordernd an.

»Nicht unbedingt, aber ich schätze, wir müssen, oder?«

»Wir teilen uns auf«, sagte Brayden. »Lyn: Du wirst auf der Heide nach Casaju suchen und ihm das Mittel injizieren, damit er zurück in seinen Körper kann.«

»Okay.«

»Ash und Kris: Ihr lenkt die Wölfe und den Grimm ab, wenn möglich?«

Ich brummte missmutig.

»Wenn wir jetzt noch den Baum schützen können, sodass Isa nicht an den Kristall kommt, …«

»Ich werde dir helfen«, sagte meine Mutter. »Ich kann das Schloss nicht verlassen, aber ich kann einen Zauber entwerfen, der den Baum abschirmt.«

»Ein Kraftfeld um das Kraftfeld«, sagte Brayden.

»Ja.«

»Wer sagt uns, dass Isa das nicht auch durchdringen kann?«, fragte ich.

»Niemand«, antwortete Syrantina.

»Wir müssen Isa auch nicht besiegen, sondern sie nur lange genug hinhalten«, sagte Brayden. »Wir schützen den Baum, Lyn weckt Casaju und zerstört damit die Nachtheide. Natürlich erst, wenn wir alle draußen sind. Sobald die Heide weg ist, hat Isa keinen Zugriff mehr auf den Baum. Sie müsste Abalion verlassen und nach Indien reisen, aber selbst dort kommt sie nicht weiter, denn die Ausgrabungen sind eingestellt.«

»Ich gebe euch ein paar Geräte mit«, sagte Dante. »Detektoren, Scanner, wir haben auch ein paar Schusswaffen.«

»Nehmen wir«, sagte Kris.

Ich wandte mich zu meiner Mutter. »Ich brauche ein Schwert.«

Sie nickte.

»Ich würde euch ja gerne begleiten«, meinte Dante. »Aber ich bin leider nicht Groot. Ein Hieb und ich bin Brennholz.«

»Hilf uns von hier aus und halte uns auf dem Laufenden, was los ist«, sagte Lyn. »Ich rede schnell mit meinem Vater, damit er und Sebastian zu Casajus Körper gehen. Wenn wir ihn wecken, wird er verwirrt sein.«

»Wie kommen wir zur Heide?«, fragte Kris. »Ist es weit?«

»Nicht mit meiner Magie«, sagte Syrantina. »Ich werde euch eine Tür öffnen.«

Kris warf mir einen Blick zu. Ich nickte und ließ die Luft aus der Lunge. »Dann mal ab zur Nachtheide.«

33. Kapitel

Kristin

Abalion, Zeit unbekannt

»Als Syrantina sagte, sie würde uns eine Tür öffnen, wusste ich nicht, dass sie das wörtlich gemeint hat.« Ich trat auf die andere Seite der Nachtheide, wo Brayden, Lyn und Jorge schon warteten. Ash bildete das Schlusslicht. Er lief durch den Rahmen der hölzernen Tür, drehte sich um und zog sie hinter sich zu. Sie löste sich sofort auf.

»Manche Dinge sind einfach, wenn man die entsprechenden Mittel hat«, sagte er.

Es klang eher nach einem Vorwurf als nach Bewunderung. Vermutlich war er nach wie vor sauer, weil Syrantina sich nie um ihn gekümmert hatte, was ich ihm nicht verübeln konnte. Ich warf einen Blick zu Brayden, der seine Glock überprüfte. Wir hatten nicht mehr viel geredet seither, es war wohl das Beste. Ich wusste nach wie vor nicht, ob ich auf ihn böse sein oder ihn lieber umarmen sollte.

»Kannst du damit umgehen?«, fragte Ash mich und zeigte auf mein Schwert. Da wir nicht endlos Munition besaßen, hatten wir vorsichtshalber alle noch Waffen zusätzlich mitgenommen.

»Ich hatte ein paar Trainingsstunden mit Übungswaffen. Keine Ahnung, ob es reicht, aber wir werden es gleich sehen. Wohin müssen wir?«

Wir standen im dichten, dunklen Wald. Die Sonne war noch nicht aufgegangen. Der Himmel war finster und sternenlos.

»Da rüber«, sagten Jorge und Ash gleichzeitig.

»Ist lang her, seit ich das letzte Mal hier war«, sagte Jorge. »Aber manche Dinge vergisst man nicht.«

»Das kann ich verstehen.« Ash setzte sich zuerst in Bewegung, wir folgten ihm durchs Unterholz. Schon von Weitem rochen wir den Rauch und sahen das Glimmen von Feuer.

»Die Heide ist in verschiedene Abschnitte unterteilt«, sagte Ash. »Da drüben sind die Schlafplätze für die, die es sich leisten können. Je weiter weg man kommt, desto dürftiger wird das Angebot. Rechts sind noch mal Schlafplätze, wenn es zu voll wird, auf der anderen Seite sind Händlerunterkünfte. Es gibt einige davon quer um die Heide verteilt. Sie ruhen separat, weil sie jederzeit raus- und reinmüssen, um Vorräte aufzufüllen. Nur sie sind in der Lage, Dinge mit auf die und von der Heide zu nehmen. Was man auf der Heide kauft, bleibt also auch dort und ist lediglich zum sofortigen Genuss geeignet. Weiter links gibt es einen weiteren Übergang. So was wie die Hintertür. Dahin wurde ich gebracht, nachdem mich der Eisjäger gefangen hatte.«

»Besteht eigentlich Gefahr, dass die uns wieder auflauern?«, fragte ich.

»Nein. Mutter hat sich drum gekümmert.«

»Wo gehen wir am besten rein?«, fragte Lyn und sah sich um.

»Wir …«

Ein Knacken im Holz ließ uns innehalten. Ash und Jorge griffen sofort an ihre Waffen, ich tat es ihnen gleich und spähte in den Wald hinein. Etwas wuselte um uns herum, ich hörte Schritte und Tapsen und Schnüffeln.

»Sie sind hier«, sagte Ash. »Die Wölfe.«

Wir gingen vorsichtig weiter. Ich schaute in den Wald, sah hier und da ein gelbes Augenpaar aufblitzen. Brayden hielt seinen Abstand zu mir, spähte nur ab und an herüber und rang sich ein Lächeln ab. Sobald sich unsere Blicke trafen, flutete mich eine angenehme Ruhe, doch ich ignorierte das Gefühl.

Ich wollte es nicht.

Nur langsam kamen wir näher an die Heide heran. Die Schlafplätze, die für die Besucher bereitstanden, waren zum Großteil vernichtet worden. Niedergerissen, zertrampelt – zerstört.

»O Mann«, sagte Brayden und hielt inne. Ich blickte mich ebenfalls um und war mehr als dankbar, dass ich nicht viel im Magen hatte. Die

Gäste lagen mit aufgerissenen Bäuchen oder herausgebissenen Kehlen auf der Erde. Es war ein Massaker. Die Wölfe hatten nicht getötet, weil sie Nahrung brauchten, sondern aus Lust am Morden. Ich wollte schon weiter, als Ash mich zurückhielt und auf eine der Leichen zuging.

»Was ist?«, fragte ich. Er zog mich zu einem älteren Mann. Sein Blick war starr nach oben gerichtet, sein Körper blutüberströmt. Ash hockte sich neben ihn.

»Sieh mal.« Er tippte auf den Arm des Mannes und zog eine grüne moosartige Substanz herunter. »Das sieht so ähnlich aus wie das Zeug, in das die anderen eingehüllt worden sind. Der Mann in der Hütte, Peter im Schloss.«

Ich trat neben ihn, versuchte den Geruch des Blutes auszublenden. »Du hast recht.« Ich sah mich um. Manche der anderen Leichen hatten die Substanz ebenfalls am Körper. »Heißt das, er macht noch mehr von den Wölfen?«

»Könnte sein. Vielleicht kann das Rudel eigenständig welche nachziehen, jetzt, da es mehr Kraft hat.«

»Dann haben wir ein größeres Problem als gedacht«, sagte Brayden. »Wenn all diese Menschen sich in Wölfe verwandeln werden, haben wir keine Chance.«

»Was, wenn wir sie verbrennen?«, fragte Lyn.

»Da bräuchten wir einen großen Flammenwerfer«, sagte Brayden. »Aber möglicherweise kann uns Syrantina helfen.«

Ein Knurren erklang rechts von mir, ich fuhr herum und sah den Wolf, der sich aus dem Unterholz schälte. Ich zog sofort meine Waffe, zielte auf das Tier und schoss ihm in den Schädel. Er klappte bewusstlos zusammen. Ash warf mir einen Blick zu. Seine Hand ruhte am Griff seines Schwertes.

»Nicht schlecht«, sagte er. »Nur leider wird der Knall so ziemlich alle Aufmerksamkeit auf uns gelenkt haben.«

Kaum hatte er ausgesprochen, kamen schon die nächsten Wölfe an. Sie strömten von allen Seiten zu uns. Brayden, Lyn, Jorge und ich legten an, schossen die erste Reihe der Wölfe problemlos nieder, doch das war nur die Vorhut gewesen. Ash zückte sein Schwert, sicherte die linke Seite unserer Gruppe ab und bekam gleich zwei Wölfe zu fassen. Er war ein ziemlich versierter Kämpfer, das musste ich ihm lassen, aber ich hätte es auch nicht anders erwartet. Wer sich sein Leben lang in dieser rauen Welt herumschlug, der musste sich behaupten können.

Es dauerte nicht lange, bis wir die erste Angriffswelle erledigt hatten. Ich steckte die Waffe weg und überprüfte die Munition. Wenn wir weiter so viel brauchten, hätten wir alles verfeuert, noch ehe wir auf der Heide waren.

»Weiter«, sagte Brayden. »Wir teilen uns auf. Lyn kommt mit mir, Jorge, du kontaktierst Syrantina wegen der Leichen, Ash und Kris suchen in der anderen Richtung. Gebt Bescheid, wenn ihr einen Weg auf die Heide gefunden habt.«

»Alles klar«, sagte Jorge, nur Lyn gab Brayden einen Klaps auf die Brust.

»Was?«, fragte er.

»Der Befehlston liegt dir ja immer noch im Blut.«

»Ich … Tut mir leid, ich wollte nicht …«

Sie lachte nur und setzte sich in Bewegung. »Komm schon, Collins.«

Er runzelte die Stirn, folgte ihr dann aber. Ash und ich liefen in die andere Richtung los und Jorge nutzte das kleine Amulett an seinem Handgelenk, das Dante uns allen gegeben hatte, damit wir ihn anfunken konnten.

»Da drüben, der Torbogen«, sagte Ash. »Das ist der Eingang. Da treiben sich normalerweise auch die Zentauren herum.«

Er war mit Blumen geschmückt, von denen viele allerdings heruntergerissen waren. Es sah aus wie ein einsamer Durchgang, der ins Nichts führte.

»Weiter links hab ich das erste Mal geschlafen, als wir uns getroffen haben«, sagte Ash.

»Es kommt mir wie eine halbe Ewigkeit vor«, sagte ich.

Wir gelangten an mehr Schlafplätzen vorbei. Die Leichen auf dieser Seite waren in einem schlechteren Zustand. Anscheinend wollten die Wölfe nicht alle umwandeln und hatten einige doch als Nahrung angesehen. Ich bemühte mich, nicht zu viel hinzuschauen und mich auf Ash und die Umgebung zu konzentrieren, als er auf einmal anhielt und lauschte.

Es raschelte erneut hinter uns. Wir fuhren gleichzeitig herum und sahen uns zwei Wölfen gegenüber. Sie leckten sich über ihre Nasen, ich zückte schon wieder die Waffe, doch Ash hielt mich auf.

»Was ist?«

»Sieh mal, ihre Wunden.«

Ich musterte die Tiere und er hatte recht. Einer hatte eine Schussverletzung im Kopf, der andere an der Seite. »Aber das sind … Wir haben sie eben …«

»Erschossen. Anscheinend wirkt eure Munition nicht so wie in der realen Welt.«

»Oh, nein.« Weiter kam ich nicht, denn die Tiere griffen an. Ash sprang nach vorne, schob mich zurück und zückte sein Schwert. Er wehrte die beiden Wölfe ab, traf einen an der Schulter, doch der andere schaffte es an ihm vorbei und stürmte stattdessen auf mich zu. Ich zückte ebenfalls meine Klinge, unterschätzte das Gewicht der Waffe. Vorhin hatte ich zwar ein wenig damit geübt, aber offenbar nicht genug. Der Wolf erwischte mich und warf mich zu Boden. Er landete auf mir, schnappte nach meiner Kehle. Ich riss die Hände hoch, bohrte meine Fingernägel in seinen Hals und versuchte, ihn mir vom Leib zu halten. Seine Zähne kamen bedrohlich nahe, klapperten aufeinander, sein Speichel troff mir auf die Haut. Ich zog die Beine an, wollte ihn von mir schieben, doch da winselte er auf einmal, zuckte und wurde von mir gestoßen. Ash hatte ihm einen Hieb in die Seite verpasst und ihm die Klinge zwischen die Rippen gerammt.

Er beugte sich zu mir und streckte mir die Hand hin. »Alles klar?«

»Ja, geht schon. Wir müssen den anderen Bescheid geben!« Ich hob das Amulett hoch und tippte es an. »Hey, Leute. Die Wölfe sind nicht mit unseren irdischen Waffen zu schlagen. Wir müssen sie mit den Schwertern töten.«

Es war Jorge, der als Erster antwortete. »Das hab ich auch eben bemerkt! Einer ist mir ins Kreuz gesprungen und hätte mir fast das Genick gebrochen.«

»Geht es dir gut?«, fragte ich.

»Ja, aber ich musste mich weiter in den Wald zurückziehen, sie schützen die Toten. Ich suche mir einen sicheren Platz und kontaktiere Syrantina.«

»Pass auf dich auf, ja?«

»Immer.«

»Brayden? Lyn? Wie ist es bei euch?« Ich wartete, doch es blieb bei einem Rauschen. »Brayden?«, wiederholte ich.

Nichts.

Ich schüttelte den Kopf, wartete noch einen Moment, doch es tat sich nichts. Ich ließ den Arm sinken und sah in die Richtung, in der die beiden verschwunden waren.

»Vielleicht sind sie schon auf der Heide«, sagte Ash.

»Oder sie wurden auch attackiert. Wir sollten zurück und …«

»Warte! Da hat jemand gestöhnt«, sagte Ash und drehte sich herum.

»Was?« Ich spitzte ebenfalls die Ohren und nahm ein leises Ächzen wahr. »Ist da noch jemand am Leben?«

»Klingt ganz so.« Er bog nach links auf den Weg ab und stapfte durch die zerstörten Schlafplätze der anderen. Ich folgte ihm, immer darauf bedacht, auf keine Toten zu treten.

»Hier!«, rief Ash und zeigte ein Stück nach vorne. Er rannte zu der Stelle, kniete sich hin und fing an, Gestrüpp zur Seite zu schieben. Das Lager war verwüstet, Äste, Blätter und ein halber Baumstamm lagen quer darüber. Ich kam neben ihn und half ihm.

»Das ist das Paar, das hier schon lange liegt.«

Ich sah Ash zu, wie er die Äste zur Seite schob und versuchte es noch mal bei Brayden und Lyn. Wieder ohne Antwort. Also funkte ich Dante an. »Ich bin es. Kannst du Brayden und Lyn orten? Ich bekomme keine Antwort.«

»Ja, warte.« Ich hörte ihn tippen. »Sie sind auf der anderen Seite der Heide, sieht aus, als würden sie kämpfen.«

»Mist. Wir müssen ihnen helfen, Ash.«

»Ja.« Er zog einen breiten Ast vom Körper des Mannes, der lautstark stöhnte. Ich blickte ihn an und zuckte zusammen, als ich das Ausmaß seines Zustands begriff. Er und die Frau waren mit dem Waldboden verwachsen, ich erkannte kaum, wo ihre Gliedmaßen anfingen oder aufhörten. Der Arm des Mannes verschwand in der Erde, sein Bein war mit Gras und Blumen zugewachsen, seine Körpermitte mit Holz überzogen. Bei der Frau sah es nicht viel anders aus. Auch sie war vom Waldboden überwuchert, war mit ihm eine grausige Symbiose eingegangen.

»Wir haben hier ein Paar gefunden«, sagte ich zu Dante. »Sie leben zwar noch, aber es sieht nicht gut aus.«

»Hilf mir kurz, den Baumstamm wegzuschieben«, sagte Ash. »So können sie wenigstens besser atmen.«

Ich blickte hinüber zur Heide und suchte nach Brayden und Lyn, sah aber nichts. Dafür, dass es nur eine große Wiese war, war sie schwer zu überblicken.

»Sie kämpfen noch«, sagte Dante. »Gewinnen die Oberhand. Sieht gut aus bei ihnen.«

»Okay.«

Ich wandte mich zu Ash und drückte mit ihm den Baumstamm weg. Das Ding war schwer, wir konnten es nur wenige Zentimeter bewegen, aber wenigstens bekamen die beiden besser Luft. Ich bezweifelte allerdings, dass sie noch lange leben würden.

»Die Wölfe müssen sie übersehen haben«, sagte Ash. »Vermutlich können sie sie nicht wittern.«

Ich war mir nur nicht sicher, ob das ein Glück war oder nicht.

»Seit ich denken kann, sind die beiden auf der Nachtheide.«

Die Frau stöhnte leise, als sie die Bewegung merkte. Ich zückte ein Messer, das ich am Gürtel trug, durchschnitt eine Wurzel, die quer über ihren Oberkörper gewachsen war, doch kaum hatte ich sie entfernt, fing es schon an zu bluten. Ich warf Ash einen Blick zu, der allerdings den Kopf schüttelte. Wir mussten sie in Frieden lassen, sonst machten wir alles nur schlimmer. Sie öffnete die Augen und sah mich an. Ich sah die Furcht und ihre Schmerzen darin.

»Ganz ruhig«, sagte ich und strich ihr einen moosigen Ast aus dem Gesicht. Sie schüttelte den Kopf, riss einen Arm hoch und dabei mehr Wurzeln aus der Erde. Auf einmal holte sie nach mir aus und schrie vor Angst.

»Wir tun euch nichts«, sagte ich und versuchte, sie zu beruhigen. Es dauerte, doch irgendwann verließen sie ihre Kräfte und sie wurde ruhiger.

»So ist's gut. Atmen.« Ich blickte zu dem Mann, der schwächer wirkte als sie. Ash befreite loseres Geäst von ihm, das nicht mit ihm verwachsen war.

Die Frau öffnete den Mund, doch es kam nur heiseres Gekrächze heraus. Ihre Lippen, die völlig ausgetrocknet und rissig waren, zitterten.

»Cyrus …«, keuchte sie schließlich und drehte den Kopf zu ihm.

»Wir sind hier, um zu helfen«, sagte ich rasch. »Wir wollen Casaju von der Nachtheide holen und ihn wecken.«

Ihre Finger zuckten, aber sie konnte sie nicht mehr anheben. Ich nahm ihre Hand, legte sie in die von Cyrus und nickte ihr zu.

Die Frau fing an zu zittern. Ihre Zähne klapperten aufeinander, auch Cyrus reagierte. »Der Prinz …«, sagte er. »Sein Körper …«

»Darum kümmern wir uns schon«, sagte ich. »Er ist in Sicherheit.«

»Amulett«, sagte Cyrus.

»Was für ein Amulett?«, fragte ich. »Was soll das heißen?«

»Es ist dort«, sagte Cyrus und schloss die Augen.

»See«, sagte die Frau. »Auf der Heide.«

»Dort, wo wir uns das erste Mal getroffen haben«, sagte Ash. »Moon meinte, dass der Prinz ihr ein Amulett abgenommen hatte und es einen Teil ihrer Macht besaß.«

»Holt es!«, keuchte die Frau. »Helft Casaju! Er kann …« Sie krampfte, biss sich auf die Lippen und stöhnte auf.

Wir gaben unser Bestes, sie zu beruhigen, doch diesen Kampf würden wir verlieren. Genau wie die beiden. Ihre Seelen waren zu lange auf der Heide gewesen. Ihre Körper viel zu geschwächt. Cyrus röchelte ebenfalls, sein Atem kam nur noch rasselnd. Auch die Frau stöhnte ein letztes Mal, dann ließ sie die Luft aus der Lunge. Wir blieben bei ihnen, bis sie ihren letzten Atemzug getan hatten.

Ash löste sich als Erster, stand auf und deckte die beiden wieder mit dem Geäst und den Blättern zu, die wir vorher weggeräumt hatten. Wir arbeiteten gründlich, schoben noch Erde auf ihre Körper, auf dass sie niemand mehr finden konnte. Ein stilles Grab für ein Paar, das zu lange gefeiert hatte.

Plötzlich blinkte mein Amulett am Handgelenk auf. Ich hob es an und drückte auf den Knopf zum Empfangen von Gesprächen.

»Kris? Ash?«

»Brayden! Seid ihr okay?«

»Ja, aber uns haben eben die Wölfe angegriffen, die wir eigentlich erschossen hatten. Ihr müsst aufpassen.«

»Wir sind ihnen auch begegnet. Jorge hat sich zurückgezogen, um Syrantina zu verständigen. Sie sind nicht mit unseren Waffen zu töten.«

»Nein, wir konnten einige ausschalten und wir haben einen Weg auf die Heide gefunden.«

»Wo?«, fragte Ash.

»Auf der östlichen Seite der Händler. Wir sind auf weitere Wölfe gestoßen, die einen Zentauren in der Mangel hatten. Er erlag eben seinen Verletzungen, aber er sagte uns, wie wir auf die Heide kommen, ohne unsere Körper zu verlassen. Dante hatte recht, die Zentauren sind der Schlüssel. Kommt her.«

»Sind schon unterwegs.«

34. Kapitel
Ash

Abalion, Zeit unbekannt

»Haare«, sagte ich und sah auf das Stück Mähne des Zentauren, das Brayden mir reichte. »Das ist also das Geheimnis, um die Nachtheide zu betreten. Hätte ich das mal früher gewusst. Ich hätte den Schwarzmarkt in Amqua aufgemischt und wäre ein reicher Mann geworden.« Wir waren hinten bei den Händlerplätzen. Die Zelte und Waren lagen verstreut überall herum, die Wölfe waren einmal quer durch ihr Lager gefetzt und hatten alles niedergerissen. Manche der Leichen waren bereits mit der moosartigen Substanz bedeckt.

Brayden hielt die Luft an, als ich näherkam. Mir war vorhin schon aufgefallen, dass er mich komisch anblickte.

»Alles in Ordnung?«, fragte ich ihn.

Er schüttelte sich. »Nein, es ist … Ich bin …« Er zog die Augenbrauen zusammen, rang um Worte. »Nicht so wichtig. Denk ich.«

Ich schloss die Haare in meine Faust und warf Kris einen Blick zu. Sie redete mit Jorge über ihr Amulett, doch ihre Aufmerksamkeit galt auch uns.

»Verzwickte Sache mit euch beiden«, sagte ich zu Brayden.

»Nicht nur zwischen ihr und mir.« Er sah mich noch mal an. In seine Augen trat ein merkwürdig vertrauter Gesichtsausdruck. Ich hätte schwören können, dass ich diesen Mann schon mal gesehen hatte, konnte ihn aber nicht einordnen. Dabei vergaß ich in der Regel niemanden, dem ich begegnet war. Mich überkamen ein Schauer und ein Gefühl der Geborgenheit; als hätte ich mit ihm etwas erlebt, das mich tief geprägt hatte; als wäre er ein Stück Heimat.

Befremdlich.

»Wir können los, Brayden«, sagte Lyn und kam zu uns. Er zuckte zusammen. »Oder soll ich dich lieber Waylon nennen?«

»Nein. Brayden passt wohl mittlerweile besser. Alles, wofür Waylon stand, muss ich hinter mir lassen.«

Wir traten näher an die Grenze der Heide heran. Der Geruch nach Tod und Rauch wurde intensiver. Die Erde brodelte, ich spürte die Kraft, die in der Heide wirkte. Sie suchte sich einen Weg nach draußen und würde mit einem gigantischen Rums explodieren. Nicht mehr lange, bis dieser Ort unterging.

»Jorge meint, er braucht noch einen Moment Zeit«, sagte Kris und nahm ebenfalls ein Büschel Haare des Zentauren entgegen. »Er muss zurück ins Schloss. Syrantina kann keine Zauber auf die Ferne wirken, aber sie kann ihm etwas mitgeben, womit er vor Ort ein Feuer auslösen kann.«

So wie die kleine Kugel, die sie für Brayden gefertigt hatte. Sie war aus Glas und enthielt ein weiteres Kraftfeld, um das erste am Baum zu umschließen. Er musste es nur vor Ort zerbrechen.

»Dann wollen wir mal.« Ich ging als Erster los, umklammerte die Haare fester und überschritt die Grenze zur Heide.

Normalerweise erfasste mich ein Sog aus Leichtigkeit und Euphorie, wenn ich auf die Heide ging. Heute zog sich nur ein komisches Kribbeln über meine Haut. Meine Innerstes wurde nicht leicht, es kam keine Welle an Freude, stattdessen schlug mir die blanke, bittere Realität ins Gesicht.

Die Panik und das Grauen, das diesen Ort befallen hatte, waren greifbar. Das pure Chaos war ausgebrochen, die Heide ein Schauplatz der Verwüstung geworden. Überall schwelten Brände, Feuer loderten, die Zelte waren zum Großteil zerstört. Viele der Gäste hatte es bereits erwischt, doch ich hörte nach wie vor Schreie von weiter hinten und das Knurren der Wölfe. Die Erde brodelte hier stärker als draußen, der Geruch nach Hund und Fäulnis hing in der Luft.

Auf einmal erklang ein lautes, lang anhaltendes Brüllen, das alles vibrieren ließ. Wir zuckten gleichzeitig zusammen und Brayden wich einen Schritt zurück.

»Der Grimm«, stammelte er. Seine Hände fingen an zu zittern, er bekam Schweißausbrüche und wurde so blass, als hätte man ihm sämtliches Blut abgezapft.

»Brayden«, sagte Lyn und hielt ihn am Arm.

Ich sah die beiden fragend an. Brayden fasste sich nur langsam wieder, atmete ein paar Mal tief durch und schüttelte die Angst ab.

Ob es eine gute Idee war, ihn mitzunehmen? Der Grimm war furchteinflößend, ohne Frage, aber Brayden sah aus, als bekäme er gleich einen Nervenzusammenbruch. Wir konnten das nicht brauchen.

»Es geht«, sagte er, weil er meinen Blick bemerkte. »Es muss. Ich habe nur schon oft … Ich habe eine lange Vergangenheit mit dem Grimm.« Mit zittrigen Händen holte er die Karte aus der Tasche, die ich mit Dante von der Heide erstellt hatte. Allerdings starrte er nur darauf, anstatt sich zu orientieren.

»Du musst da rüber«, sagte ich und deutete auf einen Weg, der hinter den Zelten entlangführte. »Schaffst du das wirklich?«

»Ja.«

»Das klingt nicht sehr überzeugend.«

Der Grimm brüllte ein weiteres Mal und Brayden gab einen erstickten Laut von sich. Er fuhr sich durchs Gesicht, den Nacken, wischte sich den Schweiß von der Haut.

Wir hätten Jorge reinholen sollen anstatt ihn, doch nun war es zu spät, weil er bereits auf dem Weg zu Syrantina war und noch länger warten konnten wir nicht.

»Ich gehe zum Kraftfeld«, sagte ich. »Du solltest besser draußen …«

»Passt auf!«, rief Kris und lenkte alle Aufmerksamkeit nach vorne und auf das Rudel Wölfe, das auf uns zujagte. Ich steckte die Haare des Zentauren in meine Hosentasche und zückte stattdessen mein Schwert. Die Wölfe kreisten uns ein, schossen von rechts, links, vorne, hinten auf uns. Die anderen zogen ebenfalls ihre Waffen – und dann ging es schon los. Wir stoben fast gleichzeitig nach vorne, agierten erstaunlich aufeinander eingespielt.

Kris hieb ordentlich zu und wehrte einige Wölfe ab. Der Kampf zog sich eine Weile hin, doch letztlich schafften wir es, alle zu besiegen.

Vorerst.

»Wir müssen in Bewegung bleiben«, sagte Lyn. »Ich suche Casaju.« Sie holte einen kleinen Sensor aus ihrer Tasche und drückte ihn Kris in die Hand.

»Warte kurz«, sagte ich. »Wir haben eben vor der Heide ein Pärchen getroffen. Sie liegen schon ewig hier, jeder in Abalion kennt sie.« Ich erklärte ihnen, was sie über das Amulett erzählt hatten. »Cyrus meinte, dass …«

»Moment, stopp«, sagte Lyn. »Cyrus? Ihr … Ihr habt Cyrus und Anantha getroffen?«

»Ich weiß nicht, haben wir das?«

»Sie stehen mit Sebastian in Kontakt, wegen ihnen kann er nicht mehr schlafen.«

»Wir sollten nach diesem Amulett suchen. Ich denke, es kann uns helfen.«

Lyn nickte, kramte in einer ihrer zahllosen Hosentaschen und holte ein schwarzes Gerät heraus. »Das funktioniert wie ein Detektor. Es reagiert auf Metall. So könnt ihr hoffentlich das Amulett im See aufspüren.«

»Danke«, sagte Kris und nahm es entgegen. »Du hast nicht zufällig auch eine Tauchausrüstung irgendwo versteckt?«

»Leider nicht.«

»Wird schon gehen.«

Wir nickten den anderen zu, ich warf einen letzten Blick auf Brayden, der sich etwas gefangen hatte. Der Kampf mit den Wölfen hatte ihn anscheinend abgelenkt.

»Geht«, sagte er zu uns. »Wir bleiben bei unserem Plan. Ich gehe zum Kraftfeld.«

Wohl war mir nicht dabei, aber er musste selbst wissen, was er sich zutrauen konnte. »Wir müssen da rüber.« Ich deutete auf die Mitte der Heide. »Der See liegt recht zentral.«

»Das hab ich befürchtet«, sagte Kris und setzte sich in Bewegung. Ich folgte ihr, Lyn und Brayden schwärmten ebenfalls aus.

Der Rauch wurde dichter, je weiter wir kamen. Ich hustete trocken, meine Augen tränten. Kris zog ein kleines Tuch aus ihrer Brusttasche und drückte es sich vor Nase und Mund.

Der Grimm brüllte erneut. Lauter, viel, viel näher und natürlich aus der Richtung, in die wir mussten. Ich blickte hoch zum Himmel und fand den Vollmond verdeckt von einem dunklen Schatten.

»Sieh mal«, sagte ich.

Kris hielt inne und sah ebenfalls nach oben. »Wie in den Märchen.«

»Ja.«

Ich rieb mir über die Arme. Die Male auf meiner Haut juckten leicht, doch ansonsten spürte ich nichts. Auch nicht in meinen Händen. Keine Energie, kein Brennen.

»Ich …« Weiter kam ich nicht, denn wir wurden erneut angegriffen. Die Wölfe schossen urplötzlich aus den Rauchschwaden hervor. Fünf von ihnen attackierten uns. Kris und ich wirbelten herum und schlugen zu. Einer der Wölfe erwischte sie an der Wade und biss hinein. Sie schrie, klappte zusammen, was den anderen die Möglichkeit gab, sofort nachzurücken. Ich wehrte den ab, der mich angriff, wollte Kris helfen, doch sie zückte ein Messer und rammte es dem Wolf in den Nacken. Sie kam erstaunlich gut auf die Beine, wehrte auch die anderen beiden ab.

»Nicht schlecht«, sagte ich und steckte mein Schwert ein. Ich kniete mich neben sie, um die Wunde zu begutachten.

»Hier«, sagte Kris und reichte mir das Tuch, mit dem sie sich die Nase und den Mund zugehalten hatte. Ich nahm es entgegen, band ihre Wunde ab, so gut ich konnte, aber sie hörte schon wieder auf zu bluten.

»Erstaunlich.«

»Ich glaube, das ist ein Teil meiner Kräfte«, sagte sie.

Ich verband sie dennoch und reichte ihr die Hand, um ihr aufzuhelfen.

»Weiter«, sagte sie und eilte voran.

Je tiefer wir auf die Nachtheide kamen, desto langsamer wurden wir. Nicht nur, dass wir von den Wölfen angefallen wurden – wir mussten uns auch mit einigen Wesen herumschlagen, die völlig in Panik verfallen waren. Ein Halbriese hatte uns angegriffen, weil er derart blind vor Schmerzen war, dass er auf alles einschlug, was er finden konnte; da waren Elfen, die sich verloren hatten, ein Gnom, der nur noch einen Arm hatte. Die Wesen kämpften um ihr Leben, einige von ihnen lösten sich vor unseren Augen auf, was hieß, dass sie entweder aufgewacht waren oder ihre Körper getötet wurden.

Wir konnten nichts tun, um ihnen zu helfen, außer so viele Wölfe wie nur möglich auszuschalten. Doch für jeden, den wir erledigten, schienen fünf weitere nachzurücken. Die Viecher vermehrten sich. Ich hoffte, dass Jorge da draußen endlich eine Lösung fand.

Wir erreichten einen kleineren Platz, auf dem sonst immer gegrillt wurde. Er war ebenfalls komplett verwüstet. Die Roste und Fleischspieße lagen überall verteilt. Vor Kurzem erst war ich hier gewesen, um am Wettbewerb teilzunehmen – und nun das. Die Wölfe drängten uns in der Mitte zusammen. Kris und ich standen Rücken an Rücken und betrachteten die Tiere. Ich zählte zwanzig, aber von hinten schlichen weitere näher.

»Wie weit ist es noch bis zu diesem See?«, fragte Kris.

»Siehst du da drüben die lange Hecke?«

»Ja.«

»Dahinter ist er. Der See ist allerdings ziemlich trübe, keine Ahnung, wie du da unten ein Amulett finden willst.«

»Ich werde mich auf den Sensor verlassen.«

»Ich würde dir ja gerne dabei helfen …«

»Oh, nein, das lässt du bleiben. Ich habe dich das letzte Mal nur mit Mühe aus dem Wasser ziehen können. Ich kann nicht suchen und dich gleichzeitig retten.«

Da hatte sie leider recht. Wasser und ich waren keine Freunde.

Erst mal mussten wir sowieso hier rauskommen, sonst gäbe es kein Bad im See. Die Wölfe knurrten und kesselten uns weiter ein, gaben uns keine Möglichkeit, uns für einen Fluchtweg zu entscheiden. Die erste Reihe schoss nach vorne und stürzte sich auf uns. Kris und ich reagierten fast synchron. Mich attackierten drei Wölfe auf einmal, auf Kris schossen vier zu. Sie wehrte den ersten mit dem Schwert ab, ich holte auch aus, ritzte einem Wolf die Kehle auf, aber die nächsten kamen schon nach. Ich hielt so lange stand, bis mich einer fast erwischte. Erst dann sprang ich zur Seite, sodass er sein Ziel verfehlte. Ich machte eine Rolle nach vorne, drehte das Schwert und stach dem zweiten in den Bauch. Er klappte jaulend zusammen, ein dritter Wolf attackierte von der Seite an und riss sein Maul auf. Ich rutschte nach hinten, zog meine Waffe zurück, aber ich war einen Hauch zu langsam. Der Wolf landete auf mir, zielte mit seinen Zähnen auf meine Kehle. Ich zog die Beine an, ließ mein Schwert los und packte seinen Hals. Meine Finger drückten zu, hielten ihn auf Abstand, doch die anderen kamen nach. Einer packte mich an der Wade, der nächste wollte sich von rechts in meiner Seite verbeißen. Kris gab einen erstickten Laut von sich, ich bemerkte aus dem Augenwinkel das Aufblitzen eines Schwertes, der Wolf über mir jaulte und brach zusammen. Kris erschien in meinem Blickfeld und nickte mir zu. Sie hatte tiefe Kratzer am Hals und am Arm. Ich schob das Tier von mir herunter und warf es auf den, der mich von der Seite her angriff.

Obwohl wir immer wieder die Oberhand gewannen, war es ein Kampf gegen Windmühlen.

Kris und ich ertranken in einer Flut aus Zähnen, Klauen und schwarzem Fell, in dem ich bedauerlicherweise mein Schwert verlor. Als mich der nächste Wolf angreifen wollte, sprang ich zurück, zu einem der Grillplätze, schnappte mir eine Bratpfanne und schlug mit voller Kraft gegen den Kopf des Tieres. Der Wolf klappte sofort bewusstlos zusammen und gab keinen Laut mehr von sich.

Der zweite Wolf kam an, ich wiederholte die Aktion, traf auch ihn satt an der Schläfe und setzte ihn außer Gefecht.

»Verflucht, ich werde nur noch mit Bratpfannen kämpfen! Warum hat mir niemand gesagt, wie gut die als Waffe taugen?«

Ich konnte mich nicht lange über meinen Triumph freuen, denn nun zogen vier weitere Tiere heran. Mit meiner neuen Errungenschaft schlug ich um mich, wirbelte herum und traf ziemlich gut. Ich schlug uns eine Schneise durch die Tiere, packte Kris am Handgelenk und zerrte sie mit mir. Sie wehrte drei weitere Wölfe ab, während ich nach vorne schoss und uns den Weg freimachte.

»Hier«, rief sie und reichte mir wieder mein Schwert. »Dachte, das könntest du brauchen.«

»Danke, aber ich glaube, ich hab was Besseres.« Ich wedelte mit der Bratpfanne herum, die nicht einen Kratzer hatte.

Sie schmunzelte darüber. »Ich werde Disney eine Mail schreiben und ihnen sagen, dass sie recht hatten.«

»Was?«

»Nicht so wichtig.«

Ich eilte auf eine große Hecke zu, klemmte die Bratpfanne an meinen Gürtel und nutzte das Schwert, um uns einen Weg freizuschlagen. Kris hielt mir in der Zeit die Wölfe mehr oder weniger gut vom Leib. Der ein oder andere schlug sich durch, ich musste innehalten und sie erledigen, ehe ich mich weiter voranschneiden konnte. Meine Arme brannten von den Bissen und Kratzern, die mir die Tiere zugefügt hatten, mein rechtes Bein war taub. Auch Kris wurde müder. Ihre Hiebe waren nicht mehr so zielsicher und schnell wie vorher. Leider galt das nicht für die Wölfe. Egal wie viele wir erledigten, es kamen immer welche nach. Ein Fass ohne Boden.

»Hab es«, rief ich und zerrte Kris durch die kleine Öffnung mit mir direkt auf den Platz, an dem ich vor Kurzem am Wettbewerb teilgenommen hatte.

»Beim Henker.«

Kris stieß in mich hinein, weil ich einfach stehen geblieben war und nach vorne starrte.

Der Zahlmeister, der mir erst meinen Einsatz für den Wettbewerb abgeknöpft hatte, lieferte sich einen erbitterten Zweikampf mit dem Grimm. Drei Zentauren waren da und schossen Pfeile und Speere auf das Tier. Sie drängten den Wolf immer wieder zurück, doch er attackierte genauso unermüdlich mit seinem Rudel. Der Grimm hatte viel abbekommen, seine Flanke war blutüberströmt, er hinkte hinten rechts und ein Ohr war halb abgerissen. Aber der Zahlmeister hatte ebenso Schlagseite.

»Was ist das für ein Wesen?«, fragte Kris und zeigte auf ihn.

»Ein Halbdrache.« Seine Haut bestand aus kleinen Schuppen, die er aufstellte, wenn er zornig wurde. Und das war er. Eindeutig. Die Schuppen stachen spitz empor, wie tödliche Stacheln. Auf seinem Rücken wölbte sich ein großer knöcherner Höcker, den er normalerweise unter seiner Rüstung verborgen hielt. Er blutete ebenso wie der Grimm, war auf einem Auge blind. Es sah aus, als hätte der Grimm ihm das halbe Gesicht wegreißen wollen.

»Lass uns weiter zum See.« Ich zog Kris dicht an der Hecke mit mir. Die Kämpfenden beachteten uns kaum, sie hatten mehr als genug miteinander zu tun, wobei einige der Wölfe uns ins Visier nahmen. Außerdem quetschten sich auch die ersten durch die Öffnung in der Hecke, die ich geschlagen hatte.

Der Grimm brüllte lautstark, als er getroffen wurde. Aus der Nähe war das Geräusch ohrenbetäubend. Ich zog den Kopf ein, versuchte mich mit Kris unauffällig weiterzuschleichen.

Wir gelangten in die Nähe des Ufers. Kris schritt ohne Zögern in den See hinein und japste, als das kalte Wasser in ihre Stiefel lief. »Scheiße, ist das kalt.«

Der Grimm knurrte erneut. Ich warf einen Blick über die Schulter. Er hatte seine Angreifer zurückgedrängt, aber sie hielten ihm noch stand. Die Zentauren schlossen sich enger zusammen, riegelten einen Weg ab, der tiefer in die Heide führte. Jede Wette, dass dort der Prinz war. Sie gaben sich so viel Mühe, den Bereich zu schützen.

Ich hob den Arm mit dem Amulett, das Dante uns allen gegeben hatte. »Hey, Lyn.«

»Ja?«

»Hast du den Prinzen schon gefunden?«

»Nein, ich habe zu tun.«

Ich hörte Kampfgeräusche auf ihrer Seite, ein Wolf jaulte, Metall klirrte.

»Schaffst du es?«

»Ja, alles gut.«

»Wir sind am See, genau wie der Grimm. Ich denke, der Prinz hält sich hier auf.«

»Okay, ich komme zu euch.«

Ich blickte zu Kris, die bis zur Hüfte im See stand, und wünschte, ich könnte ihr suchen helfen.

Kris hielt ihren Sensor in der Hand und sah drauf.

»Ich hab ein Signal.« Sie stieß sich vom Grund ab, gab einen keuchenden Laut von sich, als sie tiefer ins Wasser tauchte. Mit einer beneidenswerten Leichtigkeit kraulte sie zur Mitte, holte Luft und tauchte sofort unter.

Ein Knurren hinter mir lenkte meine Aufmerksamkeit zurück. Die Wölfe von vorhin hatten mich erspäht und kamen nun auf mich zu. Ich schnappte mir die Bratpfanne vom Gürtel und ließ sie herumsurren. Drei Tiere behielten ihre Richtung bei, zwei schwärmten aus und liefen auf den See zu. Verflucht, konnten Wölfe schwimmen?

Ich musste sie aufhalten, ehe sie sich auf Kris stürzten, im Wasser konnte sie unmöglich gegen sie kämpfen. Die drei Wölfe griffen an. Ich schlug mit der Bratpfanne zu und donnerte sie geschickt dem ersten an die Schulter. Der zweite brachte mich zu Fall und wollte sich auf mich stürzen, doch ich fuhr herum und rollte mich mit ihm ein Stück die Böschung des Ufers hinunter. Das Wasser kam erschreckend nahe, ich umschloss die Bratpfanne fester, schlug mit voller Wucht zu und konnte ihn von mir drücken. Er stürzte kopfüber in den See, ich zückte mein Schwert und stach ihm von hinten ins Kreuz. Jetzt griff mich der dritte an, während ein anderer schon ins Wasser watete. Ich schleuderte die Bratpfanne nach ihm, das Ding surrte durch die Luft wie ein wohlbalancierter Pfeil. Der Wolf hörte es kommen, wollte sich ducken, doch es traf ihn genau in der Mitte der Stirn. Ich ging auf den nächsten los, der nach meinem Bein zielte.

Das Wasser plätscherte. Kris tauchte nach Luft schnappend wieder auf. Ich kämpfte weiter mit dem Wolf.

»Hast du es?«, schrie ich und warf einen kurzen Blick zu ihr. Sie hielt einen langen silbernen Löffel in der Hand.

»Hier liegen Hunderte metallener Sachen herum! Mein Sensor spielt völlig verrückt.«

Ich fluchte, traf den Wolf mit dem Schwert am Vorderbein. Er winselte, ließ aber nicht von mir ab.

»Ich suche weiter, halt mir die Biester vom Leib.«

»Ich gebe alles!« Ich bekam den Wolf zu fassen, rammte ihm das Schwert in den Bauch und sah mich nach dem fünften um. Er schwamm bereits zu Kris. Sie bemerkte ihn ebenfalls und tauchte wieder ab, aber sobald sie hochkam, würde er zuschlagen.

Ich blickte mich um. Dieses Mal konnte ich nicht werfen, aber womöglich etwas anderes nutzen. Ich steckte mein Schwert ein, eilte die Böschung wieder hoch. Der Zahlmeister und der Grimm kämpften weiterhin, doch es sah nicht gut für den Halbdrachen aus. Er hatte kaum noch Kraft, sich den Wolf vom Leib zu halten. Ich blickte zum Grimm und hätte schwören können, dass er es bemerkte und mich ebenso anfunkelte.

Er greift mich aber nicht an. Er hat Angst, dass ich ihn wieder mit der Energie verjagen werde.

»Ash!«, rief Kris, die wieder aufgetaucht war. Drei Wölfe waren mittlerweile im See und schwammen auf sie zu. Ich fuhr herum, eilte über den Platz, wo der Wettbewerb stattgefunden hatte, und suchte nach den Bögen, die wir verwendet hatten. Der Schießstand war umgestürzt und zusammengebrochen, aber die Waffen waren noch da. Rasch schnappte ich mir einen, legte einen Pfeil an und schoss. Der erste ging daneben, der Bogen lag zu ungewohnt in meiner Hand, aber der nächste traf den Wolf, der Kris am nächsten war.

»Ich brauche noch einen Moment«, rief sie und tauchte erneut.

Ich schoss die anderen beiden Wölfe ab, nahm mir einen vollen Köcher, schnallte ihn auf den Rücken und machte wahllos weiter. Die Tiere strömten nun von allen Seiten ein. Auch der Zahlmeister schrie erstickt. Ich fuhr herum, sah nur noch, wie der Grimm ihn am Bauch packte und in der Mitte teilte. Ich schloss kurz die Augen, wollte nicht hinsehen, es reichte, die Knochen brechen zu hören. Nun standen nur noch die Zentauren zwischen dem Grimm und dem Prinzen.

Ich blickte noch mal hoch in den Himmel, die Korona hielt sich weiterhin um den Mond. Dann sah ich auf meine Hände. Ich fühlte mich aufgeladen mit Energie. Sie war stärker geworden, seit ich auf der Heide war, aber nicht so heftig, dass ich sie entfesseln konnte.

Es sei denn, ich brauchte wieder Kontakt zum Grimm. Das letzte Mal hatte ich mich auf seinen Rücken geworfen.

Der Grimm stürzte sich auf die Zentauren, ich feuerte ein paar Schüsse auf die Wölfe, doch sie konnten von den Pfeilen wesentlich mehr einstecken als von den Schwerthieben. Der Grimm donnerte einen Zentaur auf den Boden. Die Wucht des Stoßes entlud sich in der Erde. Die Druckwelle fegte mich nach hinten weg und riss mich zu Boden. Die Wölfe reagierten umgehend. Sie rückten erneut an, ich kam auf die Beine, schlug nach ihnen, so gut ich konnte. Sie drängten mich nach hinten, weg vom See, weiter hin zum Rand der Heide. Noch ein paar Schritte und ich wäre wieder draußen. Ich wehrte einige Tiere ab, kämpfte mich nach vorne und wurde genauso zurückgeschlagen. Fluchend machte ich weiter, drehte mit erhobenem Schwert herum und trat gegen eine nicht schlagbare Übermacht an.

»Ash!«, hörte ich auf einmal Lyn rufen. Sie rannte quer über den Platz auf mich zu, hatte sich ebenfalls einen Bogen geschnappt und schoss auf die Wölfe.

»Kris ist im See!«, rief ich und trat einem der Tiere gegen den Kopf. »Wir …« Plötzlich traf mich etwas von links. Der Wolf sprang mich an, ich fuhr herum, aber nicht mehr rechtzeitig. Er katapultierte mich nach hinten, wir kippten beide, ich stürzte gegen die Grenze der Heide, wurde nach draußen gezogen und landete in irgendwelchen Holzkisten. Ich roch Feuer, blickte auf, sah auf eine leere Wiese vor mir. Kris, Lyn, der Grimm – alle verschwunden.

Ich richtete mich benommen auf, sah mich um. Ich war in einem anderen Händlerplatz gelandet. Die Vorräte waren ebenfalls verteilt und zum Großteil zerstört. Auf der anderen Seite der Heide stand der halbe Wald in Flammen, Jorge hatte es anscheinend geschafft und fing an, die Leichen zu verbrennen. Immerhin. Ich wollte hoch, wieder hinein zu den anderen, doch die Wölfe schossen heran. Verzweifelt schlug ich um mich, ohne zu zielen oder zu wissen, was ich traf. Die Wölfe umringten mich von allen Seiten. Ich wurde eingekesselt, stolperte über eine Kiste mit Flaschen, die unter meinen Füßen zu Bruch gingen. Ich landete auf dem Hintern, fluchte und wollte wieder aufstehen, als ich die Aufschrift auf den Flaschen erkannte.

Mein Herz stockte. Ich hatte keine Ahnung, ob das funktionieren würde, aber einen Versuch war es wert. Ich schnappte mir eine volle Pulle, entkorkte sie und kippte den süßlichen Inhalt in wenigen Schlucken hinunter. Er wärmte meinen Bauch, durchspülte meinen Körper und ließ mich beben. Für einen Moment sah ich alles heller, leuchtender, farbenprächtiger. Sogar die Gerüche veränderten sich. Statt Blut und Dreck roch ich Blüten und frisches Gras. Ich blickte auf, sah zu meinen Angreifern, die innegehalten hatten.

Mein Atem kam schnell, mir stand der Schweiß im Nacken, ich war am Ende meiner Kräfte, aber ich spürte die Wirkung des Gesöffs. Die Wölfe kamen näher, einer stellte sein Nackenfell auf, trat auf mich zu und fixierte mich grimmig. Ich wollte nach meinem Schwert greifen, aber das war nicht mehr nötig.

Er fing an, mit dem Schwanz zu wedeln und setzte sich hin. Der zweite tat es ihm nach, der dritte, der vierte.

»Teufel, es funktioniert.«

Ich blickte mich um. Alle Wölfe rückten zu mir auf, der erste kam näher, kletterte auf meinen Schoß und stieß mir sanft den Kopf in den Bauch. Ich ließ mich nach hinten an eine Kiste fallen und lachte vor Erleichterung. Der Wolf schmiegte sich an mich, ein anderer leckte mir über die Hand, drückte seine Nase unter meine Finger, damit ich ihn kraulte. Ich zog sie weg, richtete mich auf und schob auch den ersten von meinem Schoß. So weit wollten wir dann doch nicht gehen.

»Brav seid ihr. Schön artig bleiben.« Ich hob die Flasche auf, die mir soeben das Leben gerettet hatte, und drückte einen Kuss auf den kalten Ton.

Lotusnektar.

Fantastisches Zeug.

35. Kapitel

Abalion, Zeit unbekannt

Ich hätte es ihm sagen müssen.

Ash hätte es erfahren müssen, wer ihm wirklich gegenübergestanden hatte.

Brayden. Waylon. Sein Vater.

Er ließ sich die Namen durch den Kopf gehen, all diese Rollen, die er im Laufe seines Lebens gespielt hatte. Erst ein Suchender, der sich im Kloster verirrte, dann der Mann, der Kaias Leben zerstörte, ein Flüchtender, der dem Grimm entkommen wollte, ein Vater, ein Liebender, ein Verlassener, ein Verstoßener, ein Gefangener, ein Mittäter, ein Bruder …

Und nun? War er alles davon und nichts. Es spielte keine Rolle, wie er sich nannte. Was sagte ein Name über ihn aus? Nichts. Er war ein Mann, der seine Frau hatte beschützen wollen, ein Vater, der seinen Sohn nicht hatte retten können, ein Partner, der seine Komplizin hintergangen hatte, und ein Bruder, der seine Schwester verriet.

So viele Masken, so viele Identitäten – und keine passte ihm richtig.

Er hielt inne, als er weitere Wölfe heulen hörte. Der Weg hierher war schwierig gewesen. Die Tiere hatten ihm ziemlich zugesetzt, zu Beginn hatte er viele von ihnen abwehren müssen. Erst seit er den Garten betreten hatte, hatten sie die Verfolgung aufgegeben. Entweder hatten sie seine Spur verloren oder sie konnten ihm nicht hierherfolgen.

Er hatte einiges abbekommen: eine tiefe Bisswunde am Oberschenkel, die schmerzhaft pochte, seine linke Schulter war kaum noch zu gebrauchen, weil er mit einem Wolf zusammengeprallt war, ein Auge war zugeschwollen. Zum Glück ruhte die Kugel, die Syrantina ihm mitgegeben hatte, sicher in seinem Rucksack. Er verlangsamte seine Schritte, warf einen weiteren Blick auf die Karte, die Ash angefertigt hatte, und orientierte sich.

Ihm war schwindelig und übel, seit er auf der Heide angekommen war. Die Nähe des Grimms und der Wölfe brachte ihn fast um den Verstand. Als er ihn vorhin zum ersten Mal hatte brüllen hören, wäre er mal liebsten umgekehrt und hätte sich verkrochen, aber er wusste aus seinen Träumen, dass es keine Flucht vor diesem Wesen gab. Der Grimm hatte sich in seiner Seele eingenistet und würde dort für immer bleiben. Isa hatte in einer Sache recht gehabt: Er würde für immer sein Gefangener bleiben, egal wie viel Ersatzleute er für sich fand, die den Fluch auf sich nahmen. Er war an den Grimm gebunden, sein Unterbewusstsein erinnerte sich an all die Qualen, die er seinetwegen hatte durchstehen müssen. Er würde immer kämpfen müssen, bis dieses Wesen endgültig erledigt war.

Vielleicht kann ich danach mit meiner Familie noch glücklich werden.

So nahe wie jetzt waren sie sich schließlich seit Jahrhunderten nicht mehr gewesen. Es war komisch, Ash als erwachsenen Mann zu erleben, der äußerlich nur wenig jünger wirkte als er selbst. Sobald sie alles überstanden hatten, würde er Ash alles in Ruhe erklären. Entweder würde sein Sohn ihn genauso verachten wie Kris oder er würde es verstehen. Wie auch immer: Ash hatte ein Recht darauf, die Wahrheit zu erfahren.

Er ging weiter, folgte einem Weg, bog nach links ab und sah schließlich den Baum.

Er erinnerte sich sehr gut an dieses Gewächs, das einst den Innenhof des Klosters geschmückt hatte. Damals war der Baum prächtig und voller Kraft gewesen, heute war er ein Schatten seiner selbst. Seine Blätter und Äste hingen träge herab, die Rinde an seinem Stamm war an vielen Teilen ausgebrochen und vertrocknet, Wurzeln ragten durch die Erde empor und waren verknöchert. Ein grün schimmerndes Kraftfeld umgab ihn.

Er trat näher heran, zog den Rucksack vom Rücken und holte die Kugel heraus, die ihm Syrantina mitgegeben hatte. Viel musste er nicht tun, nur sie auf dem Boden zerbrechen und das zweite Kraftfeld aufbauen. Er holte aus, hörte hinter sich ein Rascheln und zuckte zusammen, aber es war nur ein Vogel, der davonflatterte und das Weite suchte. Der Grimm war nach wie vor zu hören. Ein leichtes Brodeln ging durch die Erde und ließ alles erschaudern.

Er drehte sich zurück, atmete tief ein und aus und donnerte die Kugel auf die Erde.

Sie zersprang nicht.

Er stockte, sah nach unten und bemerkte, dass sie zehn Zentimeter über der Erde schwebte.

»Was zum …«

»Na sieh mal einer an, wer hereingeschneit ist«, sagte Isa hinter ihm. Er fuhr herum und machte einen Satz zur Seite. Seine ehemalige Partnerin trat aus einem Spiegelrahmen heraus, der mitten in der Luft schwebte. Dahinter erkannte er einen leeren großen Raum. Womöglich Moons früherer Palast. »Wie hast du das denn geschafft?«

Isa hatte sich verändert. Sie wirkte wie die böse Hexe, die in jedem Märchen vorkommen musste, eine dunkle Figur, geboren aus dem Hass und der Boshaftigkeit der Menschen. Eine Rolle, von der er glaubte, dass Syrantina sie innehielt, doch er hatte sich getäuscht. Er hatte all die Jahre der Falschen vertraut.

»Lass mich raten: Du hast dich mit Kris verbündet und nun versucht ihr, mich aufzuhalten.«

Isa blickte zu der Kugel, die nach wie vor über dem Boden schwebte, und schnippte mit den Fingern. Sie löste sich sofort in Luft auf. »Ich denke, die nehme lieber ich an mich.«

Verdammt … Er trat einen weiteren Schritt zurück und zückte sein Schwert.

Isa lächelte nur und legte den Kopf schräg. »Denkst du wirklich, dass du mich damit besiegen kannst? Weißt du nicht, zu was ich mittlerweile in der Lage bin?«

»Ich werde nicht zulassen, dass du diesen Kristall bekommst.«

»Und was genau willst du dagegen tun? Wie mich aufhalten?« Sie reckte das Kinn und fixierte das Schwert. Auf einmal veränderte sich die Klinge, bekam eine schuppige Haut, wurde geschmeidiger und züngelte giftig. Er schrie erstickt, als er die Schlange bemerkte, die nun anstatt der Schneide erschienen war. Sie fuhr herum, riss ihr Maul auf und wollte ihn beißen, doch er warf sie rasch fort.

Isa lachte lauter und klatschte in die Hände. »Herrlich, nicht wahr? Ich liebe diese Kräfte.«

Sein Herz schlug schneller, er blickte sich um, überlegte fieberhaft, was er gegen sie ausrichten konnte.

»Du hättest es so einfach haben können, Waylon. An meiner Seite wäre dir nichts passiert. Ich hätte auf dich aufgepasst, so wie ich es versprochen hatte.«

»Du bist völlig wahnsinnig geworden.«

»Das war ich schon immer. Es ist bedauerlich, dass es dir nicht schon früher aufgefallen ist, aber du warst zu verblendet von allem. Der Fluch, deine Familie, die du unbedingt hast retten wollen. Hast du Ash eigentlich schon getroffen? Wie steht er zu seinem Vater?«

Er biss die Lippen aufeinander. Ihm war klar, dass Isa ihn nur provozieren wollte, aber sie traf einen Nerv, das konnte er nicht abstreiten.

»Oh, du hast es ihm noch gar nicht gesagt?« Sie warf den Kopf in den Nacken und lachte lauthals. »Warum nicht? Bist du wirklich so feige? Oder interessiert er sich gar nicht für dich? Du widerst mich an. Was hast du je in deinem Leben zustande gebracht, mh? Du kamst zu uns ins Kloster, um zu lernen. Du gingst mit einem Fluch und einer Frau, die nicht die deine sein wollte.«

Das stimmte. Er hatte sich damals viel von den Masali versprochen, er hatte sogar Proben aus ihrem Kloster mitgenommen, weil er alles genau hatte untersuchen wollen. Aber dazu war es nie gekommen. Und das mit Kaia … Sie hätte nie das Kloster freiwillig verlassen, sie war dort zu Hause gewesen. Einzig der Fluch hatte sie dazu getrieben, mit ihm zu gehen.

»Du hattest übrigens völlig recht mit deiner Annahme«, fuhr Isa fort. »Du hast wirklich Drogen bekommen, damit du über Kaia herfällst, genau wie sie.«

Er hatte immer Ares in Verdacht gehabt, ihnen die Kräuter untergemischt zu haben, aber womöglich stimmte das gar nicht. »Du warst es.«

Sie grinste.

»Du hast uns dazu gebracht?!«

»Aber ja. Anders wäre ich nie an das Lederbuch gekommen, hätte nie erfahren, wie ich Moon stürzen kann. Es war für einen höheren Zweck.«

»Wegen dir bin ich dem Grimm ausgeliefert!« Wegen ihr hatte er das alles auf sich genommen. Wäre er nicht verflucht worden, wäre er längst tot. Friedlich gestorben, wenn seine Zeit gekommen gewesen wäre. Nicht einmal Black Wolf gäbe es dann, die Menschen würden in Ruhe leben.

»Tja, so ist es wohl.«

Die Worte trafen ihn wie Peitschenhiebe. Wie dumm er doch gewesen war, wie einfältig. Getrübt von den Qualen durch den Grimm, bereit, alles zu tun, um es zu beenden. Er hätte besser weitere hundert Jahre in der Dunkelheit mit ihm verbracht, als auch nur eine Sache hiervon zu tun.

Isa blieb dicht vor ihm stehen. Ihre Präsenz war übermächtig, sie saugte alles in sich auf. Er hatte das Gefühl, nicht mehr richtig atmen zu können.

Irgendwo brüllte der Grimm auf der Heide, weit entfernt und dennoch so nah.

»Du hattest nie vor, mir zu helfen, oder?«, fragte er.

»Doch. Ich hätte dir alles gegeben, alles dafür getan, dass du und deine Familie Frieden findet. Ich hätte mich als Nächstes um den Grimm gekümmert, ihn aufgehalten und ausgelöscht. Du hättest nur Kris töten müssen. Nur diese eine Sache. Ihr Leben gegen deine Ruhe und für deine Familie.«

Er schüttelte den Kopf, denn es reute ihn nicht, sie gerettet zu haben. Nicht einmal jetzt, wo er sich in eine Ecke manövrierte.

»Ich war nie deine Feindin«, sagte Isa. »Du warst der Einzige, auf dessen Seite ich wirklich stand.«

»Unfug.« Er durfte und wollte ihr nicht länger zuhören. Was aus ihrem Munde kam, waren falsche Versprechungen und Heucheleien, sonst nichts.

Sie hob eine Hand, er versuchte, ihr auszuweichen, aber er hatte keine Chance. Isa packte ihn, ohne ihn zu berühren. Etwas Enges schloss sich um seinen Hals und drückte ihn nach hinten in die Nähe des Kraftfeldes. Er spürte die Energie, die in seinem Rücken kribbelte.

»Es ist so einfach«, sagte Isa und drückte fester zu. »Ich könnte dir mit Leichtigkeit das Genick brechen, dir einen raschen Tod verschaffen. Ich könnte dich rauswerfen, dich weiter mit deinen Freunden kämpfen lassen oder aber – ich könnte dich in die Augen deines Albtraumes blicken lassen.«

Er strampelte mit den Beinen. Isa schnürte ihm weiter die Luft ab, der Druck in seinem Kopf wuchs an, er bekam keine Luft mehr, röchelte trocken.

»Es gibt einen Ort tief unten in Abalion, wo der Grimm einst herkam. So lange war er dort eingesperrt gewesen. In der ewigen Dunkelheit gefangen, in den Qualen seines Blutes. Ich glaube, du warst selbst oft dort gewesen in deinen Träumen.«

Das war er. Immer an den Neumondnächten war der Grimm zu ihm gekommen und hatte ihn verschlungen. Sie waren gemeinsam durch die Tiefen der Hölle marschiert. Der Grimm hatte ihn zerfleischt und wieder ausgespuckt, er hatte ihn zerrissen und zusammengesetzt, um wieder von vorne anzufangen.

»Ich finde, du solltest dort auf ihn warten, was meinst du?«

Ihm stockte das Blut in den Adern.

»Er kann dich dann nicht nur in den Neumondnächten foltern, sondern so, wie es ihm beliebt. Ich werde dafür sorgen, dass er zu dir kommt, sobald er die Arbeit für mich erledigt hat. Ganz sicher wird ihn das bei Laune halten, wenn er dich als Spielzeug verwenden kann.«

»Isa, nicht. Bitte.« Er hasste sich dafür, dass er sie anflehte, aber er konnte unmöglich zu dieser Bestie. Er würde das nicht ertragen.

Isa kam näher, er ruckte und zuckte, doch er wurde weiter von ihrer Kraft gehalten.

»Tu das nicht …«

»Ich spüre den Ort«, sagte sie und schloss die Augen. »Er ist trostlos und dunkel. Der Grimm hat dort keinerlei Freuden, alles ist finster, alles verloren, alles voller Blut und abgrundtiefem Hass. Séamus' Leid, Liams Leid – das alles findet dort eine Heimat. Die Qualen, die sie ertragen müssen, das Elend, das sie über die Welt gebracht haben. Vielleicht triffst du dort auch ein paar verlorene Seelen wie Professor Middleton, was meinst du? Dann hättest du Gesellschaft, könntest dich mit ihm abwechseln, wer sich gerade vom Grimm zerfetzen lassen will. Ihr könntet eine Münze werfen.«

Ihm lief der Schweiß den Nacken hinunter. Dem Grimm ausgeliefert zu sein, war das Schlimmste, was er sich ausmalen konnte. Die

Albträume der letzten Jahre – sie würden alle wahr werden. Nicht nur bei Neumond, nein: immer. Jederzeit. Er wäre gefangen in seiner ganz persönlichen Hölle.

»Ich glaube, mir gefällt die Vorstellung. Du kannst darüber nachdenken, warum es dumm war, dich mir zu widersetzen.«

»Ich habe mich dir nicht widersetzt! Ich habe alles getan, was du wolltest. Alles!« Nur eben nicht diese letzte Sache.

Isa schüttelte den Kopf und schnalzte mit der Zunge. »Das Tragische ist, dass ich dich wirklich sehr gemocht habe.« Sie hob einen Finger und kratzte damit über seine Wange. Die Spur, die sie auf seiner Haut hinterließ, brannte heftig. »Die Jahre mit dir waren ein schöner Zeitvertreib gewesen, du hast mir geholfen, die Einsamkeit zu überstehen.«

»Dann tu mir das nicht an.«

»Du tust es dir selbst an. Niemand betrügt mich.«

Er schloss die Augen, sein Körper zitterte, seine Zähne klapperten aufeinander. Das alles erinnerte ihn an die Zeit in der Teufelshöhle, als er in der Dunkelheit hatte ausharren müssen.

»Isa, bitte ...«, versuchte er es ein letztes Mal, aber er wusste, dass er verloren hatte. Er hatte Kris gerettet und sich selbst nun geopfert.

»Der Teufel soll dich holen.« Isa gab ihm einen Stoß zur Seite. Er schrie, wollte sich irgendwo festhalten, sich noch mal gegen den Sog wehren, aber es gelang ihm nicht. Er wurde von den Tiefen Abalions erfasst. Es schlang seine gierigen Finger um ihn, riss ihn zu sich, ohne dass er es bremsen konnte.

Isas Lachen begleitete ihn auf dieser Reise. Er sah nur noch, wie sie nach vorne trat, das Energiefeld durchschritt, das den Baum umgab, und dann die Hände in die Höhe hielt. Der Baum neigte sich ihr zu wie das Meer dem Mond, wenn es den Gezeiten folgte. Isa würde sich den ersten Teil des Kristalls holen. Er hatte es nicht verhindern können.

Er hatte versagt.

Schon wieder.

Die anderen hatten auf ihn gezählt und er war nicht dazu in der Lage gewesen, sein Schicksal zu erfüllen.

Oder er tat genau das und stellte sich nun seiner Strafe.

Für Black Wolf.

Für all die Opfer, die er auf dem Gewissen hatte.

Eine grüne Energiewelle erfasste ihn, riss ihn mit sich und hinein in die Tiefen Abalions. Dorthin, wo die Märchen wohnten, wo alles seinen Ursprung hatte. Er würde in die finsteren Ecken dieser Welt eindringen. In all die schrecklichen Erzählungen, die so grausig waren, dass sie nie ein Mensch über die Lippen brachte. Qualen, die durch keine Worte beschrieben werden konnten, Dunkelheit und Leid.

Das wäre ab heute sein Zuhause.

36. Kapitel

Ash

Abalion, Zeit unbekannt

Ich gab mir ein paar Minuten zum Durchatmen. Der Lotusnektar entfaltete weiter seine Wirkung und dämpfte meine Schmerzen. Das Zeug hatte vor allem in den ersten Momenten eine aphrodisierende Wirkung, die allerdings bald abklingen sollte. Ein seliges Grinsen schlich sich auf meine Lippen. Ich lag umringt von bestialischen Wölfen, die mir eben noch die Eingeweide hatten herausreißen wollen, und kraulte zwei von ihnen hinter den Ohren. Immer mehr von den Tieren rückten zu mir, manche knurrten sich gegenseitig an und verbissen sich ineinander, weil niemand den anderen zu mir lassen wollte. Auch das war nicht ungewöhnlich. Es waren schon Kriege wegen Lotusnektar ausgefochten worden.

Ich verstand es.

So gut.

Ich könnte für immer hier liegen bleiben mit diesen herrlich nach Blut stinkenden Fellknäueln und den lieben Gott einen guten Mann sein lassen. Ich dachte kurz über diese Möglichkeit nach, doch da stieg weiterer Rauchgeruch in meine Nase und erinnerte mich daran, dass ich noch etwas zu tun hatte. Jorge kam erstaunlich gut voran und die Heide war nun schon zur Hälfte von Flammen umgeben.

»Weg«, sagte ich und schob zwei Wölfe von meinen Beinen. Sie ließen mich nur widerwillig aufstehen. Ich suchte nach meiner Waffe, die ich irgendwo hatte fallen lassen, hob sie auf und eilte zurück zur Heide. Wie zu Beginn konnte ich die Grenze problemlos passieren und trat zurück auf das Schlachtfeld, von dem ich mir eben eine Pause gegönnt hatte.

Kris war am Ufer, rang mit zwei Wölfen. Lyn war nicht mehr zu sehen, genau wie der Grimm und die beiden Zentauren. Entweder hatte er sie aufgefressen oder er hatte sich weiter durchgekämpft.

Ich blickte zu Kris und pfiff durch die Zähne.

»Hey!«, rief ich den Wölfen zu und lenkte alle Aufmerksamkeit auf mich. Von überall her wandten sich mir gelbe Augen zu.

»Oh …«, machte Kris, als sie mich sah und fasste an ihr Herz. Die Wölfe ließen von ihr ab, fixierten mich und wedelten mit dem Schwanz.

Ich rannte zu ihr, sie riss die Augen auf und ihre Wangen röteten sich.

»Hast du das Amulett?«, fragte ich sie.

Ihr Arm blutete stark, ihre Bluse war zerrissen, aber sie beachtete es nicht weiter, hatte nur Augen für mich. »Ash, du bist …«

»Ich weiß. Konzentriere dich. Ich habe einen Nektar getrunken, der mich anziehender macht, du musst dem widerstehen. Hast du das Amulett?«

»Was?«

»Du bist in den See wegen eines Amuletts!« Ich hatte schon lange keinen Lotusnektar mehr getrunken und völlig verdrängt, wie bescheuert sich die Menschen benahmen. Die Wirkung war zu Beginn am größten, sie würde über den Tag mehr und mehr abflauen. Ich packte Kris an den Schultern und rüttelte sie. Ihr entfuhr ein leises Stöhnen, dann lächelte sie mich an.

»Wann wurdest du so … so … sexy?«

»Ja. Am besten du gehst zurück in den See. Kaltes Wasser hilft enorm.« Ich drückte sie nach hinten, wir beide wateten ins Nass. Teufel, das war wirklich kalt. Kris lachte nur weiter, biss sich auf die Lippen und fuhr sich über ihr Dekolleté, um ihre Bluse weiter runterzuziehen.

Ich atmete tief ein und aus, die Wölfe wichen mir ebenfalls nicht von der Seite und stießen mich an, um Aufmerksamkeit zu erhaschen. Wenn ich sie nicht genügend beachtete, würde Kris wieder zur Zielscheibe werden. Aus Eifersucht dieses Mal.

Wir waren bis zu den Knien im See. Kris blinzelte, schüttelte sich. Das Wasser zeigte nur wenig Wirkung.

»Geht es wieder?«, fragte ich. Sie sah mich an, intensiv und brennend, dann lehnte sie sich nach vorne und drückte mir einen gierigen Kuss auf die Lippen.

Offenkundig ging es noch nicht.

Sie war forsch und fordernd, drängte sich mir entgegen und schob ihre Zunge in meinen Mund. Unter anderen Umständen hätte ich das wirklich genossen, denn sie schmeckte genauso, wie ich es mir vorgestellt hatte: weiblich, sinnlich und nach mehr; aber das war der unpassendste Zeitpunkt, den es hierfür geben konnte. Mit einem gewissen Widerwillen verstärkte ich meinen Griff um ihre Schultern, spannte die Arme und stieß sie nach hinten in den See. Sie flog einen Meter weit und landete im kalten Wasser. Ich trat sofort zurück, pfiff die Wölfe zu mir. Kris tauchte prustend auf, sah mich an. Verwirrt. Erregt. Entzückt. Vielleicht auch ein wenig verärgert.

»Such das Amulett!«, sagte ich ihr und wich weiter nach hinten. Wenn ich weg war, könnte sie sich besser konzentrieren. »Und ihr netten Tierchen kommt mit mir.«

»Ash, ich …« Sie fasste sich an die Lippen und schüttelte den Kopf. »Was hab ich da eben getan?«

»Nichts. Mach dir keinen Kopf. Geh! Ich sehe nach dem Grimm und nach Lyn.«

Keine Ahnung, ob der Lotusnektar auch bei ihm wirken würde, aber wir hatten immer noch den Prinzen, den wir retten wollten.

Ich wandte mich von Kris ab und eilte zurück über den Platz. Die Wölfe folgten mir im Rudel. Einige drängelten sich so sehr an mich, dass sie mich fast zu Fall brachten und ich sie gewaltsam zurückschieben musste. Doch das war mir allemal lieber, als mit ihnen zu kämpfen. Wegen des Nektars spürte ich kaum Schmerzen, aber ich blutete noch am Oberschenkel und sollte das bald verbinden.

Ich folgte den großen Fuß- und Kampfspuren, gelangte auf einen Weg, den ich bisher nie gesehen hatte. Die Heide hatte viele verwinkelte Ecken, vermutlich könnte ich endlos rumirren, ohne alles zu sehen. Ein Traumland war schließlich auch unerschöpflich.

Es wurde kälter, je weiter ich von dem Platz wegkam. Mein Atem wurde sichtbar, ich bemühte mich, nicht zu viel Lärm zu machen und folgte dem Weg weiter. Er führte mich an hochgewachsenen Hecken vorbei, über die ich nicht sehen konnte. Hin und wieder öffneten sie sich, zeigten eine andere Abzweigung.

Das war ein Labyrinth.

Auch das noch.

Ich blickte mich um, die Wölfe klebten dicht an mir. »Ihr könnt nicht zufällig den Prinzen für mich finden, mh?«

Einer stupste mich von der Seite, machte aber keine Anstalten, mir beim Suchen zu helfen. Lotusnektar machte unwiderstehlich, nicht hörig.

Ich folgte den abgebrochenen Zweigen an den Hecken und den Blutspuren. Ganz leise hörte ich weitere Kampfgeräusche. Lyn schrie vor Schmerzen. Ich machte langsamer, kam an eine Ecke und spähte herum.

Sie hatte den Prinzen der Nachtheide gefunden. Sein letzter Zentaur und Lyn verteidigten ihn bis aufs Blut gegen die Angreifer. Der Prinz kniete hinter seinen Beschützern, hielt sich den verletzten Arm. Der Zentaur stand vor ihm. Seine Flanke war aufgerissen, es war mir ein Rätsel, wie er überhaupt noch gehen konnte. Zitternd hob er einen Speer und richtete ihn auf den Grimm, der die beiden umkreiste. Lyn blieb dicht bei ihm, hielt ebenfalls ihre Waffe hoch. Den Bogen hatte sie nicht mehr, vermutlich hatte sie ihre Pfeile verschossen.

Ich strich einem der Wölfe über den Kopf und trat langsam nach vorne. Gleich würde ich sehen, ob der Nektar auch bei einem Grimm wirkte.

»Hey, Fellknäuel«, sagte ich und lief auf ihn zu. Alle wandten sich mir zu. Der Zentaur ließ fast seinen Speer fallen, Lyn zuckte zusammen, der Prinz keuchte und der Grimm …

… knurrte.

Nicht gut.

Er blickte zu den Wölfen, die mich begleiteten, und fletschte die Zähne. Die wiederum bauten sich um mich herum auf und knurrten zurück.

Reagierte er auf mich, weil er mich angreifen wollte oder auf die Wölfe, weil er sie als Konkurrenten sah?

»Ich würde ja gerne in deiner Nähe sein«, sagte ich. »Aber leider lassen sie mich nicht. Sind schrecklich eifersüchtig.« Ich kraulte einen von ihnen besonders intensiv hinter den Ohren und hockte mich zwischen sie. Die Wölfe schlossen zu mir auf, einer sprang mir sogar in den Rücken und leckte mir übers Ohr. Nass. Und Bäh.

Ich streichelte ihm den dicken Pelz und ließ ihn machen. Der Grimm knurrte erneut, die ersten Tiere stellten sich ihm entgegen.

»Kommt schon«, flüsterte ich und ließ mich weiter in die Menge der Wölfe fallen. Die Stimmung heizte sich auf. Ich spürte es deutlich. Der Grimm reckte sich, sodass er mich besser erkennen konnte, was wiederum den anderen nicht passte.

Ich blickte zum Zentauren, der mich verwirrt ansah. Der Prinz hingegen wirkte recht gefasst. Keine Ahnung, was er bei meinem Anblick empfand, ob ihn der Nektar beeinflusste oder nicht. Immerhin wurde davon genügend in seinem Reich konsumiert. Wenn er jedem verfallen würde, der ihn trank, könnte er vermutlich nicht mehr regieren.

Ich deutete mit den Augen auf den Weg, von dem ich gekommen war, aber der Prinz schüttelte den Kopf und zeigte stattdessen nach hinten. Auf seinem Arm zogen sich lange Risse über seine Haut.

Genau wie bei Moon, als Isa die Spiegel zerstört hatte.

Die Wölfe buhlten weiter um meine Aufmerksamkeit, die ich ihnen überschwänglich schenkte. Auch der Zentaur hob seinen Speer und zielte gegen die Tiere.

»Arceus, nicht«, sagte der Prinz.

Arceus schüttelte den Kopf, fasste sich an die Schläfe.

»Du bist stärker, das weißt du.«

Klar, die Zentauren mussten genauso abgehärtet sein, sonst könnten sie ihren Job nicht machen. Er stampfte mit dem Vorderfuß auf und wich zurück.

»Gut?«, fragte ich und er nickte.

Der Grimm ließ mich nicht aus den Augen. Ich rief weitere Wölfe zu mir, lachte mit ihnen, kraulte ihre Ohren, was den Grimm immer zorniger machte.

»Ich halte den Grimm für euch auf, Lyn, bring den Prinzen in Sicherheit.«

»Wenn der Grimm seine Wölfe angreift, steckst du mitten im Kampf«, sagte sie. »Ich werde nicht gehen.«

»Du musst!«

»Aber du …«

»Lass dich nicht von mir ablenken, denke an das, was wir vorhaben.«

Sie schüttelte sich, fasste sich an die Stirn, aber ich sah ihr an, dass sie mich nicht verlassen würde. Der Nektar war noch zu stark.

Arceus humpelte zu seinem Herrn und wollte ihm aufhelfen, doch da brodelte die gesamte Heide ein weiteres Mal. Der Prinz gab einen erstickten Laut von sich. Er fasste sich ans Herz, klappte zusammen, die Risse auf seiner Haut breiteten sich aus.

»Isa«, keuchte er. »Sie ist am Baum. Sie holt sich den Kristall.«

»Verflucht noch mal«, sagte ich. Was war mit Brayden?

»Ich …«, sagte der Prinz und krümmte sich wieder zusammen. Über unsere Köpfe zogen sich auf einmal Energiebahnen aus grünem Licht. Es kribbelte auf meiner Haut, die Macht sammelte sich und drohte gleich zu explodieren.

Wie in Moons Palast.

Isa schritt auch hier durch, als gehörte ihr die Welt – und das würde sie, wenn sie den Kristall je zusammensetzte. »Der Prinz muss das Mittel nehmen und aufwachen«, sagte ich.

»Dann wird alles vernichtet«, gab Lyn zurück. »Auch wir.«

»Ich weiß.« Doch wir hatten keine Wahl. Wenn wir Isa aufhalten wollten, mussten wir die Heide zerstören. Ich ballte die Hände zu Fäusten, suchte nach der Energie, die ich aus meinen Fingern schießen konnte. Sie war da. Ich fühlte sie eindeutig mehr als zu dem Zeitpunkt, da ich mit Destan beim Turm gewesen war. Ich streckte die Arme aus, konzentrierte mich auf die Macht, die mich durchfloss. Funken sprühten aus meinen Fingerspitzen, aber es reichte nicht aus, um eine volle Ladung Energie zu entlassen.

Warum nicht?

Kris war in meiner Nähe. Wir waren sogar auf der Heide, was also war anders?

Der Grimm kam näher, knurrte weiter die Wölfe an, die ihm zurückdrohten. Lyn hatte völlig recht: Wenn ein Kampf entflammen sollte, steckte ich mittendrin.

Ich spannte die Arme weiter an, flehte diese Macht an, dass sie sich zeigen würde, auch wenn ich den Fluch dadurch noch mehr verstärken würde. Es war unsere Chance. Die Gelegenheit, den Grimm zu besiegen.

Er bäumte sich vor mir auf, groß und drohend blickte er zu mir hinunter. In seinen gelben Augen lag so viel Zorn, Eifersucht, Trauer, aber auch Liebe. Er war zerrissen in seinen Gefühlen. Der Lotusnektar brachte die weiche Seite in ihm hervor, zeigte das, was Liam zum Grimm beitrug.

Wie kann ich dich besiegen?

Ich erwartete keine Antwort, doch in dem Moment fiel mein Blick auf den Vollmond, der weiterhin mit einem Schatten verdeckt war.

Schatten.

Mondfinsternis.

Genauso war es gewesen, als ich mit Kris in diesen Märchen gefangen gewesen war. Der Grimm war erst immer aufgetaucht, wenn der Mond sich verfinstert hatte, vorher nicht. Am Turm mit Destan war hellichter Tag gewesen.

Löste womöglich das meine Kraft aus? Musste ich vorher erst mit dem Vollmond in Kontakt treten?

Die Wölfe und der Grimm knurrten sich weiterhin an. Er kam näher, sein Rudel baute sich vor mir auf.

Lyn hob ihren Arm und sprach in ihr Amulett. »Brayden? Bist du da?«

Keine Antwort.

»Hilf dem Prinzen!«, sagte ich. »Gib ihm das Mittel.«

Sie biss sich auf die Lippe, stöhnte, aber sie griff in ihre Tasche und zog eine Phiole heraus. »Das musst du nehmen und kannst in deinen Körper zurückkehren.«

»Was?« Der Prinz starrte auf die Phiole in Lyns Hand.

»Ares hat es mit Cyrus und Anantha entwickelt. Sie haben dich nie im Stich gelassen, immer zu dir gehalten und die ganze Zeit nach einem Weg gesucht, wie sie dir helfen können.«

Der Prinz zuckte zusammen, streckte nur langsam seine Finger danach aus. »Das … Das kann ich …« Wieder krampfte er und das Energieflirren wurde stärker über unseren Köpfen. »Isa hat das Kraftfeld zerstört.«

Ich sah von einem zum anderen, wir mussten handeln. Ob mit Vollmond oder ohne.

Ich schnappte mir einen der größeren Wölfe und kuschelte ihn so ausgiebig, dass er sich auf den Rücken warf.

»Na, Grimm, wie ist es? Das Gleiche kannst du auch haben, wenn du zu mir kommst.« Das Fell des Wolfes war borstig und mit Blut oder anderen Dingen verkrustet, die ich mir nicht näher ansehen wollte. Der Grimm reagierte wie gewünscht, schnaubte und hob die Lefzen. Seine gelben Augen funkelten vor Eifersucht und Wut.

»Wieder bekommt jemand das, was du so gerne hättest«, bohrte ich weiter. »Es ist wie mit Anabel. Du kannst nie haben, was du begehrst, alles wird dir weggenommen.«

Er riss das Maul auf und schrie so laut, dass es mich fast nach hinten wegfegte. Die Wölfe zuckten zusammen, einige zogen die Köpfe ein und wichen mit eingekniffenen Schwänzen zurück, andere richteten sich auf, um mich zu verteidigen. Das würde gleich heftig werden.

»Ich hole dich«, sagte auf einmal Arceus. Ich nickte ihm zu, richtete mich auf und breitete die Arme aus.

»Willst du mich? Dann komm her!«, rief ich dem Grimm zu – und das endlich gab den Startschuss.

Wir setzten uns alle gleichzeitig in Bewegung. Arceus schoss nach vorne, ich ihm entgegen. Fünf Wölfe stellten sich mir in den Weg, doch ich schob sie beiseite und machte einen Sprung zu Arceus und griff nach seiner Mähne. Lyn schnappte sich den Prinzen und wich mit ihm zurück. Der Grimm wollte zu mir, doch die Wölfe stürzten sich kollektiv auf ihn. Ich zog mich auf Arceus' Rücken, der vor Schmerzen schrie, als ich seine verletzte Flanke streifte.

»Tut mir leid.« Ich bemühte mich, ihn nicht dort zu berühren, aber es war fast unmöglich. Er fuhr herum, trat einem Wolf den Schädel ein und sprang über drei andere hinweg. Der Grimm richtete seine Aufmerksamkeit auf mich, genau wie der Rest des Rudels. Sie wollten mir folgen, doch der Grimm packte einen Teil von ihnen und zerriss sie. Sie hielten sich gegenseitig davon ab, mir nachzukommen. Das würde sich ändern, sobald ich außer Reichweite war und die Wirkung des Nektars sie nicht länger beeinflusste. Uns blieb nur ein geringer Vorsprung, den wir nutzen mussten.

»Wir müssen Brayden rausholen, ehe der Prinz aufwacht. Kannst du mich zum Baum bringen?« Nun kam es darauf an, was der Grimm lieber wollte: den Prinzen erledigen oder mir folgen. So oder so würde alles sehr knapp werden.

Arceus fuhr herum, suchte nach dem Prinzen. Lyn zog sich mit ihm zurück, ihre Bewegungen wurden wieder koordinierter, jetzt, da ich nicht mehr so nah an ihr dran war.

Der Grimm zerriss weitere Wölfe, machte den Großteil nieder und richtete seine Aufmerksamkeit auf mich. Dann auf den Prinzen. Dann auf mich. Er senkte den Kopf, knurrte drohend und kam mit angespannten Schritten auf uns zu.

Der Prinz schrie, ich sah zu ihm, seine Haut war über und über mit den Rissen durchzogen. Er würde nicht mehr lange durchhalten – und dann wären wir sowieso alle erledigt. Wir hatten keine Zeit mehr, Brayden zu retten.

Und Kris?

Ich hielt nach ihr Ausschau, sah zum See, aber ich entdeckte sie nicht.

Lyn hielt weiterhin die Phiole in ihren Fingern, drehte sie unruhig hin und her. Wir waren gefangen. Wir konnten kaum agieren, mussten uns nur noch entscheiden, in welche Richtung es gehen sollte. Der Grimm kam näher, die Wölfe, die er nicht erledigt hatte, zogen sich langsam zurück. Anscheinend war die Lust nach mir nun nicht mehr groß genug, um gegen ihn anzugehen.

»Nimm sie«, rief ich dem Prinzen zu. »Wir müssen das beenden und die Nachtheide auslöschen! Nur so bekommt Isa den Kristall nicht.«

Der Prinz griff nach der Phiole, schloss die Finger darum und sah sie an.

»Wenn du wach wirst, ist Ares bei dir«, sagte Lyn. »Und mein Vater. Sein Name ist Conrad. Er ist der Bruder von …«

»Lyn.« Ich schüttelte den Kopf. Der Prinz war nicht gut auf Moon zu sprechen. Wenn sie ihm sagte, dass ihr Bruder auf ihn wartete, würde er sicherlich eine weitere Falle vermuten.

»Es wird alles gut«, sagte sie stattdessen.

Der Grimm knurrte wieder, nur noch ein paar Schritte, dann hatte er mich erreicht. Ich sprang von Arceus' Rücken und zückte mein Schwert.

»Brayden?«, versuchte Lyn es nochmals. »Bitte, antworte mir.«

Nichts.

Der Prinz setzte die Phiole an, der Grimm bemerkte die Bewegung, fixierte nun ihn.

»Nicht doch«, sagte ich. »Bleib bei mir, du bist so nah dran.«

Der Prinz hielt die Luft an, wollte sie austrinken.

»Wartet!«, rief Kris auf einmal. Ich fuhr zu ihr herum. Sie kam auf uns zugerannt, die Klamotten klatschnass und das Amulett in ihrer Hand.

»Was ist das …?«, fragte der Prinz.

»Meine Macht«, antwortete Kris, hob das Amulett an und legte es sich um den Hals. Kaum berührte es ihre Haut, ging ein weiteres Beben durch die Heide, aber dieses Mal kam es vom Himmel. Eine Druckwelle entlud sich und presste uns schwer nach unten. Ich stemmte mich dagegen, die Male auf meiner Haut heizten sich auf. Der Mond leuchtete heller, der Schatten, der ihn verdeckt hatte, verschwand langsam. Der Grimm hielt inne, sah nach oben und zuckte zusammen. Er wimmerte leise, machte einen Schritt zurück.

Das war es!

Ich spürte die volle Wucht des Vollmondes durch meine Adern rauschen. Meine Finger sprühten Funken, meine Adern luden sich mit dieser Energie auf, die eigentlich Moon gehörte. Ich breitete die Arme aus, ließ mich auf diese unfassbare Stärke ein.

Moon. Kris. Ich. Syrantina. So viel Magie zusammengemischt. So viel Urkraft vereint. Dieses Ritual, als Moon Kris von sich gelöst hatte, hatte all unsere Ressourcen gebündelt und zusammengefügt.

Meine Haut stand in Flammen. Es fühlte sich an, als würde mein Körper mit einer Macht getränkt, die viel zu viel für ihn war. Das Mal reagierte, breitete sich weiter auf mir aus und schloss Kreise, die vorher offen geblieben waren. Mein Sichtfeld grenzte sich ein, Dunkelheit zog von außen in meine Augen und trübte meine Sicht. Mir wurde kalt und heiß zugleich. Die Mächte von Dunkel und Hell zerrten an mir, wollten mich auf die eine oder andere Seite reißen. Ich blickte zum Grimm, drehte meine Handflächen nach oben und fing das Silberlicht des Mondes in ihnen ein.

Das war es.

Das war genau das, was ich zu tun hatte. Kris verstärkte die Kraft des Vollmondes, ich konnte sie kanalisieren und nach vorne richten. Es war heftiger denn je zuvor, intensiver, brennender, vernichtender. Bilder flackerten in mir hoch, ich sah einen Mann auf einem Marktplatz stehen, er litt Höllenqualen, sein Herz war gebrochen worden. Aus diesem Schmerz heraus erschuf er das Wesen, was nun vor mir kauerte und sich zurückzog. Der Grimm blickte zur Grenze der Nachtheide, spannte die Muskeln und rannte los. Ich hob meine Arme weiter, staute die Energie des Vollmondes auf und entließ sie nach vorne auf das Tier.

Ich erwischte ihn an der Flanke, er jaulte vor Schmerz, fiel, schüttelte sich, richtete sich wieder auf und rannte weiter. Ich ließ mich einfach auf die Energie und die Macht ein, doch ich spürte, dass sie mich zerreißen würde, wenn ich alles in mich aufnahm. Mir wurde schwindelig. Entweder der Grimm oder ich. Wenn ich ihn zerstörte, würde es mich vernichten.

Das Messer an meinem Gürtel lud sich auf und sammelte all die Energie, die ich soeben entließ. Die Dunkelheit zog sich weiter in meine Augen. Ich roch Blut, ich spürte die Angst und die Verzweiflung, die dieses Wesen geschaffen hatten, aber auch die Wut, die Liebe, den Hass. Das alles kam über mich, riss an meinem Herzen, an meiner Seele und wollte mich ebenso zerfleischen, wie es Séamus einst zerfleischt hatte.

»Ash!«, hörte ich Kris rufen, doch ich konnte nicht mehr auf sie reagieren.

Nur noch zulassen. Die Energie schoss aus mir, mein Messer brodelte, vibrierte und drohte zu zerspringen. Ich zückte es, wusste, dass dies das letzte Mal wäre, denn wir waren dort angekommen, wo es mich hatte hinführen wollen. Ich drehte es herum, die Klinge leuchtete grell und entließ mit einem lauten Bersten alles, was sich darin aufgestaut hatte. Es zersprang in meinen Händen, die Energie schoss nach vorne. Der Grimm machte einen Satz und sprang durch die Grenze zur Nachtheide. Sein Rudel folgte ihm. Die Angst vor der Vollmondmacht war größer als die Anziehung durch den Lotusnektar. Ich taumelte, versuchte, die Energie zu bändigen, doch es gelang mir nicht mehr. Alles wurde schwarz um mich herum. Ich trat in die Dunkelheit des Fluches, den ich nun so weit potenziert hatte, dass er mich mit sich riss.

»*Die Schatten. Sie holen dich*«, hörte ich Moon in meiner Erinnerung sagen. »*Von nun an wird es nur noch schneller gehen.*«

Ich glaube, sie könnte recht haben.

37. Kapitel

Kristin

Abalion, Zeit unbekannt

»Ash!«, schrie ich und rüttelte ihn durch, doch er reagierte nicht. Sein Körper strahlte eine unglaubliche Energie ab, sie brannte sich auch in mein Herz, verursachte dort den Schmerz, den ich bei unseren ersten Treffen gespürt hatte. Ich fasste an die Stelle und keuchte.

»Kris?«, sagte Lyn und kam zu mir. »Wir müssen unbedingt von der Nachtheide runter.«

»Ja, ich … Wo ist Brayden?«

»Er antwortet nicht, aber wenn Casaju nicht bald in seinen Körper zurückkehrt, wird er sterben.«

Ich blickte auf. Verzweiflung schnürte mein Herz zusammen. Ich fühlte mich ohnmächtig und gleichzeitig befreit. Das Amulett hatte sich mit Ashs Aktion eben aufgelöst und war auf uns beide übergangen. Es hatte seine Macht komplett entfesselt und war in den Strahlen verschwunden.

»Ich helfe euch«, sagte der Zentaur und bückte sich zu uns herunter. Obwohl er verletzt war, hob er Ash mit Leichtigkeit auf seine Arme und deutete auf die Grenze. »Los.«

Ich blickte zurück zu dem Prinzen der Nachtheide, der auf der Erde kniete und die Phiole fest in den Händen hielt. Seine Kraft schwand merklich. Dies mochte unsere erste Begegnung sein, doch ich sah ihm an, wie er litt und zu zerspringen drohte.

»Geht«, sagte er und kippte fast vornüber.

Der Zentaur wies uns den Weg, wir folgten. Ich blieb stehen, blickte mich um. Brayden war noch irgendwo hier gefangen. Wir konnten ihn doch nicht zurücklassen!

»Wir haben keine andere Wahl«, sagte Lyn. »Die Heide wird fallen, ob mit uns oder ohne uns. Vielleicht ist er schon längst draußen.«

»Was, wenn nicht?«

Sie schloss die Augen und schüttelte den Kopf. Das Energieflirren über unseren Köpfen wurde heller, ich hörte lautes Gelächter, das mir eiskalt den Rücken hinunterlief.

»Isa«, keuchte der Prinz. »Es ist gleich zu spät.«

Wir versagten. Auf der ganzen Linie. Der Grimm mochte vertrieben sein, aber er war nach wie vor da draußen und wütete. Isa holte sich den Kristall, Ash war bewusstlos, Brayden verschollen.

Mein Herz brannte. Vor Verzweiflung, vor Kummer, vor Hilflosigkeit. Ich konnte nicht mehr klar denken, wusste nicht, was richtig und falsch war, in welche Richtung ich gehen sollte. Lyn packte mich einfach am Arm und zog mich mit sich. Ich ließ es geschehen. Stumm und stoisch und nicht mehr in der Lage, etwas anderes zu tun.

Nur am Rande bekam ich mit, wie wir die Grenze passierten und die Heide verließen. Wir traten von einem Inferno ins nächste, denn hier loderte ein großer Feuerkreis, der die gesamte Wiese einschloss. Ich blickte mich um, blinzelte gegen die Helligkeit und die Flammen.

»Jorge …« Er hatte es geschafft und alles in Brand gesetzt, was die Wölfe verwüstet hatten.

»Weiter«, sagte der Zentaur und suchte sich mit uns einen Weg durch die Feuersbrunst.

»Hier rüber!«, rief Jorge auf einmal von links. Wir drehten uns zu ihm, er rannte einen kleinen Weg entlang, den er wohl extra für uns freigelassen hatte. »Schnell!«

Wir folgten ihm, drangen tiefer in den Wald ein, in den Schutz der Bäume, weg von der Heide.

Die Explosion riss uns dennoch fast von den Füßen. Sie kam plötzlich und unerwartet und mit einer Wucht, dass sich die Bäume bogen und viele von ihnen einknickten. Wir eilten weiter, so gut es ging, versuchten, uns in Sicherheit zu bringen und der Gewalt zu entgehen, die sich hinter uns entfesselte.

Der Knall war ohrenbetäubend und riss alles nieder. Meine Sinne richteten sich nach innen, schotteten alles um mich herum ab, bis ich nur noch den direkten Weg vor mir sah, nur noch rannte, nur noch den anderen folgte und keine Gedanken mehr in meinem Geist herumschwirrten.

Fliehen. Rennen. Weiter. Weiter.

Das war alles, zu was ich in der Lage war, bis meine Füße brannten, bis der Rauch sich legte, bis wir irgendwo anhielten und verschnauften.

»Du großer Gott«, sagte Lyn und lehnte sich an einen Baumstamm. Sie sank daran nieder, ich stützte mich an einem anderen ab und rang nach Luft, der Zentaur brach mit Ash auf den Armen zusammen. Seine Wunden zollten ihren Tribut. Seine Seite blutete heftig, er zog ein Bein an, das er kaum noch belasten konnte, sein Fell war völlig durchgeschwitzt. Auch Jorge stemmte die Hände auf die Knie und japste nach Luft.

Ich drehte mich als Erste um, sah hinüber zur Heide, die in einem grellen grünen Licht explodiert war. Das Glimmen war sicherlich noch weit in Abalion zu sehen. Keine Ahnung, ob der Prinz es rechtzeitig geschafft hatte, ob Brayden es geschafft hatte; wen wir verloren hatten.

Benommen richtete ich mich auf, stieß mich vom Baum ab und lief zum Zentaur und Ash. Sein Zustand war unverändert, er war ohnmächtig und reagierte auf nichts. Der Zentaur hingegen atmete schwer ein und rasselnd wieder aus.

»Lass mich sehen«, sagte ich und kniete mich neben ihn. Es sah schlimm aus. Die Wunde war tief und blutete stark, sein Bein war in einem unnatürlichen Winkel abgeknickt. Es musste auf der Flucht eben passiert sein. Ich hatte nicht einmal mitbekommen, dass er anscheinend gefallen war und es sich gebrochen hatte. Der Zentaur blickte mich an, hob den Kopf und lächelte matt.

»Du hast den Mond entfesselt und ihn genutzt.« Er hustete, zuckte zusammen und krümmte sich vor Schmerzen.

Ich legte meine Hand auf seine Seite, redete beruhigend auf ihn ein. Als ich ihn berührte, spürte ich all seine Macht und seine Kraft. Diese Wesen hatten einst Moon gedient und waren an den Prinzen gebunden worden, als dieser auf die Nachtheide gebannt worden war. Mitsamt dem Vollmond. Sie waren mit ihm dort gefangen worden, hatten ihm zur Seite gestanden, wie sie einst Moon zur Seite gestanden hatten.

»Kann ich dir helfen?«, fragte ich.
»Das tust du schon.«
Ich blickte auf meine Finger, die leicht leuchteten.
»Der Neumond heilt«, sagte der Zentaur leise. »Nutze es. Nimm alles von dir an, dann wirst du stärker, als du es dir zu erträumen gewagt hast.«
»Was?« Ich hob eine Hand, sah auf meine Haut, die von einer dunkelgrünen Energie umwoben wurde. Der Zentaur stöhnte, sofort legte ich sie wieder auf ihn, konzentrierte mich darauf, sie in ihn fließen zu lassen, doch er nahm mein Handgelenk und zog mich von sich weg.
»Ich bin zu stark verletzt, du kannst mir nicht mehr helfen, aber anderen schon.« Er sah hinüber zu Ash, um den sich nun Lyn und Jorge kümmerten.
»Hol ihn zurück.«
»Wie?«
»Folge deiner Macht.« Er hustete ein weiteres Mal, bäumte sich auf, ehe ihn seine Kräfte verließen und er innehielt. »Moon besaß sie auch. Sie konnte wie keine andere in die Geheimnisse der Worte eindringen. Es lag ihr im Blut, sie war damit geboren worden.«
»Sie konnte zwischen den Zeilen lesen.«
»Manchmal liegt die Erlösung nicht im Zerstören, sondern im Zuhören. Der Grimm ist das, zu dem er gemacht worden ist. Höre ihm zu.«
»Was …«
Sein Körper erschlaffte, er atmete ein letztes Mal ein, dann war es vorbei.
Ich wartete einen Moment, ehe ich seine Augen schloss, den Kopf senkte und kurz innehielt.
»Danke«, hauchte ich. Für die Hilfe. Für den Ratschlag, was auch immer ich damit anfangen konnte.
Irgendwann löste ich mich von dem Zentaur und rutschte hinüber zu Ash. »Wie geht es ihm?«
»Keine Ahnung«, sagte Jorge. »Aber hier können wir nicht bleiben. Wir müssen zurück zu Syrantina.«
»Wo Isa sicherlich als Nächstes angreifen wird«, sagte ich. »Was sollen wir nur tun? Was können wir jetzt noch gegen sie ausrichten, wenn sie den ersten Teil des Kristalls hat?«

Die Frage blieb zwischen uns hängen, denn niemand hatte eine Antwort darauf. Lyn kontaktierte schließlich Dante, der uns einen Weg zurück öffnete. Jorge hob Ash auf seine Schultern und trat mit ihm als Erster durch die Tür, Lyn folgte und ich …

Ich blickte zurück auf die Heide und das, was ich dort verloren hatte.

Keine Ahnung, ob Brayden es herausgeschafft hatte, ob Isa ihn getötet hatte, ob er durch das Kraftfeld ins Kloster gegangen oder was sonst mit ihm passiert war.

Es schmerzte mich. Sehr.

Ich mochte nicht gutheißen, was er mir angetan hatte, aber ein Stück weit konnte ich es verstehen, denn er hatte mir helfen wollen. Dank ihm war ich stets über mich hinausgewachsen und hatte mich jeder Herausforderung gestellt. Er hatte mich gelehrt zu kämpfen und voranzuschreiten und niemals aufzugeben. Er hatte mir das Leben einer Kämpferin gegeben, wofür ich ihm mehr als dankbar war.

Er war mein Bruder. Im Geiste. In meiner Seele. Er würde es immer bleiben.

Mit schwerem Herzen wandte ich mich ab und trat ebenfalls durch die Tür. Hinein in die Dunkelheit von Syrantinas Reich.

38. Kapitel

Abalion, Zeit unbekannt

Isa presste die Hand auf die Rinde des Baumes und nahm seine Energie in sich auf. Die Fantasie wandte sich ihr zu wie die Blumen den ersten Sonnenstrahlen. Isa atmete tief ein und aus, ließ sich in die Kraft der Jahrtausende fallen und nahm das an, was hier zugrunde lag.

Ein Kristall so mächtig und erhaben, dass er ganze Welten erschaffen konnte. Das Wissen vieler Masali, die mit ihren Erzählungen dazu beigetragen hatten, diesen Kristall zu füttern und zu nähren, die Fantasie weiter und weiter wachsen zu lassen. Sie war wie eine delikate Pflanze, die viel Liebe und Zuwendung benötigte: Je mehr sie davon bekam, desto besser konnte sie blühen. Isa lehnte sich gegen die Rinde, überwand alle Hindernisse von Zeit und Raum und trat hinein in die Zauberwelt aus Magie und Unendlichkeit. Sie war umgeben von der grünen Energie, die seit Äonen durch ihre Adern floss, und von allen Geschichtenerzählern rund um die Welt. Künstler, Autoren, Maler, Sänger, Musiker – sie dienten alle der Fantasie, sie speisten sie mit ihrer Energie, spielten die Melodie des Lebens und ließen mit ihren Worten Wunder geschehen.

Isa wurde ein Teil davon. Sie griff tief in die Erde hinein, gelangte bis an den Kern und fand die Reinheit und Kraft des Kristalls. Verborgen, beschützt, wartend. Anabel hatte alles von sich in den Stein gegeben, sie hatte sich geopfert, damit andere leben konnten. Isa nahm dieses Opfer nun dankbar an. Sie streckte die Hände weiter aus, ihre Finger ertasteten etwas Warmes, Hartes. Sie packte zu, umschloss den Kristall und zog ihn sachte an sich. Isa trieb schwerelos in diesem Raum aus grüner Energie, die sich auf ihrer Haut absetzte. Sie umschloss den Stein, zog ihn enger an ihr eigenes Herz heran und fühlte die Angst, die Anabel gespürt hatte, als sie sich damit getötet hatte. Sie spürte auch die Liebe für Liam, die Trauer um Séamus, der sein Herz an die Falsche verloren hatte. Aber der Kristall war noch mehr als das. Er gehörte dem Volk der Masali, er hatte ihnen jahrelang gedient, hatte mit seiner Energie ihr Dasein bereichert. Er ging zurück in die Tiefe der Geschichten, reichte weit in die Vergangenheit, wo er einst aus dem Flügel eines Drachen gebrochen worden war. Isa spürte die Wucht dieser Magie. Sie wusste, dass sie selbst noch zu klein dafür war, um das alles zu begreifen, aber sie war mehr als gewillt zu lernen. Sie wollte diese Macht für sich nutzen, sie wollte zu höheren Sphären aufsteigen und sie würde es schaffen.

Ihre Finger schlossen sich fester und sie öffnete die Augen.

Sie stand nicht länger auf der Heide oder in dem Kloster, sondern wieder in ihrem Palast, der sich ein weiteres Mal verändert hatte. Das helle Gestein leuchtete grün und schwarz, es hatte sich Isas Farben angepasst, repräsentierte all ihre Macht. Isa blickte sich um. Ihr Spiegelzimmer hatte sich ausgedehnt, die Wände waren verschwunden, ein Thron dafür erschienen. Er wartete auf sie, so wie Abalion auf sie wartete. Die Welt breitete sich vor ihr aus, die Macht des Kristalls stülpte sich über alles. Isa verband sich noch enger mit den Märchen, noch intensiver mit ihrer Kraft.

Plötzlich hörte sie alle Wesen dort unten, sie spürte ihre Gedanken, ihre Sorgen, ihre Nöte, ihre Ängste und ihre Kraft. Isa breitete die Arme weit aus und erhob ihre Stimme. Sie wusste, dass sie in Abalion wahrgenommen wurde, sie wusste, dass ihre Worte über das Land getragen wurden.

»Wesen in Abalion, hört mich an. Ich bin Isa aus Nubra, Herrscherin des Kristalls, Regentin von Abalion und eure neue Göttin. Ich bin gekommen, um euch zur wahren Größe zu verhelfen. Ich werde meine Feinde zerschmettern und meine Verbündeten belohnen. Kommt zu mir, helft mir und euch soll es an nichts mangeln. Gemeinsam werden wir alle Grenzen unseres Landes sprengen und uns holen, was wir begehren. Kommt, meine Kinder. Verneigt euch vor mir und werdet mein Volk.«

Sie wischte mit der Hand in der Luft herum. Isa atmete tief ein und aus und bemerkte, wie sich ihr aus allen Himmelsrichtungen die Wesen zuwandten. Sie hörte ihre Schritte, spürte ihre Präsenz. Gnome. Elfen. Feen. Menschen. Tiere des Waldes. Tiere der Wüste. Tiere der Luft. Sie kamen alle, um die neue Herrscherin zu begrüßen und sich ihr anzuschließen.

Isa lächelte, lehnte sich im Thron zurück und schlug die Beine übereinander. In ihrer rechten Hand erschien ein Zepter, auf das sie den ersten Teil des Kristalls steckte. Er passte perfekt und ließ Raum für den zweiten Teil. Sie wedelte damit in der Luft herum, probierte diese neue Energie aus, die ihr ab sofort zur Verfügung stand. Der Kristall war übermächtig, konnte ihr alles erfüllen, was sie begehrte, doch er würde es nicht ohne Gegenleistung machen. Sowohl Anabel als auch Kaia hatten ihr Leben dafür hergegeben. Isa hatte nicht vor, dies ebenfalls zu tun; aber mit all ihren neuen Dienern, die sich ihr zuwandten, hatte sie mehr als genug Leben, die sie hierfür aufbringen konnte.

Sie vervollständigte einen Kreis in der Luft und beugte sich nach vorne. »Wo ist der Grimm?«

Es dauerte eine Weile, bis sie ein Bild von ihm bekam. Er hatte sich weit nach unten in Abalion zurückgezogen, war mit seinem Rudel an einen unwirklichen Ort gekehrt, wo es keinen Mond und keine Sonne gab. Dort hatte er sich in einer Höhle zusammengerollt und leckte seine Wunden.

Isa nickte, stand auf und ging auf den Kreis zu, der vor ihr in der Luft schwebte. »Hör mich, Bestie.«

Der Grimm spitzte die Ohren, blickte auf und knurrte. Sie spürte sein Misstrauen ihr gegenüber, denn nur durch sie war er auf der Heide gewesen und hatte diesen Schlag erhalten.

»Ich werde den Mond endgültig vernichten. Ich werde die Kontrolle über Abalion übernehmen, wenn du mir ein weiteres Mal hilfst.«

Er knurrte lauter, zischte sie an. Sein Rudel stimmte mit ein.

»Du kannst Rache nehmen an denen, die dir das angetan haben. Du kannst sie in Stücke reißen und erneut zu deiner wahren Größe aufsteigen. Es war ein Rückschlag für dich, aber wir haben dennoch gewonnen. Bleib bei mir, hilf mir – und du wirst es nicht bereuen.«

Sie zog den Splitter aus ihrem Rock und hielt ihn in die Höhe. »Ich vertraue dir, vertraue du auch mir.« Sie schloss die Faust darum und ließ den Splitter in seine Einzelteile zerspringen. Der Grimm starrte darauf, seine gelben Augen wirkten undurchdringlich. Isa wollte die Bestie nicht zwingen, sie wollte sie an ihrer Seite haben. Auf der Heide hatte er eine erstaunliche Durchschlagskraft und Zerstörungswut gezeigt, sie könnte das sehr gut brauchen und darüber hinaus ihre eigenen Kräfte schonen.

»Kommst du mit mir?«, fragte sie ihn.

Er erhob sich langsam, schüttelte den dicken Pelz aus und trat ihr entgegen. Sie lächelte, öffnete ein zweites Fenster, das ihn direkt zu Syrantinas Palast führen würde.

»Ich werde dort sein.« Isa lehnte sich zurück, blickte zum Horizont, weit hinaus auf das Land, wo sich in der Ferne ein dunkler Turm gen Himmel reckte und nur darauf wartete, von ihr erobert zu werden.

Syrantina würde fallen. Isa würde sich auch den zweiten Teil des Kristalls holen. Nichts konnte sie noch aufhalten.

39. Kapitel

Kristin

Abalion, Zeit unbekannt

Ein Brodeln ging durch den gesamten Palast und ließ alles erbeben. Ich blickte auf, lauschte auf das dumpfe Geräusch, das von tief unter der Erde kam, und schüttelte mich.

Syrantina erhob sich ebenfalls und nahm ihre Hände von Ashs Schläfen. »Ich kann nichts für ihn tun« Sie stand langsam auf und strich ihr Kleid glatt. »Sein Geist hängt in der Dunkelheit fest, an einem Ort, den ich allzu gut kenne.«

»Gerade deshalb solltest du etwas ausrichten können«, sagte ich barscher als geplant.

»Kris«, ermahnte mich Jorge.

»Ist doch so!« Meine Nerven waren bis aufs Äußerste gespannt. Diese letzten Abenteuer auf der Heide, das Vermissen von Brayden, Ashs Zustand … Wir mussten doch irgendwas tun können, anstatt nur herumzustehen und abzuwarten, was als Nächstes kam!

Syrantina trat auf mich zu. Ich wich weder vor ihr zurück noch zeigte ich sonstige Furcht vor ihr, auch wenn sie recht einschüchternd wirkte. »Ash ist gefangen. Es ist seine Entscheidung, ob er zurückkehrt. Ich kann ihm nicht helfen.«

»Aber …«

Sie lief an mir vorbei und verließ ohne ein weiteres Wort das Zimmer. Ich warf die Hände in die Luft, stieß einen frustrierten Schrei aus und trat gegen die Kommode, die neben mir stand.

Jorge legte beruhigend eine Hand auf meine Schulter und zog mich in seine Arme. »Ich bin sicher, dass wir einen Weg finden, ihn zurückzuholen.«

»Wie denn?«

»Ich weiß es noch nicht, aber Ash ist ein Kämpfer. Er würde niemals aufgeben.«

»Nein, das würde er nicht.« Ich löste mich von ihm, schüttelte meine Arme aus und wünschte, ich könnte irgendwie diese Anspannung aus mir herauslassen. Stattdessen kratzte ich mir über die Kopfhaut. Es war zum Verzweifeln! Ich hasste es, in einer Sackgasse zu stecken.

Ich blickte zu Ash und ließ mich auf der Bettkante nieder. Er atmete ruhig, wirkte so friedlich. Ich hoffte, dass es auch so war. Womöglich hatte der Grimm ihn auch mit in sein Reich gezogen und quälte ihn nun genauso wie alle anderen. Ich durfte gar nicht daran denken, was Ash im Moment durchmachen könnte.

Ich musterte ihn lange. Die Wirkung des Nektars hatte zum Glück nachgelassen, seit er ohnmächtig geworden war, dennoch stieg mir Hitze in die Wangen, als ich neben ihm Platz nahm. Der Kuss hatte mir gefallen, auch wenn die Umstände alles andere als schön gewesen waren. Genau wie dieser Moment am Morgen im Bett. Es hätte nicht mehr viel gefehlt und wir wären uns nähergekommen, ein Gedanke, der mir nicht nur dank des Nektars angenehm war.

»Das ist meine Schuld.«

»Wieso sollte es denn deine Schuld sein?«

»Weil ich dieses Amulett aus dem See geholt habe, ich hätte es anders benutzen müssen, nicht Ash. Vermutlich war die Macht viel zu groß für ihn und gar nicht für ihn bestimmt. Nur weil er schon mal dieses Leuchten aus den Händen geschossen hat, heißt das nicht, dass es in Ordnung ist und …« Ich fasste an meine Stirn und schnappte nach Luft.

»Kris«, sagte Jorge und kniete sich neben mich. »Ich war nicht dabei, aber ich kann mir vorstellen, dass es nicht deine Schuld war und dass ihr in dem Moment getan habt, was richtig war. Ihr habt dem Grimm gegenübergestanden, ihr hattet doch gar keine Zeit, viel nachzudenken, oder?«

»Nein.«

»Ihr seid aus der Heide herausgekommen, das ist alles, was zählt. Ash wird wieder aufwachen. Ich kenne Typen wie ihn, die sind schwerer zu vernichten als ein Beet roter Rosen.«

»Warum um alles in der Welt sollte jemand rote Rosen vernichten wollen?«

»Weil die hier wachsen wie Unkraut. Ist wirklich schlimm. Die Pflanzen machen alles kaputt und sind zäh wie noch was.«

Ich schüttelte den Kopf und musste tatsächlich grinsen. Hoffentlich hatte Jorge recht und Ash war so unverwüstlich wie Unkraut. Egal welches.

Genau wie Brayden. Ich betete und hoffte, dass er irgendwo einen Unterschlupf gefunden hatte, wo er in Sicherheit war.

»Leute!«, rief Lyn auf einmal von draußen. »Wir haben eine Verbindung zu meinem Vater. Casaju ist aufgewacht!«

Ich blickte zu Jorge und erhob mich vom Bett. Im Moment konnte ich sowieso nichts für Ash tun, also verließen er und ich das Zimmer und liefen zurück in den Raum, in dem Dante sich eingerichtet hatte. Er tippte auf seinen Pads herum, die er wieder miteinander gekoppelt hatte, und aktivierte die Verbindung. »Nur Ton, leider kein Bild.«

»Hallo, Dad«, sagte Lyn als Erste.

»Geht es allen gut?«, fragte er.

»Wie man es nimmt.« Sie berichtete von den Erlebnissen auf der Nachtheide und mir schnürte es von Neuem das Herz zu, als sie erzählte, dass wir Brayden nicht hatten herausholen können. Conrad lauschte ihr geduldig, bis sie fertig war.

Es war komisch, seine Stimme zu hören, die mir so vertraut vorkam, obwohl ich diesen Mann kaum kannte. Vermutlich hatte ich damals in der Bar schon gespürt, dass ich ihm vertrauen konnte und ihm deshalb so bereitwillig über meine Fähigkeiten erzählt.

»Wie geht es denn Casaju?«, fragte Lyn.

»Er ist verwirrt, aber begreift langsam, was passiert ist. Er hat einiges aufzuholen. Wir sind in der Klinik. Es wird noch dauern, bis er überhaupt aufstehen kann. Sein Körper ist geschwächt, er muss erst lernen, sich darin zurechtzufinden, nachdem er so lange geruht hat.«

»Das glaub ich.«

»Noch mal zurück zu dem, was du erzählt hast: Es gab hier ebenfalls eine Explosion. Vorgestern Nacht. Dort, wo die Ausgrabungen vorgenommen werden und das ehemalige Kloster der Masali lag.«

»Wie das?«, fragte ich.

»Ich vermute wegen der Nachtheide. Das Kloster war direkt über den Baum mit der Heide verbunden. Als Isa sich den Kristall holte, flog es in die Luft.«

Das hieße, dass seither nach unseren Maßstäben ein Tag vergangen war.

»Meine Güte, wurde jemand verletzt?«, fragte Lyn.

»Drei Bauarbeiter starben, zehn sind im Krankenhaus, aber das ist noch nicht alles. Im Tower in Frankfurt kommt es ebenfalls zu heftigen Unruhen. Wir haben Glück, dass wir außerhalb der Stadt sind, mittlerweile ist der Ausnahmezustand ausgerufen. Das ganze Gebäude schwankt und bebt. Das Gestein verformt sich und wird dunkler.«

»Isa«, sagte ich. »Warum wird der Tower dunkler?«

»Keine Ahnung, aber er strahlt mächtig Energie aus. Die Fassade wurde schwarz, wie bei diesem Stein, wie heißt der gleich …? Obsidian.«

»So wie Syrantinas Schloss.« Es war ebenfalls finster und bedrohlich.

»Wartet kurz«, sagte Conrad. »Casaju ruft nach mir.«

Wir hörten Schritte, Conrad lief anscheinend zu ihm, dann raschelte ein Laken und ich hörte Casaju leise keuchen.

»Das Lederbuch«, sagte Casaju auf einmal mit brüchiger Stimme. Anscheinend hatte Conrad ihm das Amulett zum Kommunizieren gegeben. Er klang viel rauer als auf der Heide, vermutlich, weil er so lange nicht mehr gesprochen hatte.

»Das hat Isa«, sagte ich. »Aber es war in keinem guten Zustand, ich weiß nicht mal, ob es überhaupt noch existiert.«

»Die Zeichen sind da«, redete er weiter. »Ich habe sie gesehen. Ihr müsst dorthin. Da liegt eure Kraft.«

»Welche Zeichen«, fragte ich.

»Ash. Ich habe ihn ins Kloster schicken wollen, um das Buch zu holen, aber womöglich ist es gar nicht nötig.«

Ich zog die Augenbrauen zusammen, weil ich nicht verstand, worauf er hinauswollte.

»Sein Fluch«, fügte Casaju an. »Ich habe das Mal gesehen und erst nicht begriffen, doch als ich länger darüber nachdachte, wurde mir klar, dass es aussah wie unsere Zeichen, die wir damals aufgeschrieben haben. Deshalb wollte ich das Buch. Ich dachte, es könne ihm helfen.«

»Das heißt, du hast ihn gar nicht deinetwegen durch das Kraftfeld geschickt?«, fragte ich.

»Nicht nur. Ich hoffte, er wäre die Lösung für uns. Für seine Mutter, für mich. Die Verfluchten des Grimms.« Er hustete trocken. Conrad redete auf ihn ein, ich hörte, wie er ihm Wasser einschenkte.

»Er muss sich ausruhen«, sagte Conrad. »Das viele Sprechen schwächt ihn noch.«

Ich wandte mich ab und dachte darüber nach, was Casaju damit meinte.

»Kris?«, fragte Jorge, während Lyn weiter mit ihrem Vater sprach. Ich winkte ab, lief durch das Zimmer zurück zu Ash.

»Wohin willst du?«, rief Jorge mir nach, aber ich war schon fast zur Tür draußen. Konnte es sein, dass die Lösung die ganze Zeit vor unseren Augen lag und wir sie nicht sahen? Ich beschleunigte meine Schritte, bis ich vor seiner Tür stand. Ohne anzuklopfen trat ich ein. Er lag noch immer so auf dem Bett, wie wir ihn zurückgelassen hatten. Ich bemerkte etwas in der Ecke huschen und begriff erst beim zweiten Hinsehen, dass es Syrantina war.

»Hast du mich erschreckt«, sagte ich.

Sie erhob sich von einem Sessel.

»Hast du etwa auf ihn aufgepasst?«

»Nein, warum sollte ich?«

»Weil es …« *Weil es etwas ist, was eine Mutter für ihr Kind tun würde.*

Sie warf mir nur einen kalten Blick zu und verschwand ein weiteres Mal in den Schatten.

Ich schüttelte mich und lief zu Ashs Bett. Ich fasste an seine Wange, die sich eiskalt anfühlte. Er atmete ruhig und gleichmäßig, bewegte sich kaum. Ich beugte mich über ihn, knöpfte das Hemd vorsichtig auf.

»Was machst du?«, fragte Jorge hinter mir.

»Ihn ausziehen.«

»Oh, okay, dann lass ich euch besser alleine, auch wenn ich das etwas schräg finde, wenn du mit einem Bewusstlosen rumm…«

»Red keinen Unsinn und hilf mir lieber.«

»Nichts für ungut, Kris. Aber das ist nicht mein Ding.«

»Herrgott, ich will mir nur sein Mal anschauen. Also, was ist nun?«

Er trat nur zögerlich näher und beäugte, was ich tat. Ich öffnete das Hemd weiter, versuchte, es ihm über die Schultern zu schieben, was sich allerdings als schwer herausstellte. »Du darfst jederzeit mit anpacken, Jorge.«

»Na gut.« Endlich half er, hob Ashs Oberkörper an, während ich ihn von dem Kleidungsstück befreite.

»Das ist ein richtiges Kunstwerk«, sagte er, als Ash halb nackt vor uns lag.

»Ja, und ich glaube, es hat sich vervollständigt, als er die Kraft des Amuletts einsetzte.« Ich fuhr die Linien und Muster nach, die sich perfekt an seinen Körper anpassten. Sie folgten den Erhebungen und Vertiefungen seiner Muskeln, zeichneten ein ganz eigenes Bild auf seiner Haut, das ästhetisch und kunstvoll miteinander verbunden war. Ich verlagerte mein Gewicht, damit ich ihn besser betrachten konnte, und ließ mich auf die Symbole ein.

Die Energie stieg in mir hoch, zog sich in meinem Bauch zusammen und ich fühlte, dass sich eine Vision ankündigte. Die letzten Male, als ich Ash gesehen hatte, war ich nicht wirklich hier gewesen und ich konnte keine Vision in einer Vision haben. Dieses Mal war es aber anders. Es war real. Ich war hier. Genau wie diese uralten Zeichen, die mit jedem meiner Atemzüge lebendiger wurden.

»Vielleicht ist der Fluch gar kein Fluch«, sagte ich, dann ging es schon los. Ich wurde nach vorne gezogen, die Symbole krochen über meine Haut, meinen Arm nach oben bis zu meiner Schulter und hinab über meinen Oberkörper. Ich gab mich dem hin, denn etwas anderes blieb mir gar nicht mehr übrig. Das Kribbeln in meiner Körpermitte entstand und ich wusste, dass die Vision, die gleich kommen würde, alles andere in den Schatten stellen sollte.

Ich würde gleich in eine Welt blicken, wie ich sie noch nie zuvor gesehen oder erlebt hatte. Ich drückte meine Hand fester auf Ashs Körper, gab mich ihm vollständig hin, bis alles um mich herum verschwamm. Er. Ich. Das Bett. Jorge. Das Zimmer. Das Schloss. Abalion. Mit jedem Atemzug wurde ich mehr ein Teil dieser Fantasiewelt und blickte hinter alles. Wie bei einem Theaterstück, wo das Publikum nur den Zauber der Show erlebte, aber sobald man um die Kulissen trat, waren da nur noch Pappe und die brutale Realität.

»Was siehst du?«, flüsterte Jorge noch, aber ich konnte ihm nicht mehr antworten. Ich verlor mich ebenfalls in diesen Zeichen.

40. Kapitel

Ash

Ort unbekannt, Zeit unbekannt

Ich bin am Arsch.

Oder?

Ich meine so richtig dieses Mal.

Das hier ist falsch.

Es muss falsch sein, denn es fühlt sich nicht so an, wie ich es mir vorgestellt habe.

Meine Haut steht in Flammen! Das Mal hat sich über meinen gesamten Körper ausgebreitet und in mich hineingefressen. Es ist überall an mir und dehnt sich aus wie eine Armee aus Insekten, die sich in meine Eingeweide fressen und mich von innen …

Mann, Ash. Langsam. Ruhig.

Meine Gedanken sind wirr. Genau wie meine Gefühle. Ich habe keine Ahnung, wo ich bin. Es ist dunkel. Und kalt. Wie so oft. Ich habe das dringende Bedürfnis, mich zusammenzurollen und selbst zu bemitleiden, aber das bringt mich wohl nicht weiter.

Richtig?

Richtig.

Führe ich Selbstgespräche?

Zum Henker, mein Schädel explodiert gleich!

Und wo ist mein Messer?

Es ist zerstört worden. Wenigstens das bin ich los.

Wie hatte Moon vor Kurzem zu mir gesagt? »Von nun an wird es nur noch schneller gehen. Du hast den Fluch potenziert, Ash.«

Potenzieren kann ich gut. Dinge schlimmer machen ist mein Spezialgebiet. Nicht umsonst nennt man mich auch Ash den Vernichter.

Ich würde wirklich gerne schreien, aber ich weiß nicht mal, ob ich einen Mund habe. Oder eine Stimme. Teufel noch eins, ich fühle mich, als wäre ich zerrissen worden. Mein Gehirn ist so voll. Mit Eindrücken und Bildern und Geräuschen und Gedanken und Gefühlen. Sie gehen mir durch und durch, ergeben überhaupt keinen Sinn.

Eben war ich noch auf der Nachtheide gestanden. Und nun?

Ich habe keine Ahnung. Ich fühle mich schwerelos, aber nicht unbedingt frei. Vermutlich ist das alles Teil des Fluches und ich werde in diesem Zustand herumdriften, bis ich völlig übergeschnappt bin. In Wirklichkeit sitze ich bestimmt in einer Ecke, habe die Beine umschlungen und sabbere.

So wollte ich nicht enden. Wirklich nicht.

Ich konzentriere mich auf mich selbst und versuche, mehr zu spüren als diesen Druck auf meiner Haut und in meinem Schädel. Ich weiß nicht mal, ob ich den Grimm vertrieben habe oder ob er mich mit Haut und Haaren verschlungen hat. Das könnte natürlich sein, deshalb fühle ich mich so merkwürdig.

Ich brumme, versuche mir meines Körpers gewahr zu werden. Ich spüre meine Arme, meine Beine, meinen Rumpf, also kann ich nicht zerfleischt worden sein. Im Grunde fühlt sich alles recht intakt an.

Wenn ich jetzt noch herausfinde, wo ich bin und warum alles dunkel ist, wäre das prima.

Ich gebe mich dem Gefühl hin und lasse mich treiben. Wenn ich mit dieser Energie gehe statt dagegen, wird es vielleicht besser. Etwas zieht mich nach vorne. Da. Das ist nicht schlecht. Das könnte ein Anfang sein. Ich kippe. Ganz leicht. Meine Füße hängen in der Luft, aber ich streife etwas unter mir. Etwas Festes. Sehr gut. Weiter so. Mein rechter Fuß setzt auf. Mein linker Fuß setzt auf. Ja. Das ist perfekt. Ich muss dranbleiben. Ich stehe. Irgendwo. Die Dunkelheit wabert um mich herum und fühlt sich echt an. Lebendig. Sie atmet mit mir im Gleichtakt. Sie ist wie ein Wesen. Vielleicht bin ich im Bauch des Grimms. Gab es nicht mal ein Märchen, wo ein Junge von einem Wal verschlungen wurde?

Keine Ahnung.

Ich strecke die Arme aus und sehe ein goldenes Leuchten auf meiner Haut. Die Symbole. Sie sind da. Sie schweben von meinem Körper nach oben und umkreisen mich, als würden sie auf etwas warten.

Ich hebe einen Finger, will einen Kreis berühren, er lodert auf, wird kurz größer, dann wieder kleiner. Sie reagieren auf mich.

»Wo bin ich?« Meine Stimme funktioniert auch. Sie hallt nach.

Die Zeichen formieren sich vor mir und zeigen mir ein Schriftzeichen.

Das Zeichen für den Neumond. Für Kris. Ich weiß nicht, warum ich es kenne, aber es ist völlig klar für mich. Ich kann diese Schrift lesen.

Ich drehe den Arm, bewege ihn auf und ab und noch mehr Symbole fließen aus meiner Haut. Es ist, als wäre ich wie ein Buch, das einen Text enthält. Ich bin diese Schrift. Ich bin die Symbole der Masali.

Das ist mein Fluch.

Oder ist es eher ein Segen?

Ich trete nach vorne, tippe andere Symbole an, packe sie, drehe sie herum und ordne sie neu an. Auf einmal ergibt das alles einen Sinn für mich, ich erkenne eine Bedeutung hinter all dem. Ich sehe, wie die ersten Masali diese Zeichen erfanden. Es waren einst einfache Menschen, die in Höhlen wohnten. Sie erzählten sich Geschichten am Feuer, sie gaben sich ihre Erlebnisse weiter und ritzten diese in Form von Symbolen in die Höhlenwände. Masali leben seit jeher. Sie sind die ersten Geschichtenerzähler, so alt wie die Menschheit selbst. Die Symbole formen sich vor meinen Augen um, ich komme wie in einen Rausch, verfolge die Geschichten mit, die sie sich gegenseitig erzählen. Mit der Zeit werden sie ausgeklügelter. Die Symbole feiner. Sie fangen an, mit einer Art Tinte zu schreiben, die sie aus Blütenstaub gewinnen. Nicht auf Papier, sondern auf Leder, auf Holz, auf Stein. Sie nutzen alles, was sie finden können.

Die Eindrücke und Gedanken kommen ungefiltert und roh. Aber dieses Mal begreife ich sie besser. Ich sehe die Geschichte in den Symbolen, ich kehre zurück zum Anfang.

Die Masali erschaffen so viel Magie. So viel Energie. Sie geben sie in ihren Erzählungen weiter. Von Mund zu Mund. Sie erfüllen die Herzen der Menschen und sie wecken viele Mächte.

Ab und an gibt es besondere Erzähler unter ihnen, die unter allen anderen herausstechen. Sie erklären lebendiger, eindringlicher, weben eine spezielle Magie und können sogar geschundene Seelen heilen. Fantasie ist so viel mehr. Sie kann so viel mehr. Sie ist das Lebenselixier der Menschen. Einer jeden Seele. Wir brauchen sie so dringend.

Das Wissen strömt weiter in mich hinein, ich kann gar nicht überall hinsehen, so schnell geht es. Ich sehe die Masalimönche im Kloster in Indien, wie sie schreiben und ihre Geschichten an Moon geben. Ich sehe, wie Abalion wächst, wie es sich ausdehnt und größer wird. Es lebt und atmet mit uns, es ist so viel mehr als nur Berge und Seen und Wälder. Ich habe das nie zuvor erkannt, aber jetzt sehe ich es ganz deutlich. Abalion ist besonders. Es darf nicht in die falschen Hände geraten, nicht untergehen, wir müssen es beschützen.

»Ash?«, höre ich auf einmal eine Stimme nach mir rufen. Ich halte inne. Die Symbole auch. Sie beben vor mir in der Luft, scheinen nur darauf zu warten, bis ich mehr aufdecke, mehr verstehe.

»Ich fühle dich, aber ich sehe dich nicht.«

Das ist Kris. Sie ist bei mir. In der Nähe. Aber sie ist nur im Geiste hier. In einer Vision. Sie hat hinter die Zeichen geblickt, hinter die auf meinem Körper. Weil wir verbunden sind, weil wir eine Magie teilen.

Ich konzentriere mich auf sie und halte auf ihre Stimme zu. Die Zeichen kehren zurück auf meine Haut, senken sich nieder und versorgen mich mit mehr Energie. Auf einmal fühlt es sich so viel leichter an. Wie damals, als ich das Reiten lernte und plötzlich den Dreh raushatte. Mein Körper passt sich an, ich muss es nur denken, nur mich darauf konzentrieren, dann kann ich sein, wo auch immer ich sein möchte.

»Hier«, sage ich und blinzle.

Alles wird hell um mich herum und ich sehe mich Kris gegenüber.

Sie zuckte erschrocken zusammen, aber dann warf sie sich an meinen Hals.

»Gott sei Dank! Es hat tatsächlich geklappt!« Sie drückte mich fester an sich und ich erwiderte ihre Umarmung. Es fühlte sich gut an. Richtig. Echt.

»Casaju hatte recht«, sagte sie und löste sich von mir.

»Casaju?«

»Er meinte, dass dieses Mal auf deiner Haut Symbole der Masali seien. Ich sitze in diesem Moment an deinem Bett und habe eine Vision erhalten. Von dir. Von uns. Wir sind hier. Wo auch immer das ist.«

»Ich glaube, wir können das bestimmen. Ich kann es steuern. Irgendwie.«

Sie kniff die Augen zusammen und nickte. »Dein Fluch ist kein Fluch. Er hat dich tiefer in die Geheimnisse der Masali gezogen.«

»Möglich.« Ich streckte meine Arme aus und sah mich an. Die Zeichen waren nicht mehr zu sehen, aber ich wusste, dass sie zurückkehren würden, sobald ich wach wurde.

Falls ich wach wurde. »Haben wir den Grimm denn vernichtet?«

»Nein, nur vertrieben. Wir sind wieder bei Syrantina, du bist ohnmächtig und niemand bekommt dich wach.«

»Oh.«

»Kannst du mit mir zurückkommen?«

»Ich weiß es nicht.« Ich griff nach ihrer Hand, es kribbelte heftig, als wir uns berührten. Ich schloss die Augen, konzentrierte mich auf Syrantinas Palast und darauf, in meinen Körper zurückzukehren. Die Zeichen reagierten erneut. Mit dem nächsten Atemzug veränderte sich die Umgebung. Es wurde heller, der Boden formte sich in eine Wiese.

Ohne Anfang. Ohne Ende. Der Himmel war blau und wolkenlos, die Sonne strahlte auf uns herab. Wir drehten uns um die Achse und ich erstarrte. »Das ist nicht der Palast.«

Neben uns stapelte sich ein Berg aus Leichen. Wie ein Mahnmal ragten sie empor. Männer, Frauen, Jung, Alte, in jedem Zustand.

»Das hab ich schon mal gesehen«, sagte Kris.

»Wo?«

»In meiner allerersten Vision, die ich durch die Black-Wolf-Male hatte. Da wurde ich an diesen Ort gezogen, aber ich war nicht alleine.«

»Das ist richtig«, antwortete eine Frau hinter uns. Wir drehten uns um und blickten sie an. Sie trug eine einfache Kutte, ihr Kopf war kahl rasiert, ihre Augen waren blau. Oder braun. Oder beides?

»Du … Du hast mir das Samenkorn gegeben«, sagte Kris.

»Hast du es noch?«

»Ich habe es benutzt, um eine Waffe zu erzeugen.«

»Dann hast du es sehr weise eingesetzt. Ich bin froh, dass ich es dir gegeben habe.«

»Wer bist du?«, fragte ich.

»Mein Name ist Kirjara. Ich bin eine Masali. Ich war die Hüterin des Kristalls und ich komme in vielen Erzählungen vor.«

»Du bist eine Legende«, sagte ich. »Ich habe dich eben gespürt. Ich habe so viel gespürt.«

»Ja. Du musst aufpassen. Dieses Wissen ist intensiv, aber auch tückisch. Du kannst dich darin verlieren. Viel Macht bedeutet auch viel Mut. Ich weiß es, ich war einst ebenfalls zu Großem auserkoren. Ich durfte einen Kristall eines Feuerdrachens zu den Masali bringen, wo er lange Zeit aufbewahrt wurde und nun so viel Schaden anrichtet.«

»Der Kristall der Fantasie.«

»Richtig. Er ist in Gefahr.«

»Isa will ihn zusammensetzen«, sagte ich. »Wir versuchen, sie aufzuhalten.«

»Der Kristall ist übermächtig. Ich habe ihn so groß werden lassen, weil ich ihm alles von mir gegeben habe. All meine Gedanken, meine Fantasie. Sie war unerschöpflich. Nun ist er ein Werkzeug und kann für alles eingesetzt werden. Das Gute. Das Böse.«

»Wie können wir das verhindern?«

»Geht an den Ursprung zurück. Nutzt eure Fantasie. Das ist die einzige Waffe. Ihr habt alles, was ihr benötigt. Die Zeichen werden euch leiten, das tun sie schon immer, ihr müsst zuhören und losgehen, so wie ich es einst getan habe. Aber seid gewarnt: Ich sah die Wunder und die Grauen dieser Welt. Ich wandelte auf den dunkelsten Pfaden und blickte ins hellste Licht. Einst eröffnete mir der Schlaf diese Welten. Mit dem Kristall des Feuerdrachens. Er wollte mich schützen, weil ich nicht ruhen mochte. Der Kristall half mir, dem Tod zu entkommen. Am Ende meines Lebens war er voll mit meiner Fantasie. Deshalb ist er so mächtig.«

»Wenn die Feuerdrachen dir den Kristall gegeben haben«, sagte ich, »können sie ihn dann auch zerstören?«

Kirjara lächelte erneut. »Geht und fragt sie.«

»Wie?«

»Das müsst ihr selbst herausfinden.«

»Kannst du es uns nicht einfach sagen?«, fragte Kris. »Ich meine, was soll dieses Gerede immer? Das nervt schon in Filmen und Büchern.«

»Die Lösung muss eurer eigenen Fantasie entspringen. Sobald ich sie euch verrate, weiß sie auch Isa.«

»Weil du mit dem Kristall verbunden bist«, sagte ich.

»Ihr werdet euren Weg finden«, sagte Kirjara. Sie klatschte in die Hände. Plötzlich löste sich die Umgebung auf, der Himmel, die Wiese, die Leichen, Kirjara.

Kris und ich wurden zurückgezogen, durch die Dunkelheit und wieder dorthin, woher wir gekommen waren.

Ich spürte etwas Warmes an meiner Hand. Finger. Einen anderen Körper. Ihre Nähe. Ich packte zu. Sie auch. Ich spürte ihren Atem, ihre Präsenz. So stark, genau wie die meine.

Langsam öffnete ich die Augen, genau wie sie.

Unsere Hände waren eng ineinander verschlungen. Ich blinzelte. Atmete. Und kehrte vollständig zurück in meinen Körper.

Wir starrten einander an, unfähig zu reden oder uns zu rühren. Meine Lippen fühlten sich trocken an, genau wie meine Haut. Das Mal pulsierte auf mir, es war tief mit mir verschmolzen, tränkte mich mit der Energie, aus der wir soeben gekommen waren.

»Du hast mich zurückgeholt«, flüsterte ich.

»Oder du dich selbst, da bin ich nicht ganz sicher.«

»Ich fühle die Macht noch immer«, sagte ich.

»Ich auch.« Sie kam näher, stützte sich neben mir auf dem Bett ab. »Ich hatte ziemlich Angst um dich.«

»Was passiert mit uns?«, fragte ich und hob eine Hand in ihren Nacken.

»Ich weiß es nicht.« Sie atmete ein, leckte sich über die Lippen und heftete ihre Augen auf meine. »W-wirkt eigentlich der Nektar noch?«

»Ich habe keine Ahnung.« Ich zog sie näher an mich heran, sie ließ es geschehen, atmete mich ein. Uns. Was auch immer das hieß. Meine

Stirn berührte die ihre, ich kam ihr entgegen, legte vorsichtig meinen Mund auf ihren.

Der Kuss fühlte sich vertraut an. Nicht weil wir es vorhin schon mal getan hatten, sondern weil es genauso sein sollte. Weil wir mehr waren als nur zwei Wesen, die zufällig aufeinandergetroffen waren. Weil wir eine Macht teilten, die wir nicht richtig verstanden. Weil wir uns gegenseitig vertrauten, obwohl wir uns kaum kannten.

Weil es richtig war.

Ich vertiefte den Kuss, rückte näher an sie heran. Sie öffnete ihren Mund für mich und grub die Finger in meine Haare. Ich stöhnte leise, sie krallte sich in meine Kopfhaut, forderte mehr. Ich zog sie enger an mich, drehte sie herum und drückte sie auf die Matratze.

»Ähm, Leute«, sagte Jorge leise.

Kris wollte von mir weichen, doch ich ließ sie nicht. Ich musste erst so viel wie nur möglich von ihr aufsaugen. Sie wollte es auch, ich spürte es. Der Kuss wurde leidenschaftlicher, hitziger. Jorge räusperte und entfernte sich, ich hörte die Tür.

Auf einmal unterbrach Kris den Kuss so abrupt, dass ich es erst gar nicht begriff.

»Warte!«, rief sie und sah mich schwer atmend an.

»Nein, Jorge. Hau ab«, sagte ich.

»Bin doch schon unterwegs.«

»Nein, das mein ich nicht!«, sagte Kris und sprang vom Bett auf. »Ich glaube, ich weiß, worauf Kirjara uns hinweisen wollte!«

Ich runzelte die Stirn. Darüber dachte sie nach, während ich sie küsste?

»Das Mädchen, das nicht schlafen wollte!«

»Was?«

»Das hat sie doch gesagt: *Einst eröffnete mir der Schlaf diese Welten. Mit dem Kristall des Feuerdrachens. Er wollte mich schützen, weil ich nicht ruhen wollte.*«

Stimmte.

»In der Anthologie gibt es ein Märchen, das genauso heißt: *Das Mädchen, das nicht schlafen wollte*! Was, wenn es um sie geht?«

»Hast du es denn gelesen?«

»Nein. Niemand konnte das Buch in die Hand nehmen, weil es verflucht war, aber es gab eine Inhaltsangabe. Das Einzige, was die CIA je hat entschlüsseln können.«

Sie tippte Jorge an, der an der Tür stand, die Klinke noch in der Hand.

»Kommt schon! Alle beide!«, rief sie und verschwand nach draußen.

41. Kapitel

Kristin

Abalion, Zeit unbekannt

»Sackgasse.« Ich sah auf die leeren Seiten. Das Märchen war nicht da, obwohl es in der Inhaltsangabe stand. Ich klappte frustriert das Buch zu und stützte mich auf dem Tisch ab.

»Wie ich es dir sagte«, meinte Syrantina. »Waylon hat es herausnehmen lassen, ehe es je gedruckt werden konnte.«

»Verdammt noch mal, warum macht er das?«

»Weil er ein Narr ist«, sagte Syrantina und klappte das Buch zu. »Es ist für immer verloren.«

»Das ist unfassbar«, sagte ich. »Wir sind so nah dran. Ich fühle es.«

»Habt ihr in eurer Welt keine Aufzeichnungen über derlei Geschichten?«, fragte Ash. »Es muss doch irgendwo dieses Märchen geben.«

»Nicht dass ich wüsste, aber wir können natürlich Conrad und Sebastian noch mal drauf ansetzen und …«

Plötzlich krümmte Syrantina sich zusammen und schrie. Zeitgleich erschütterte ein gewaltiges Beben das Schloss. Die Wände wackelten, von der Decke bröckelten Steine. Syrantina riss die Arme hoch und verschwand mit einem Blinzeln in den Schatten.

»Was ist das?«, fragte ich.

»Ich fürchte, jemand greift das Schloss an!«

Isa. Sie kommt für den zweiten Teil des Kristalls.

Ash schnappte sich das Buch vom Tisch, stopfte es in den Rucksack und schnallte ihn über. Wir stürmten aus dem Zimmer, als das Chaos losbrach.

Irgendwo schlug eine Tür, ich hörte Lyn rufen. Jorge eilte auf uns zu. Er drückte Ash und mich nach hinten an eine Wand.

Keine Sekunde zu spät, denn ein gewaltiger Steinblock krachte von der Decke und schlug an der Stelle ein, an der wir eben noch gestanden hatten.

Risse bildeten sich über uns und ließen grelles Sonnenlicht herein. Es wirkte unwirklich und zerstörerisch in der Finsternis des Schlosses. Ein lauter Schrei erklang, doch ich konnte nicht ausmachen, aus welcher Richtung er gekommen war.

»Syrantina«, sagte Ash und drehte sich um die Achse. »Wenn das Schloss stürzt, stirbt sie. Sie erträgt kein Licht.«

Das Gebäude schwankte erneut, es krachte an allen Ecken und Enden, überall bröckelten Steine herab, stürzten Wände ein, drangen Sonnenstrahlen ins Innere. Meine Augen tränten, als ich mit der ungewohnten Helligkeit konfrontiert wurde. Ich warf einen Blick auf den Himmel, auch die Gewitterwolken schoben sich zur Seite, um noch mehr Licht einzulassen.

»Isa beeinflusst das Wetter!«, sagte ich.

»Raus«, sagte Ash und schob Jorge und mich den Gang entlang. Wir eilten zurück, kamen in den großen Speisesaal. Dante hinkte uns entgegen. Er hielt sich einen Arm, der völlig verbogen war. Einige Finger waren abgebrochen, anscheinend war er von einem herabfallenden Stein getroffen worden.

»Das wird nicht mehr lange halten«, rief er.

Auch Lyn eilte herbei, sie hatte eine Schramme an der Stirn und schnallte sich ebenfalls eine Tasche um, in die sie eines von Dantes Pads steckte. Ash deutete auf die Tür des Speisesaals und rannte los. Die Wände brodelten erneut, rechts blätterte ein großes Stück ab.

»Los«, sagte ich und flüchtete mit den anderen aus dem Saal. Kaum waren wir draußen, bemerkten wir das volle Ausmaß der Vernichtung. Eine Wand zu unserer Linken krachte zusammen und riss die halbe Seite weg. Auf einmal klaffte neben uns ein gigantisches Loch, durch das es viele Meter steil bergab ging. Mir war vorher nicht klar gewesen, wie hoch wir waren, doch nun sah ich es mit eigenen Augen. Das Schloss thronte weit oben auf einem dunklen Felsen aus spiegelndem Gestein. Lyn kam ins Straucheln, stolperte über eine Stufe und stürzte nach vorne. Sie griff an einen steinernen Vorsprung, rutschte ab und drohte, in die Tiefe zu stürzten, doch Jorge reagierte blitzschnell, warf sich auf den Bauch und packte ihre Hand. Sie hing über dem Abgrund, strampelte mit den Beinen. Ash kam Jorge zur Hilfe. Gemeinsam zogen sie Lyn wieder hoch, aber die Treppen schwankten bedrohlich und bekamen unzählige Risse. Ein weiterer Schrei hallte durch das Gebäude, dieses Mal konnte ich ihn besser orten: Er kam von unten. Syrantina bewegte sich Richtung Keller, vermutlich hoffte sie, dass sie unter der Erde Schutz fand.

»Geht schon«, sagte Lyn und wollte weiter. Ich blieb stehen und starrte nach draußen.

»Kris, was ist?«, fragte Ash.

»Sieh nur.«

Eine gewaltige Staubwolke walzte auf uns zu und mit ihr unzählige Wesen aller Art. Ich konnte sie auf die Ferne nicht erkennen. Reiter, ein Riese, kleinere Menschen; sie griffen das Schloss an. Ihr Kampfgeschrei wehte bis zu uns herüber.

»Da drüben auch«, sagte Jorge und zeigte nach links, wo sich eine Meute von Wölfen aus einem Wald löste. Die Bäume schwankten bedrohlich, einige knickten ein und der Grimm trat heraus. Er brüllte laut und galoppierte auf das Schloss zu.

Schon wieder.

Ash ballte die Hand zur Faust. Funken sprühten auf. »Soll er nur kommen.«

»Weiter«, sagte ich und deutete nach unten. Wir eilten die Stufen hinab, mussten aber immer wieder den Brocken ausweichen, die auf uns niederprasselten. Mehr als einmal drohte ich ebenfalls den Halt zu verlieren, doch mein Geist erinnerte sich an die vielen Kletterstunden, die mir Brayden in meine Erinnerung gepflanzt hatte. Mein Körper reagierte, als hätte ich es tatsächlich erlebt, an einer steilen Wand zu hängen und mich mit Händen und Füßen nach oben zu ziehen.

Eine Sache mehr, für die ich ihm dankbar sein sollte.

Wir kamen an der Folterkammer vorbei, in der Syrantina Jorge fast getötet hätte. Ash, Lyn und ich schnappten uns Schwerter und Jorge einen Bogen. Wir rannten durch die große Halle, an deren Ende ein Tor in der Größe von zwei Häusern auf uns wartete. Nun endlich entdeckten wir auch Syrantina. Sie eilte an der gegenüberliegenden Seite auf eine kleinere Tür zu, die vermutlich noch tiefer unter das Schloss führte.

»Syrantina!«, rief Ash und rannte zu ihr.

Sie war völlig aufgelöst, die Kristalle, die auf ihr eingebrannt waren, hatten heftige Blasen hinterlassen. Sie keuchte, hielt sich nach vornübergebeugt. Auf ihrer Haut waren Risse entstanden, genau wie beim Prinzen, als Isa die Nachtheide angegriffen hatte.

Ash erreichte sie, packte sie an den Schultern, doch sie wehrte ihn ab und donnerte ihm so heftig gegen die Brust, dass er fünf Meter nach hinten flog und auf den Rücken knallte.

Sie war nicht mehr bei Sinnen. Blind vor Schmerz. Syrantina rannte, wollte auf die Tür zu, hinter der sie ihre Rettung vermutete, als diese plötzlich weggerissen wurde und ein klaffendes Loch an der Stelle entstand. Sonnenlicht strömte ein. Syrantina riss die Arme hoch, wich zurück. Ihre Haut zischte, Flammen loderten aus den Kristallen, sie schrie vor Schmerzen. Die Risse dehnten sich weiter über ihren Körper aus, sie taumelte, schwankte.

Das Kampfgeschrei von draußen wurde lauter, die Erde donnerte unter der Masse an Füßen, die sich den Berg nach oben zu uns bewegten. Syrantina suchte weiterhin Schutz, wo sie gleich keinen mehr finden würde. Dante kam neben uns, blickte sich um und zog die Äste ein ob des Lärms.

Draußen bollerte etwas gegen das große Tor. Ash und Jorge hoben die Klingen, machten sich bereit.

»Such Schutz für meine Mutter«, blaffte er mir zu.

»Es gibt hier bald keinen mehr!«

Weitere Brocken brachen aus den Wänden und rissen immer mehr vom Schloss weg. Ich spähte hinaus, Gnome stürmten in großer Zahl den Weg nach oben auf das Tor zu. Dahinter kamen bewaffnete Menschen, Elfen, ziegenähnliche Gestalten. Der Riese stapfte durch ihre Menge, schob sie beiseite und verschaffte sich Platz.

»Er wird es gleich einreißen«, rief ich. Wohin konnten wir nur?

Syrantina zitterte heftig, sie krümmte sich immer weiter zusammen, wich einer Lichtquelle nach der anderen aus, aber sie würde nicht mehr lange durchhalten.

Wir hätten schneller reagieren müssen, hätten Syrantina eher wegbringen sollen. Aber wie? Sie war an diesen Ort gebunden und … Auf einmal fiel mir etwas ein.

Das könnte funktionieren!

»Ich glaube, ich weiß, wohin wir sie bringen können!«, rief ich. In dem Moment wurde das große Tor aufgerissen. Der Riese hatte es einfach aus den Angeln gehoben und schleuderte es gegen die nächste Wand.

»Du solltest dich beeilen mit deinem Vorschlag!«, rief Ash und wehrte die ersten Gnome ab, die sich ihren Weg ins Innere bahnten. Noch kamen sie nicht schnell voran, weil der Riese zu viel Platz einnahm, aber sie strömten schon aus. Jorge, Ash und Lyn bildeten eine Linie und drängten so viele wie nur möglich zurück. Der Riese hingegen stapfte auf uns zu.

»Dante! Kannst du Syrantina in deine Äste einhüllen, sodass sie mehr Schutz hat?«, rief ich.

Er sah auf seine vier knochigen Arme und streckte sie aus. Vorhin hatte er bewiesen, dass er sich selbst vergrößern oder verkleinern konnte.

»Ich kann es versuchen«, sagte er und lief auf Syrantina zu, die allerdings nicht ansprechbar war. Sie sah den Riesen, reckte ihre Hände und entließ eine Schockwelle auf ihn, die ihn nicht beeindruckte. Ich eilte zu ihr, packte sie am Arm und wollte sie zu Dante zerren. Sie wollte auch mich abwehren, doch ich besann mich darauf, was ich vor Kurzem getan hatte, wie viel Kraft in mir steckte, und hielt ihr entgegen.

»Wir werden dir helfen, du musst uns vertrauen!«

»Ich kann nicht aus dem Schloss!«, rief sie.

»Das musst du auch nicht!«, antwortete ich und sah mich nach dem Riesen um. Er riss eine weitere Wand mit seinem bulligen Körper ein, holte mit dem Fuß aus und zielte nach uns. Wir sprangen weg, ich musste dabei noch einem Gnom ausweichen, der dadurch wiederum in die Schusslinie des Riesen geriet und unter seinem gewaltigen Fuß zermalmt wurde. Ich blendete das Geräusch aus und schob Syrantina zu Dante. Der Riese hatte eine enorme Zerstörungskraft, aber er war auch träge und brauchte ewig, bis er sich umgedreht hatte.

»Ihr müsst einen Moment durchhalten, ja?«, sagte ich zu Dante.

Er breitete seine Arme aus, schloss sie zögerlich um Syrantina. Sie wollte weg von ihm, doch ich hielt sie von der anderen Seite fest und drängte sie ihm entgegen. Ihre Gegenwehr wurde schwächer, anscheinend verlor sie Kraft.

Ein weiteres Beben im Schloss riss mich fast von den Füßen. Die große Halle drohte einzustürzen. Jorge, Lyn und Ash hatten alle Hände voll mit den Angreifern zu tun. Einige brachen nun durch, kamen auch zu uns.

Ich zückte die Waffe, schlug die ersten weg und eilte zu Ash.

»Die Heide ist mit dem Kloster verbunden«, sagte ich.

»Ja, und?« Er fuhr mit dem Schwert herum, tötete etwas, das aussah wie ein übergroßer Kürbis. Weiter hinten erkannte ich auch die ersten Eisjäger.

»Dieses Schloss muss dann logischerweise mit unserem Tower in Frankfurt verbunden sein. Brayden hat es mir gesagt. Sie haben den Standort nur deshalb ausgewählt, weil dort früher die Masali gelebt haben.«

»Das ist richtig«, rief Jorge und schoss einen Pfeil nach dem anderen ab. »Der Tower ist sehr eng mit Abalion verbunden.«

»Das heißt, du willst zurück nach Frankfurt?«, fragte Lyn.

»Das hilft meiner Mutter nicht!«

»Doch! Wir bringen deine Mutter in den Tower! Sie wäre nach wie vor mit diesem Schloss verbunden, so wie die Nachtheide mit dem Kloster verbunden ist. Dieses Schloss entstand an der Stelle, an der früher die Masali gelebt haben. Der Übergang deiner Mutter riss einen ganzen Berg nieder. Außerdem hat es Conrad vorhin gesagt: Die Fassade des Towers wird schwarz wie Obsidian. Genau wie dieser Berg, auf dem das Schloss steht. Die Welten sind verbunden.«

Er sah mich zwischen zwei Hieben an und schüttelte den Kopf. »Was, wenn du dich irrst?«

»Brayden sagte, dass es sogar ein Labor gab, das Tiefenmessungen unter dem Tower vornimmt. Das würden sie nicht, wenn darunter nichts wäre. Wir bringen Syrantina dorthin und verschanzen sie so tief wie nur möglich. In der Dunkelheit.« Und wenn ich mich irrte, spielte es wohl keine Rolle, denn wir hatten keine andere Wahl.

»Also gut, aber wie kommen wir in deine Welt?«

»Ich öffne wieder ein Portal, so wie beim letzten Mal.«

»Längst zu spät, ihr Narren!«, ertönte Isas donnernde Stimme quer durch die Halle. Sie kam von allen Seiten. Das Schloss brodelte durch ihre Präsenz und schien sich ihr zu beugen.

Weitere Wände krachten ein, ließen mehr Sonnenstrahlen hindurch. Dante hatte die Arme fest um Syrantina geschlungen, aber ihre Haut glühte nach wie vor. Dieses indirekte Licht war bereits zu viel für sie.

»Ihr könnt mir nicht entkommen«, sagte Isa. Ich fuhr herum, suchte nach ihr, aber noch fand ich sie nicht. Vielleicht wollte sie sich nicht zeigen, weil sie mich noch immer fürchtete? Draußen brüllte der Grimm. Er war von den Angreifern noch weit hinten, streifte irgendwo am Fuß des Berges herum. Anscheinend traute er sich nicht mehr, in einen Kampf gegen uns zu ziehen.

Isas Lachen kam von überall her. Ich wich mit Lyn nach hinten zu den anderen. Die Halle war zur Hälfte niedergerissen, das Dach eingestürzt, wir hatten keinen Fluchtweg mehr, konnten nur noch zu einer Seite weichen. Isa drängte uns in die Ecke. Sie sammelte uns ein wie Vieh, das auf seinen Schlachter wartete. Ich sah nach oben, zur Seite. Die Sonne traf mich, doch anders als bei Syrantina verursachte sie mir keine Schmerzen.

»Zeig dich!«, rief ich gegen den Himmel. »Oder hast du Angst?«

Sie lachte erneut. »Ach, Kind, wovor sollte ich Angst haben?« Sie ließ einen Blitz mitten aus dem wolkenlosen Himmel direkt neben mir einschlagen.

Ich machte einen Satz zur Seite. Isa traf eine Reihe von bulligen Typen, die sich eben durchs Tor geschält hatten.

Sie scherte sich nicht einmal darum, ob sie ihre eigenen Leute vernichtete. »Du hast mich ein Mal besiegt, es wird dir nicht noch mal gelingen.«

»Wir werden es gleich herausfinden.«

Ich fuhr herum und bekam einen heftigen Schlag gegen die Brust, der mich gegen die nächste Wand katapultierte.

»Du magst noch die Kraft des Mondes haben, aber sie ist nichts gegen die Kraft der Fantasie«, sagte Isa – und endlich zeigte sie sich auch.

Ihre Gestalt schwebte vom Himmel zu uns herunter, umgeben von einem hellen Leuchten, als wäre sie ein Engel, der als Abgesandter Gottes zu uns sprechen wollte.

»Ganz schön übertrieben«, sagte Ash und ballte die Hände zu Fäusten.

»Wem sagst du das?« Ich konzentrierte mich ebenfalls auf die Macht in mir drinnen, aber wir durften unsere Energien nicht beim Angriff gegen Isa verschwenden.

Isa kam näher, schnippte mit dem Finger und die Angreifer hielten inne. »Kreaturen der Fantasie. Wie herrlich einfach sie doch zu lenken sind. All die Jahre, in denen ich über sie geschrieben habe – und nun gehorchen sie meinem Willen. Alles gehorcht meinem Willen.« Sie hob die Arme. Der Kristall der Fantasie schwebte vor ihr, sie spreizte die Finger, atmete ein und auf einmal flogen sämtliche Steine, die heruntergebrochen waren, in ihre offene Hand. Syrantina schrie vor Schmerz. Dante bebte ebenfalls. Holzstücke lösten sich aus seinen Armen, dunkles Harz quoll heraus, was wohl sein Blut war. Ich konnte nur einen kurzen Blick auf Syrantina werfen. Sie wurde bei lebendigem Leib gehäutet!

»Wir werden springen«, sagte ich und blickte zu Jorge. »Genau wie beim letzten Mal.«

»Im Ernst?«

»Ja.«

»Aber … ich … Ich bin mir nicht sicher, ob das geht. Du leuchtest nicht mehr.«

»Das werde ich gleich.« Ich wusste nicht genau, wie ich mit Jorge nach Abalion gekommen war, aber es hatte etwas mit der Kraft aus dem Portal zu tun gehabt. Das wiederum wurde mit einem der Splitter von Syrantina angetrieben und der entstammte dem Kristall der Fantasie; mit dem ich umgeben war. Dieses Schloss war der zweite Teil. Isa sammelte ihn ein. Überall war die Magie, die ich benötigte.

Kirjara hatte es zudem selbst gesagt, dass wir alles besaßen, was wir brauchten. Wir müssten nur unsere Fantasie benutzen! Ich blickte zu Ash, griff nach seiner Hand.

»Ich brauche Hilfe.«

Er nickte und ich fühlte ein warmes Kribbeln zwischen uns. Wir bauten die Magie auf. Unsere Magie. Sie mochte noch nicht so stark sein wie die von Isa, aber wir konnten etwas bewegen. Gemeinsam. Vereint. Verbunden.

Ich riss die Arme hoch, sammelte die ganze Kraft in mir und entließ sie nach vorne, so wie bei den Rumpelstilzchen. Ich taumelte einige Schritte zurück. Die Energie entlud sich heftig und traf Isa auf der Brust. Sie lachte, hob ebenfalls die Arme zur Seite, nahm diese Energie von mir an, als wäre es genau das, worauf sie gewartet hatte.

Sie fuhr mit dem Kristall der Fantasie vor ihrem Körper herum, die Spitze flammte auf, die Macht, die ich eben auf sie geschleudert hatte, bündelte sich zu einer Kugel. Isa lächelte, drehte den Kristall und feuerte sie umgehend zu mir zurück. Ich duckte mich weg, wurde aber noch am Rücken gestreift. Meine eigene Energie riss ein weiteres Loch in die Wand hinter mir. Syrantina schrie abermals. Dante reckte seine Arme höher, neue Blätter und Zweige wuchsen aus seinem Gestrüpp heraus und schlossen sie noch enger ein.

»Ist das alles?«, fragte Isa. »Oder willst du noch weiterspielen?«

Ich sah zu Ash, deutete nach hinten und rief Jorge und Lyn zu mir. »Haltet euch bereit, ja?«

»Kris, du …«, setzte Jorge an. Ich winkte ab. Wir bewegten uns auf eine eingestürzte Wand zu, an der es steil bergab ging. Das schwarze Gestein des Felsens spiegelte das Sonnenlicht wider. Ich blickte über Abalion, schloss nur kurz die Augen und sog die Energie der Märchenwelt in mich auf.

Isa hat kein Anrecht auf die Fantasie. Sie steckt in uns allen.

Isa kam von hinten, zog mehr aus dem Schloss zu sich. Syrantina bäumte sich auf, weitere Splitter lösten sich aus ihrer Haut.

»Los!«, schrie ich und stob nach vorne. Ash reagierte zeitgleich mit mir. Ich entließ eine weitere Energiewelle auf Isa, sie fuhr herum, wehrte sie genauso geschickt ab wie die erste. Lyn und Jorge schlossen zu uns auf, griffen nach den beiden freien Armen von Dante, während er mit den beiden anderen Syrantina fest umschlossen hielt. Isa sammelte die Kraft wie beim ersten Mal und schleuderte sie zurück zu mir. Ich ließ es dieses Mal geschehen und hoffte, dass es das war, was ich brauchte.

Die grüne Energie schoss auf mich zu, ich hob die Hände, konzentrierte mich darauf, sie über meinen Körper zu kanalisieren und alles von ihr aufzunehmen. Hinter mir wurde es heller. Wind pfiff um meine Ohren. Syrantina keuchte heftig. Ich stemmte mich der Energiewelle entgegen, riss die Hände höher. Es war heiß und brennend und fühlte sich an, als würde mir die Haut vom Körper geschält werden. Ich roch mein eigenes verbranntes Fleisch und vermutlich auch das von Syrantina.

Isa setzte nach, gab mehr Energie hinein und zog gleichzeitig alles vom Schloss an sich. Die Wände und Decken bröckelten ab, sie flogen zu ihr, so wie ein gebrochener Stern zu einem schwarzen Loch.

Ich taumelte, schwankte, alles drehte sich, doch ich konzentrierte mich auf das, was wir zu tun hatten. Die grüne Energie waberte um mich herum, ich warf den anderen einen raschen Blick zu, wir schlossen einen Kreis mit unseren Händen und ich hoffte, dass meine Macht ausreichte, um uns nach Hause zu bringen. Die Kante des Abgrunds kam näher. Isa brüllte hinter uns, das Schloss löste sich quasi unter unseren Füßen auf, während sie alles in sich aufsaugte und den zweiten Teil des Kristalls zusammenfügte. Uns entglitten die Welt und das Leben und die Fantasie. Ich schloss die Augen, tat die letzten Schritte und erinnerte mich an das, was Jorge zu mir gesagt hatte, als wir das erste Mal gesprungen waren.

»Denk an Abalion.«

Dieses Mal dachte ich an zu Hause. Ich umschloss Ashs Hand fester, griff mit der anderen ebenfalls einen Ast von Dante und sprang – in der Hoffnung, dass die Fantasie uns auffangen würde.

42. Kapitel
Ash

Frankfurt, 21.53 Uhr

Ich stieß hart gegen eine Wand und keuchte, als mir die Luft wegblieb. Hinter mir rumpelte es, irgendwas fiel herunter und hallte laut nach. Mein Mund war staubtrocken, ich schluckte, meine Zunge klebte am Gaumen fest. Zum Teufel, waren wir eben tatsächlich aus dem Schloss meiner Mutter gesprungen?

»Du bist wahnsinnig«, keuchte ich und rieb mir über die Stirn.

»Ich weiß«, antwortete Kris.

»Wo sind wir?«

»Hoffentlich da, wohin ich wollte.«

Wir waren in einem kleinen Raum gelandet. Die Wände waren weiß, überall stand komisches Zeug herum. Besen, Eimer, zig Regale an den Wänden. Es gab nur eine Tür, kein Fenster. Neben mir lag der Rucksack mit der Anthologie. Ich schnappte ihn mir und zog ihn wieder über meine Schulter.

»Sieht nach einer Vorratskammer aus«, sagte Kris und kam auf die Beine. Ein Regal war auf sie gekracht, Metalldosen hatten sich über dem Boden ausgebreitet. Ich reichte ihr die Hand und zog sie nach oben.

»Wo sind die anderen?«, fragte ich und hob mein Schwert auf. Kris machte sich von mir los und öffnete die einzige Tür. Draußen lärmte es gewaltig. Schrilles Geheul, Lichter, Menschen. Brodeln. Ich trat mit Kris hinaus und hielt die Hand über meinen Kopf, weil ich das Gefühl hatte, dass gleich das ganze Gebäude auf mich stürzen würde. Es war Nacht, aber durch die vielen Lichter ringsum war es fast taghell.

»Keine Sorge«, sagte Kris. »Das am Himmel sind Helikopter, Fluggeräte, die von Menschen betrieben werden, das schrille Geräusch verursachen Sirenen von Krankenwagen. Die Rettungskräfte sind im Einsatz.«

Ich schüttelte den Kopf, es fiel mir schwer, mich bei all dem Lärm und den vielen Lichtern zu konzentrieren. Kris hingegen lief den Flur entlang und orientierte sich. Zur Rechten war eine lange Reihe aus Fenstern, der Boden mit Splittern übersät, dahinter ein kleiner Garten, in dem ein großer Baum stand. Der Boden war aufgerissen, als hätte er eine Bremsspur hinterlassen.

»Ist das Dante?«, rief ich und trat durch die gebrochenen Scheiben nach draußen.

»Ja!«, antwortete Kris. »Wir sind im unteren Stockwerk des Towers, das ist der Innenhof, da drüben geht es durch die Halle nach draußen.«

»Kris? Ash?«, hörte ich Lyn von der anderen Seite rufen.

»Hier«, rief Kris und winkte mit den Armen. »Geht es allen gut?«

»Glaube schon. Jorge ist bei mir.«

Ich lief weiter zu Dante in der Mitte des Hofes und umrundete ihn. Er war mindestens doppelt so groß wie bei uns. Seine Äste waren verknöchert, die Wurzeln hatten sich tief in den Boden geschlagen. Jorge kam mir entgegen, er hinkte, in seinen Klamotten haftete jede Menge Staub.

»Als die Erde näher kam, glaubte ich echt, unser letztes Stündlein hätte geschlagen und dass du uns dieses Mal nicht teleportieren kannst. Gut, das dachte ich schon beim ersten Mal.«

Lyn folgte ihm und rieb sich den Schädel. »Unser Portal ist ja schon ruppig, aber das war 'ne Nummer härter.«

»Welcher Tag ist heute?«, fragte Jorge. »Haben wir eine Zeitverschiebung?«

»Ich habe keine Ahnung, aber da draußen noch das Chaos tobt, wohl eher nicht«, antwortete Kris. Jorge wandte sich mir zu und wollte etwas sagen, aber er wirkte, als würden ihm die Worte im Mund feststecken.

»Du musst ihn ansprechen«, sagte Kris.

»Was?«

»Sag was zu ihm, sonst kann er nicht mit dir reden.«

Ich blickte Jorge an, der mit den Schultern zuckte und nickte.

»Hallo?«, sagte ich zögerlich und er lächelte.

»Perfekt«, antwortete er.

»Was … «, setzte ich an, aber Kris winkte ab.

»Gleich.«

Lyn hob ihr Amulett und tippte darauf herum. »Sebastian? Hörst du uns?«

Es rauschte nur. Sie versuchte es weiter, während ich zu Dante ging und einen Finger auf seine Rinde legte. Er hatte nach wie vor fest die Arme um sich geschlungen, als wollte er etwas Kostbares beschützen. Ich blickte an ihm hoch. Wo sein Gesicht war, befanden sich nur leere Astlöcher. »Dante?«

Erst zeigte er keine Reaktion, doch dann wackelte er sanft mit den Ästen. Von Syrantina war nichts zu sehen.

Hoffentlich hatten wir die richtige Entscheidung getroffen.

Auf einmal kreiste etwas Helles über uns und leuchtete den gesamten Hof aus. Ein ratterndes Geräusch erklang, die Luft wurde aufgewirbelt.

»Sie haben uns entdeckt«, sagte Kris.

»Ist das gut oder schlecht?«

»Kann beides sein. Die Rettungskräfte werden das gesamte Gebäude evakuieren, bei einer Verwüstung dieses Ausmaßes liegt ein Terrorverdacht nahe. Entweder sie verhaften uns, weil sie denken, wir hätten etwas damit zu tun, oder sie wollen uns helfen.«

Ich klopfte gegen Dantes Rinde, presste mein Ohr auf. Seine Rinde war warm und pulsierte leicht. Die Energie floss durch ihn.

»Es geht ihr bestimmt gut«, sagte Kris.

Bis vor Kurzem war mir diese Frau im Inneren des Baumes egal gewesen. Sie hätte sich mitsamt ihrem Schloss in Luft auflösen können. Das hatte ich mir zumindest eingeredet. Die Wahrheit war, dass ich die ganze Zeit nichts weiter gewollt hatte, als dass wir uns näherkamen. Ich hätte mir gewünscht, dass sie sich um mich scherte, so wie es eine Mutter tun sollte.

Ich löste mich von der Rinde und sah Kris an. »Danke, dass du uns rausgeholt hast.« Sie nickte, kam mir entgegen, ich legte einen Arm um ihre Schulter und zog sie an mich. Sie ließ sich darauf ein, umschlang meine Taille und senkte ihren Kopf gegen meine Schulter. Ihr Körper zitterte. Sie schmiegte sich enger an mich, ich schloss kurz die Augen, gab uns diesen Moment der Ruhe, denn das war alles, was ich im Augenblick machen konnte.

»Isa hat die zweite Hälfte des Kristalls«, sagte Kris.

Vermutlich zerlegte sie in diesem Moment Abalion und wir konnten nichts dagegen tun.

»Hallo?«, rief eine Männerstimme von hinten, woher wir eben gekommen waren. Kris richtete sich auf und drehte herum.

»Nehmen Sie sofort die Hände hoch und zeigen Sie sich!«

»Oh, verdammt«, sagte Kris und löste sich von mir.

Lyn trat dem Mann entgegen, hob die Hände und blickte ihn ruhig an. Er trug dunkle Kleidung und einen Helm. Er richtete eine dieser Waffen auf uns, die Kris und die anderen benutzt hatten, um auf die Wölfe zu schießen.

»Was passiert, wenn sie uns einsperren?«, fragte ich.

»Wir werden verhört und wohl ewig lange festgehalten, bis wir beweisen können, dass wir nichts mit der Verwüstung hier zu tun haben.«

»Also müssen wir ihn überwältigen.« Ich legte die Hand an den Griff des Schwertes, doch Kris hielt mich auf. Fünf weitere Männer rückten an und kreisten uns ein. Sie kamen von allen Seiten und richteten ihre Waffen auf uns.

»Die werden dich sofort erschießen, wenn du das Schwert zückst.«

»Wer sagt uns, dass die Waffen bei mir funktionieren?«

»Erstens bist du ein Mensch und zweitens werden wir das nicht ausprobieren!«

Lyn trat ihnen entgegen und hob die Hände. »Mein Name ist Lyn Brooke, ich bin Agentin und habe hier gearbeitet. Bei mir sind Kristin Collins und Jorge … Wir können uns nicht ausweisen, weil wir soeben von einem Außeneinsatz zurückkommen.«

»Das glaub ich jetzt nicht«, sagte der Mann und trat näher. Er zog den Helm ab und betrachtete Lyn.

»Jamie!«, sagte Lyn und lächelte ihn an. Sie ließ vor Erleichterung die Luft aus und lief auf ihn zu.

»Du bist nicht tot!«, sagte er und klopfte ihr auf die Schulter.

»Nein. Auch wenn nicht viel gefehlt hat.«

»Aber du wirst seit Monaten vermisst!«

»Ich weiß.«

»Wo sind Jesper und Dante?«

Sie holte Luft, warf einen Blick auf den Baum und schüttelte dann den Kopf. »Das ist kompliziert. Was ist hier passiert?«

»Wir haben alles im Umkreis von zehn Kilometern evakuiert. In Frankfurt ist die Hölle losgebrochen, was macht ihr hier? Wie kommt ihr überhaupt in den Tower?«

»Lyn? Kris? Jorge?«, rief ein anderer Mann von weiter hinten.

»Marcel!«, rief Kris und rannte ihm entgegen. Ich kam nicht mehr hinterher und beschloss einfach, bei Dante stehen zu bleiben und abzuwarten. Ein Mann eilte auf Kris zu, er nahm auch seinen Helm ab und hob sie in die Arme. Sie ließ es zu, drückte sich ihm entgegen und lachte. Ich grummelte leise, verschränkte die Arme vor der Brust und musterte ihn.

»Er ist ein guter Mann«, flüsterte Jorge und kam zu mir.

Gleich ein toter Mann, wenn er Kris nicht losließ.

»Schon gut, Leute. Wir haben es im Griff«, sagte Marcel zu den anderen und sie ließen nacheinander die Waffen sinken. Er machte sich von Kris los, begrüßte auch Jorge und Lyn. Sie redeten auf ihn ein, erklärten ihm, was passiert war.

Mir schwirrte der Schädel, der Lärm in dieser Welt war ohrenbetäubend und ich fragte mich, wie das jemand aushalten konnte. Die Luft roch merkwürdig schwer und bitter, es war warm und schwül, mir stand der Schweiß im Nacken, obwohl ich kaum etwas getan hatte.

»Hey, Ash«, sagte Kris und kam zurück zu mir. »Es sieht übel aus in Frankfurt. Der Tower war einsturzgefährdet, aber jetzt hat er sich stabilisiert. Die Fassade ist mit einem dunklen Gestein überzogen, so wie Conrad es bereits gesagt hat. Marcel meinte, dass wir nicht im Tower bleiben können, aber nebenan ist ein Hotel, welches nun ebenfalls leer steht. Dort verkriechen wir uns erst mal. Er lässt ein paar Männer hier, die auf Dante und Syrantina aufpassen, sie werden sich sofort melden, falls was ist. Conrad ist auf dem Weg zu uns, gemeinsam mit Casaju und Sebastian. Sobald sie da sind, überlegen wir, was wir tun können.«

Ich blickte hoch zu Dantes Krone. Die Äste hatten sich weit über meinem Kopf ausgebreitet. Hätte ich es nicht besser gewusst, hätte ich gesagt, er gehörte hierher. Er fügte sich perfekt in die Umgebung ein.

»Wir lassen sie nicht alleine«, sagte Kris und legte ihre Hand auf Dantes Rinde. »Wir sind in der Nähe, aber wir können nicht länger im Innenhof bleiben.«

Ich deutete auf die Männer, die uns eben eingekreist hatten.

»Sie werden schweigen. Sie gehören zum Verein.«

»Zum Verein?«

»Nicht so wichtig.«

»Na gut.«

Kris griff meine Hand und nickte mir zu. Wir verließen den Innenhof und traten auf der anderen Seite ins Gebäude ein. Die Männer zogen ab, nur Jamie und Marcel blieben bei uns und eskortierten uns hinein.

»Hi, ich bin Marcel«, sagte er und reichte mir die Hand. Ich ergriff seine Hand und drückte fester zu, als ich es vorgehabt habe. Er zuckte nur kurz zusammen und entzog sich meinem Griff.

»Gilt das mit dem Ansprechen bei dir auch?«, fragte er.

»Was?«

»Märchenwesen aus Abalion können keinen Menschen von sich aus anreden«, sagte Kris. »Deshalb musstest du zuerst was zu Jorge sagen.«

»Wieso?«

»Das wissen wir nicht.«

»Aber das hieße, dass du dann auch …«

»… nicht reden kannst, wenn du mich nicht vorher ansprichst, genau.« Sie drehte sich zu Marcel. »Es ist bei Ash anders, er ist ein Mensch, der nach Abalion gebracht wurde.«

»Oh, verstehe.«

»Aber wir haben in Abalion doch auch miteinander gesprochen«, sagte ich.

»Abalion ist nicht die Erde. Frag mich nicht, wer sich so bescheuerte Regeln ausdenkt.«

Marcel sah zwischen mir und Kris hin und her und runzelte die Stirn. Ich trat näher an sie heran, wie um ihm zu zeigen, wohin sie gehörte. Er quittierte es mit einem leisen Schnauben, dann führte er uns raus auf die Straße. Er bedeutete uns, zu warten, blickte die Straße hoch und runter und sprach etwas in einen kleinen metallenen Kasten.

»Funkgerät«, sagte Kris. »Damit können wir kommunizieren.«

Ich legte den Kopf in den Nacken und starrte nach oben. Die Gebäude waren riesig und erdrückend. Alles war bebaut. »Wie … Was ist …?«

»Das ist eine Großstadt«, sagte Kris. »Laut. Dreckig mitunter, viele Menschen. Wobei sie im Moment nicht sehr repräsentativ ist.«

Ich schüttelte mich, unzählige Lichter flackerten um uns herum, aber ich sah kein Feuer oder Fackeln.

»Unsere Welt funktioniert mit Elektrizität«, sagte Kris. »Wir nutzen sie, um unsere Wohnungen warmzuhalten, um zu kochen, fernzusehen, für alles im Grunde.«

»Fernsehen.«

»Oh, das ist großartig«, sagte Jorge. »Und Kaffee, mein Freund! Gibt es hier eigentlich Kaffee?«

Schließlich winkte Marcel uns zu und wir huschten einen kurzen Weg entlang in ein anderes Gebäude. Er öffnete die Vordertür und ließ uns ein. Lyn ging weiter zu einem Tresen und trat dahinter. »Schätze, wir haben freie Auswahl, was die Zimmer angeht.«

»Bleibt im unteren Stock«, sagte Marcel. »Der Strom schwankt ziemlich, es kann also sein, dass ihr keinen habt und dann wieder doch. Lasst die Vorhänge zu, verhaltet euch unauffällig.«

»Wie viel Zeit ist eigentlich vergangen, seit Jorge und ich durch das Portal gesprungen sind?«

»Das war vorgestern Abend«, antwortete Marcel. »Conrad, Sebastian und ich sind gestern aus Neuseeland zurückgekehrt.«

»Das heißt, du weißt auch über alles Bescheid?«

»Ja.«

»Ganz schön verrückt, was?«

»Verrückt trifft es nicht mal annähernd.«

»Wir können die Minibar plündern«, sagte Lyn und holte kleine Karten hervor. Sie gab uns allen je eine. Kris nahm ihre und meine entgegen.

»Ich helfe dir noch mit deinem Zimmer«, sagte sie und deutete einen Flur entlang.

Marcel blieb zurück und warf mir wieder diesen schrägen Blick zu.

Ja, glotz du ruhig, du Hüne. Sie zeigt mir trotzdem mein Zimmer.

»Ich schaue, ob ich was zu essen für euch in der Küche finde und besorge euch frische Sachen zum Anziehen«, sagte er und zog ab.

»Ich helfe dir«, rief Jorge und folgte ihm.

Wir gingen den dunklen Gang entlang, überall waren Türen rechts und links. Ich folgte Kris langsam.

»Es ist alles so sauber hier«, sagte ich. Im Vergleich zum *Trunkenen Fährmann* sowieso.

»Hier ist dein Zimmer, meines ist daneben.« Kris hielt die Karte an die Tür, es piepste und sie entriegelte. »Zum Glück geht das, sonst hätten wir einbrechen müssen.«

Sie trat als Erste ein, steckte die Karte an die Wand und wie von Zauberhand gingen Lichter über uns an. Sie flackerten auf, erloschen kurz und leuchteten dann erneut.

»Ich zeige dir alles«, sagte Kris und führte mich in den Raum hinein. Die Wände und der Boden waren grau, der Belag teilweise aus einem weichen Material, in dem meine Stiefel einsanken.

»Es ist schön, dass ich dir mal meine Welt zeigen kann, ich wünschte nur, die Umstände wären andere.«

»Ja, ich auch.«

»Das hier ist eine Küchenzeile«, sagte sie und wies auf eine Theke aus Holz. »Der weiße Kasten ist ein Kühlschrank, er hält unsere Speisen und Getränke kalt. Die Couch, ein Fernseher, Telefon. Nicht, dass du jemanden anrufen würdest.« Sie ging weiter, ich nahm den Rucksack mit der Anthologie von meinem Rücken und legte ihn ab.

»Hier ist das Bad«, redete sie weiter, »und ein Schlafzimmer«. Ich spähte über ihre Schulter in den anliegenden Raum. Dort stand ein großes Bett, das verdammt bequem aussah.

Kris blieb länger als nötig an der Tür stehen, ich trat näher hinter sie, atmete in ihren Nacken. Sie reagierte prompt mit Gänsehaut. Kris räusperte sich und lief nach rechts in einen weiteren Bereich. Auch hier machte sie Licht und führte mich hinein. »Dusche, Badewanne, Waschbecken, Zahnbürsten – alles da. Sieht sogar richtig edel aus.«

Ein wenig erinnerte es mich an Moons Palast und ihr Waschzimmer. Kris drehte ein paar Knöpfe an der Wand, Wasser prasselte von oben herab. »Hier kannst du die Temperatur einstellen. Mit diesen Mitteln kannst du dich waschen. Seife. Haarshampoo.«

»Verstehe.« Klang nicht sonderlich kompliziert.

Sie legte ihre Hand auf die Glasscheibe, welche die Dusche abtrennte, rührte sich aber nicht. Für eine halbe Ewigkeit sah sie mich einfach nur an, während das Wasser leise herabprasselte und der Raum sich mit warmem Dampf füllte.

»Kris.«

Sie straffte die Schultern, sah mir fest in die Augen, die in dieser Welt noch intensiver wirkten als bei uns. Sie gehörte hierher. Sie war ein Teil hiervon, obwohl es genau umgekehrt hätte sein müssen.

Ohne ihren Blick von mir abzuwenden, griff sie an den Saum ihrer Bluse und zog sie sich langsam über den Kopf. Ich atmete rasselnd ein, sah ihr zu, wie sie sich auszog. Es folgten die Schuhe, die Hose, bis sie nur noch in ihrem Untergewand vor mir stand. Die Kleidung war eine Mischung aus unserer in Abalion und ihrer. Kris fasste hinter sich und öffnete das Stück Stoff, dass ihre Brüste verdeckte.

»BH«, sagte sie lächelnd und ließ es zu Boden fallen. »Du darfst jederzeit nachziehen.«

»Was?«

Sie deutete auf mich und erst da verstand ich, was sie meinte. Ich zog rasch das Hemd über den Kopf, öffnete den Gürtel und legte alles ab. Kris kam langsam näher. Ehe ich die Hose öffnen konnte, hakte sie einen Finger im Bund ein und zog mich an sich.

Mittlerweile war es so schwülwarm im Raum, dass sich ein dünner Film auf meiner Haut bildete. Sie blinzelte träge. In ihren Haaren hing Dreck vom Schloss, auf ihrer Wange hatte sie einen kleinen Kratzer, der aber kaum noch zu sehen war. Ihre Heilungskräfte waren erstaunlich. Ich ließ meinen Daumen über die Schramme in ihrem Gesicht gleiten, sie drehte den Kopf in meine Hand. Es fühlte sich so warm und geschmeidig an.

»Wie geht es dir?«, fragte sie leise und legte eine Hand auf meine nackte Brust.

»Ich gewöhne mich langsam an diese Welt.«

Sie hob den Blick und lächelte mich an. »Ich gebe mir Mühe, sie dir schmackhaft zu machen.«

»Du bist auf einem sehr guten Weg.«

Sie lehnte sich mir entgegen, ich folgte ihrer Aufforderung und beugte mich zu ihr. Ihre Hand ruhte weiter auf meiner Brust, drückte sachte zu, während ich meine Lippen auf ihre senkte.

Unser Kuss war energisch und fordernd, dann wieder langsam und leidenschaftlich. Wir fanden uns zwischen diesen Welten, an einem Ort, der mir nicht fremder und vertrauter zugleich sein konnte. Kris zog mich enger an sich, öffnete meine Hose und half mir, sie abzustreifen. Mir entwich ein Stöhnen, als sie mich langsam nach hinten unter die Dusche zog. Ohne den Kuss zu unterbrechen, führte sie mich unter das warme Wasser, das sich genauso weich und angenehm anfühlte wie Kris' Lippen.

»Diese Welt wird besser und besser«, flüsterte ich und drückte Kris gegen die Wand. Sie antwortete mit einem leisen Lachen, zog mich enger an sich und ließ mich alles andere vergessen.

43. Kapitel

Kristin

Frankfurt, 04.02 Uhr

Ich räkelte mich unter dem warmen Laken und genoss die Schwere in meinem Körper. Zum ersten Mal seit Langem fühlte ich mich rundum geborgen. Ashs Arme lagen von hinten um meinen Brustkorb. Er drückte mich gegen sich, hüllte mich in eine angenehme Stille und Ruhe. Ich konnte mich nicht entsinnen, wann ich mich je mit einem Mann so wohlgefühlt hatte.

Noch nie, natürlich. Alle bisherigen Erlebnisse – außer die Nacht mit Mik, die praktisch gesehen mein erstes Mal gewesen war – waren erfunden gewesen.

Aber das hier war es nicht. Es war real. Es war gut. Es fühlte sich richtig an. Ash und ich. Wir hatten uns auf einer eigenen Ebene gefunden und teilten eine Gemeinsamkeit, wie es sie wohl nur einmal auf dieser Erde gab; oder in Abalion.

Ich öffnete langsam die Augen, blickte über meine Schulter zu ihm zurück und wob meine Finger in seine. Er wirkte friedlich und völlig entspannt. Diese ständige Habachthaltung war von ihm gewichen, er hatte sich fallen lassen. Ich war mir sicher, dass er das in Abalion nicht häufig tat.

Wie auch in einer Welt, wo er ständig damit rechnen musste, dass ihm jemand an den Kragen wollte.

Ich drehte mich weiter herum, sodass ich ihm gegenüberlag, und strich ihm eine Haarsträhne aus dem Gesicht. Er murrte leise, zuckte mit den Lippen. Ich machte weiter, strich über seine Kopfhaut nach hinten zu seinem Nacken und kräuselte die Haare zwischen meinen Fingern. Er bemerkte die Bewegung, seine Lider flatterten und er blinzelte langsam.

»Wie lange haben wir geschlafen?«

»Etwa vier Stunden.«

»Was?«

Ich lächelte, weil er mit dieser Zahl nichts anfangen konnte. »Ungefähr die halbe Nacht.«

»Gibt es was Neues?«

»Ich habe keine Ahnung. Von den anderen hab ich weder etwas gehört noch gesehen.« Ab und an hatte es draußen rumort, aber es waren nur kurze Beben gewesen. Die Stille gefiel mir nicht, es war die Ruhe vor dem Sturm.

Ash fuhr sich durchs Gesicht und atmete tief ein und aus. Er ließ einen Finger über meine Schulter und meinen Arm nach unten wandern. Ich hielt still, genoss diese sanfte Berührung. »Erkläre mir noch mal das mit dem Ansprechen. Wenn ich aus dem Zimmer gehe und zurückkomme, kannst du nichts mehr zu mir sagen?«

»Ja.«

Ein Grinsen zuckte auf seinen Lippen, ich gab ihm einen Klaps auf die Brust, weil er sich bestimmt überlegte, wie er damit seine Späße treiben konnte.

»Wie konntest du das nicht bemerken, als du hier gelebt hast?«

»Keine Ahnung. Obwohl ich es sogar von Brayden gewusst habe. Aber ich habe nie darauf geachtet, ob mich Leute von sich aus ansprechen oder ich das erste Wort an sie richte.« Rückblickend betrachtet war es völlig verwirrend.

Ash strich weiter meinen Arm auf und ab, dann rollte er sich auf den Rücken und fasste neben sich, wo die leere Kondompackung lag. Er drehte das Papier in seinen Fingern. »Und wer hat diesen Mist erfunden?«

»Das ist kein Mist, sondern lebensnotwendig. Erstens schützt es vor Krankheiten und zweitens vor Schwangerschaften. Sei froh, dass welche im Nachtisch lagen, sonst hätte es keinen Sex gegeben.«

Er schnaubte. »Die Frauen in meiner Welt bekommen auch keine Kinder.«

»Wie verhüten sie denn?«

»Ich weiß nicht. Mit Kräutern, nehme ich an. Hab mir nie wirklich Gedanken darüber gemacht.«

Ich kniff ihn in die Seite. »Nur Machos machen sich darüber keine Gedanken.«

Er zuckte zusammen, warf das leere Kondompäckchen weg und rollte sich auf mich. »Macho?«

»Ein Kerl, der nur an sein eigenes Vergnügen denkt.«

Er verdrehte die Augen und ließ sich das Wort wohl durch den Kopf gehen. »Hattest du das Gefühl, dass ich eben nur an mein eigenes Vergnügen gedacht habe?«

Ich schürzte die Lippen und schmunzelte. Mit Ash zusammenzusein war unglaublich gewesen. »Ich glaube, ich bräuchte weitere Erfahrungswerte, um dir darauf eine passende Antwort zu geben.«

Er kniff die Augen zusammen und nickte. »Kein Problem, aber ich ziehe mir nicht noch mal eins dieser Dinger über.«

»Und wie du das wirst.«

Er küsste mich erneut, nicht minder leidenschaftlich als vorhin unter der Dusche. Mein Körper reagierte sofort auf ihn, ich zog die Beine an und schlang eins um seine Hüfte. Ash ließ sich darauf ein, griff an meine Pobacke und drückte mich enger an sich. Er vertiefte den Kuss, strich dabei mit seinen Fingern an meiner Seite auf und ab. Hitze baute sich zwischen uns auf, ich stöhnte leise, als er nach meinem anderen Bein griff und es ebenfalls um seine Hüfte schlang. Auf einmal wurde wieder alles andere unwichtig. Ich vergaß, warum wir hier waren, wo wir waren, was uns bevorstand. Ich wollte nur Zeit mit ihm verbringen, mich mit ihm verlieren und nichts mehr …

… Es klopfte an der Tür.

»Ash?«, rief Lyn leise.

Ash unterbrach den Kuss und hielt inne. Sein Atem kam schwer, genau wie meiner.

»Das war klar«, sagte ich.

»Irgendwie schon.«

»Ich vermute mal, dass Kris bei dir ist, weil ich sie nirgendwo finden kann«, fügte sie hinzu.

»Vielleicht«, antwortete er.

»Ich will euch nicht stören. Ihr solltet aber kommen, es gibt Neuigkeiten. Leider keine guten.«

»Danke für den Stimmungskiller«, rief er und sah mich an.

Ich drückte ihn schweren Herzens von mir herunter und rollte mich aus dem Bett. Die Zeit des Innehaltens war offenkundig vorüber.

Eine Viertelstunde später trafen wir uns im Speisesaal des Hotels. Lyn, Conrad, Marcel und Sebastian waren schon da und steckten die Köpfe über einem Rechner zusammen. Wir schoben ein paar Tische aneinander, Jorge warf den Kaffeeautomaten an und stellte Essen hin. Belegte Brötchen, Eier, Speck, Wasser. Zudem hatte Marcel jedem frische Klamotten vor die Tür gelegt, wir waren jetzt alle einheitlich in schwarzer Uniform gekleidet. Der Einzige, der noch fehlte, war Casaju, der gleich nachkommen wollte.

»Kristin«, sagte Conrad, als ich eintrat. Er rieb die Hände aneinander, war sichtlich nervös, mir gegenüberzustehen. »Ich … Ich weiß nicht so recht, was ich sagen soll, nach allem, was passiert ist.«

Ich schüttelte den Kopf, denn es spielte im Moment keine Rolle mehr. Ich hatte begriffen, warum er es gemacht hatte und war ihm dankbar für dieses Leben, das er und Brayden mir geschenkt hatten. Ich umarmte ihn herzlich, um ihn genau das wissen zu lassen.

Er atmete vor Erleichterung aus und schloss mich eng an sich. »Oh …«, sagte er nur.

»Danke, dass ihr mir geholfen habt, du und Brayden. Ohne euch wäre ich nicht hier.«

Als wir uns lösten, bemerkte ich den Wolf, der unter dem Tisch Platz genommen hatte und zu mir aufblickte. Erst zuckte ich zusammen, doch dann wurde mir klar, dass ich sie auch kannte.

»Das ist Alexis«, sagte ich und ging in die Hocke. »Ich erinnere mich an sie.« Ich wollte sie unter dem Tisch hervorlocken, doch sie kam nicht.

»Sie fühlt sich unwohl, seit wir hier sind«, sagte Conrad. »Liegt bestimmt an der Energie überall. Keine Sorge, sie tut euch nichts.«

Ash murrte nur, gesellte sich dann aber mit mir zu den anderen. Wir brachten uns gegenseitig auf den neuesten Stand der Dinge, auch was auf der Nachtheide mit Brayden, Anantha und Cyrus passiert war.

Es tat mir von Herzen leid, dass wir sie nicht hatten retten können, aber ohne ihren Hinweis auf das Amulett im See hätten wir nie gegen den Grimm antreten können.

»Schläfst du eigentlich wieder?«, fragte ich Sebastian.

»Ich bin vorhin kurz eingenickt, aber richtig geschlafen hab ich nicht. Glaube, mein Körper muss sich erst noch umstellen. Wobei ich wünschte, dass die Umstände andere wären.«

»Ich auch.«

Marcel holte ein Pad heraus, legte es in die Mitte des Tisches und rief Bilder aus den Nachrichten auf. »Im Umkreis von fünf Kilometern entstehen diese grünen Sphären.« Er zoomte ein Bild näher heran. Es zeigte das Messegelände in der Nähe. Mitten auf dem großen Vorplatz schwebte eine große, grüne, leuchtende Kugel. Sie pulsierte und waberte voller Energie.

»Was ist das?«, fragte ich.

»Isa«, antwortete Lyn. »Wir empfangen die gleichen Energien wie beim Portal, das in unserer Wohnung war.«

»Sie öffnet überall Zugänge nach Abalion«, sagte Marcel. Er rief das nächste Bild auf und zeigte eine weitere Sphäre in einem Park. Acht Gnome waren um sie herum versammelt. Sie hatten Keulen in der Hand und blickten sich um.

»Ach du meine Güte, sie lässt Wesen von Abalion zu uns?«

»Ja. Wir haben Berichte von den nicht evakuierten Gebieten, wo Bewohner behaupten, sie hätten Einhörner gesehen, andere sagen, ihnen wären Feen durch die Wohnung geflogen, wieder andere sind auf sprechende Tiere gestoßen. Diese Sphären entstehen überall in der Stadt.«

»Auch außerhalb?«, fragte ich.

»Nein. Bisher hält sie sich nur in dem Gebiet auf. Der Tower verändert sich auch wieder.« Marcel wischte noch mal herum. Auf dem Dach waren spitz zulaufende Türme entstanden, Rundbögen zogen sich zum Nachbargebäude, das sich ebenfalls veränderte und eine steinerne Fassade bekam. »Sie hat sogar den Fluss umgeleitet.« Er zeigte ein Bild von der anderen Uferseite, wo ein Stausee entstanden war, in den der Main mündete. »Bedauerlicherweise können wir kaum etwas gegen die Wesen ausrichten, die durch die Sphären kommen.«

»Sie sind immun gegen unsere Waffen«, sagte ich. »Zumindest waren sie das in Abalion.«

»Was ist mit meiner Mutter?«, fragte Ash.

»Unverändert«, sagte Marcel. »Der Baum rührt sich nicht, sie ist fest darin eingeschlossen.«

Die Tür ging auf und Casaju fuhr mit seinem Rollstuhl herein. Sogar im Sitzen und mit diesem gebrechlichen Körper strahlte er die Autorität des Nachtheideprinzen aus. Ich schluckte und hatte den Drang, mich vor ihm zu verneigen. Casajus Aura war enorm, dieser Mann strotzte nur so vor Fantasie.

»Prinz«, sagte Ash und senkte den Kopf.

»Es besteht keine Notwendigkeit, mich länger so zu nennen, ich bin Casaju. Tut mir leid, wenn ich dir Angst eingejagt habe, das war nie meine Absicht, aber als Prinz war ich voller Magie und Macht. Die Heide hat auch mich verwirrt. Ich war gefangen in diesem Strudel, alles prasselte auf mich ein und ich konnte kaum noch klar denken. Ich wollte mich nur befreien. Danke, dass ihr mich geweckt habt.«

»Ebenso danke«, sagte ich. »Ohne deinen Hinweis auf Ashs Male wäre ich nicht so schnell auf die Idee gekommen, mich in eine Vision ziehen zu lassen.«

»Also gut, Leute«, sagte Marcel. »Wir brauchen einen Schlachtplan. Was können wir gegen Isa und diese Wesen ausrichten?«

»Ihr benötigt Waffen aus Abalion«, sagte Ash.

»Schön, wie kommen wir da ran?«

»Wir gehen rein und holen uns welche«, sagte Lyn.

»Ich kann natürlich versuchen, noch mal ein Portal zu öffnen, …«

»Das brauchst du glaube ich nicht.« Sie zog auch ein Pad hervor, das sie aus dem Schloss hatte mitgehen lassen. »Hierauf ist alles gespeichert. Dantes Forschungen, unsere Arbeit am Portal. Wir können die Grenze öffnen, wenn wir genügend Energie bekommen – und die haben wir durch die Sphären mehr als genug.« Sie drehte das Pad herum, damit wir es sehen konnten. Es war eine Anzeige mit mehreren Balken, die alle wild blinkten. »Frankfurt ist voll mit Portalenergie. Wir müssen sie nur anzapfen.«

»Das heißt, wir können beliebig nach Abalion und zurück?«, fragte Marcel.

»Wir könnten eine ganze Armee durchschicken«, sagte Lyn. »Isa macht uns quasi die Tore auf und weiß nicht mal etwas davon.«

»Es gibt eine Waffenschmiede in Amqua«, sagte Ash. »Sehr gut ausgerüstet. Wenn ihr dorthin kommt, könnt ihr euch ausstatten. Ihr solltet allerdings nicht alleine hin.«

»Ich gehe mit«, sagte Jorge. »Du meinst die Schmiede am Brunnen, oder?«

»Genau. Sie ist riesig.«

»Ich koordiniere das Team«, sagte Lyn. »Wir bleiben über unsere Amulette in Kontakt, gehen rein und raus, ehe Isa was bemerkt.«

»Was machen wir in der Zeit?«, fragte Ash.

»Wir versuchen die Hinweise zu entschlüsseln, die Kirjara uns gelassen hat. Wir wollten wegen der Anthologie und dem Märchen weitersuchen.«

»Könnt ihr das ohne uns?«, fragte Marcel. »Dann brechen wir schon auf.«

»Ja, geht.«

Er nickte, sammelte die Pads zusammen und verließ den Raum. Jorge steckte sich noch ein Brötchen ein und folgte ihm mit Lyn.

»Vergesst nicht, ein paar Bratpfannen mitzunehmen«, rief Ash ihnen nach. »Die sind sehr nützlich.«

»Machen wir«, sagte Lyn und schloss die Tür.

»Was ist mit der Anthologie?«, fragte Conrad.

»Als Ash den Grimm das letzte Mal angegriffen hat, fiel er in eine Art Koma, das auch seine Male ausgedehnt hat. Durch Casajus Hinweis konnte ich in eine Vision kommen und ihn rausholen.«

»Ich wäre auch so rausgekommen«, sagte Ash.

»Ach, wirklich?«

»Irgendwann bestimmt.«

»Das zählt übrigens auch zum Machogehabe, nur mal so am Rande.« Ich trat ihm unterm Tisch gegen das Schienbein, aber er grinste nur. »Wie dem auch sei: Wir trafen eine Frau namens Kirjara, die uns wiederum von dem Kristall berichtete, den sie von einem Feuerdrachen erhielt, damit sie einschlafen konnte. Wir dachten, es bezieht sich auf das Märchen, das in der Anthologie abgedruckt ist, aber Waylon hat es damals rausnehmen lassen und … Conrad, alles klar?« Er war ganz blass geworden, auch Casaju starrte mich an, seit ich die Feuerdrachen erwähnt hatte.

»Das Mädchen, das nicht schlafen wollte«, sagte Conrad leise. »Ihr ward bei ihr?«

»Ja, genau! Kennst du es?«

»Mehr als das. Ich war dabei, als Anabel es damals am Hofe meines Vaters vorgetragen hat. Ich habe es Jacob Grimm erzählt, damit er es in die Anthologie aufnehmen kann, aber ich hatte keine Ahnung, dass es nie gedruckt worden ist.«

»Das heißt, du … Du kannst es wiedergeben?«

»Natürlich, aber ich weiß nicht, was es euch helfen kann, Isa zu schlagen.«

»Sie meinte, wir sollen ihrer Spur folgen und die Feuerdrachen fragen, ob sie uns mit dem Kristall helfen können; aber wir haben keine Ahnung, wie wir zu ihnen gelangen sollten.«

»Das letzte Mal, als ich sie gesehen habe, haben Jorge und ich ein Kind gerettet und sie haben es uns abgenommen. Das war das einzige Mal, dass ich je Kontakt mit ihnen hatte. Ach, und Destan erwähnte sie. Er ist ganz versessen darauf, eine Münze zu finden und eine Prinzessin zu retten.«

Casaju gab einen erstickten Laut von sich. Wir drehten uns zu ihm um.

»Alles in Ordnung?«, fragte ich.

»Nein. Die Feuerdrachen … Ich … Ich habe einst über sie geschrieben. Genau wie deine Schwester, Conrad, habe auch ich sie in eine Geschichte eingewoben. Es ging um eine Prinzessin, die keine Fantasie besaß. Sie sollte einen Kristall der Drachen berühren und sie so wiedererlangen. Ein junger Mann half ihr dabei. Sein Name war Destan.«

Ash zuckte zusammen. »Du warst das. Du hast ihn erschaffen?«

»Ich denke, ja. Er ist nur ein Entwurf. Ich schrieb die Geschichte nie fertig, weil ich die Kontrolle verlor. Ares nahm sie mir sogar weg.« Er blickte Sebastian an, der entschuldigend mit den Schultern zuckte.

»Wir hatten keine andere Wahl, das weißt du.«

»Ja. Heute schon, damals nicht. Mein Kopf war verblendet. Ab dem Zeitpunkt, als Kaia und Waylon sich vereinten.« Er schüttelte sich und sah zu Boden.

»Warte, Waylon?«, fragte ich. »Der gleiche Waylon, der mein Bruder ist?«

»Ja, er und Kaia mussten das Kloster verlassen und sind zusammen weggezogen.«

»Sie hatten was miteinander?«, fragte ich.

Kaia, die später Syrantina wurde, und Waylon, der später … Brayden wurde. »Aber das … Das hieße, dass mein Bruder …« Ich starrte Ash an, dem es in diesem Moment wohl auch wie Schuppen von den Augen fiel.

»… mein Vater ist?« Ashs Mund klappte auf, wieder zu. »Deshalb hat er mich so seltsam angesehen! Ich hatte die ganze Zeit das Gefühl, dass er mir was sagen will.« Er starrte mich an und zog die Augenbrauen zusammen. »Wir … Wir sind aber nicht miteinander …«

»Verwandt?«, fügte ich an und musste tatsächlich erst darüber nachdenken. »Nein. Nein. Er war nie mein Bruder. Er hat nur so getan als ob. Also nein.« Und nochmals nein! Alles andere wäre nun auch mehr als schräg. »Wir sind hier nicht in Star Wars.«

»Was?«

Ich schüttelte den Kopf, wie um erneut zu bestätigen, dass wir auf keinen Fall in irgendeiner Art miteinander verwandt sein konnten.

Ash atmete tief ein und aus und schüttelte sich dann. »Was ist mit deiner Geschichte passiert?«, fragte er Casaju.

»Verloren im Kloster«, sagte Sebastian. »Als Moon alles niederriss, wurden viele Entwürfe zerstört.«

»Kannst du sie neu schreiben und die Drachen irgendwie zu uns holen?«

»Ich wüsste nicht, wie«, sagte Casaju. »Geschichten haben sich erst in Abalion manifestiert, wenn Moon sie zu sich geholt hat.«

»Aber die Feuerdrachen leben dennoch dort?«, fragte ich. »Ich kapiere es nämlich gerade nicht.«

»Feuerdrachen existieren seit dem Anbeginn der Zeit«, sagte Conrad. »Wir haben sie oft in unsere Geschichten eingewoben, so wie andere Einhörner.«

»Was habt ihr alle nur mit Einhörnern?«, zischte Ash.

»Das heißt, sie leben in Abalion, auch wenn Moon sie nicht explizit dorthin gebracht hat?«, hakte ich nach.

»Sie leben nicht nur in Abalion«, sagte Conrad. »Mein Volk glaubte früher fest daran, dass der Kristall der Fantasie von ihnen stammt. Die Geschichte mit Kirjara ist nur eine von vielen, die wir uns darüber erzählt haben. Sie waren eine Legende. Wir vermuteten, dass sie wirklich existierten.«

»Verstehe«, sagte ich.

»Wer war die Prinzessin ohne Fantasie?«, fragte Ash. »Wenn Destan in Abalion rumläuft, dann sie möglicherweise auch. Vielleicht, wenn wir sie finden …«

Casaju schüttelte den Kopf. »Ich habe ihr nie einen Namen gegeben und mich nicht mehr mit ihr auseinandergesetzt. Mit Destan hingegen schon. Ich war so zornig damals. Ich habe ihm üble Szenen geschrieben, in denen ich ihn sehr habe leiden lassen.«

»Daher hat er also die Narben.«

»Ich bin nicht stolz darauf«, sagte Casaju leise. »Es war mir nicht bewusst, dass in Abalion ein Wesen existiert, das meinetwegen leidet. Wo ist er jetzt?«

»Ich habe ihn beim *Fährmann* zurückgelassen, weil er ganz versessen darauf war, die Münze des Teufels zu finden.«

»Ein Fährmann?«, fragte Conrad und tippte mit den Fingern auf dem Tisch herum. »In Anabels Geschichte mit den Feuerdrachen gab es einen Fährmann. Der Schlaf rief ihn, um zu seiner Schwester auf die Insel zu fahren, wo er den Kristall vom Drachen erhielt.«

»Okay, stopp«, sagte ich. »Mein Kopf platzt gleich. Ihr verwirrt mich.«

Ich stand auf und lief hinter die Essensausgabe, wo ich nach einem Blatt Papier und einem Stift suchte. »Also: Wir haben die Feuerdrachen. Sie tauchen einmal in Anabels Geschichte von dem Mädchen auf, welches Ash und ich in der Vision gesehen haben.« Ich setzte mich zurück an den Tisch und schrieb es auf:

Kirjara. Feuerdrache. Kristall.

»In dieser Geschichte kommt auch der Fährmann vor, den Destan sucht.«

Kirjara. Feuerdrache. Kristall. Fährmann.

»In Casajus Geschichte sind ebenfalls Feuerdrachen. Hier haben wir die Prinzessin ohne Fantasie, von der wir nicht wissen, wer sie ist oder ob sie überhaupt in Abalion existiert, die aber auch einen Kristall berühren soll. Und wir haben Destan, der wiederum eine Münze will, damit er einen Fährmann rufen kann.«

Kirjara. Feuerdrache. Kristall. Fährmann.

Prinzessin. Feuerdrache. Kristall. Destan.

»Dann haben wir Ash und Jorge, die ein Baby vor den Rumpelstilzchen retten und es von den Feuerdrachen abgenommen bekommen.«

Kirjara. Feuerdrache. Kristall. Fährmann.

Prinzessin. Feuerdrache. Kristall. Destan.

Ash/Jorge. Baby. Feuerdrache

»Leider weiß ich nichts über dieses Kind«, sagte Ash.

»Aber ich vielleicht. Als wir bei den Rumpelstilzchen waren, sagte der Anführer, dass sie ihre beste Familie verloren hätten. Er war ziemlich sauer darüber und meinte, dass der König und die Königin sich nach Lysanta abgesetzt haben und sie nun keine Babys mehr von ihnen klauen könnten.« Widerlicher Gedanke.

»Ach, wirklich?«, fragte Ash und nahm das Blatt Papier. Er drehte es zu sich und studierte meine Schrift.

»Kannst du das lesen?«, fragte ich.

»Erstaunlicherweise, ja.« Er nahm sich den Kugelschreiber und ergänzte noch etwas.

Kirjara. Feuerdrache. Kristall. Fährmann. **Insel des Lebens**

Prinzessin. Feuerdrache. Kristall. Destan. **Fährmann.**

Ash/Jorge. Baby. Feuerdrache **Insel Lysanta**

»Ich habe Destan gefragt, wohin der Fährmann ihn bringen sollte, aber er wusste es nicht. Später hat er im Schlaf von der Prinzessin gesprochen, dass er sie finden muss, weil sie die Fantasie braucht.«

»Er hat die Feuerdrachen gesucht«, sagte Casaju. »Ich kam nie dazu zu schreiben, wo er diese treffen soll. Das Ende ist offengeblieben.«

»Deshalb irrt er so ziellos umher«, sagte Ash. »Destan folgt lediglich seinem Gefühl oder dem Ruf der Drachen oder was weiß ich was. Aber er wollte vermutlich auch auf eine Insel. Lysanta gibt es wirklich in Abalion, aber niemand kommt hin. Es haben schon viele versucht, alle scheiterten. Entweder fanden sie die Insel nicht oder sie kenterten und ertranken.«

»Es sei denn, man hat einen Fährmann, der einen rüberbringt«, sagte ich. »Okay. Das Baby, das ihr gerettet habt, war eine Prinzessin, richtig?«

»Ja.«

»Vielleicht die aus Casajus Geschichte?«

»Keine Ahnung.«

»Aber der König und die Königin haben sich nach der Rettung auf die Insel zurückgezogen. Was, wenn die Feuerdrachen ihnen das Baby brachten und dem König halfen, sich auf Lysanta zu verschanzen. Was, wenn sie da schon die ganze Zeit leben und die Insel durch einen Zauber schützen, sodass sie niemand erreichen kann?«

»Feuerdrachen sind sehr mächtige Wesen«, sagte Casaju. »Vermutlich wären sie dazu in der Lage.«

»Also sind es gute Wesen, die den Menschen helfen wollen?«

»Das weiß ich nicht«, sagte Casaju und blickte zu Conrad.

»Wir gingen stets davon aus, aber ich kenne natürlich niemanden, der je einem echten Feuerdrachen gegenüberstanden ist. Es könnte genauso gut sein, dass sie das Baby mitsamt der Familie gefangen genommen und alle auf die Insel gesperrt haben.«

»Mir gefällt meine Version besser«, sagte ich.

»Mir auch«, erwiderte Ash. »Wir müssen auf diese Insel. Uzmaer sagte, dass man den Fährmann rufen muss, mit einem Lied.«

»Das ist richtig«, sagte Conrad. »Ich kann mich noch daran erinnern, Anabel hat es in die Geschichte eingewoben.«

»Das heißt, wir könnten einen rufen, jetzt brauchen wir nur noch diese Münze«, sagte Ash. »Du kennst nicht zufällig auch die geheime Formel, mit der man dem Teufel eine Münze abnehmen kann?«

Conrad holte Luft und dachte darüber nach. »Anabel hat mal eine erfunden. Sie hat sie Áki erzählt, als sie die Geschichte von dem Mädchen vorgetragen hat.«

»Und wie geht sie?«

»Tja, ich habe leider keine Ahnung, ich saß an dem Tag zu weit von ihr entfernt, als dass ich sie hätte hören können. Abgesehen davon war sie ausgedacht. Anabel hatte Áki ein Geldstück aus unserer Schatzkammer gegeben. Ich kann mir nicht vorstellen, dass sie etwas mit dem Teufel zu tun hatte.«

»Wir sollten es dennoch versuchen.«

»Können wir nicht zum Teufel und eine Münze von ihm holen?«, fragte ich.

»Ja, sicher doch. Er empfängt Gäste immer sonntags nach dem Gottesdienst«, sagte Ash. »Bring Kuchen mit. Er mag Kirschtorte.«

»Ich meine es ernst.«

»Ich auch. Niemand geht zum Teufel.«

»Aber es gibt Märchen darüber. Die Brüder Grimm haben eins geschrieben: *Der Teufel mit den drei goldenen Haaren*.«

Ash lehnte sich im Stuhl zurück und schüttelte den Kopf. »Isa hat die Kontrolle in Abalion. Was denkst du, würde sie tun, wenn sie merkt, dass wir beim Teufel sind?«

Ich öffnete den Mund, schloss ihn wieder. »Uns schmoren lassen bis in alle Ewigkeit?«

»Abgesehen davon missbrauche ich seinen Namen recht oft. Ich denke nicht, dass er sehr begeistert wäre, von mir zu hören.«

»Ich habe eine Idee«, sagte Conrad. »Aber sie könnte genauso gut danebengehen.«

»Spielt ein Besuch in der Unterwelt darin eine Rolle?«, fragte Ash.

»Erst mal nicht.«

»Dann bin ich ganz Ohr.«

»Ich könnte darüber schreiben, wie Anabel damals das Märchen vorgetragen hat. Ich kann mich noch sehr gut an diesen Abend erinnern, wie wir alle ums Lagerfeuer gesessen haben und sie uns unterhalten hat. Ich sah auch, wie sie Áki die Formel verraten hat, ich habe sie nur nicht verstanden.«

»Aber wir könnten es womöglich«, sagte ich. »Conrad! Das ist ein genialer Einfall!«

»Ich kann noch nicht folgen«, sagte Ash.

»Conrad schreibt die Geschichte auf und ich lese zwischen den Zeilen. Oder wir beide. Du und ich. Wir vereinen unsere Kräfte, so wie Kirjara es gesagt hat, und gehen gemeinsam in die Vision. Wir gelangen an den Punkt, an dem Anabel Áki die Formel verrät.«

»Aber wenn Conrad sie nicht gehört hat, wie soll er darüber schreiben?«

»Genau das ist ja das Problem«, sagte Conrad. »Entweder das wird ein Schuss ins Blaue oder ihr seid beide so stark, dass ihr die Geschichte auch ohne alle Details erleben könnt. Und dann wäre da immer noch die Sache, dass sie sich das ausgedacht hat. Es gibt keine Garantie, dass diese Formel funktioniert.«

»Einen Versuch ist es allemal wert«, sagte ich. »Und sollte es nicht klappen, überlegen wir uns das mit dem Teufel.«

Ash schob Conrad das Blatt und den Stift hin. »Fang an. Ich bin dabei.«

44. Kapitel

Ash

Ort unbekannt, Zeit unbekannt

Ich blinzelte und musste mich erst orientieren. So ganz hatte ich den Dreh mit den Visionen noch nicht raus, aber mit Kris an meiner Seite hatte es erstaunlich gut geklappt. Conrad hatte seine Geschichte aufgeschrieben, Kris mich an die Hand genommen und war dann mit mir in diesen Text eingetaucht. Meine Male waren aufgeflammt, Kris hatte ihre Finger darauf gelegt und mich mit hineingezogen. Wir hatten uns gegenseitig geführt. In eine Welt, die zwischen hier und dort lag.

Nun standen wir im Innenbereich eines Schlosses. Das Gebäude war zum Teil in einen Berg geschlagen worden. Es sah aus, als hätte ein Bildhauer das Gebäude aus dem Felsen geschnitzt, aber nie komplett fertiggestellt. Durchgänge, Torbögen, Türme, die in die wilde Formation des Berges übergingen – es hatte seinen Charme.

Im Hof saßen Menschen. Eltern mit ihren Kindern, ältere Leute, Heranwachsende. In der Mitte brannte ein Feuer und auf der anderen Seite saß eine junge Frau mit blonden Haaren.

»Da ist Anabel«, sagte ich. Oder Moon. Die frühere Version von ihr. Es war unfassbar, sie als Mensch zu sehen. Sie wirkte so viel weicher, verletzlicher, fröhlicher. Um Anabel wehte ein Mantel aus Zuversicht, Hoffnung, Optimismus. Als Moon hatte sie all das tief in sich begraben. Mein Herz zog sich bei ihrem Anblick zusammen und ich erinnerte mich an unsere letzten gemeinsamen Momente. Ich hatte diese Frau unterschätzt und ihr viel zu lange misstraut. Genau wie sie mir. Wir hätten so viel mehr erreichen können, wenn sie mich früher eingeweiht hätte.

»Sie sieht aus wie ich«, sagte Kris. »So ähnlich zumindest.« Kris beäugte sie fasziniert von allen Seiten. Jetzt, da ich beide nebeneinandersah, trat ihre Gemeinsamkeit viel deutlicher hervor. Die gleiche Größe, der gleiche Körperbau, wunderschöne tiefgründige Augen. Sie waren wie Schwestern.

»Anabel«, sagte ein junger Mann, der von rechts auf sie zukam. Er war genauso alt wie sie, hatte volles dunkelblondes Haar und einen stechenden Blick, aus dem ebenfalls die Lebensfreude funkelte. Neben ihm lief ein schwarzer Wolf.

»Sieh mal, das ist Conrad«, sagte Kris. »Mit Alexis.«

Auch der Wolf wirkte agiler und fitter.

»Wie geht es dir?«, fragte Conrad und umarmte seine Schwester.

»Ich bin wahnsinnig aufgeregt, aber ich freue mich darauf.«

»Du wirst alle überzeugen, ich weiß es. Welche Geschichte erzählst du denn?«

»Lass dich überraschen.«

Nach und nach trudelten mehr Gäste ein und setzten sich ans Lagerfeuer. Die Anspannung bei Anabel wuchs.

Als alle saßen, erschienen schließlich ein Mann und eine Frau in herrschaftlichem Gewand. Die Leute standen alle auf, verneigten sich, bis sich die beiden hingesetzt hatten.

»Bitte«, sagte der Mann. »Lasst uns anfangen, wir sind sehr gespannt.«

Anabel nickte, räusperte sich und begann zu erzählen:

»Es war einmal ein junger Mann namens Schlaf. Jede Nacht kam er an das Bett der Menschen und streute ihnen feine Sandkörner in die Augen, auf dass sie in das Reich der Träume glitten …«

Wir lauschten Anabels Erzählung und beobachteten, wie die Anwesenden ebenfalls an ihren Lippen hingen. Sie redete voller Inbrunst und Leidenschaft. Die Zuhörer gerieten nach den ersten Worten in ihren Bann, niemand sprach, niemand wandte seinen Blick von ihr ab. Es war faszinierend, ihr zuzuhören. Sie bewegte die Arme, während sie redete; untermalte ihre Geschichte mit herrschaftlichen Gesten …

»... Der Schlaf stellte sich an den Rand eines breiten Flusses, von dem niemand wusste, wo er endete oder anfing. Er erhob seine Stimme und sang das Lied, das seit Anbeginn der Zeit über den See hallte:

Fährmann hol über, Fährmann heran,
ruf ich nach dir, so halte dich dran.

Lass dein Boot fahr'n durch Nebel und Gicht.
Fährmann hol über, es ist deine Pflicht ...«

»Das ist es«, sagte ich. Das Lied des Fährmanns. Den ersten Teil hatten wir schon mal. Kris und ich lauschten gebannt und prägten uns die Worte ein, bis Anabel von einem Jungen in der vorderen Reihe unterbrochen wurde.

»Hat der Schlaf den Fährmann auch entlohnt?«, rief er dazwischen.

»Sht!«, machte eine ältere Frau und gab ihm einen Klaps.

»Aber das ist wichtig! Wenn du den Fährmann nicht bezahlst, wird deine Seele in den Fluss der Toten gezogen. Dort muss sie bis in alle Ewigkeiten tausendmal sterben. Ist doch so, oder?«

»Da«, sagte Kris und deutete auf den Jungen. »Das muss Áki sein.

»Ja, ganz genau«, sagte Anabel. »Aber mache dir keine Sorgen, der Schlaf hatte natürlich eine Bezahlung.« Sie lehnte sich näher an Áki heran. »Die Münze des Teufels.«

Kris und ich schoben uns durch die Menge, um kein Wort zu verpassen, aber das Gespräch wurde undeutlicher, je länger sie sich unterhielten. Das war der Punkt, den Conrad gemeint hatte. Entweder wir würden herausfinden können, was Anabel dem Jungen gesagt hatte – oder es war für immer verloren.

Sie beugte sich näher zu Áki heran und winkte ihn zu sich. »Weißt du denn, wie man dem Teufel eine Münze abnehmen kann?«

Der Junge schüttelte den Kopf.

»Soll ich es dir verraten?«

Er nickte.

»Du musst die magischen Worte sagen.«

»Pass auf.«

Wir traten neben die beiden, gingen rechts und links von ihnen in die Hocke.

Anabel hob die Hände. Eine wies nach oben, die andere nach unten, dann öffnete sie ihren Mund, aber ich verstand kein Wort mehr von dem, was sie sagte.

»Mist!«, sagte Kris.

»Ich höre sie auch nicht.« Wir sahen lediglich, wie Anabels Lippen sich bewegten und sie die Handbewegungen machte.

»Zahl!«, rief Áki und zuckte sofort zusammen, weil er so laut gewesen war. Er flüsterte weiter, sodass wir ihn auch nicht mehr verstehen konnten.

Ich fluchte, stand auf und lief hin und her, während die Szene fortfuhr. Anabel kehrte zu ihrer Erzählung zurück und zog alle wieder in ihren Bann.

»Können wir das anhalten und noch mal sehen?«, fragte ich.

»Ja, normalerweise schon«, erwiderte Kris. Sie schloss kurz die Augen, atmete tief ein und aus, die Szenerie um uns gefror ein. Anabel und alle anderen hielten inne, dann liefen ihre Bewegungen auf einmal rückwärts ab, bis zu dem Punkt, an dem sie dem Jungen die Münze gab. Kris öffnete die Augen wieder und die Geschichte erzählte sich fort.

»Ist das für dich immer so?«, fragte ich sie.

»Wenn es normale Geschichten sind, ja. Alles, was in Abalion passierte, war anders, aber da konnte ich auch direkt mit den Leuten interagieren, hier nicht.«

»Was denkst du, woran das lag?«

»Keine Ahnung. Andere Magie? Mehr Magie? An der Nähe zur Fantasie? Weil Abalion eine eigenständige Welt ist und das hier nicht?«

Wir beobachteten ein weiteres Mal das ganze Spiel mit der Münze, leider mit dem gleichen Ergebnis. Wir verstanden kein Wort.

So kämen wir nicht weiter. Ich lief um Anabel und den Jungen herum und betrachtete das Mal auf meinen Händen. Die Zeichen der Masali waren deutlich zu erkennen, aber seit wir in dieser Vision waren, hatten sie sich kaum geregt.

»Vielleicht lag es nicht nur an Abalion, sondern auch an mir«, sagte ich.

»Wie meinst du das?«

»Kirjara sagte, wir haben alles, was wir brauchen. Wir müssen uns verbinden, zusammenhalten.« Wir konnten mehr. Ich spürte es. »Gib mir deine Hand.«

Kris kam zu mir und ergriff meine Finger. Wie immer kribbelte es angenehm, als wir uns berührten. Ich genoss einen Moment ihre Nähe, nach der ich jedes Mal, wenn wir uns anfassten, süchtiger wurde. Meine Seele dehnte sich weiter zu ihr aus und wandte sich ihr zu. Das war mir mit keinem Menschen bisher so ergangen.

»Lass es noch mal an die gleiche Stelle zurücklaufen.«

Kris führte uns wieder an den Punkt, an dem Anabel Áki erklärte, wie er die Münze holen konnte.

Ich ging neben ihr in die Hocke, genau wie Kris. Anabel lächelte den Jungen an, lehnte sich zu ihm.

»Weißt du denn, wie man dem Teufel eine Münze abnehmen kann?«, fragte sie ihn.

Ich beugte mich mit ihr vor und berührte sie sachte an der Schulter. Sie blinzelte nur kurz, redete dann aber weiter.

»Sie hat auf dich reagiert«, sagte Kris und kam näher. Ich verstärkte meinen Griff um ihre Finger, genau wie den auf Anabels Schulter. Mit dem nächsten Atemzug konzentrierte ich mich auf das Mal, das meinen Körper bedeckte, und wie es sich angefühlt hatte, als die Zeichen vor mir schwebten und auf mich reagierten.

»Helft mir«, flüsterte ich. »Lasst uns ihre Worte verstehen.«

Mein gesamter Körper fing an zu pulsieren. Das Mal flammte auf, ich schwankte nach hinten, aber Kris hielt ihre Hand in meinen Rücken und stützte mich so.

»Anabel«, flüsterte ich. »Wir brauchen dich.«

Anabel streckte die Hand aus, wollte dem Jungen erklären, was er zu sagen hatte, doch auf einmal hielt sie inne. Blinzelte erneut.

»Das ist es«, sagte Kris.

»Rede mit uns.« Die Zeichen auf meinem Arm dehnten sich von meiner Haut auf Anabels Körper aus, sie wanderten auf ihre Schulter, zu ihrem Nacken, ihrem Hals. Anabel drehte den Kopf leicht, blähte die Nasenflügel, als hätte sie einen besonderen Duft erwischt.

»Wir brauchen die Formel, um die Münze des Teufels zu holen«, sagte ich. »Wie lautet sie?«

Sie schloss die Augen, keuchte leise.

»Das Wohl einer ganzen Welt hängt davon ab. Deiner Welt. Hilf uns und hilf Abalion.« Die Hand, mit der ich sie berührte, kribbelte ebenfalls. Plötzlich löste sich die Szenerie in einem grellen Licht auf und machte einer neuen Platz.

Kris und ich standen an einem bodentiefen Fenster, mit Blick über ein weitläufiges Tal. Keines, das ich von Abalion her kannte. Ich bezweifelte, dass wir in der Märchenwelt waren.

»Wir sind in dem Berg, auf den wir eben vom Innenhof aus geblickt haben«, sagte Kris.

»Du hast recht.« Hinter uns raschelte es und eine Frau trat in unsere Mitte.

»Kirjara«, sagte ich.

»Ihr seid wieder hier.« Sie hielt die Hände vor dem Bauch verschränkt und sah uns offen an. Die Begegnung war nicht ganz so intensiv wie beim letzten Mal, ich hatte nicht das Gefühl, aus meinem Körper gerissen zu werden, sondern Herr der Lage zu bleiben.

»Wie ich sehe, folgt ihr den Spuren«, sagte sie.

»Kannst du uns helfen, die Münze des Teufels zu bekommen?«, fragte ich. »Wir brauchen sie.«

»Ich weiß. Ich sehe es.«

»Und? Kennst du diesen Spruch, den Anabel damals dem Jungen gesagt hat.«

»Ja. Es war nicht mehr als ein Taschenspielertrick, doch nachdem sie zu Moon wurde, erhielt er Macht. Es ist gefährlich, ihn aufzusagen.«

»Inwiefern?«

»Ihr nehmt dem Teufel etwas weg. Das hat seinen Preis.«

»Welchen?«

Sie zuckte mit den Schultern. »Ich kann nicht den Weg für euch gehen. Diese Entscheidung müsst ihr selbst treffen. Ich weise nur auf die Konsequenzen hin. Einer von euch wird dafür bezahlen.«

Ich blickte Kris an und sog die Luft ein. »Das heißt, wir müssen überlegen, wer von uns die Formel erfahren soll?«

»So ist es.«

»Ich mache es«, sagten wir beide gleichzeitig. Ich schüttelte den Kopf und zog Kris zur Seite. »Lass mich das tun.«

»Warum?«

»Weil ich …«

Sie hob die Augenbraue und verschränkte die Arme vor der Brust.

»Wäre das auch wieder so ein Machoding?«, fragte ich sie.
»Das kommt darauf an, aus welchen Gründen du es tust.«
»Ich habe nichts zu verlieren. Ich besitze nichts. Ich habe nur …«
Nur dich. Sie war mir wichtig.
»Ich habe genauso wenig zu verlieren«, sagte sie. »Wir sind in der gleichen Position.«
Ich blickte zu Kirjara.
»Es geht nicht darum, wer am wenigsten zu verlieren hat«, sagte sie leise.
»Sondern wer am meisten?«, fragte ich. »Dann sind wir beide wohl ungeeignet.«
»Das ist ein Trugschluss«, sagte sie leise und kam auf mich zu. »Du hast die Münze schon mal gesehen, du weißt, was du zu tun hast.«
Ich verstand nicht, auf was sie hinauswollte. »Ich habe nur das Bild im *Fährmann* gesehen. Mehr nicht.«
»Was ist dieser Ort für dich?«
»Mein Zuhause.« Es war in der Tat wichtig für mich. Es war meine Zuflucht, wenn alles andere auseinanderfiel. Ich blickte zu Kris, die keinen solchen Ort hatte. Sie mochte zu dem Team in der realen Welt gehören, aber sie war dort nicht verwurzelt. Nicht so wie ich.
»Na schön«, sagte ich. »Sag es mir.«
»Ash, …«, setzte Kris an, doch ich unterbrach sie.
»Wie lautet die Formel.«
Kirjara beugte sich zu mir und senkte ihre Lippen an mein Ohr, nur ich konnte sie hören. »Münze hin und Münze her, Kopf oder Zahl, was ist dein Begehr?«
»Welche muss ich wählen?«, fragte ich.
»Wähle, was dir dein Herz befiehlt.«
Ich schloss die Augen und auf einmal sah ich den *Fährmann* vor mir. Ich blickte auf die vielen Momente, in denen ich dort ein- und ausgegangen war, auf die Freuden und die Leiden, auf die unzähligen Tage, in denen ich diesen Ort verflucht und gleichzeitig geliebt hatte. Mein Geist wanderte durch die Gaststätte, flog in jeden Winkel, betrachtete alles ganz genau, bis ich oben zu dem Gemälde kam, das den Fährmann zeigte. Ich blieb an ihm hängen, meine Augen streiften darüber, hin zu der Münze, die an seinem Gürtel hing. Silbern, umwoben von drei

goldenen Haaren. Ich betrachtete sie genauer und erkannte, welche Seite oben war. »Zahl«, sagte ich leise.

»Zahl soll es sein, Zahl lad ich ein. Teufel o Teufel, brich für mich dein Gebein.«

Kirjara richtete sich auf und sah mich an. Mein Herz zog sich zusammen, ich keuchte und schwankte, weil mich eine starke Energie durchflutete. Irgendwo in der Ferne grollte es, ich hörte Menschen schreien, es klang, als würde ein Gebäude zusammenbrechen.

»Was ist das?«, fragte ich.

»Du weißt, was es ist. Geh zu dem Gemälde.«

Ich starrte sie an, die Geräusche wurden lauter, Männer, Frauen, sie riefen alle wild durcheinander, doch eine Stimme stach von allen am meisten heraus. Ich hörte sie klar und deutlich, meine Sinne waren, seit ich klein war, auf diesen Tonfall ausgerichtet.

»Werfan«, flüsterte ich. Diese Geräusche, die Schreie, das Krachen und Brodeln … Es kam vom *Fährmann*!

Ich zog die Augenbrauen zusammen und stockte, als mir bewusst wurde, dass dies kein Teil einer Vision war, sondern die Realität.

»Der Preis«, stammelte ich. »Ich zerstöre den *Fährmann*!«

45. Kapitel

Kristin

Abalion, Zeit unbekannt

»Ash!«, rief ich, als wir aus dem Portal stolperten. Wir waren wieder in Abalion, ganz in der Nähe des *Fährmanns*.

Als Ash erkannt hatte, was sein Preis gewesen war, hatte es kein Halten mehr für ihn gegeben. Wir waren aus der Vision zurückgekehrt, zu Lyn gestürmt, die uns sofort ein Portal in die Märchenwelt geöffnet und uns hergeschickt hatte. Ich hatte nur noch unsere Schwerter mitnehmen können, die wir mitgebracht hatten, als wir aus Syrantinas Schloss gekommen waren.

Kaum hatten wir festen Boden unter den Füßen, rannte Ash schon los. Ich folgte ihm, wir eilten einen Hang nach oben, der auf eine große Wiese führte, die wiederum aufs Meer zeigte. Am Ende der Fläche stand das Gebäude. Oder eher das, was davon übrig war. Das Dach war zur Hälfte eingestürzt, die Fassade abgebröckelt, unzählige Steinbrocken lagen auf dem Rasen verteilt. Es roch nach abgestandenem Schweiß und Blut. Vereinzelt schwelten Brandherde.

»Werfan!«, schrie Ash und beschleunigte. Kaum hatte er das Haus erreicht, räumte er die ersten Latten des Daches weg. Seine Panik war greifbar, er ruckte am Holz, rief weiterhin Werfans Name.

Ich half ihm, auch wenn wir nicht viel ausrichten konnten und nur langsam vorankamen. Die Trümmer waren zu stark ineinander verkantet.

Ash zuckte zusammen und machte einen Satz nach hinten, als er einen Fuß freilegte. Er gehörte einer Frau. Das Bein war blutüberströmt und blass. Ash kniete sich daneben und berührte ihre Haut.

»Sie ist eiskalt.« Er drückte gegen den Steinbrocken, der auf ihr lag, bekam ihn aber nicht von ihr herunter. »Verflucht noch mal, das ist meine Schuld!«

Wir drückten gemeinsam den Schutt weg, doch wir waren längst zu spät. Sie konnte nicht mehr gerettet werden. Ash trat dagegen, schrie vor Zorn und machte weiter. Nur langsam kamen wir voran, konnten Latten zur Seite schaffen, einen Balken abstützen und uns ins Gebäude vorarbeiten. Überall krachte es, von den Wänden bröckelte der Putz, das Gebälk knarzte, als wollte es gleich zusammenbrechen. Es war Wahnsinn, weiter hineinzugehen, der *Fährmann* konnte jeden Moment einkrachen. Dennoch fuhren wir fort, wirbelten jede Menge Staub und Dreck auf, der mir in den Rachen stieg und mich husten ließ.

»Werfan?!«, rief Ash weiter. Ich blieb in seiner Nähe, hielt nach Überlebenden Ausschau und räumte so viel wie nur möglich zur Seite. Eine Frau keuchte neben mir. Ich war sofort dort, hievte verkohlte Latten weg und befreite sie. Eine lange Eisenstange steckte in ihrer Brust. Die Frau lag in ihrem Blut, würde nicht mehr lange überleben.

»Ganz ruhig«, sagte ich dennoch und griff ihre Hand. »Ash! Hier.«

Er kam zu mir, so schnell er konnte, und setzte sich auf ihre andere Seite. »Laella.«

»Unheil«, sagte sie. »Der Wolf hat alles zerstört.«

»Der Wolf?«

»Groß. Schwarz.«

»Der Grimm«, sagte ich. Hatte das hier möglicherweise gar nichts mit dem zu tun, was wir bei Kirjara getan hatten?

Ash senkte den Kopf und schüttelte sich. »Hast du Werfan gesehen?«

Sie hustete einen Schwall Blut aus und verneinte.

»Destan?«

Wieder ein Kopfschütteln.

»Sie jagen in Abalion«, keuchte sie. »Die neue Herrscherin wird alles zerstören. Sie kamen von überall her, wir konnten nicht …« Laella gab einen leisen Laut von sich, ihre Lider flatterten und ein letztes Röcheln kam über ihre Lippen.

Dann war es vorbei.

»Zum Teufel noch mal.« Ash schloss ihre Augen und hielt einen Moment inne. Ich wagte nicht, ihn anzusprechen oder mich zu bewegen.

»Es ist nicht deine Schuld«, sagte ich leise.

»Natürlich ist es das. Kirjara wollte einen Preis, das ist er.«

»Das glaub ich nicht, Ash. Wirklich nicht.«

Er zischte, hob den Kopf, wischte sich über die Augen und zog die Nase hoch. »Wir müssen nach oben. Zum Bild. Vielleicht ist wenigstens das heil geblieben.«

Ash stand auf, kletterte über die Trümmer und die umgestürzten Tische und bahnte sich einen Weg zur Treppe, die allerdings alles andere als einladend aussah. Er setzte den Fuß auf die unterste Stufe. Das Holz knarzte unter seinem Gewicht.

Er schluckte, nahm den zweiten Fuß und ging langsam nach oben. Bei jedem Schritt ächzte das Holz mehr, doch Ash arbeitete sich voran. Als er oben war, nickte er mir zu und ich folgte ihm genauso vorsichtig. Es war ein Balanceakt, ich achtete auf jeden meiner Schritte doppelt sorgfältig. Ash streckte mir die Hand entgegen, ich ergriff sie und zog mich die letzten Stufen hoch. Ohne mich loszulassen wandte er sich um und lief mit mir den Flur entlang.

»Verflucht«, sagte er, als wir vor einem großen Loch standen. Es reichte bis in den Keller hinunter, die Wand war einfach niedergestürzt, als hätte jemand mit einer Abrissbirne hineingeschlagen.

»Lass mich raten: Da hat es gehangen?«

»Ja.« Er biss die Zähne aufeinander, seine Kiefermuskeln stachen scharf hervor. Ash ballte die Hand zur Faust, atmete tief ein und aus.

»Sollen wir den Spruch dennoch aufsagen?«

Er öffnete den Mund, als ein leises Stöhnen erklang. Es kam von unten. Ash und ich liefen zum Rand des Loches und blickten hinab.

»Werfan!«, rief Ash.

Etwa vier Meter unter uns lag er zwischen zerbrochenen Kisten und Krügen. Mitsamt der halben Einrichtung.

»Wie kommen wir runter?«, fragte ich.

Ash drehte bereits herum, sah zur Treppe, entschied sich aber um und zeigte nach links. Dort hatte sich einiges an Geröll übereinandergestapelt. Ich verstand, worauf er hinauswollte, und folgte ihm. Ash ging erneut voraus, prüfte das Material, ob es uns halten würde, und kletterte langsam nach unten. Er griff ein paar Mal daneben, weil er hektisch wurde.

»Ruhig bleiben«, sagte ich ihm. Sich beim Klettern zu hetzen, war das Schlimmste, was man machen konnte. Ein Sturz aus dieser Höhe musste zwar nicht tödlich enden, aber es reichte, um sich einige Knochen zu brechen. Ash gab sich Mühe, atmete ein paar Mal tief ein und aus und schaffte es schließlich nach unten. Ich folgte ihm problemlos, mein Körper war wirklich gut gedrillt für derlei Aufgaben.

Wir landeten in weiterem Geröll und es kostete einige Mühe, uns durchzugraben und zu Werfan zu gelangen.

»Hey,«, rief Ash, als wir fast bei ihm waren.

»Ash«, stöhnte Werfan. Er lag auf dem Rücken, wollte sich aufrichten, aber er schrie vor Schmerz, als er sich bewegte.

»Nicht, bleib liegen«, sagte Ash und kniete sich neben ihn.

»Gut, dass du noch lebst, Junge.«

»So schnell bringt mich nichts um.« Er blickte an Werfans Körper hinab, tastete vorsichtig auf seine Brust. Ich gelangte zu den beiden und kniete mich auf die andere Seite.

»Diese verfluchte Isa«, sagte Werfan.

»Was ist mit ihr?«

»Ihre Stimme hallte über ganz Abalion. Sie sagte, wer sich ihr anschließt, wird überleben, den Rest wird sie vernichten. Alle Gäste sind durchgedreht, auch dein Freund.«

»Mein Freund …?«, fragte Ash. »Du … meinst Destan? Ist er noch hier?«

»Nein. Ich wollte mich um ihn kümmern, hab ihn kaum wach bekommen. Als es dann losging, sprang er auf und is' abgehauen, halb wahnsinnig vor Schmerz. Hier entbrannte ein Kampf. Jeder gegen jeden, es war schlimm. Tja, und dann kam er: der große schwarze Wolf. Er griff mit seiner Meute an und riss das halbe Haus nieder.«

»Siehst du«, sagte ich. »Das warst nicht du.«

»Es muss aber so gewesen sein, ich habe es gesehen!«

Etwas piepste an meinem Handgelenk. Mein Amulett. Ich hob es an und tippte darauf. »Ja?«

»Ich bin's«, sagte Lyn. »Wie sieht es bei euch aus?«

»Nicht gut. Wir sind im *Fährmann*, aber er ist eingestürzt. Anscheinend hat der Grimm hier ordentlich gewütet. Und bei euch?«

»Nicht viel besser. Marcel und die anderen sind wieder da und konnten alle Wesen mit den neuen Waffen töten, die durch die Sphären gekommen sind.«

»Aber das ist doch gut.«

»Wie man es nimmt. Die waren nur die Vorhut. Anscheinend wollte Isa erst testen, ob sie es schafft, eine Brücke zwischen unseren Welten herzustellen. Die Sphären sind aufs Doppelte gewachsen und … Es kamen Wölfe durch. Viele.«

»O mein Gott.«

»Sie hetzt das Rudel auf die Einwohner Frankfurts. Marcel und die anderen kämpfen verbissen, aber sie können sie kaum aufhalten. Das Rudel verwandelt seine Opfer, genau wie auf der Heide. Sie machen einfach neue, die wiederum uns angreifen.«

»Ist der Grimm auch dort?«

»Bisher noch nicht, aber ich wette, dass es nicht mehr lange dauert.«

»Sie lenkt ihn um«, sagte Werfan hustend.

»Wie meinst du das?«

»Isa hält den Grimm bei Laune, indem sie ihm genügend Nahrung gibt«, sagte Ash.

Das war genau das, was man machte mit wilden Tieren. Man musste die Hand sein, die sie fütterte, wenn man nicht gebissen werden wollte. Isa gab dem Grimm genügend Freiraum, damit er zerstören konnte, und während er in unserer Welt wütete, konnte sie hier alles umgestalten.

»Wir sind die Einzigen, die den Grimm aufhalten können«, sagte Ash und sah auf seine Hände.

Und auch Isa. Die Frage war, wen wir zuerst angehen mussten.

»Sie schwächt uns, indem sie uns von allen Seiten attackiert.«

Werfan hustete trocken und bäumte sich auf. Ich legte meine Hände auf seinen Brustkorb, eigentlich nur, um ihn zu beruhigen, doch da spürte ich ein sanftes Kribbeln unter meinen Fingern.

Es war ähnlich wie an der Heide, als ich den Zentauren berührt hatte.

»*Der Neumond heilt*«, hatte er gesagt. »*Folge deiner Macht.*«

Ich presste meine Hände fester auf Werfans Brustkorb und konzentrierte mich darauf, was ich war.

Dunkelheit. Stille. Ruhe. Ein Neubeginn. Heilung.

Ich atmete tief ein und aus, Werfan stockte, doch dann passte er sich meinem Atem an. Ich stellte mir vor, wie sich seine Wunden schlossen und sich seine Zellen erneuerten.

»Kris«, sagte Ash leise und ich öffnete die Augen. Unter meinen Händen glomm es grün. Die Energie breitete sich auf Werfans Körper aus und erstreckte sich über seine Brust und seine Arme, seinen Rumpf. Seine Lider flatterten, er stöhnte leise, aber nicht vor Schmerz, sondern vor Wohltat. Ich wartete einen Moment, ehe ich meine Hände wegnahm und ihm über die Wange strich.

»Wie ist es?«

»Besser. Ich kann …« Er atmete tief ein, spannte die Arme und stemmte sich langsam nach oben. Wir halfen ihm, packten ihn rechts und links, bis er auf seinen Beinen stand. Werfan schwankte, aber er erholte sich rasch. Ich blickte zu ihm auf, im Stehen war er wesentlich imposanter als im Liegen. Er überragte mich um zwei Köpfe und war so breit, dass ich mich dreimal hinter ihm verstecken konnte.

»Danke!«, sagte er, schlang seine gewaltigen Arme um mich und drückte mich gegen seinen festen Bauch.

»Äh, ja. Gerne. Nur erstick mich bitte nicht!«, nuschelte ich in sein Hemd. Das ziemlich übel roch.

Werfan ließ mich los, streckte die Arme aus und klopfte sich auf die Brust. »Schmerzt noch ein bisschen, aber es wird.«

Ash ließ vor Erleichterung die Luft aus der Lunge und gab Werfan einen Klaps auf die Schulter. »Du kannst mit uns zurück, wenn du willst. Wir haben einen Weg gefunden, auf die Erde zu kehren. Es sei denn, dieser Ort hält dich noch immer fest.«

Werfan zog die Augenbrauen zusammen und starrte Ash an, als hätte der ihm eben die Geheimnisse des Universums offenbart. »Du erinnerst dich an unser Gespräch?«

Ashs Mund klappte auf und wieder zu. »Sieht ganz so aus.«

»Hätte ich nicht gedacht.«

»Ich … Ich habe keine Ahnung. Hab es nicht bewusst gemacht oder so. Aber ja, ich weiß alles, was du mir erzählt hast.« Er blickte mich an, doch ich konnte ihm nicht ganz folgen.

»Später«, sagte er. »Wie sieht es aus? Kannst du hier weg?«

Werfan drehte sich um die Achse und nickte. »Glaube schon. Dieses verdammte Gebäude musste wohl erst niedergerissen werden, damit es mich freigab.«

»Das liegt nicht am Gebäude, sondern daran, dass der Fluch gebrochen ist«, hörten wir eine Stimme von rechts. Wir drehten uns um und spähten hinüber zu dem Unrat, der sich auf der anderen Seite stapelte. Jemand bewegte sich, richtete sich auf und schwankte auf uns zu.

»Uzmaer?«, sagte Ash und rannte zu ihm.

Ein kleiner halbnackter Mann mit einer dicken Plauze trat zwischen dem Geröll hervor. Er war mit Dreck und Sand bedeckt, hatte Schürfwunden, sonst aber schien es ihm gut zu gehen.

»Du bist nüchtern«, stellte Ash fest.

Uzmaer strich sich durchs Gesicht und nickte. »Dieses verdammte Bild.«

»Was?«

Er deutete hinter sich, wo ein Gemälde lag. Es war halb zerrissen, die Leinwand geteilt.

»Das ist es!«, sagte Ash. »Das ist der Fährmann!« Er schob ein paar Holzbretter weg und räumte die eingestürzte Wand frei. Das Bild zeigte einen Fährmann auf einem Floß, der sich mit seinem Stock abdrückte. Eine merkwürdige Kälte stieg daraus auf. Mich schauderte, als ich näher kam.

»Was meinst du damit, Uzmaer?«, fragte Werfan. »Was hat es mit dem Bild auf sich?«

»Der Fluch meines Urgroßvaters«, sagte er und deutete darauf.

»Das ist dein Urgroßvater?«, fragte Ash.

»Ja. Früher. Ehe er sich den Verstand weggesoffen hat und noch einer vernünftigen Arbeit nachging. War ein großartiger Fährmann gewesen.«

»Also stimmt es, was du gesagt hast: dass er die Münze gegen dieses Gebäude eingetauscht hat?«

»Er hat seine verdammte Seele gegen dieses Gebäude eingetauscht und alle, die nach ihm kamen. Dieses Bild …« Er verzog das Gesicht. »Er war ein guter Mann gewesen, ein guter Fährmann, bis er eines Tages den Teufel selbst übersetzen sollte. Mein Urgroßvater wollte ihm erst nicht dienen, doch er hat sich von der Bezahlung blenden lassen und zugestimmt. Als der Teufel am anderen Ufer war, bemerkte mein Urgroßvater, dass seine Seele verflucht war und er dazu verdammt, für immer auf dem Wasser zu bleiben. Der Preis für seine Habgier. Irgendwann hielt er es nicht mehr aus, wollte die Münze zurückgeben und sagte, er würde alles tun, was nötig war. Dieser elende Narr. So etwas bietet man dem Teufel nicht an! Der ließ sich natürlich darauf ein, nahm seine Münze zurück und gab meinem Urgroßvater dieses Gebäude, was alles nur schlimmer machte. Mein Urgroßvater hat ganze Generationen an das Haus gebunden. Niemand von uns kam von hier weg. Wir waren gefangene Seelen.«

»Wo sind dann die anderen aus deiner Familie?«, fragte Ash.

»Überall«, sagte Uzmaer und deutete um sich. »Sie verloren sich mit der Zeit immer mehr und wurden Teil des Hauses. Ein Balken, ein Tisch. Ein Stuhl.«

»Warte, warte …«, sagte Werfan. »Du willst mir sagen, dass diese Einrichtung einst Menschen waren? Deine Familie?«

»Die haben sich verloren, nur ich nicht. Ich hielt mich an meinem Körper fest.«

»Du warst die ganze Zeit über besoffen«, sagte Werfan.

»Vielleicht war es das, was mich am Leben gehalten hat. Wer weiß.«

»Aber warum wurde ich dann auch an das Gebäude gebunden?«, fragte Werfan. »Ich habe nichts mit deiner Familie zu tun.«

»Kamst im falschen Moment zum falschen Ort, würde ich sagen. Ich erinnere mich daran, wie es losging. Damals beim großen Beben. Abalion wurde auf den Kopf gestellt, Lysanta spaltete sich ab und ihr wart auf einmal da. Du und der Junge. Völlig verwahrlost und am Ende eurer Kräfte. Ihr kamt über diese Schwelle, du hast um Hilfe für euch gebeten und gesagt, du würdest alles tun, wenn der Junge überlebt.« Uzmaer musterte Werfan von oben bis unten. »Das hast du nun davon.«

Ash schnappte nach Luft, als ihm die volle Tragweite des Ganzen bewusst wurde. »Du … Du hast uns gerettet, indem du deine Seele auch an das Gebäude gebunden hast.«

»Ich kann mich nicht daran erinnern«, sagte Werfan und kratzte sich am Schädel. »Scheint, als wärst du nicht der Einzige, der ständig alles über diesen Ort vergisst.«

Ash lief zum Bild und hob die beiden Fetzen aneinander. »Dann haben wir wohl Glück im Unglück, dass der Grimm angegriffen hat.«

»Das hat nichts mit dem Grimm zu tun«, sagte Uzmaer. »Nicht einmal das Biest hat die Kraft, diesen Fluch zu brechen, nein: Da waren andere Kräfte am Werk.«

Ich hielt inne und trat neben Ash, der ebenfalls über Uzmaers Worte nachdachte.

»Ich glaube, das ist der Preis gewesen«, sagte ich leise. »Der, den du bezahlt hast. Du hast nicht den *Fährmann* zerstört, du hast den Fluch zerstört.«

»Aber das ist doch …«

»Wie auch immer du das gemacht hast, Junge«, sagte Uzmaer: »Danke!«

»Ich weiß nicht …«, sagte Ash. Uzmaer winkte ab und trottete durch das Geröll davon. Er hustete noch ein paar Mal, aber sonst schien es ihm gut zu gehen.

»Kann das wirklich der Preis sein, den ich zahlen musste?«, fragte Ash. »Die Zerstörung des Gemäldes?«

Werfan kam zu uns und betrachtete das Bild ebenfalls. »Zeig mal her.« Er klappte einen Fetzen des Bildes auf, sodass wir das Motiv besser erkennen konnten.

»Die Münze ist weg«, sagte Ash und deutete auf einen schwarzen Fleck am Gürtel des Mannes. »Da hat sie gehangen.«

»Stimmt.«

Ash ging in die Hocke, strich sich durchs Gesicht und schnaubte. »Und wo ist jetzt das verdammte Ding?«

Ich ging ein paar Schritte, sah mir das Bild von weiter weg an, als ich etwas im Dreck aufblitzen sah. »Da!«

Ash sah herum, bückte sich und räumte ein paar Steine weg. Zum Vorschein kam eine silberne Münze. Die Seite mit der Zahl zeigte nach oben. Ash hob sie auf, pustete den Staub herunter und nickte.

»Was habt ihr damit vor?«, fragte Werfan.

»Wir rufen einen Fährmann«, sagte Ash.

46. Kapitel

Ash

Abalion, Zeit unbekannt

»Passt bloß auf euch auf«, sagte Werfan, als wir uns verabschiedeten. Natürlich hatten wir ihm noch mal angeboten, in die reale Welt zu kommen, doch er hatte abgelehnt. Werfan hing an diesem Ort, egal wie viel es ihn gekostet hatte.

Also hatten wir ihm geholfen, einiges von dem Geröll wegzuräumen und zum Glück Überlebende gefunden. Ezmar, unser Koch, hatte dem Ganzen dank seiner Körpermasse getrotzt. Er war unter einem Berg aus Kochtöpfen begraben gewesen, neben ihm Laytra und Lasana, die er in seine Schwabbelarme geschlossen hatte. Außer geprellten Knochen und Schürfwunden ging es allen erstaunlich gut.

»Danke, wir schaffen das schon«, sagte ich. »Ihr solltet euch so schnell wie möglich einen sicheren Unterschlupf suchen.«

»Ich fürchte, in Abalion wird schon bald nichts mehr sicher sein«, sagte Werfan und blickte in den Himmel. Er hatte sich zugezogen und schimmerte rötlich. Die Welt war in ein dämmriges Zwielicht getaucht, weder Tag noch Nacht. Die Luft war auch viel wärmer als üblich. Es fühlte sich an, als würde sich ganz Abalion aufheizen.

»Ich werde sehen, was für Wesen noch bei Vernunft sind. Wir können Isa nicht kampflos das Feld überlassen.«

»Du kannst dich auch nicht mit ihr anlegen«, sagte ich, aber er winkte ab. Es war sinnlos, mit ihm zu diskutieren, er würde sowieso tun, was er wollte.

»Na gut«, sagte ich und wollte los, doch Werfan zog mich auf einmal an sich und drückte mich fest gegen seine Brust. Ich keuchte erstickt.

»Ich bin nicht dein Vater, aber du liegst mir am Herzen, vergiss das nie, Junge.«

»Werd ich nicht«, presste ich hervor. Er ließ mich los, wollte auch Kris umarmen, doch sie winkte ab.

»Das ist nett. Danke. Aber wir müssen weiter.«

»Natürlich«, sagte Werfan und strich sich über den Nacken. »Gutes Gelingen.«

»Euch auch.« Wir drehten um und liefen an der Küste entlang. Ich rotierte meinen Nacken, der sich ausgerenkt anfühlte nach der Umarmung eben.

»Geht es?«, fragte Kris.

»Ja. So was macht er sonst nie.«

»Wir verändern uns wohl alle.«

Ich deutete auf einen Weg, der bergab führte und uns an das Ufer bringen würde, von wo aus Lysanta am besten zu sehen war. »Hoffentlich bringt das alles was und die Drachen sind wirklich auf der Insel.«

»Ja.«

Ich tastete nach der Münze, die in meiner Hosentasche steckte. Sie fühlte sich warm an und pulsierte leicht. Kris suchte meine Hand und verwob ihre Finger mit meinen. Ich drückte fest zu, fuhr mit dem Daumen über ihre Haut.

Wir gingen eine Weile schweigend nebeneinander her, lauschten der leisen Brandung des Meeres, die ans Ufer schwappte. Ab und an hörten wir ein lautes Gebrüll und hielten inne, doch es klang eher so, als würde es sich von uns weg anstatt auf uns zu bewegen.

»Wie können wir die Drachen dazu bringen, uns zu helfen?«, fragte Kris.

»Wir werden wohl improvisieren.« Eine meiner Spezialitäten. »Nicht umsonst nennt man mich Ash den …«

»Hast du das gehört?« Kris fuhr herum und blickte den Hang hoch, den wir eben heruntergekommen waren. Etwas knackte, raschelte, schnüffelte, keuchte.

»Könnten Gnome sein, die machen oft so Geräusche.«

»Nicht schon wieder.«

»Weiter.« Wir gingen im tieferen Sand, wo wir einen besseren Überblick hatten und keinen Lärm beim Gehen verursachten. Gnome waren nicht sehr intelligent und sehr leicht von Geräuschen abzulenken. Wir mussten uns nur unauffällig verhalten, dann würden sie uns möglicherweise erst gar nicht wittern.

Endlich gelangten wir an die Küste, von der aus wir Lysanta sehen konnten. Die Insel zeigte sich am Horizont, die obere Hälfte verschwand in den tief liegenden Wolken.

»Ganz schön weit draußen«, sagte Kris.

»Sie driftet seit dem großen Beben. Vermutlich ist sie irgendwann gar nicht mehr zu sehen.«

»Und da soll uns ein Fährmann hinbringen können?«

»Das werden wir wohl gleich herausfinden.« Ich blickte mich noch mal nach den Gnomen oder sonstigen Angreifern um, da nichts zu sehen war, zückte ich die Münze und drehte sie in den Fingern.

»Das mache ich dieses Mal«, sagte Kris. Ehe ich widersprechen konnte, nahm sie mir die Münze ab. »Du hast dich bei Kirjara vorgedrängelt.«

»Ich habe mich nicht vorgedrängelt.«

Sie schürzte die Lippen und trat ans Ufer. »Wie dem auch sei. Ich überlasse dir nicht die ganze Arbeit und stehe dumm daneben.«

»Pass nur auf die Münze auf. Wenn du sie verlierst, bist du verloren.«

»*Du wirst in die ewige Dunkelheit des Wassers gezogen, dort wirst du wieder und wieder qualvoll ertrinken, bis ans Ende deiner Tage.*«

Das hatte Werfan zu mir gesagt.

Kris trat ans Ufer, drehte das Geldstück in ihrer Hand. »Was, wenn er die Bezahlung nicht annimmt?«

»Wie meinst du das?«

»Uzmaers Urgroßvater wollte die Münze nicht haben und hat sie gegen seine Seele wieder zurückgetauscht. Womöglich will sie der Fährmann nicht. Verfluchen wir ihn nun auch?«

»Schätze, auch das werden wir gleich herausfinden.« Mir fiel keine Alternative ein, wie wir auf Lysanta kommen könnten.

Kris schloss sie fester in ihre Hand. »Dann wollen wir mal.«

»Wie gesagt, ich mache es auch, du musst nicht …«

Sie winkte ab, drehte herum und sang das Lied, das wir in der Vision gehört hatten:

»Fährmann hol über, Fährmann heran,
ruf ich nach dir, so halte dich dran.

Lass dein Boot fahr'n durch Nebel und Gicht.
Fährmann hol über, es ist deine Pflicht.

Nun bring mich ans Ufer, weit über den Fluss,
ich will dich entlohnen, allein weil ich's muss.

Fährmann hol über, Fährmann heran,
ruf ich nach dir, so halte dich dran.«

Sie verstummte und sah über das Wasser. Es plätscherte still und leise vor sich hin, die Wellen kräuselten sich, ein leichter Wind kam auf. Ich trat neben Kris und sah hinaus auf das Meer, wo Nebel aufzog und sich auf der Oberfläche ausbreitete.

Jetzt gibt es kein Zurück mehr.

Die Worte waren gesprochen, nun mussten wir es durchziehen. Wir standen still am Ufer und überblickten das Wasser. Noch war nichts von dem Fährmann zu sehen, aber ich spürte, dass er auf dem Weg war. Und ich hätte schwören können, dass ich hier und dort unter der Oberfläche ein Gesicht aufblitzen sah.

Die verlorenen Seelen, die nicht hatten bezahlen können.

Ich trat näher an Kris heran, die mit der Münze zwischen ihren Fingern spielte. Ein leises Stöhnen und Wimmern war vom Meer her zu hören. Sie schauderte, umschloss die Münze fester. »Wir werden …«

Auf einmal erklang ein helles und lautes Lachen. Es dröhnte auf uns nieder, von oben, von unten, von rechts, von links. Mir stellten sich die Nackenhaare auf, die Stimme klang bedrohlicher als jemals zuvor.

»Isa«, zischte ich und drehte mich herum.

»Ihr Narren! Wie konntet ihr nur so dumm sein und zurückkehren?«

Ich legte die Finger an den Griff meines Schwertes. Nicht dass es etwas nutzte, aber das Metall zu spüren, beruhigte mich.

»Ihr lauft mir direkt in die Arme, das ist fast schon langweilig.«

»Langweilig ist es, dass du dich nicht zeigst«, sagte ich. »Wovor hast du Angst?«

»Vor nichts.«

Ein Donner grollte über unseren Köpfen, die Wolken luden sich auf, grüne Energie schoss zwischen ihnen herum. Ich zog die Schultern ein, drehte mich um die Achse.

»Ash«, sagte Kris und deutete auf das Wasser, wo sich in der Ferne ein Floß mit einem Mann abhob. Der Fährmann trieb seinen Stock gemächlich ins Wasser, paddelte langsam auf uns zu, als bemerkte er gar nicht, was um ihn herum geschah. Je näher er kam, desto lauter wurden die Wehklagen der Seelen unter der Oberfläche. Sie spürten seine Ankunft genau wie wir.

»Ah, sehr gut«, sagte Isa. »Wieder sorgt ihr dafür, dass ich mir nicht mal die Hände schmutzig machen muss. Ihr habt euch selbst in eine Ecke manövriert.«

Ein Blitz zuckte aus dem Himmel und zielte auf Kris. Sie sprang sofort zur Seite, die Münze hatte sie fest in ihre Finger geschlossen.

Wir mussten nur durchhalten, bis der Fährmann da war und wir ihm die Bezahlung geben konnten. Ab da hätten wir unsere Pflicht getan.

Das Rascheln, das wir eben wahrgenommen hatten, wurde lauter. Es bewegte sich auf uns zu, kreiste uns von allen Seiten her ein. Ich zog mein Schwert aus der Scheide, Kris tat es mir nach.

»Egal was passiert, lass nicht die Münze los«, sagte ich und blickte hoch zum Hang, wo ein Gnom neben dem nächsten auftauchte. Sie hielten ihre Knüppel in den Händen und starrten uns an. Ich war mir sicher, dass einer aussah wie mein alter Kumpel Skataarr-wie-auch-immer.

»Das wird gleich schmutzig werden«, sagte ich. *Warum hab ich geahnt, dass das hier nicht reibungslos ablaufen würde?*

Isa lachte erneut, das Donnergrollen nahm zu und es luden sich mehr Blitze auf. Kris sah nach oben, ballte die Hände zu Fäusten und machte sich anscheinend bereit, die Energie umzulenken. So wie vorhin im Schloss. Mal sehen, ob sie noch stark genug gegen Isa war.

Ein weiterer Blitz schoss nach unten und traf in die Mitte zwischen uns und die Gnome. Das sahen sie wohl als Aufforderung zum Angriff. Sie stürmten gleichzeitig los, schrien und schleuderten ihre Knüppel. Ich hob das Schwert, stürmte nach vorne, während Isa die Blitze im Himmel sammelte.

Die Gnome rannten den Hang herunter, die erste Welle traf mit mir zusammen und schlug sofort auf mich ein. Ich konnte nur noch reagieren, auf jeden eindreschen, der in meiner Reichweite war, doch das genügte bei Weitem nicht. Die meisten kamen an mir vorbei, eilten auf Kris zu. Ich blickte über meine Schulter zurück, sie stand am Ufer, hatte die Hände erhoben und sammelte die Energie, die sich in den Wolken aufstaute. Ich rammte einem Gnom mein Schwert in die Brust, stieß ihn von mir, stürzte mich auf den nächsten. Kris sah mich an, riss die Hände nach unten und entließ eine gigantische Schockwelle auf die Gnome. Mich fegte es ebenso nach hinten. Ich ließ mich fallen, nahm die Arme über meinen Kopf, um mich zu schützen und zu warten, bis es vorüber war. Die Gnome brüllten vor Schmerz. Die erste Reihe brach zusammen, doch andere rückten bereits nach und zielten auf Kris. Sie fuhr herum, wollte wegrennen, aber sie kam nicht von der Stelle. Der Fährmann hielt auf sie zu, er hatte ihren Ruf angenommen und nun war sie an ihn gebunden. Ich fluchte, erledigte weitere Gnome, denn das war alles, was ich tun konnte. Sie sprangen Kris an, schlugen mit den Knüppeln auf sie ein. Verzweifelt riss sie die Hände hoch, aber es waren zu viele. Ich wollte mich zu ihr durchkämpfen, doch Isa entließ weitere Blitze vom Himmel, versperrte mir den Weg und drängte mich weiter von Kris weg. Ich musste zurückspringen, ausweichen, es noch mal versuchen. Kris richtete sich auf, blickte zum Fährmann, der sie fast erreicht hatte.

Die Gnome zwängten sich ihr entgegen, sie trat und schlug um sich, aber es war ein Kampf gegen Windmühlen. Kris ballte ihre Hand erneut zur Faust, es gelang ihr, einen weiteren Blitz umzulenken und eine nächste Reihe an Gnomen wegzufegen, doch sie ließen sich nicht mehr von ihrem Ziel abbringen. Isa lachte die ganze Zeit, als beobachtete sie eine Komödie, die sie über alle Maßen erheiterte. Mein Zorn schwoll mit ihrem Gelächter an. Ich schlug blind um mich, wühlte mich durch die Gnome hindurch und versuchte, zu Kris zu kommen; aber je mehr ich mich mit ihnen anlegte, desto weiter schoben sie mich weg. Kris rückte in unerreichbare Ferne, eine Wand aus Gnomen zwischen uns.

Der Fährmann kam ans Ufer, er war nur noch wenige Meter entfernt. Ich sah zu Kris, die sich verzweifelt wehrte. Zwei Gnome griffen an ihre Hand, wollten ihr die Münze entreißen, aber sie fuhr herum und trat einem in den Bauch. Ich sammelte meine Kräfte, wollte zu ihr. Die Gnome waren mittlerweile hundertfach am Strand eingefallen. Sie rangen Kris nieder, stürzten sich auf sie und rissen die Münze an sich.

»Nein!«, schrie ich, stemmte mich gegen die Übermacht, gegen die wir keine Chance hatten.

Sie bildeten einen Kreis um Kris, ließen endlich von ihr ab und zogen sich zurück. Irgendeiner von ihnen hatte die Münze, ich sah sie in der Masse an Leibern aufblitzen. Kris kam auf die Beine, der Fährmann legte hinter ihr an und streckte seine knochige Hand nach ihr aus. Er sah genauso aus wie auf dem Gemälde, trug eine lange dunkle Kutte mit einer Kapuze, die sein Gesicht verdeckte.

Das Wasser kräuselte sich stärker, die Seelen reckten ihre Finger aus der Oberfläche und zeigten ebenfalls auf Kris.

Sie fuhr herum, schaute mich an, ihr Blick voller Verzweiflung und Angst. Sie wollte etwas sagen, doch da wurde sie von einer unsichtbaren Kraft nach hinten gezogen. Mit den Armen rudernd versuchte sie, dagegen anzugehen, aber es gelang ihr nicht. Das Wasser zog sie zu sich und würde sie verschlingen, weil sie nicht bezahlen konnte.

Ich fluchte, überlegte fieberhaft, was ich tun konnte, als ich den Gnom wiederentdeckte, der die Münze in der Hand hielt. Er war unerreichbar für mich, die anderen schirmten ihn ab und warteten nur darauf, dass Kris ins Wasser gezogen werden würde.

Ich riss die Hand hoch, wo auch ich ein Amulett trug, mit dem ich zu Lyn funken konnte.

»Ich habe nicht viel Zeit, Ash«, rief sie. »Wir haben alle Hände voll zu tun! Frankfurt vergeht im Chaos.«

»Das tun wir auch. Ich brauche deine Hilfe! Ich brauche zwei Portale!«

Es brodelte über uns. »Ja, Ash, tu das. Nimm sie mit in deine Welt und sieh zu, wie es sie zerreißt!«, sagte Isa. »Niemand kann einem Fährmann entkommen.«

Das habe ich auch nicht vor …

»Hol mich zu dir!«, brüllte ich Lyn an.

»Na gut.«

Ich spannte die Muskeln, sah Kris an, die weiter und weiter zum Wasser gezogen wurde. Die Gnome klatschten in die Hände, freuten sich darüber. Nur der Fährmann blieb ganz ruhig.

Ich spürte das Brennen im Inneren, den Sog des Portals, und ließ mich darauf ein. Für einen Moment schloss ich die Augen, wurde nach hinten gezerrt und einmal hin und her gewirbelt. Ich stürzte ins Licht, kurz darauf manifestierte sich das Hotel um mich herum. Der Lärm war ohrenbetäubend. Es stank nach Rauch, Sirenen heulten noch lauter. Die Fenster des Hotels waren gesprungen. Lyn saß an ihrem Tisch, sie hatte Schrammen und Kratzer vom Kämpfen, am Boden lagen fünf tote Wölfe.

»Sie sind überall!«, rief sie. Ich eilte ihr entgegen und packte sie an den Armen.

»Ihr müsst noch einen Moment durchhalten, du musst mich zurückschicken.«

»Was? Aber du bist doch eben erst …«

»Schick mich wieder an die Stelle, wo ich eben war, aber drei Meter weiter nach vorne.«

»Was soll das?«

»Los!«

Sie schüttelte den Kopf, doch sie tippte auf ihrem Pad herum. Irgendwas brach hinter mir, eine weitere Scheibe. Noch mehr Rauch, noch mehr Chaos. Lyn blickte auf, ich hörte das Knurren, doch da wurde ich schon wieder davongezerrt und zurück nach Abalion katapultiert.

Mittenrein in die Gnome. Ich landete mit Wucht im Sand. Mir blieb die Luft weg, ich sprang trotzdem hoch, orientierte mich kurz und schlug um mich. Die Gnome waren zu perplex, um zu reagieren. Ich ließ mein Schwert nieder, erledigte, was ich erledigen konnte, und suchte nach dem Gnom mit der Münze. Er war nicht weit von mir entfernt, ich sprang nach vorne, wurde niedergerissen, sprang wieder hoch. Kris war schon mit den Füßen im Wasser. Sie lag auf dem Bauch, krallte ihre Hände in den Sand und versuchte, sich an Land zu halten.

Ich fuhr herum, schlug den nächsten Gnom nieder und kam endlich an den, der die Münze hatte. Nun bemerkte auch Isa, was ich vorhatte, und sandte wieder einen Blitz auf uns nieder. Ich wich ihm aus, stieß den Gnom nach hinten, den es in der Mitte zerfetzte. Nur die Münze blieb heil und stürzte zu Boden. Ich hechtete nach vorne, ergriff sie, kam wieder auf die Füße und eilte zu Kris. Sie stand nun bis zur Hüfte im Wasser. Ich packte ihre Arme, riss sie nach oben und drückte ihr die Münze in die Hand.

»Bezahl ihn!«, rief ich. Sie stöhnte vor Schmerz. Die Seelen hatten sich in ihre Waden gekrallt, zogen und zerrten an ihr, doch sie stützte sich auf mir ab, dreht herum und warf dem Fährmann die Münze zu.

Er fing sie noch in der Luft auf, ohne eine Regung zu zeigen. Die Gnome kreischten vor Zorn, genau wie Isa. Der Himmel lud sich erneut auf, zog sich dunkler und bedrohlicher zusammen als je zuvor.

Der Fährmann streckte seine Hand aus, zog Kris auf das Floß und sie wiederum nahm mich mit. Ich trat nach den Gnomen, die uns zurückziehen wollten, aber der Fährmann stieß uns schon vom Ufer ab und schob uns hinaus aufs Meer. Kris brach auf dem Floß zusammen. Isa brüllte vor Wut, ein heftiger Sturm kam auf, aber erstaunlicherweise berührte er uns kaum.

Es war, als lebte der Fährmann losgelöst von Abalion, als wäre er von einer Macht beschützt, die stärker und älter war als alles, was Isa aufbringen konnte.

Die Macht der Fantasie.

Die Macht der Feuerdrachen.

Ich sank auf dem Floß zusammen, rutschte zu Kris hinüber, die auf dem Rücken lag und Arme und Beine von sich streckte.

»Geht es dir gut?«, fragte ich sie und ließ mich atemlos neben ihr nieder.

»Ja, ich glaube schon.«

Sie drehte ihren Kopf und griff nach meiner Hand. »Für einen Moment dachte ich, du wärst weg.«

»Das würde ich niemals tun.«

Sie lächelte träge, schloss die Finger fester um meine und nickte. »Den nächsten Fährmann darfst du rufen.«

Ich schmunzelte. »Einverstanden.«

47. Kapitel

Kristin

Die Insel Lysanta, Zeit unbekannt

Die Überfahrt verlief erstaunlich ruhig. Der Fährmann ließ sich durch nichts aus der Ruhe bringen. Isa schickte Unwetter, Sturmböen, Wellen, sogar einen Tornado, aber auch der prallte am Floß ab und löste sich auf. Je näher wir zur Insel kamen, desto mehr verstummten ihre Magie und ihre Stimme. Irgendwann lichtete sich auch der Himmel und die Sonne strahlte auf uns herab. Die Luft war angenehm warm, es wehte eine sanfte Brise. Sie trug den Duft nach Gras zu uns.

Ich richtete mich auf und sah auf Abalion, das wir hinter uns gelassen hatten. Es wirkte wie aus einer anderen Welt. Dunkelrote Wolken hatten sich darüber zusammengezogen und schlossen das Land unter sich ein.

»Sieht aus, als wären wir aus einer Hölle entkommen«, sagte ich.

»Vielleicht waren wir ja doch in der Unterwelt, um die Münze zu holen.« Ash drehte sich zurück und deutete auf die Insel, die näher kam. »Wir sind gleich da.«

Ich wandte mich ebenfalls von Abalion ab und betrachtete Lysanta. Die Insel wirkte auf den ersten Blick nicht sehr groß, dafür sattgrün, mit ein paar sanften Hügeln und wenigen Bäumen. Eine junge Frau stand am Ufer und hielt sich die Hand vor die Augen, um sich gegen die Sonne zu schützen. Sie winkte uns zu und lief auf den Steg, den der Fährmann ansteuerte. Mit Leichtigkeit legte er das Floß dort an, vertäute es und ließ uns absteigen.

»Danke«, sagte ich und trat auf den Holzsteg. Er antwortete nicht oder reagierte auf uns. Er hielt nur seinen Stock fest und sah auf das Meer, von dem wir eben gekommen waren.

»Vielleicht haben wir ihn doch verflucht«, sagte ich zu Ash, als er zu mir aufschloss.

»Keine Sorge«, sagte die junge Frau, die sich uns näherte. »Der Fluch der Münze ist lange abgetragen. Die Schuld wurde beglichen. Die Familie hat genug gelitten. Ich grüße euch.« Sie blieb vor uns stehen und faltete die Hände vor dem Bauch. Sie war jung, mit feinen Gesichtszügen und einem verschmitzten Lächeln im Gesicht. Sie trug eine eng anliegende Rüstung, die in der Sonne schimmerte. Das Material bestand aus kleinen Schuppen, die sich jeder ihrer Bewegungen anpasste. Auf ihrem Kopf trug sie ein goldenes Geflecht, das sich perfekt um ihren Schädel schmiegte. »Mein Name ist Zayja. Ich heiße euch auf der Insel Lysanta willkommen.«

»Ich bin Kris, das ist …«

»Ash, ich weiß.«

Ash zog die Augenbrauen zusammen und sah sie fragend an, aber Zayja lächelte nur. »Du erinnerst dich nicht an mich, was ich dir nicht verüble, ich war noch sehr klein, als wir uns begegnet sind.«

»Du … Was?«

»Du hast mich vor den Rumpelstilzchen gerettet.«

»Du bist das? Das Baby? Die Prinzessin?«

Sie machte einen Knicks und grinste. »Leibhaftig. Ich warte schon so lange auf eine Möglichkeit, um mich bei dir zu bedanken!« Sie trat nach vorne und warf sich ihm an den Hals. Ash taumelte einige Schritte zurück, erwiderte ihre Attacke verhalten.

»Also sind die Drachen auch da?«, fragte er. »Sind wir auf der richtigen Spur?«

»Das kommt darauf an, nach was ihr sucht. Kommt.« Sie führte uns vom Steg herunter und über den weißen Sandstrand. Die Idylle der Insel stand im absoluten Kontrast zu den Unruhen in Abalion. Nichts von dem Terror dort war hier zu spüren.

»Wie könnt ihr euch so abkapseln?«, fragte ich.

»Lysanta ist seit dem großen Beben eine eigenständige Welt. Sie driftet weg von Abalion. Als die Drachen sich hier niedergelassen haben, nahmen sie uns unter ihren Schutz.« Zayja führte uns einen Weg nach oben, wir folgten ihr, kamen auf eine große Wiese, von der aus wir in ein Dorf blicken konnten. Es war nicht sehr groß, wirkte aber friedvoll und wunderschön. Die Häuser waren überwiegend aus Lehm gebaut, mit runden Dächern und kleinen Schornsteinen. Am Ende des Dorfes ragte ein höheres Gebäude auf. Es hatte vier große Türme, ein Fluss führte drumherum. Es war aus dem gleichen schwarzen Material wie Syrantinas Schloss und spiegelte sich in der Sonne wider.

»Ich habe mich lange gefragt, was aus dir geworden ist, nachdem wir dich an die Drachen verloren haben.«

»Sie haben mich gerettet und wollten mich gerne nach Hause bringen, aber sie konnten nicht«, sagte Zayja. »Sie waren noch in dem Tal eingesperrt. Moon hatte sie dorthin gebracht, zum Schutz der anderen Bewohner Abalions. Sie hatte anscheinend Angst, dass die Drachen die Märchenwelt angreifen konnten.«

»Weil Casaju über sie geschrieben hatte«, sagte ich. »Er hat es uns erzählt.«

»Die Drachen wollten nicht eingesperrt sein, sie verlieren ihre Kraft, wenn sie gefangen gehalten werden. Das versuchten sie auch mitzuteilen, aber niemand erhörte sie.«

»Moon war recht beschäftigt«, sagte Ash. »Ich denke, sonst hätte sie es niemals zugelassen, dass sie litten.«

»Am Ende haben sie sich selbst helfen müssen. Zum Glück erfuhren meine Eltern davon, dass ich bei ihnen war, und eilten in das Tal. Sie befreiten die Drachen und trafen mit ihnen ein Abkommen. Die Drachen sollten uns schützen, denn es kam sehr oft vor, dass die Rumpelstilzchen Babys bei uns stahlen.«

»Das habe ich gehört«, sagte ich. »Der Anführer meinte, dass sie ihre beste Familie verloren hätten.«

»Die Drachen nahmen uns unter ihre Obhut, aber sie konnten nicht in Abalion bleiben. Also zogen wir uns alle zurück auf Lysanta. Mein Volk. Meine Familie. Wir bauten uns hier ein neues Leben auf. Losgelöst von Abalion.« Sie zeigte auf die Häuser im Dorf. »Die Drachen haben mich gerettet und meine Eltern retteten sie.«

»Wenn sie so mächtig sind, warum konnten sie sich nicht selbst befreien?«, fragte ich.

»Weil die Drachen die Menschen brauchen, um zu existieren. Die Fantasie benötigt einen Rahmen, um überhaupt wahrgenommen zu werden. Die Drachen sind reine Energie. Ohne Form, ohne Sinn. Nur wenn sie mit anderen reden können, überleben sie. Sie wollen in Symbiose mit uns leben, sie wollen wachsen, gedeihen, lehren. Letztlich brauchen sie uns, genauso wie wir sie brauchen. Seht es wie die Schrift oder die Sprache. Es nützt nichts, wenn sie existiert nur um ihrer Existenz willen. Sie muss auch gehört und gesehen werden. Wir sind das Papier, auf dem die Schrift Form findet. Durch uns können sie sich ausdrücken und wir wiederum werden mit ihrem Wissen gefüllt. Eins verwebt sich mit dem anderen.« Zayja verschränkte ihre Finger miteinander. »Hand in Hand.«

Wir liefen durch das Dorf, die Bewohner beäugten uns interessiert. Jeder lächelte uns offen und freundlich zu. Eine Frau bot uns sogar frisches Wasser, eine andere schenkte uns einen Laib Brot.

»Wir sind im Paradies«, sagte ich.

»Möchtet ihr erst ruhen? Euch erfrischen?«, fragte Zayja.

»Nein, wir müssen zurück nach Hause. Isa stellt nicht nur Abalion auf den Kopf, sondern auch unsere Welt.«

»Ich verstehe.«

»Wir sind hergekommen, weil wir hoffen, dass uns die Drachen helfen können«, sagte ich. »Isa nutzt den Kristall der Fantasie, den die Drachen einst einem Mädchen namens Kirjara gaben, damit diese sich vor dem Tod verstecken konnte.«

»Ich kenne ihren Namen. Ihre Geschichte ist uns vertraut.«

»Also könnt ihr uns helfen?«, fragte Ash. »Wir müssen den Kristall unschädlich machen und Isa so die Kraft nehmen.«

»Diese Entscheidung liegt nicht bei mir.«

»Es stehen zwei Welten auf dem Spiel«, sagte ich. »Abalion und meine. Wenn Isa hier alles in Chaos versetzt hat, wird sie sich weiter ausdehnen. Das muss euch doch auch betreffen, ihr seid ein Teil hiervon.«

»Das sind wir nicht. Irgendwann werden wir das Festland nicht mehr sehen und in unserer eigenen Welt existieren.«

»Ihr könnt dennoch nicht einfach so zusehen, wie alles um euch herum zugrunde geht«, sagte Ash.

»Wir richten nicht. Die Fantasie ist, was ist sie. Gut. Böse. Wer entscheidet das?« Zayja deutete auf das schwarze Gebäude, vor dem wir angekommen waren. Ein großes doppelflügeliges Eingangstor wartete darauf, geöffnet zu werden. »Aber ich verstehe euer Anliegen natürlich.« Sie ging auf die Türen zu, die sich von alleine bewegten und einen weitläufigen Hof freigaben. Alles glitzerte und funkelte in den schillerndsten Farben. Es war ein Spektakel aus Licht und Schatten. Warme Luft streifte mich, kurz darauf kühlte sie ab und ließ mich frösteln. Wir liefen an großen Bäumen vorbei, die den Hochhäusern in New York Konkurrenz machten, und an kleinen Pflanzen, die nicht viel größer waren als mein Zeigefinger. Ein Reich der Gegensätze. Licht. Dunkel. Groß. Klein.

Gut. Böse.

Ash sagte kein Wort und sog alles in sich auf, genau wie ich. Wir folgten Zayja stumm, liefen durch die Wunder der Fantasie, bis wir an einen Brunnen kamen. Ein Mann und eine Frau saßen dort und unterhielten sich.

»Vater. Mutter. Unsere Gäste sind hier«, sagte Zayja und deutete auf uns. Die Königin blickte als Erste auf. Sie sah Ash an, ihre Augen weiteten sich, dann sprang sie hoch und eilte ihm entgegen. Ehe er reagieren konnte, warf auch sie sich an seinen Hals und drückte ihn fest an sich.

Die Familie gehörte eindeutig zu den Knuddlern.

»Danke, dass du unsere Tochter gerettet hast.«

»Gern geschehen, das war ich allerdings nicht alleine. Ein Rumpelstilzchen hat geholfen.«

»Ich weiß. Kennst du ihn?«

»Ja.«

»Dann richte auch bitte ihm unseren Dank aus.« Sie löste sich von Ash, machte ihrem Mann Platz, der ihm die Hand schüttelte und ihn ebenfalls anlächelte.

»Das würde ich sofort tun, falls wir unsere Welten retten können«, sagte Ash.

»Sie sind in Gefahr wegen dem Kristall«, sagte Zayja.

»Natürlich«, sagte die Königin. »Er sammelt dunkle Mächte.«

»Ihr müsst das rückgängig machen«, sagte ich.

»Das liegt nicht in unserer Hand, aber bitte.« Sie zeigte nach links, unter zwei großen Torbögen hindurch, wo ein Garten angrenzte. Dahinter erkannte ich einen dunklen Schatten, der sich langsam von einer Seite auf die andere bewegte, kurz darauf erklang ein dunkles Fauchen.

Ein Feuerdrache.

In mir zog sich alles zusammen. Drachen waren in unserer Kultur mystische und unberechenbare Wesen. Sie hatten einen gewissen Ruf, manche gut, manche böse.

»Habt keine Furcht«, sagte der König und ging voraus. Zayja heftete sich an seine Seite, hakte sich bei ihm unter und lächelte breit.

»Sie ist unser Sonnenschein«, sagte die Königin und blieb auf unserer Höhe. »Es hätte mir die Seele zerrissen, wenn du sie nicht gerettet hättest. Wir werden für immer in deiner Schuld stehen.«

Ash nickte nur und blieb dicht bei mir. Je näher wir dem Torbogen kamen, desto nervöser wurde ich. Das Zischen und Fauchen wurde lauter. Zayja machte sich schließlich von ihrem Vater los und verschwand als Erste im Garten.

Wir traten unter dem Bogen hindurch. Der Garten war wunderschön angelegt und stand dem Innenhof in nichts nach. Pflanzen der unterschiedlichsten Arten und Größen reihten sich dicht an dicht. Ein Weg führte zum Zentrum.

Und da war er schließlich.

»Mein Gott«, sagte ich und hielt inne. Auch Ash schluckte ein paar Mal. »H-hast du so was schon mal gesehen?«

»Nein.«

Der Drache war wunderschön. Seine Haut funkelte im Licht der Sonne, seine Augen schimmerten wie Kristalle. Er wechselte die Farbe von dunkel zu hell zu grün zu rot zu gelb. Je nachdem, wie er sich drehte. Seine Flügel waren mit den gleichen Kristallen besetzt, die so hell leuchteten, dass sie mich blendeten.

»Sein Name ist Tyvrian«, sagte der König und ging näher. Zayja saß auf einer Schaukel, die zwischen zwei Bäume gespannt war, und sah uns zu.

Tyvrian hob den Blick, betrachte uns lange und intensiv. Sein Blick ging mir durch und durch. Ich konnte nichts sagen oder mich bewegen oder sonst etwas tun.

Ash fand als Erster seine Fassung wieder. Er trat nach vorne und räusperte sich. »Wo … Wo sind die anderen? Als ich dich zu ihnen brachte, gab es mehr von ihnen.«

»Irgendwo unterwegs«, sagte Zayja. »Sie kommen und gehen, wie sie wünschen.«

Ich blickte den Drachen an und trat auch nach vorne. »Wir wollen, dass ihr dem Kristall der Fantasie die Macht entzieht.«

Tyvrian zischte leise, er senkte den Kopf, sodass er mit mir auf einer Höhe war. Er blinzelte, blähte die Nasenflügel und sog meinen Geruch ein. Es war ein komisches Gefühl. Nicht unbedingt beängstigend, eher vertraut.

»Er kann es nicht so einfach tun«, sagte Zayja.

Ich blickte zu ihr. Sie sprang von der Schaukel und stellte sich vor den Drachen.

»Er versteht euch, aber ich bin die Einzige, die ihn hört. Sie haben mich ihre Sprache gelehrt, als ich ein Baby war.«

»Warum kann er es nicht tun?«, fragte ich.

Zayja sah den Drachen an, der nur ein leises Zischen von sich gab.

»Weil die Fantasie in dem Kristall viel zu mächtig ist. Kirjara hat ihn damals erhalten, um einen Platz zu finden, wo sie sicher vor dem Tode war. Sie gab ihre Gedanken in den Stein und danach speisten ihn alle Masali mit ihren Geschichten. Anabel hat eine ganze Welt daraus erschaffen. Würde er dem Kristall die Macht entziehen, würde all das vernichtet werden. Jede Erzählung, die je geschrieben worden ist, wäre weg. Den Menschen würde eine Grundlage entzogen werden, die sie sich jahrtausendelang aufgebaut haben.«

»Aber Isa wird alles zerstören, wenn wir nichts tun!«, sagte Ash.

»Nur nach eurem Maßstab«, sagte Zayja. »Isa wird die Welt transformieren. Sie wird sich selbst als Herrscherin erheben, aber weder Abalion noch die Erde werden dadurch ausgelöscht.«

»Das ist doch Unfug«, sagte ich. »Unser Leben wird ausgelöscht.«

»Nein, es wird sich verändern. Du musst den Unterschied begreifen«, sagte Zayja. »Zerstörst du den Kristall, ist alle Fantasie vernichtet. Lassen wir Isa die Macht, wird die Fantasie weiterexistieren, nur nicht in dem Sinne, wie es euch gefällt.«

Ich schnaubte frustriert. »Das heißt, es ist euch egal, was mit uns passiert?«

»Es ist uns nicht egal, aber wir sind keine Richter oder Götter. Wir urteilen nicht. Die Fantasie ist lediglich ein Werkzeug, sie kann zum

Guten oder zum Schlechten verwendet werden. Für euch ist das, was Isa vorhat, schlecht. Für sie wiederum ist es gut. Wer von euch hat nun recht? Sie oder ihr? Wer entscheidet darüber?«

»Das kann unmöglich euer Ernst sein«, sagte Ash. »Tausende von Wesen leiden wegen ihr!«

»Auch das ist ihre Entscheidung. Sie können sich Isa anschließen oder sie bekämpfen.«

»Ihr seht dabei zu, wie wir vernichtet werden«, sagte er.

Zayja fasste sich ans Herz. »Wir stehen auf keiner Seite. Wir können nicht wider die Natur handeln, wir können nicht richten. Der Kristall ist, was er ist. Mächtig und unauslöschbar. Wir können keine Partei ergreifen. Es tut mir leid, ich wünschte, ich könnte es ändern.«

»Es muss einen Weg geben«, sagte ich. »Kirjara meinte, wir müssen ihrer Spur folgen, also muss es eine Lösung geben. Wir sind so weit gekommen!«

Ash fuhr herum, strich sich durchs Gesicht und schnaubte frustriert. »Das kann nicht das Ende sein.«

Ich schüttelte den Kopf, biss auf meine Lippe und dachte über alles nach, was uns hierhergebracht hatte. »Wir sollten an den Ursprung zurück. Das hier ist er.« Was also übersahen wir? Was konnten wir tun, um die Drachen zu überzeugen?

Auf einmal blickte uns der König an und legte eine Hand auf den Rücken seiner Tochter. Er räusperte sich und erlangte so unsere Aufmerksamkeit. »Ihr müsst größer denken. Im Rahmen der Fantasie. Seid kreativ.«

»Wie meinst du das?«, fragte Ash.

Der König sah zu seiner Tochter, zu Ash, zu mir, zum Drachen. Er wirkte, als wollte er uns auf die Lösung stoßen, ohne sie uns mit seinen Worten zu verraten.

Ich fixierte ihn, den Drachen, Ash. Zayja. Es war alles da, was wir brauchten, wir mussten nur danach greifen. Es musste so sein, ich spürte es, dass wir ganz dicht davor standen.

Fantasie. Gut. Böse. Hell. Dunkel. Alles war im Gleichgewicht. Die Drachen lebten in Symbiose. Sie brauchten die Menschen, die Menschen brauchten sie. Zayja hätte nie überlebt, ohne Ash und Jorge.

Eine Schuld. Ein Leben. Gerettet.

»Ash.« Ich zog ihn am Ellbogen und wandte mich ihm zu. »Auf der Erde wird gerne eine Gefälligkeit mit einer anderen ausgeglichen.«

»Wie du mir, so ich dir. Ist ebenfalls in Abalion der Renner.«

»Diese Familie schuldet dir was.«

»Bitte? Nein, tut sie nicht.«

Ich deutete auf Zayja. »Sie wäre nicht mehr am Leben ohne dich.«

»Und? Ich habe sie nicht deshalb gerettet, weil ich etwas dafür wollte.«

»Nein, aber du könntest etwas dafür verlangen.«

Der König wippte mit den Füßen vor und zurück und rieb die Hände aneinander.

»Er hat es dir selbst gesagt: Er steht in deiner Schuld. Fordere sie ein.«

Ash wandte sich den Eltern zu und legte die Stirn in Falten. »Wenn ich mir wünschen würde, dass ihr den Kristall für mich zerstört.«

Der König schnalzte mit der Zunge. »Das können wir wirklich nicht tun. Denkt weiter.«

Ich warf die Hände in die Luft und zischte.

»Dann helft mir auf andere Art!«, fügte er an. »Was brauchen wir noch? Wen können wir um Hilfe bitten?«

»Ihr habt alles, was ihr benötigt, wirklich«, sagte der König.

Nun schob seine Frau sich nach vorne und legte ihre Hand auf seine Schulter. »Lass uns ihnen eine Idee schenken. Als Ausgleich dafür, dass sie Zayja gerettet haben.«

»Wie einen Joker«, sagte ich leise. Ash sah mich fragend an. »Den kann man in einem Spiel einsetzen, wenn man nicht weiterweiß.«

»Ihr seht noch nicht das ganze Bild, dabei ist es so offensichtlich.« Die Königin nickte Zayja zu, die wiederum von ihrer Schaukel sprang und sich zu Tyvrian wandte. Der Drache bückte sich, Zayja griff nach oben und brach einen kleinen Kristall von seiner Haut ab. Sie drehte ihn mit der spitzen Seite zu sich und ritzte sich in die Hand. Sofort schoss Blut aus ihrer Wunde. Sie trat näher an Ash heran und griff nach seinem Arm. Dort setzte sie den Kristall ebenfalls auf seiner Haut an. Zwischen zwei Symbole, an eine freie Stelle.

Er zuckte erst, doch dann ließ er es geschehen und beobachtete sie ruhig.

»Eine Idee«, sagte sie erneut, drückte den Kristall fester auf und legte dann ihre blutende Hand darüber. Der Stein leuchtete zwischen beiden auf und verschwand in Ashs Haut. Er stöhnte, schwankte und knickte leicht in den Knien ein.

»Ihr könnt den Kristall der Fantasie nicht zerstören, aber ihr könnt seine Energie umlenken.«

»Wohin?«

»Das weiß ich nicht, aber ihr wisst es. Fühlt in euch.«

Ich kam neben ihn, legte eine Hand in seinen Rücken. »Alles klar?«

»Ja. Es ist nur intensiv.«

»Was siehst du?«, fragte ich.

»Dunkelheit. Es ist kalt. Leer.«

Ich blickte auf Ashs Arm, wo Zayja ihm den Kristall des Drachen aufgedrückt hatte. Die Wunde hatte sich geschlossen, ein neues Zeichen war entstanden und stach klar und deutlich hervor. Es fügte sich perfekt in die anderen Muster auf seinem Körper ein, als wäre es das Letzte, was er noch gebraucht hatte, um alles zu vervollständigen.

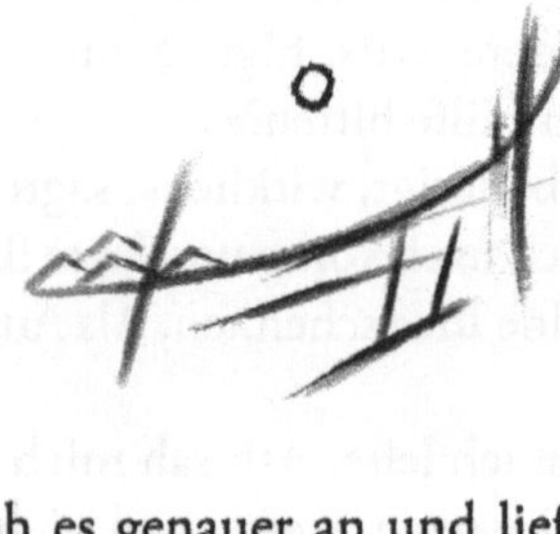

Ich trat näher, sah es genauer an und ließ zu, dass es mich in sich hineinzog. Aus dem Augenwinkel bemerkte ich, wie Zayja lächelte und leicht nickte. Die Vision kam rasch und intensiv. Ich sah einen jungen Mann an einem Tisch sitzen. Er schrieb mit einer Feder auf einem alten Blatt Papier. Seine Kleidung war einfach. Er trug eine Kutte, hatte dunkelblondes, kinnlanges Haar. Ich blickte über seine Schulter, sah auf das, was er schrieb:

»Es war einmal ein junges Königspaar, das in einem wunderschönen Land lebte. Die beiden waren sehr beliebt beim Volke, denn sie waren gerecht und wohlwollend und hörten sich die Sorgen eines jeden ihrer Untertanen an. Als die Königin das lang ersehnte Kind entband, schien das Glück perfekt zu sein …«

Ich lief weiter um ihn herum, sodass ich sein Gesicht ansehen konnte – und zuckte zusammen. »Aber das ist ja … Das ist Casaju! Er schreibt.«

Die Geschichte über die Feuerdrachen. Über die Prinzessin ohne Fantasie.

»Ash, siehst du das auch?«

»Nein, ich bin nach wie vor in der Dunkelheit.«

Ich wich zurück, unterbrach die Vision und sah Zayja und den Drachen an.

»Ihr habt alles, was ihr benötigt. Die Zeichen werden euch leiten«, kamen mir Kirjaras Worte wieder in den Kopf.

Zayja ließ den Arm sinken. Ash starrte mich fragend an. Ich fasste nach seiner Hand, drückte zu. Es kribbelte stärker als je zuvor zwischen uns und ich spürte, wie sich in meinem Geist eine Idee formte, ein neuer Weg, den wir vorher noch nicht gesehen hatten. Wir mussten nur alle Bausteine zusammensetzen.

»Casaju schrieb über eine Prinzessin ohne Fantasie«, sagte ich.

»Ein Gefäß ohne Inhalt«, fuhr Ash fort. »Kalt. Dunkel. Gefühllos.«

»So war ihr Herz. Sie spürte nichts. Sie war leer.«

Zayja hielt die Luft an, wich einen Schritt zurück, genau wie ihre Eltern.

Ich blickte weiterhin Ash an, sah ihm fest in die Augen und spürte, wie das, was der Drache und Zayja in uns hinterlassen hatten, Früchte trug. Wie sich die Lösung vor uns entblätterte, wie wir unser Wissen und unsere Erfahrungen verbanden.

Die Dunkelheit.

»Ihr könnt den Kristall der Fantasie nicht zerstören, aber ihr könnt seine Energie umlenken.«

Casajus Geschichte. Die Prinzessin.

»Es geht gar nicht um sie«, sagte ich. »Diese Geschichte ist eine Metapher. Casaju hat sie nie fertig geschrieben, sie ist offengeblieben. Sie steht für ein Gefäß; ein leeres Gefäß wie die Prinzessin, die erst mit Fantasie gefüllt werden muss.«

»Und die Dunkelheit«, sagte Ash und spannte die Muskeln, »ist meine Mutter«.

»Sie ist auch ein leeres Gefäß! Sie hat all ihre Gefühle verloren! Ihre Seele liegt brach, so wie die der Prinzessin! Deine Mutter ist wie sie! Sie kann nicht lachen, nicht weinen, nicht hassen, nicht lieben.«

»Meine Mutter ist das Gefäß«, sagte Ash und verstärkte den Griff um meine Hand.

»Wir können die Fantasie des Kristalls umlenken. In deine Mutter!«

»Isa kann sie dann nicht mehr verwenden. Der Kristall wird nutzlos!«

Wir blickten beide zu Zayja, dem König, der Königin, dem Drachen.

»Nehmt die Idee und entzündet das Feuer«, sagte Zayja.

Ihre Gestalten verschwammen, genau wie die Insel. Wir lösten uns ein weiteres Mal auf, wurden zurückgezogen; dorthin, woher wir gekommen waren – wohin wir mussten.

Zurück in unsere Welt.

Zu Syrantina.

Zu dem neuen Gefäß für die Fantasie.

Wir mussten sie nur noch auf sie übertragen.

48. Kapitel

Kristin

Frankfurt, 15.26 Uhr

Ich bekam festen Boden unter die Füße und blinzelte. Es dauerte ein paar Sekunden, ehe ich mich orientiert hatte.

Die Reise war kurz. Schnell. Intensiv. Rabiat.

Ash und ich waren durch die vielen Schichten der Fantasie geschleudert worden. Es hatte sich angefühlt, als wären wir zwischen Buchseiten gepresst worden und mitten in die nächste Geschichte hinein.

Wir waren auf die Erde zurückgekehrt, ohne dass Lyn dieses Mal geholfen hatte. Entweder war es das Wirken von Zayja und ihrer Familie oder Ash und ich brachen Grenzen, die wir vorher nicht hatten brechen können. Abalion, die Erde: Alles wurde für uns durchlässig.

Der Lärm machte mich benommen. Die Stadt versank im Tumult. Ash und ich waren in der Nähe des Flusses gelandet. Hinter uns war eine Brücke eingestürzt, zur Rechten ein Glasturm, die Bruchstücke waren überall verteilt, die anliegenden Gebäude ebenso niedergerissen.

Ich hob den Arm, tippte das Amulett an und wollte etwas hineinsagen, doch ich bekam kein Wort über die Lippen. Verfluchte Sache mit dem Ansprechen in dieser Welt! Ich sah mich hilfesuchend nach Ash um, der neben mich trat.

»Geht nicht?«

»Nein, kannst du bitte?«

Er nickte und nutzte sein Amulett. »Lyn? Wo bist du?«

»Ash! Gott sei Dank meldet ihr euch endlich! Ich versuche es schon seit zwei Stunden!«

»Wir hatten anscheinend keinen Empfang. Wo seid ihr?«

»Überall und nirgends. Ich bin …« Sie unterbrach sich, ich hörte Kampfgeräusche und das Brüllen irgendeines Tieres. »Ich bin in der Innenstadt mit Sebastian. Conrad und Casaju konnten wir davon überzeugen, zu gehen. Sie wollten erst nicht, aber wie hätten sie uns helfen sollen?«

Ein alter Mann und einer, der im Rollstuhl saß.

»Wo ist Jorge?«

»Zurück nach Abalion.«

»Was?«

»Er war nicht aufzuhalten, meinte, er hätte eine Idee. Frag mich nicht. Marcel ist auch irgendwo. In den letzten Stunden gelangten so viele Wesen durch die Sphären, dass wir nicht mehr hinterherkommen. Wir konnten einige Leichen verbrennen, die von den Wölfen getötet worden sind, und kurzzeitig die Vermehrung stoppen, aber es wird schon wieder schlimmer. Wo seid ihr?«

»Gute Frage.« Ash sah mich fragend an, ich blickte mich um.

»Irgendwo beim Fluss. Mir fehlen die Anhaltspunkte, weil so viele Gebäude zerstört wurden. Sag ihr, dass wir zum Grand Tower kommen, weil wir wissen, wie wir Isa aufhalten können.«

Er gab es weiter an Lyn.

»Der Tower hat sich auch verändert«, sagte sie. »Er hat jetzt drei hohe, spitze Türme und sich auf die anliegenden Häuser ausgedehnt. Vorhin schoss eine Druckwelle heraus, die alles zerrissen hat, was in seiner Nähe stand, kurz darauf hat es das Geröll angezogen wie ein schwarzes Loch die Materie. Der Tower formt sich um.«

Ich blickte herum und sah ihn schließlich. Feuer loderte ein paar Kilometer von uns entfernt, dunkle Rauchschwaden stiegen auf. Ein Turm hob sich in dem Inferno ab. Wie eine Lanze stach er empor.

»Da drüben«, sagte ich zu Ash.

Lautes Gebrüll ertönte, brachte die Scheiben in unserer Nähe zum Beben. Autoalarmanlagen sprangen an, hinter uns entstanden Krawalle. Die Stadt war zwar großflächig evakuiert worden, aber anscheinend hatten einige Idioten die Chance genutzt und waren während des

Angriffes wieder eingedrungen. Ein paar Straßen weiter sah ich mehrere Menschen herumirren.

»Die Polizei hat die Kontrolle verloren«, sagte Lyn schwer atmend. »Die Menschen machen Jagd auf die Wesen, versuchen sie zu töten, was natürlich nicht funktioniert. Und wir haben noch ein Problem.« Sie unterbrach sich erneut, weil sie wieder irgendwas abwehren musste. »Der Grimm ist da. Er hält sich in der Nähe des Towers auf. Ich glaube, Isa will die Stadt dem Erdboden gleichmachen.«

»Wir sind unterwegs«, sagte Ash.

»Wir kämpfen uns zu euch durch«, sagte Lyn und beendete die Verbindung.

Ich tippte Ash an und rannte mit ihm los. Wir folgten den Straßen, so gut es ging, mussten aber immer wieder über Geröll klettern, Umwege gehen oder gegen die ersten Wölfe kämpfen. Sie streunten wild durch die Stadt, beachteten uns zum Glück kaum, vermutlich, weil sie genügend andere Nahrung hatten. Je näher wir zum Tower kamen, desto schlimmer wurde es. Passanten waren unterwegs und übten sich in Selbstjustiz. Sie zündeten Autos an, droschen auf Elfen oder Gnome ein, drängten einen Löwen in die Ecke oder attackierten die Wölfe. Ein paar griffen auch uns an, manche waren völlig im Blutrausch gefangen, schienen gar nicht mehr zu wissen, was sie da taten.

Im Grunde machten sie alles nur schlimmer. Anstatt einfach abzuhauen, stachelten sie die Meute an.

Mit jedem Meter, den wir zurücklegten, wurde auch die Energie stärker. Meine Nackenhaare stellten sich auf und kribbelten unangenehm. Ich spürte all die Kraft aus Abalion, aus dem Kristall und wie Isa sie für sich kanalisierte. Sie riss die Grenzen ein, schien vor nichts mehr Halt zu machen. Hoffentlich kamen wir überhaupt noch an Syrantina und Dante heran.

Ob Isa wusste, dass sie die Lösung für uns war? Drangen unsere Ideen zu ihr durch? Waren wir am Ende alle über die Fantasie verbunden?

Ich schüttelte die Gedanken ab und konzentrierte mich stattdessen auf das, was vor uns lag. Es dauerte, bis wir den Tower erreicht hatten, obwohl es nicht mal zwei Kilometer bis dorthin waren.

Wir landeten mitten im Inferno. Der gesamte Platz ringsum schwelte. Es stank nach Tod und Blut und Schwefel. Menschen erstachen sich gegenseitig, Leichen verwandelten sich in Wölfe und sprangen auf, um zu jagen. Gnome rissen Schaufenster nieder, zerstörten Autos, kletterten an Fassaden hoch und drangen in Häuser ein. Ein Riese war auch wieder unterwegs. Er marschierte quer durch die Stadt und riss Gebäude nieder, als wären sie Spielzeuge. Helikopter kreisten um ihn, Kampfjets flogen über uns hinweg, feuerten auf den Riesen, der aber kein bisschen beeindruckt davon war.

»Ich fasse das nicht«, sagte ich und erstarrte. Bis vor Kurzem war hier alles in Ordnung gewesen. Ich war mit Marcel regelmäßig zum Coffeeshop auf der anderen Seite der Straße gegangen, hatte mit ihm gescherzt und gelacht – und nun das.

»Weiter, Kris«, sagte Ash und packte mich am Arm. Er hatte recht. Wir durften nicht innehalten, mussten handeln, ehe Isa bemerkte, was wir vorhatten; vorausgesetzt, es war noch nicht zu spät dafür.

Wir überquerten die nächste Straße, steuerten auf den Grand Tower zu, der nichts mehr von einem irdischen Gebäude hatte. Mittlerweile sah er aus wie ein gewaltiges Märchenschloss, dass hierherverfrachtet worden war. Majestätisch und – fehl am Platz. Ich hatte keine Ahnung, ob diese Veränderung an Isa oder Syrantina lag.

Ash duckte sich unter einem herabfliegenden Steinbrocken weg und schob mich gleichzeitig zur Seite. Das Geschoss schlug neben uns in der Straße ein und hinterließ einen tiefen Krater. Wir kämpften uns so gut es ging durch, Meter für Meter für Meter, bis wir schließlich auf ihn trafen.

Sein Schatten schälte sich aus dem Schutz des Towers und richtete sich auf. Der Grimm hatte an Stärke gewonnen, war noch mal größer geworden. Alle Wunden, die er auf der Nachtheide erhalten hatte, waren geschlossen. Seine Augen funkelten böser und wilder als je zuvor. Er reckte die Nase in die Luft, nahm Witterung auf. Ash und ich hielten inne, aber es war zu spät, er hatte uns bemerkt.

Ash ballte die Hände zu Fäusten, machte sich bereit, seine Kraft auf den Grimm zu entlassen. Der riss sein Maul auf und stieß ein gewaltiges Brüllen hervor. Wir flogen beide zurück, donnerten durch die Druckwelle an eine Hauswand. Ich richtete mich benommen auf. Ash ebenso. Er sah auf seine Hände, aus seinen Fingern sprühten die ersten Funken.

»Bist du stark genug?«, fragte ich ihn.

»Werden wir wohl gleich sehen.« Er richtete sich auf, sammelte seine Energie und entließ sie nach vorne zum Grimm. Der sah es natürlich kommen und wich aus. Doch Ash legte nach, zielte erneut auf ihn. Der Grimm stieß einen Baum um, der in unsere Richtung kippte. Wir mussten uns erneut in Sicherheit bringen. Kaum hatte er etwas Luft, riss der Grimm den Kopf in den Nacken und heulte lautstark. Es dauerte keine zehn Sekunden, ehe die Meute antwortete.

»Er holt sein Rudel«, sagte ich. Ash und ich sprangen voraus, wir mussten in den Turm kommen, ehe die anderen Wölfe da waren. Wenn sie sich so schnell vermehrten, mussten es mittlerweile Hunderte, wenn nicht schon Tausende sein – und die konnten wir unmöglich alle abwehren.

Wir kamen auf die andere Straßenseite. Ash zielte noch mal auf den Grimm, erwischte ihn an der Seite. Der Wolf stellte sich ihm entgegen, schüttelte sich und richtete sich auf. Eine Wunde klaffte auf seiner Seite, aber das hielt ihn nicht davon ab, uns zu attackieren. Die anderen Wölfe leider auch nicht. Von allen Seiten strömten sie heran und setzen uns nach. Ich zückte mein Schwert, wehrte die ersten ab, aber von hinten kamen neue nach. Sie fixierten uns, scherten sich nicht mehr um die Menschen, hatten nur noch uns im Blick. Ich machte mich bereit, Ash sah sie ebenfalls kommen, lenkte seine Energie auf die Tiere und fegte eine ganze Reihe von ihnen nieder. Auch das war nur ein Tropfen auf dem heißen Stein. Wir eilten weiter, ich hörte jemanden rufen. Es waren Lyn und Sebastian, die mit einigen Agenten von der Seite anrückten und auf die Tiere losgingen. Das verschaffte uns ein wenig Spielraum, um voranzukommen. Wir gelangten näher an den Tower, ich konnte in das Foyer blicken, durch das ich an meinem ersten Tag gegangen war. Dahinter erkannte ich Dante. Er stand unverändert an der Stelle und hielt seine Äste weiterhin fest um sich geschlungen.

»Er ist da!«, rief ich Ash zu, der sich mit einem Purzelbaum vor zwei Wölfen in Sicherheit brachte. Der Grimm holte wieder zum Angriff aus. Er sprang uns in den Weg, sein Rudel rückte von der Seite an und kesselte uns ein. Sie kamen näher. Ash und ich wehrten so viele ab wie nur möglich, auch Lyn und die anderen zogen gut nach. Ich hörte weiter Kampfschreie und sah, wie Marcel mit seinen Leuten anrückte.

Sie setzten mittlerweile Flammenwerfer gegen die Tiere ein, was wohl ganz gut funktionierte.

Ash und ich kämpften uns erneut frei, kamen näher an den Tower, doch der Grimm sprang uns in den Weg. Ash riss die Hände hoch, aber ehe er seine Energie abfeuern konnte, schnappte der Wolf nach ihm. Er kam nur um Haaresbreite davon und konnte sich hinter einen Steinbrocken retten. Der Grimm drehte herum, wegen seiner Größe war er ähnlich langsam wie der Riese, aber das hielt ihn nicht davon ab, ein weiteres Mal auf Ash loszugehen.

Ich sprang auch nach vorne, lenkte den Grimm kurz zu mir. Meine Energie mochte nicht so stark gegen das Tier wirken wie die von Ash, doch ich hatte durchaus auch etwas zu bieten. Außerdem strahlte der Tower so viel Kraft ab, dass ich mir vorkam wie im Atomreaktor. Ich riss die Hände nach unten und feuerte eine ähnliche Druckwelle auf den Grimm, wie ich es mit Isa getan hatte, als ich sie bei den Rumpelstilzchen attackiert hatte. Er wich nur kurz zurück, doch das gab Ash die Chance, herauszukommen und ihn von der anderen Seite her anzugreifen.

»Kris, pass auf!«, hörte ich Lyn rufen, da wurde ich auch schon niedergerissen. Zwei Wölfe hatten mich angesprungen und zielten nun auf meine Kehle. Ich rollte mich weg, machte mich klein, zog Arme und Beine an und versuchte hervorzukommen. Lyn war ihrerseits beschäftigt, genau wie Sebastian. Ich ertastete einen Stein, donnerte ihm den Wolf an den Kopf und konnte so mein Schwert auf den zweiten richten. Ich erwischte ihn am Bauch, stach zu und befreite mich. Die nächsten rückten allerdings heran, es waren einfach zu viele!

Ich sah mich nach Ash um, der sich mit dem Grimm sein eigenes Duell lieferte. Sie demolierten weiter Häuserfassaden, schenkten sich nichts. Ich wollte wieder zu ihm, doch die Wölfe rückten auf, drängten mich weg von ihm. Ein weiteres Mal wollte ich die Energie kanalisieren und auf sie richten, aber ich kam nicht mehr dazu. Zu fünft sprangen sie auf mich.

Ich duckte mich, erwartete den ersten Angriff, der allerdings nicht kam.

Stattdessen hörte ich sie heulen und jaulen. Ich blickte auf. Zwei Wölfe lagen vor mir mit Pfeilen im Bauch, die anderen waren mit

Wurfmessern durchsiebt. Hinter mir ertönte weiteres Kampfgeschrei. Ich drehte mich um und sah die Reiter, die auf uns zugaloppierten.

Alle sahen aus wie Jorge …

»Das fasse ich nicht.«

Er hatte seine Familie geholt. Mein Blick wanderte durch die Menge der Männer. Sie schossen auf die Wölfe, bewegten sich durch die Meute und drängten einen Großteil der Tiere zurück. Mir wurde schwindelig, weil sie alle gleich aussahen, doch schließlich entdeckte ich unseren Jorge. Er ritt neben seinem Vater, feuerte einen Pfeil nach dem anderen auf die Wölfe und schlug sich einen Weg zu mir durch.

»Hey, Kris.«

»Was ist denn hier los?«

»Ich bin zurück nach Hause, habe meine Familie gesucht und noch mal an sie appelliert.«

»Aber … du … das … Sie hätten dich töten können!«

»Nicht, nachdem Isa sie so gelinkt hatte und sie wegen ihr dich, mich und ihr Dorf verloren hatten. Ich kenne meine Familie. Wenn sie jemand derart vorführt, sind sie nicht mehr zu bremsen.«

Und das waren sie wirklich nicht. Die Rumpelstilzchen schlugen die Wölfe zurück und gaben ihr Bestes, um uns den Weg freizuhalten. Die Tiere waren nach wie vor in der Überzahl, aber ihr Vorankommen wurde deutlich erschwert.

»Wir haben die Sphären genutzt, um zurückzukommen.«

»Danke«, sagte ich und sah mich nach Ash um.

»Danke mir erst, wenn es vorüber ist. Es ist nicht gesagt, dass wir meine Familie auch wieder loswerden. Ihre Hilfe hat sicherlich einen Preis.« Jorge drückte seinem Pferd die Fersen in die Flanken und warf sich wieder ins Getümmel. Ich eilte zu Ash, der Schlagseite hatte und sich den Arm hielt, aber auch der Grimm hinkte stark.

Ash bemerkte mich, versuchte, zu mir zu gelangen. Wir trafen uns im Foyer, das nur noch zur Hälfte bestand. Als ich das Gebäude betrat, traf mich erneut die immense Energie. Ich fasste an meinen Kopf und schüttelte mich.

»Alles klar?«, fragte Ash und half mir.

»Ja. Nein. Es ist viel Energie.«

Der Grimm brach von der Seite durch und riss eine Wand ein. Er wollte zu uns, ich reagierte instinktiv, riss die Arme wieder hoch und ließ die Decke über ihn zusammenkrachen. Er richtete sich auf, wollte weg, doch Ash zog nach und tat es mir gleich. Wir feuerten zu zweit auf das Tier. Ash hielt ihn auf, während ich auf das Gebäude schoss und es immer mehr zum Einsturz brachte. Der Grimm wurde eingekesselt, wollte zurückweichen, aber da warteten die Rumpelstilzchen und setzten ihn von der anderen Seite unter Druck.

Er konnte nicht mehr weg. Wir befeuerten ihn von allen Seiten, er richtete sich auf, sprang nach links und donnerte so heftig gegen die Wand, dass sie über ihm zusammenfiel. Tonnen von Gestein und Stahl regneten auf ihn herab, ein großer Eisenträger knallte ihm quer auf den Hals und presste ihn nach unten.

Er jaulte, versuchte, den Kopf herauszuziehen, aber er kam weder vor noch zurück.

»Das ist unsere Chance«, sagte Ash. »Wenn wir unsere Kräfte wieder bündeln, können wir ihn erledigen!«

»Ja«, sagte ich und konzentrierte mich auf das, was um mich herum an Energien waberte. Meine Zellen luden sich auf, die Kraft strömte durch mich und ich spürte, dass es Ash ähnlich ging. Er hob die Hände, ich trat so dicht wie nur möglich neben ihn und tat es ihm gleich. Ashs Male flammten auf, ich warf einen Blick darauf, irgendetwas irritierte mich. Doch ehe ich mir weiter Gedanken darüber machen konnte, entließ Ash die Kraft aus seinen Händen und richtete sie auf den Grimm. Das Tier jaulte, riss den Kopf hoch, doch je mehr er sich wehrte, desto mehr von dem Gebäude stürzte auf ihn nieder. Ash hielt mit allem, was er hatte, auf ihn, ich schloss mich ihm an, sammelte ebenfalls die Energie und entließ sie nach vorne. Die Welle traf ihn hart und unerbittlich. Sein Geheul musste durch die gesamte Stadt zu hören sein. Ich spürte all die Seelen, die seinetwegen gestorben waren, all das Leid, das er verursacht hatte, all die Schmerzen. Er riss die Augen auf, fand meinen Blick und fixierte mich. Seine Kraft schwand, er spürte es. Ich spürte es. Der Grimm würde sich auflösen, dorthin zurückkehren, woher Séamus ihn einst gerufen hatte. Zurück ins Vergessen und in die Schwärze.

Seine Pupillen weiteten sich, er starrte mich weiter an, als wollte er mir eine stumme Botschaft schicken.

Ich stockte, hielt kurz inne, denn auf einmal sah ich auch noch etwas anderes darin.

Kummer.

Schmerz.

Leid.

Liebe.

Dieses Tier, dieses Wesen hatte so viel verloren, es hatte so viel geopfert, so viel gelitten. Es hatte jeden Schmerz einer jeden Seele, die er genommen hatte, selbst gespürt. Er hatte mindestens genauso gelitten wie diejenigen, denen er es angetan hatte. Der Grimm hatte zwei Seiten in sich. Er war der Zerstörer und er war ein Liebender.

Séamus' Schmerz über die Ablehnung Anabels hatte ihn erschaffen, Liams Mut, als er das Dorf hatte beschützen wollen, hatte sich mit ihm vereint.

Die Brüder hatten beide die Frau verloren, die ihr Herz erobert hatte. Sie waren zu diesem Wesen geworden. Gefangen im ewigen Schmerz. Gefangen im ewigen Leid. Wieder und wieder und wieder wurden ihre Herzen zerfleischt und gebrochen. Wieder und wieder mussten sie den Kummer ertragen, einen geliebten Menschen zu verlieren.

Ich ließ die Hände sinken, denn auf einmal konnte ich es nicht mehr länger tun. Ash sah mich fragend an. Hielt ebenfalls inne. Ich lief nach vorne, auf den Grimm zu, der völlig entkräftet vor uns lag und auf seinen finalen Hieb wartete.

Wir hatten ihn dorthin getrieben, wohin er die Menschen getrieben hatte. Ans Ende. Wir konnten entscheiden, welchen Weg er gehen sollte. Zurück in die Hölle, aus der er gekommen war, oder ins Licht.

»Manchmal liegt die Erlösung nicht im Zerstören, sondern im Zuhören. Der Grimm ist das, zu dem er gemacht worden ist. Höre ihm zu.«

Das hatte der Zentaur zu mir gesagt, kurz bevor er vor der Nachtheide gestorben war. Er hatte gewusst, wie sehr der Grimm litt, weil er Moon jahrtausendelang gedient und ihren Schmerz hatte erkennen müssen. Die Zentauren waren mit ihr geboren worden, vielleicht hatten sie sogar damals miterlebt, wie Séamus sich verwandelte, wie der Grimm die Dörfer verwüstete. Vielleicht waren die Zentauren Anabels

Weggefährten gewesen. Wir würden es nie erfahren, aber er hatte recht gehabt mit seinen Worten.

Wir mussten nicht zerstören. Gewalt musste nicht mit Gewalt enden.

Ich trat vor den Grimm, der leise röchelte. Er war am Ende seiner Geschichte. So oder so.

»Kris?«

»Wir können ihn nicht töten.«

»Was?«

»Es ist falsch.« Ich trat noch näher, streckte eine Hand nach ihm aus und legte sie auf seine Schnauze. Er knurrte leise. Misstrauen war alles, was er kannte. Ich wich nicht zurück. Nicht mehr, denn ich hatte keine Angst vor ihm.

»Kris, verflucht.«

Ich schüttelte den Kopf, ohne meinen Blick vom Grimm zu wenden. »Vertrau mir bitte.«

Ash schnappte nach Luft, ich spürte seinen Zwiespalt, aber ich spürte auch sein Vertrauen. Wir waren nicht wie diese Liebenden einst. Wir sahen das Helle und das Dunkle. Das Gute und das Böse.

»Gib mir deine Hand.«

Er tat es.

Ich atmete tief ein und aus, legte auch seine Finger auf die Nase des Grimms. Ash zuckte, doch er wich nicht zurück. Ich nahm meine freie Hand, fuhr die Male auf Ashs Arm nach und nahm ihre Energie auf.

»Der Neumond heilt«, sagte ich leise und schloss die Augen. »Ich heile.« Eine tiefe Energie strömte durch mich hindurch. Das war es, was ich an Ash eben gesehen hatte. Es war die ganze Zeit dagewesen, er trug alles Wissen der Masali auf seiner Haut. Er kannte den Anfang und wir durften das Ende bestimmen.

Ich gab mich diesem Wissen hin, nahm es an, doch dieses Mal nicht, weil ich zerstören wollte, sondern weil ich das Licht brachte.

Mein Geist drang tief in das Wesen ein, das vor mir lag. Ich spürte seinen Schmerz; so tief in ihm drin. Ich sah sein Herz. Gebrochen.

Als ich die Augen öffnete, war da nicht nur der Grimm, sondern auch der Mann, der ihn gerufen hatte. Séamus stand auf dem Platz, an dem alles begonnen hatte. Den Kristall der Fantasie in der Hand, die Seele schwer vor Kummer.

Er litt so sehr.

Ich trat vor ihn, legte die Hand auf sein Herz und drückte sachte zu.

»Heile«, sagte ich. »Heile und finde Frieden.«

Er atmete zischend ein und hielt die Luft an. Seine Hand löste sich um den Kristall, der zu Boden fiel. Der Kummer blätterte von ihm ab. Das Licht, das mich durchströmte, durchflutete auch ihn. Ash kam neben mich. Er hatte verstanden. Wir beide hatten verstanden.

»Es ist in Ordnung«, sagte er.

Séamus blickte uns an. Die Augen schwer von Tränen. Aber dieses Mal flossen sie nicht wegen seines gebrochenen Herzens, sondern aus Dankbarkeit. Er fand Erlösung.

Er durfte ruhen.

Endlich durfte er ruhen.

»Danke«, hauchte er, breitete die Arme aus und löste sich auf.

Ash und ich ließen die Hände sinken, ich blickte mich um, suchte nach Liam, der hoffentlich nun auch erlöst sein sollte, aber ich sah ihn nicht. Stattdessen fanden wir uns im Foyer des Grand Towers wieder. Der Grimm war weg. Mit ihm verschwanden auch die Wölfe, die er gerufen hatte. Sie kippten einfach um, verwandelten sich zurück in die Menschen, die sie getötet hatten, und blieben leblos liegen.

Das Kampfgetümmel erstarb, als die Gegner plötzlich fielen.

Wir konnten sie nicht mehr retten, aber wir hatten auch ihnen Frieden geschenkt.

Für immer.

Ich blinzelte, drehte mich zu Ash und wollte mich auch bei ihm bedanken, als uns die Energiewelle traf.

Wir wurden beide nach hinten geschleudert und stürzten gegen das Geröll, in dem eben der Grimm gelegen hatte. Hustend richteten wir uns auf. Ich blickte durch eine Wand aus Staub und Dreck und sah Isa, die durch die Halle auf uns zukam. Ihr langes Kleid zog sich wie ein großer Schatten hinter ihr her. Sie starrte uns an, die Augen erfüllt von Zorn und Hass.

»Ihr werdet zahlen!«, brüllte sie und feuerte erneut eine Energieladung auf uns. Ash und ich stoben auseinander. Ich fing meinen Schwung ab, konzentrierte mich auf meine Kräfte, die viel stärker wirkten als eben noch. Entweder wegen Isa oder weil ich dem Grimm

Erlösung geschenkt hatte – oder wegen beidem. Ich holte aus, riss meine Hände hoch und traf sie mit der gleichen Gewalt gegen die Brust.

»Geh zu deiner Mutter und beende es!«, rief ich Ash zu. Er sprang auf, war erst unsicher, ob er mir nicht doch lieber helfen sollte.

»Sei kein Macho!«, brüllte ich ihn an. »Ich schaffe das.«

Er grinste nur und rannte weiter. Natürlich bemerkte es auch Isa. Sie fuhr herum, feuerte auf ihn, doch ich traf sie zeitgleich im Rücken. Sie schrie vor Schmerz, richtete sich auf und hob eine Hand. Der Kristall der Fantasie manifestierte sich dort. Sie schwang das Zepter, in dem er steckte, und ließ es durch die Luft wirbeln. Auf einmal kippte die Welt, der Boden wurde unter meinen Füßen weggezogen und teilte sich. Eine riesige Kluft tat sich mitten im Foyer auf, sie reichte weit in die Tiefe. Ich wurde von den Füßen gerissen, rutschte nach vorne auf den Abgrund zu. Rasch griff ich um mich, bekam irgendeinen Vorsprung zu fassen und hangelte mich daran zurück. Isa dehnte das Loch weiter aus, es brodelte und stank. Lava schoss hinter mir nach oben.

»Du kannst mich nicht besiegen, du elender Wurm«, brüllte Isa. »Du darfst bei deinem Bruder in der Hölle schmoren!« Ihre Stimme hallte so laut von den Wänden wider, dass alles vibrierte. Hinter Isa sah ich Ash, der sich durch den Schutt zu Dante vorkämpfte. Er fing meinen Blick ein, schwankte erneut unsicher, ob er mir helfen sollte, aber ich winkte ab, robbte zurück und wollte weg von dem Riss hinter mir. Isa feuerte eine Salve Energie auf meine Hand. Ich musste loslassen, wurde zum Abgrund gezerrt und glitt über die Kante. Ich griff blind umher, fand wieder einen Vorsprung, doch nun baumelte ich über dem Krater aus Tod und Verderben.

Mein Herz raste, Schmerz schoss durch meinen Körper. Lange würde ich das nicht durchhalten. Isa kam auf mich zu, baute sich vor mir auf und grinste mich von oben herab an. Ich keuchte vor Anstrengung, was sie nur noch mehr lächeln ließ.

»Du siehst genauso aus wie Waylon, als er vor mir kauerte und um Gnade winselte. *Bitte nicht*, sagte er. *Übergib mich nicht dem Grimm.*« Sie riss die Arme hoch, sandte einen Blitz auf mich, der mich durchschüttelte und mir die Galle nach oben trieb. Ich rutschte, fing mich wieder. Die Lava unter mir bebte und blubberte.

Aus dem Augenwinkel sah ich, wie Ash umdrehte und zurück zu mir wollte, doch Isa bemerkte es auch. Sie schnippte mit dem Finger und ließ einfach eine Wand zwischen uns niederstürzen, die ihm den Weg abschnitt. Ich japste, meine Hand brannte höllisch, doch ich hielt mich weiter daran fest.

Isa warf den Kopf in den Nacken und verbarrikadierte uns beide vor der Außenwelt. Sie schloss das Foyer ab. Niemand konnte mehr eindringen. Es gab nur noch sie und mich und dieses Feuer unter mir.

»Ich denke, ich schicke dich an den gleichen Ort, an den ich Waylon gebracht habe. Auch wenn kein Grimm mehr da ist, so könnt ihr dennoch gemeinsam dort verrotten. Ich werde dafür sorgen, dass ihr wieder und wieder verbrennt, dass eure Eingeweide verglühen und ihr vor Schmerzen wahnsinnig werdet.«

Ich zappelte, fand mit dem Fuß Halt und drückte mich nach oben. Isa bemerkte es und schoss den kleinen Vorsprung unter mir weg.

Sie ließ den Kristall ein weiteres Mal rotieren und öffnete neben mir eine glimmende Wand. Dahinter erkannte ich eine trostlose Landschaft. Der Himmel war mit Wolken bedeckt, Gewitter entluden sich.

»Das wird meine persönliche Folterkammer für euch. Wann immer ich es wünsche, werde ich zu euch kommen und mich an eurem Leid ergötzen!«

Sie riss die Erde weiter auf, ein Sog erfasste mich und zog mich nach vorne. Ich versuchte dagegenzuhalten, aber ich hatte keine Chance mehr.

»Willst du lieber verbrennen oder ertrinken oder ersticken? Ich kann dir alle Tode bescheren, dich zurückholen, dich erneut umbringen.«

Ich keuchte. Die Energie pulsierte weiter durch mich, aber ich konnte sie nicht nutzen, solang ich am Abhang hin. Ich brauchte meine Hände!

Ich blickte mich um, doch ich sah niemanden von den anderen. Der einzige Weg, der mir offenstand, war der durch das Portal in diese unwirkliche Welt.

Isa kam näher, blickte mir fest in die Augen. Ich sah den Größenwahn in ihrem Gesicht, die Verblendung durch die ganze Macht, die sie in Händen hielt.

Sie senkte den Kristall der Fantasie auf meinen Kopf und jagte sämtliche Energie in mich hinein. Ich schrie vor Schmerz. All meine

Erlebnisse rauschten synchron durch mich. Bilder. Gefühle. Eindrücke. Es drang in mich, bohrte sich tief in meine Seele und drohte mich zu zerreißen. Mein Körper wollte explodieren, ähnlich wie in dem Moment, als Moon mich auf die Erde geschickt hatte. Dieser Schmerz stand dem in nichts nach. Die Sinneseindrücke machten mich wahnsinnig. Ich nahm alles ungefiltert in mich auf, drohte ein weiteres Mal daran zu zerbrechen.

Isa packte mich im Nacken und zog an meinen Haaren. Sie senkte den Kristall noch fester auf meinen Kopf, drückte ihn gegen meine Stirn, bis ich nichts mehr sah außer das Glimmen der Fantasie.

»Gefällt es dir?«, fragte sie. »Spürst du all die Kraft, die darin ruht? All den Schmerz?«

Ja, das tat ich. Und ich begriff, was Zayja meinte, als sie sagte, dass die Fantasie nicht gut oder böse ist; was Kirjara meinte, als sie sagte, dass sie auf allen Pfaden gewandelt war; dass sie das Helle und das Dunkle gesehen hatte. Es waren die Facetten unseres Seins, die Facetten unseres Lebens, unserer Seele. Wir waren das hellste Licht und der dunkelste Abgrund, wir vereinten das Böse und das Gute in unseren Seelen, so wie der Grimm. Es war unsere Entscheidung, was wir daraus machten.

Isa nahm den Kristall zurück. Ich keuchte, bekam kaum noch Luft, geschweige denn, dass ich etwas sehen konnte.

»Oh, wie ich das genießen werde«, sagte sie. »Wir werden so viel …«

Auf einmal hielt sie inne und zuckte zusammen. Etwas bohrte sich von hinten durch ihren Oberkörper. Ein langer, spitzer Stein. Sie fuhr herum, schlug um sich und wehrte ihren Angreifer ab.

»Los!«, brüllte Brayden. Ich blinzelte, konnte erst nicht begreifen, woher er auf einmal gekommen war, doch dann verstand ich: das Portal in die Hölle, das Isa geöffnet hatte; Brayden hatte es genutzt, um sich zu befreien!

Ich erhaschte einen kurzen Blick auf ihn. Er sah fürchterlich aus: seine Haut aschfahl und eingefallen, die Haare wirr, die Kleidung zerrissen. Aber er kämpfte. Er zog seine Steinlanze zurück, wollte Isa erneut attackieren, was ihm misslang. Sie richtete sich auf, entlud eine Energiewelle auf ihn. Er schrie vor Schmerzen, riss die Hände hoch, wollte sich wehren. Ich zog mich nach oben, bekam endlich eine Hand frei und donnerte auf Isa die Macht, die sie gegen uns einsetzte. Sie schwankte, fuhr herum. Brayden torkelte, seine rechte Körperseite war verbrannt, doch er hielt sich aufrecht.

»Weiter!«, brüllte er und ich verstand. Er wollte uns Zeit verschaffen. Ich zog mich nach oben, strampelte mit den Beinen, um Halt zu finden und hob erneut meine Hand. Dieses Mal nicht, um die Energie auf Isa zu feuern, sondern auf die Wand, die sie zwischen Ash und dem Foyer errichtet hatte. Ich riss ein gewaltiges Loch hinein, wollte es vergrößern, doch da traf mich Isas Schlag gegen den Schädel. Ich rutschte quer durchs Foyer, schlitterte über den Dreck und das Geröll und ratschte mir die Haut auf. Isa schleuderte Brayden von sich. Er donnerte gegen eine Wand, ich hörte Knochen krachen und schrie nach ihm.

Isa stapfte auf mich zu, ballte ihre Hände zu Fäusten und wollte auf mich feuern, doch sie hielt mitten in der Bewegung inne.

Der Kristall der Fantasie bekam auf einmal Risse. Das Licht strömte aus ihm heraus.

»Weißt du, was das Problem ist mit Leuten, die zu viel reden?«, sagte Ash hinter ihr.

Ich blickte auf, entdeckte ihn und seine Mutter. Sie stand neben ihm, ihre Finger mit seinen verschränkt, seine Male leuchteten hell und intensiv.

»Sie sind zu abgelenkt«, ergänzte er und zwinkerte mir zu.

Syrantina riss die Hände hoch. Die Male auf Ashs Körper flammten auf, der Kristall der Fantasie reagierte darauf, das Licht barst aus ihm, strömte zu Syrantina, die es aufsog, so wie sie einst die Finsternis aufgesogen hatte. Isa schrie, wollte sich dagegen wehren, aber sie konnte nicht. Ihre Haut bekam ebenso Risse. Wie beim Prinzen, wie bei Moon.

Sie platzte an der Energie, die sie selbst hervorgerufen hatte, während Syrantina sich mit der Macht des Kristalls tränkte. Die Zeichen auf Ashs Haut dehnten sich aus, schwirrten überall umher, verströmten ein intensives grünes Licht und sammelten alles an Fantasie ein, was sie aus dem Kristall ziehen konnten. Die Energie traf Syrantinas Herz, ihre Haut, ihre Seele und ließen sie wachsen und gedeihen. Ihre Hülle, die innerlich so leer gewesen war, erfüllte sich mit all den Wundern und der Magie des Lebens.

Sie nahm es an, sie hatte die Stärke und die Macht dazu.

Sie war einst verflucht worden, hatte all ihre Emotionen verloren. Der Grimm hatte sie in diese Dunkelheit geworfen – und nun war es unsere Rettung.

Je mehr zu ihr floss, desto mehr zerstörte es Isa. Die Risse zogen sich über ihren gesamten Körper, sie schrie lauthals, warf den Kopf in den Nacken und implodierte in einem grellen Licht.

Ash riss die Hand hoch, weil er davon geblendet wurde, ich zog ebenfalls den Kopf ein.

Syrantina absorbierte alles. Der Turm bebte erneut. Die Welt bebte. Abalion bebte. Die Fantasie bebte.

Sie fand hier und jetzt ein neues Zuhause. In einer Frau, die für Ewigkeiten nichts hatte fühlen können, die ihr Leben einst der Fantasie verschrieben hatte, die es hatte aufgeben müssen, weil sie betrogen worden war.

Nun kam alles zu ihr zurück.

Das Licht ebbte ab, beruhigte sich langsam.

Neben Ash stand eine wunderschöne Frau. Stark und besonnen. Anmutig und gutherzig. In ihren Augen funkelten alle Emotionen dieser Welt. Sie vereinte sie in ihrer Seele, hielt sie in Harmonie, denn sie hatte beide Seiten gesehen.

Ash richtete sich auf. Ich krampfte, wollte zu ihm, aber der Riss hinter mir dehnte sich auf einmal aus und brach die Erde unter mir weg. Ich ruderte mit den Armen, rutschte zurück, wollte mich festhalten, aber ich fand nichts.

Ash bemerkte es, eilte zu mir, doch er würde es nicht schaffen. Die Erde gab nach, das Geröll brach, ich verlor den Halt und rutschte auf die Lava zu, die sich in dem Riss ausdehnte.

»Kris!«, schrie Ash, sprang über einen Brocken hinweg. Ich griff blindlings umher, versuchte, etwas zu greifen, rutschte weiter und weiter und …

… wurde gehalten. Finger schlangen sich um mein Handgelenk, bohrten sich fest hinein, zogen mich nach oben.

Es war nicht Ash, denn der war noch auf der anderen Seite des Lavastroms. Ich blickte hoch und sah in die Augen meines Bruders.

Brayden.

Er lächelte mir zu, sein Gesicht war verbrannt, er atmete schwer. »Halt durch, Schwester.«

Ich blinzelte, starrte ihn an. Meine Kräfte schwanden, doch ich packte Braydens Hand.

Ich packte die Hand meines Bruders.

Und ich ließ mir von ihm helfen.

Er zog mich nach oben, holte mich mit letzter Kraft zu sich und zerrte mich auf sicheren Boden, ehe er zusammenbrach.

»Brayden!«, schrie ich und robbte zu ihm. Isa hatte ihn böse erwischt, eine Seite war verkohlt, er blutete aus zahllosen Wunden. »Nein!« Ich kniete mich neben ihn, legte meine Hände auf seinen Oberkörper und ließ die Energie des Neumondes in ihn fließen.

Er stöhnte nur leise, seine Augen klappten auf und wieder zu. Er hob die Hand, ließ sie sinken.

»Nein!«, schrie ich erneut und machte weiter. Gab ihm alles an Kraft, was ich noch in mir hatte, mehr konnte ich nicht mehr tun.

Er sah mich an, blinzelte und schluckte trocken. »Wir haben gewonnen, oder?«

»Das weiß ich noch nicht.«

Ash kam zu mir, genau wie seine Mutter, die nichts mehr von der dunklen Herrscherin ausstrahlte, die sie eben noch gewesen war. Ich beachtete sie nicht weiter, kümmerte mich um meinen Bruder und die Energie, die zwischen ihm und mir floss.

»Nicht aufgeben, hörst du?«, sagte ich und beugte mich über ihn.

Ich erhielt keine Antwort mehr.

Gib bitte nicht auf.

49. Kapitel

Kristin

Neuseeland, Sechs Monate später

Kaum öffnete ich die Tür, wurde ich schon von Alexis angesprungen. Der Wolf brachte mich fast zu Fall und drückte mich gegen die Wand hinter mir. Ich wollte ihn erst wegschieben, doch schließlich ergab ich mich meinem Schicksal und wuschelte ihm durch das dicke Fell. Alexis stemmte die Vorderpfoten auf meinem Oberkörper ab und versuchte, mir übers Gesicht zu lecken, was ich allerdings erfolgreich verhindern konnte. Ich kraulte sie hinter den Ohren und drückte sie sachte von mir.

»Hier, leck lieber das ab«, sagte Ash und gab dem Wolf einen großen Kauknochen, den er von Lyn empfohlen bekommen hatte. Sie meinte, es wäre Alexis' Lieblingssorte, für die sie alles stehen und liegen ließ.

Es funktionierte, der Wolf schnappte sich die Beute und verdrückte sich in den hinteren Teil der Kneipe. Noch waren keine Gäste da, Conrad war nicht fertig mit den Renovierungsarbeiten, daher konnte der Wolf sich frei bewegen.

Ich rieb mir die Hände sauber und blickte mich in der Bar um.

»Hier hat also alles angefangen?«, fragte Ash und kam neben mich.

»Ja. Dort.« Ich deutete auf den Tresen, an dem ich einst gesessen und mir die Kante gegeben hatte. Der Start in ein Leben, das ich mir bunter nicht hätte vorstellen können.

Ash lief durch die Kneipe und sah sich alles in Ruhe an. Ich folgte ihm, ließ alles auf mich wirken und dachte über diese ersten Stunden in meinem Leben nach. Die ersten echten Erinnerungen, das erste

Mal Alkohol, das erste richtige Gespräch. Das erste Mal, dass ich an der Welt teilgenommen hatte. Ich hatte Conrad später gefragt, warum er und Brayden mir ausgerechnet diese Sache mit Daniel hatten einpflanzen müssen, denn auch das mit meinem Ex war nur ein Teil meiner Erinnerung gewesen.

Conrad meinte, dass es leichter für mich war, mit einem emotionalen Schock aufzuwachen. Sie hätten es im Guten versucht, aber das hätte mir nicht genügend Antrieb gegeben, um mich komplett zu wecken. Daher das mit Daniel und Shannon und dem abstrusen Blowjob auf der Rückbank.

»Das war nicht meine Idee gewesen«, hatte Conrad beteuert. »Ich hätte etwas anderes gewählt, aber ehe ich darüber nachdenken konnte, war es schon zu spät und Waylon hatte dir diese Erinnerung geschenkt.«

Schritte näherten sich von oben. Ich blickte zur Treppe und entdeckte Conrad, der sich die Hände an einem Stück Stoff sauber wischte. »Meinetwegen könnt ihr die Wände auch grau streichen, Hauptsache, ihr einigt euch endlich auf eine Farbe!«, rief er irgendwem zu.

»Machen wir bestimmt, Dad!«, antwortete Lyn von oben und kicherte. Conrad schüttelte den Kopf und lächelte, als er uns sah.

»Da seid ihr ja endlich, hat mich mein altes Gehör doch nicht im Stich gelassen.« Er lief die Treppe hinunter und breitete die Arme aus. Ich kam ihm entgegen, drückte ihn an mich und atmete seinen Geruch nach Farbe und Reinigungsmitteln ein.

»Wie kommt ihr voran?«

»Gut so weit, bis auf die Tatsache, dass mausgrau ein anderes grau ist als anthrazitgrau und man sich ewig darüber unterhalten kann, welche Schattierung wohl besser passt.«

»Da ist natürlich ein großer Unterschied. Frag mal Mister Grey.«

»Wen?«

»Nicht so wichtig.«

»Wie auch immer. Hauptsache, wir werden fertig. In zwei Wochen will ich eröffnen und der Anbau muss noch gestrichen werden.«

»Das schafft ihr locker«, sagte ich. »Ansonsten könnten wir natürlich auch ein wenig nachhelfen« Ich wedelte mit den Fingern herum und ließ kleine Funken aufsteigen, doch Conrad wiegelte ab.

»Keine Magie in diesem Haus. Nie mehr. Wir haben sie genug strapaziert.« Er strich mir über die Wange und lächelte mild. Conrad mochte nicht mit mir verwandt sein, aber er war mir wie ein Vater geworden.

»Habt ihr Hunger? Die Küche funktioniert und ich koche euch gerne was.«

»Ich habe immer Hunger«, sagte Ash und ließ sich am Tresen nieder. »Außerdem muss ich von dem Gesöff probieren, mit dem du Kris abgefüllt hast.«

»Er hat mich nicht abgefüllt, ich habe es selbst gemacht und du solltest aufpassen, das gibt einen tierischen Kater.«

»Kinderspiel. Ich bin abgehärtet.«

Ich rollte mit den Augen und gesellte mich zu ihm. Ash legte seine Hand um meine Taille und zog mich für einen kurzen Kuss zu sich heran. Ich umschlang seinen Nacken und seufzte zufrieden.

Oben rumpelte es auf einmal. Lyn gab einen quiekenden Laut von sich. Conrad steckte den Kopf aus der Küche. »Ist alles in Ordnung?«

»Ja, wir haben nur ein wenig Farbe verschüttet«, rief sie. »Alles gut.«

Conrad seufzte. »Das geht schon die ganze Zeit so, ich glaube, zwischen den beiden bahnt sich was an.«

Oben erklangen Schritte, Lyn tauchte an der Treppe auf, dicht gefolgt von meinem Bruder.

Wie jedes Mal, wenn ich ihn sah, überkam mich eine Woge aus Dankbarkeit. Es war knapp gewesen, nachdem Isa uns attackiert gehabt hatte, aber mit Hilfe von Syrantina hatten wir es geschafft und ihn retten können. Die Spuren waren zwar noch zu sehen – und würden es vielleicht auch für den Rest seines Lebens –, aber er war noch da.

Er lächelte, als er mich sah, und stützte sich auf den Gehstock, den er nun brauchte. Seine rechte Körperhälfte war vernarbt, die Haut heilte nur langsam, doch es ging voran. Jeden Tag ein Stückchen.

»Wie schön, dass ihr da seid«, rief Lyn und eilte die Treppe hinunter. Sie war über und über mit Farbe bekleckert. »Ich gehe das schnell abwaschen, dann können wir uns richtig begrüßen.«

»Schon gut«, sagte ich.

Sie lächelte und verschwand nach hinten zu den Toiletten. Brayden hinkte auf uns zu, er hatte bei Weitem nicht so viel Farbe abbekommen wie sie. Ich löste mich von Ash und begrüßte ihn genauso herzlich wie Conrad.

»Kris«, sagte er zuerst, damit ich ihn ansprechen konnte.

»Wie geht es dir?«, fragte ich.

»Ganz gut.«

Ich strich über seine vernarbte Wange, die Haut war rosig und faltig, aber immerhin schien er keine Schmerzen mehr zu haben. Er wirkte erholter als sonst. Dieser gestresste Ausdruck war aus seinen Augen verschwunden. Zum ersten Mal erkannte ein aufgeregtes Funkeln darin. Es tat ihm gut, hier zu sein. Mein Blick wanderte zu den Toiletten, wohin Lyn verschwunden war. »Und was geht mit ihr?«

»Was soll mit ihr gehen?«

Ich grinste verschmitzt, doch er wiegelte sofort ab. »Da läuft nichts.«

»Aber es könnte …«

»Ich … Ich … Nein. Das ist albern.«

»Ist es das?«

»Du weißt, warum.«

Sein Herz hing noch an Syrantina. Ja, das wusste ich. Genau wie sie. Das Verhältnis der beiden war sehr speziell geworden. Obwohl sie ihre Gefühle wiederhatte, zeigte sie keinerlei Interesse an einer romantischen Beziehung zu ihm oder sonst wem. Syrantina war ein Wesen geworden, das sich der Fantasie verschrieben hatte. Ihre Aura war erfüllt davon, jedes Wort, jede Geste trug so viel Magie in sich. Es war kein Platz für Romantik. Ich bezweifelte, dass sich das je ändern würde.

»Abgesehen davon würde Conrad mich töten, wenn ich was mit seiner Tochter anfange«, sagte Brayden so laut, dass Conrad es in der Küche hören musste.

»Nein, Conrad wird dich nur töten, wenn du seiner Tochter das Herz brichst und sie schlecht behandelst«, gab er zurück.

»Siehst du. Diesen Segen hast du schon«, sagte ich und knuffte ihm in die Seite. Er ignorierte es, zog meine Hand weg und nickte Ash zu.

Vater und Sohn. Es war unfassbar. Sie pflegten ein eher unterkühltes Verhältnis, tänzelten umeinander herum, nicht genau wissend, wie sie miteinander umgehen sollten. Ich nahm an, dass sie einfach Zeit brauchten und hatte Ash schon vorgeschlagen, einfach mal mit Brayden für eine Weile herumzureisen. Er war noch nicht darauf eingegangen.

Für Ash waren Bindungen dieser Art nicht einfach. Es würde wohl noch eine Weile dauern, bis sie ihren Weg miteinander gefunden hatten.

Brayden lief hinter den Tresen und goss sich ein Glas Wasser ein. »Auch?«

»Nein, danke. Ich warte auf die richtigen Getränke«, sagte Ash.

»Die sind da drüben.« Brayden bückte sich und öffnete einen Karton mit Whisky. »Oamaruvian, sechzehn Jahre alt. Der kann was.« Er drückte der Flasche einen Kuss auf und nahm drei Gläser aus dem Schrank.

»Für mich noch nicht, danke«, sagte ich. »Ich brauche erst was zu essen.«

Brayden goss sich und Ash ein, sie stießen an und tranken jeder einen Schluck.

Ash verzog nur kurz das Gesicht und nickte anerkennend. »Teufel noch eins, das Zeug ist gut.«

Brayden schenkte ihm nach und stellte die Flasche weg. »Wir sollten aber wohl wirklich bis nach dem Essen warten. Wie war euer Flug?«

»Wir kamen nicht mit dem Flieger«, sagte ich.

»Verstehe. Was gibt es denn Neues in Abalion?«

»Nicht viel. Syrantina schafft langsam Ordnung im Reich. Sie hat eine neue Bergkette errichtet. Viele Bäche und Seen wiederhergestellt. Momentan sucht sie einen Nachfolger für den Prinzen der Nachtheide, weil sie die wieder einrichten will. Allerdings soll man sie nicht nur schlafend betreten können, sodass es einfacher wird, ein und aus zu gehen. Viele Wesen in Abalion vermissen den Ort.«

»Das kann ich verstehen«, sagte Ash. »Sobald die Heide steht, werden wir zwei die Ersten sein, die ihr einen Besuch abstatten.«

»Aha.«

»Ich komme bestimmt günstig an Eintrittskarten.« Er wackelte mit den Augenbrauen und trank seinen Whisky leer.

»Und die Rumpelstilzchen?«, fragte Brayden.

»Schwierig«, sagte ich. »Nach wie vor lässt der Clan kaum mit sich reden. Sie haben Syrantina als Herrscherin anerkannt, aber sie bestehen weiterhin darauf, Babys essen zu dürfen und wollen den südlichen Kontinent für sich. Sozusagen als Gegenleistung für ihre Hilfe im Kampf gegen Isa. Die Verhandlungen sind zäh, aber Jorge legt sich ins Zeug. Er macht sich wirklich gut als Vermittler.«

»Das glaub ich. Wenn einer das kann, dann er.«

»Ich glaube, das ist genau der Job, auf den er gewartet hat.« Wir hatten erst gestern mit ihm geredet und Jorge hatte so losgelöst und fröhlich gewirkt wie nie zuvor. Er hatte von Syrantina ein wunderschönes Haus am Rande des Bruchwaldes bekommen, wo er sich sehr gemütlich eingerichtet hatte. Von der Erde hatte er sich sogar eine Kaffeemaschine und einen großen Vorrat an BiFi mitgenommen. Wir hatten ihm genügend Stromgeneratoren zur Verfügung gestellt, damit er die elektrischen Geräte betreiben konnte. Das Einzige, was ihm fehlte, so sagte er, wäre das Internet, aber das konnte er bei uns jederzeit benutzen. Mittlerweile war es für jeden von uns möglich, zwischen der realen Welt und Abalion hin und her zu wechseln, und wenn es Jorge dort zu viel wurde, kehrte er einfach in seine Wohnung in der Nähe von Frankfurt zurück, die er sich mit Sebastian und Marcel teilte. Die beiden arbeiteten nach wie vor für den *Verein*.

»Hast du die Neuigkeiten aus Frankfurt mitbekommen?«, fragte Brayden und lehnte sich gegen das Regal hinter sich.

»Dass sie alles auf halluzinogene Drogen schieben?«, fragte ich.

Er nickte.

»Völlig lächerlich, wer soll das glauben?«

»Anscheinend viele. Social Media und die Nachrichten platzen nach wie vor, auch wenn es mittlerweile besser wird und die Welle langsam abflaut. Aber ich habe mich heute morgen durch einige Foren gewühlt und die übelsten Verschwörungstheorien gehört, von Außerirdischen bis hin zu Terroranschlägen war alles dabei. Eine wird dir gefallen, Ash: Jemand hat behauptet, dass die Erfinder von Glitzereinhörnern dahinterstecken und die Droge in der Luft verteilt haben, damit die Menschen mehr Kitsch kaufen.«

»Ich sage ja, dass die Biester teuflisch sind.«

»Die spinnen«, sagte ich und schüttelte den Kopf. Nachdem Isa vernichtet worden war und Syrantina die Oberhand gewonnen hatte, hatte sie ihre Kraft genutzt, um Frankfurt wieder aufzubauen. Sie hatte alles zurück in den Normalzustand versetzt: die Gebäude errichtet, die Trümmer beseitigt, den Grand Tower verwandelt. Frankfurt hatte keine Narben behalten, aber die Menschen schon. Tote konnte keine Magie der Welt wieder zum Leben erwecken. Genauso wenig hatte Syrantina die Köpfe der Menschen beeinflussen können. So erinnerten sich viele an jene verhängnisvollen Tage. Die Stadt verfiel in Spekulationen, was passiert sein könnte. Da es keine Beweise mehr gab, sprudelten die Gemüter über. Es würde lange dauern, bis Ruhe einkehrte. Der *Verein* hatte viel zu tun, bemühte sich um Aufklärungsarbeit, aber egal wie viele Berichte sie abgaben: Es blieb stets unglaubwürdig.

»Essen ist fertig!«, rief Conrad aus der Küche. Ash war der Erste, der vom Hocker sprang und zu ihm eilte. Keine Ahnung, wo er das ganze Futter hinstopfte, aber seit er so viel haben konnte, wie er wollte, war er unersättlich. Und unwiderstehlich. Der Schlaf und das gute Essen taten ihm gut, er hatte an Muskeln zugelegt, war fitter als je zuvor. Er blühte regelrecht auf, genau wie der *Trunkene Fährmann*, den Werfan wieder aufgebaut hatte. Dank ein wenig Unterstützung von Syrantina war die Kneipe wunderschön geworden und stand der von Conrad in nichts nach. Es war sogar sauber dort. Ezmar kochte nur noch mit den besten Zutaten, auch wenn Werfan ihn regelmäßig ermahnen musste, das gute Essen nicht unnötig zu strecken. Es gab ausgezeichneten Wein, den Werfan selbst anbaute. In Abalion ging das Leben schneller voran als hier. Ich vermutete, dass dort seit dem großen Vorfall über ein Jahr vergangen war. Alle fanden sich in ihr neues Leben ein, halfen dem Land zu wachsen und zu gedeihen. Die Einzigen, von denen wir nie wieder etwas gehört hatten, waren Zayja und die Feuerdrachen, aber ich hatte manchmal das Gefühl, sie im Augenwinkel zu sehen. Ein Funkeln hier, ein leises Zischen dort. Es war, als hätten sie ihre Flügel über uns ausgebreitet, um auf uns aufzupassen, auch wenn Lysanta nun endgültig vom Horizont verschwunden war.

Ash half Lyn, das Essen aus der Küche zu holen, während Brayden und ich Tische zusammenschoben. Als wir fertig waren, stellte er den Stock ab, setzte sich zu mir und griff nach meiner Hand.

»Dir geht es richtig gut, oder?«, fragte er.

»Ja. Ich liebe Abalion. Ich liebe die reale Welt und ich liebe ihn.« Mit einem Kopfnicken deutete ich auf Ash, der mit einer großen Schüssel aus der Küche kam und sie in die Mitte stellte. »Auch wenn er ein Kindskopf ist und gerne ausnutzt, dass ich ihn hier nicht ansprechen kann, sobald er einen Raum verlassen hat.« So wie jetzt. Ich konnte mit Brayden reden, musste aber warten, bis Ash mich erlöste.

Er zwinkerte mir allerdings nur zu und ging zurück in die Küche, um den Rest zu holen. Manchmal reizte er das bis zur Unendlichkeit aus oder bis ich ihm eine Energiewelle verpasste, damit er endlich mit mir redete.

Ich strich über Braydens Hand, fuhr die Narben nach, die er dort jetzt hatte. Er und ich. Es war fast wie früher oder vielleicht sogar besser. An den meisten Tagen vergaß ich, dass wir keine richtigen Verwandten waren, dass er mir das alles nur eingepflanzt hatte, mich zu dem Menschen geformt hatte, der ich heute war. »Ich wollte mich noch bei dir bedanken.«

»Wofür?«

»Dafür, dass du mich so mutig gemacht hast. Dass ich eine starke Frau wurde, dass ich weiß, wie ich mich zu verteidigen habe, nicht vor Problemen zurückschrecke, sondern darauf zugehe. Du hast mir eine Vergangenheit geschenkt, die mich tapfer gemacht hat. Ich hätte nichts von diesen Abenteuern überstanden, wenn du mir nicht all diese Fähigkeiten gegeben hättest.«

Er lehnte sich im Stuhl zurück, ohne den Körperkontakt zu mir zu unterbrechen. »Ich denke, das meiste hast du selbst gemacht. Ich mag dir Erinnerungen geschenkt haben, aber ich konnte nicht beeinflussen, wie du darauf reagierst. Das hat dein Geist getan. Das hast du getan. Du hast dich selbst geformt, Kris. Ich habe dir nur Hilfestellung gegeben und dir den Weg gezeigt.«

Ich brummte leise, atmete tief ein und aus und nahm seine Wärme in mich auf.

Ash, Lyn und Conrad kehrten zurück und stellten den Rest des Essens zwischen uns ab.

Ash bemerkte, dass Brayden und ich einen Moment gehabt hatten und ließ sich nur langsam neben mir nieder. Er hauchte mir einen Kuss auf die Haare und flüsterte mir etwas Versautes ins Ohr, damit ich endlich mit ihm sprechen konnte. Ich gab ihm einen Klaps und schnappte mir die Kartoffeln.

Wir nahmen uns viel Zeit zum Essen, lachten und redeten, holten die vergangenen Monate auf, in denen Ash und ich fast nur unterwegs gewesen waren, und genossen unsere Gesellschaft. Nach dem Vorfall in Frankfurt hatten wir alle lange gebraucht, uns zu regenerieren, danach waren Ash und ich damit beschäftigt gewesen, unsere neuen Kräfte kennenzulernen. Wir hatten viel Zeit in Abalion verbracht, ohne uns um die reale Welt zu scheren. Wir hatten uns sortiert, die Strapazen verdaut und unsere Zweisamkeit genossen.

Außerdem hatte ich nach Liam gesucht, denn er war der Einzige, von dem wir nie etwas gehört hatten. Ich hatte zwar Séamus erlöst, sein Bruder aber blieb verschollen. Vielleicht suchte er nach Anabel oder dem, was noch von ihr übrig war, wer wusste das schon.

Auch Destan war nie mehr aufgetaucht nach seinem Weggang vom *Fährmann*. Werfan hatte versprochen, ein Auge darauf zu halten. Wir hatten sogar Eisjäger angesetzt, aber niemand konnte ihn finden. Vielleicht war auch er in seine eigene Geschichte getaucht.

»Das war großartig«, sagte Ash, lehnte sich im Stuhl zurück und rieb sich den vollen Bauch. »Danke für das Mahl.«

»Jederzeit gerne, ich habe euch oben auch das Zimmer von Kris hergerichtet, ihr seid willkommen, bis zum Frühstück zu bleiben.«

Es war nicht nötig, dass Conrad uns aushielt, wir konnten mit einem Fingerschnippen zurück nach Abalion oder irgendwo anders hin auf dieser Welt. Noch hatten Ash und ich uns keine feste Bleibe gesucht, wohnten mal hier, mal dort. Ich hatte ihm einiges von unserer Erde gezeigt, war mit ihm auf allen Kontinenten gewesen und hatte ihm die Wunder unserer Technik offenbart. Er war bedauerlicherweise genauso angetan von Fernsehen wie Jorge, wir mussten immer irgendeinen Film schauen, wenn wir hier waren.

Zum Glück hatte er keine Vorliebe für BiFi mit Mayo entwickelt, dafür aber für Döner. Sobald wir an einem Stand vorbeikamen, musste er sich einen kaufen, egal ob er vorher etwas gegessen hatte oder nicht. Mit viel Zwiebeln und Knoblauchsoße, verstand sich.

»Das ist nett, danke schön«, sagte ich und half beim Abräumen. Natürlich genehmigten wir uns noch den ein oder anderen Drink, wobei ich es nicht wieder übertrieb. Ich wollte einen klaren Kopf behalten und die Zeit mit meinen Freunden genießen, statt über einer Kloschüssel zu hängen. Ash hingegen hielt sich nicht zurück, er konnte nicht nur Essen aufsaugen, sondern auch Alkohol. Der Mann war wirklich abgehärtet.

Da alle irgendwann schlappmachten, trollten wir uns schließlich ebenfalls nach oben und bezogen das Zimmer, in dem ich vor ein paar

Monaten mit dem Kater aus der Hölle aufgewacht war. Conrad hatte alles renoviert und neu eingerichtet. Es war urig und gemütlich, die Betten waren riesengroß mit Blick auf die Küste.

»Ah«, machte Ash und ließ sich auf die Matratze plumpsen. Natürlich griff er zur Fernbedienung und stellte mit Freuden fest, dass alle möglichen Programme abrufbar waren.

Ich lief weiter zum Bad, wollte eintreten, als mich die Musik eines sehr bekannten Filmes innehalten ließ. »Oh nein, ganz sicher nicht!«

»Ich liebe diesen Film!«

»Erstens haben wir ihn nun schon zehnmal gesehen – und zweitens heulst du wie ein Schlosshund, wenn Jack stirbt.«

»Das ist nicht wahr.«

Ich drehte mich zu ihm und sah auf den Fernseher. Die Schlüsselszene lief gerade, wo Jack Rose zeigte, wie es war, am Bug des Schiffes zu stehen. Ich fasste mir ans Herz und verzog das Gesicht. *»Oh, Jack! Ich fliege! Es ist unglaublich!*«, äffte ich die beiden nach.

Ash warf ein Kissen nach mir, aber ich zog vorher den Kopf ein.

»Wenn du den Film laufen lässt, bleib ich solange in der Wanne.«

»Du wirst aufgeweicht sein, bis er fertig ist. Er geht noch knapp zwei Stunden.«

»Mir egal. Ich tue mir das nicht an und sehe dir beim Heulen zu.«

»Ich heule nicht!«

»Ach nein? Und was ist ganz am Schluss, mh? Wenn die beiden auf ihrer Holzplanke liegen und Jack im Ozean versinkt?«

Er kniff die Augen zusammen und verschränkte die Arme vor der Brust. »Das ist was anderes.«

Ich rollte mit den Augen, ging ins Bad und ließ mir die Wanne volllaufen, die unter dem Fenster stand. Der Mond hing satt und klar am Himmel und strahlte direkt ins Bad hinein. Ich liebte den Vollmond. Er gab mir stets das Gefühl, nicht allein zu sein und dass Moon ihre Hand über uns hielt.

Genüsslich sank ich in das warme Wasser, lauschte auf Ash, ob er es sich vielleicht überlegen würde und mir Gesellschaft leistete, aber er war gefangen vom Film. Ich ließ ihn. Es war schön zu sehen, dass er sich mit unserer Welt anfreundete, und ich wollte, dass er sich einfügte.

Außerdem war diese Nacht noch lange nicht vorüber. Ich würde ihn schon noch dazu bekommen, mir Aufmerksamkeit zu schenken.

Irgendwann stieg ich aus der Wanne, verschrumpelt und aufgeweicht und sehr entspannt. Ich schlang ein Handtuch um mich und lief hinaus ins Zimmer. Wie zu erwarten, saß Ash auf dem Bett, die Beine angezogen, ein Kissen umarmt und die Augen tränenschwer. Sein Blick war fest auf den Bildschirm gerichtet. Die Titanic sank, Jack und Rose hielten sich an der Planke fest.

Ich lehnte mich gegen den Türrahmen und beobachtete ihn. Dieser Mann hatte gegen einen übergroßen Wolf gekämpft, sich gegen alle möglichen Wesen in Abalion verteidigt, ein Leben gelebt, das härter nicht hätte sein können, er war vor Zigeunern geflohen, die ihn gekauft hatten, hatte in einer Spelunke gewohnt, einen Fluch abbekommen – und nun weinte er, weil Jack sich für Rose opferte.

Ich konnte das Grinsen nicht unterdrücken, lief ins Zimmer und setzte mich zu ihm. Wortlos nahm ich ihn in die Arme, wartete, bis er mich wieder ansprechen würde, damit ich mit ihm reden konnte, und der Film vorüber war.

»Das ist …«, setzte er an und seufzte nur, als die Schlussmelodie lief. Er blickte mich an und lächelte.

Ich wischte ihm die Tränen weg.

»Du machst dich über mich lustig«, sagte er.

»Das tue ich nicht. Ich wusste nur nicht, dass man dich auch Ash den Weichherzigen nennt.«

»Ha!« Er schaltete den Fernseher aus und wandte sich mir zu. »Warte, bis du den wirklichen Ash kennenlernst.«

»Und der wäre? Ash die Heulsuse?«

Er packte mich an der Hüfte und bohrte seine Fingernägel in meine Taille. Ich schrie, weil ich so kitzelig war.

»Ash den Unwiderstehlichen«, sagte er.

»Ash den Übertreiber«, ergänzte ich.

Er rollte sich auf mich, küsste mich auf die Wange, das Kinn, den Hals. »Ash den sagenhaft guten Liebhaber.«

»Ash den Wunschdenker.«

Er packte meine Hände und hielt sie über meinem Kopf zusammen. »Ash den mit dem wirklich mächtigen …«

Ich lachte auf. »Ash den Größenwahnsinnigen!«

Mit einem diebischen Grinsen zog er mir das Handtuch vom Körper. »Ash der dich um den Verstand bringen wird, weil er dich gleich überall küsst.«

Ich kam ihm entgegen, bewegte mich unter ihm, damit er weiter machte. »Da wiederum könntest du recht haben.«

Er ließ meine Hände los, strich mit den Fingern meine Seite hoch und runter und jagte einen Schauer nach dem anderen durch mich. Ich ließ mich mit ihm fallen, genoss die Zweisamkeit, die wir teilten, nach allem, was wir durchgemacht hatten. Mit Ash fühlte sich alles natürlich und unbefangen an, als hätte es genauso sein sollen; als hätte unser Weg gar nicht anders enden können.

Viele Märchen begannen mit »*Es war einmal …*« und schlossen mit »*… sie lebten glücklich bis …*« Ob das auf Ash und mich zutreffen würde, wusste ich nicht. Aber wir waren auf einem sehr guten Weg dahin – und ich würde diesen so lange mit ihm gehen, wie ich nur konnte.

Er und ich.

Wir waren dort, wo wir sein sollten.

An einem glücklichen Ende, das gleichzeitig unser Anfang war.

50. Kapitel

Irgendwo, irgendwann

Es war einmal ein junges Königspaar, das in einem wunderschönen Land lebte. Die beiden waren sehr beliebt beim Volke, denn sie waren gerecht und wohlwollend und hörten sich die Sorgen eines jeden ihrer Untertanen an. Als die Königin das lang ersehnte Kind entband, schien das Glück perfekt zu sein.

Sie gebar eine gesunde Tochter und alle im Lande feierten ausgelassen an diesem Tage. Selbst die Sonne leuchtete länger als üblich und segnete das Kind mit ihren Strahlen. Die Kleine wuchs wohlbehalten und sicher am Hofe auf und jeder, der sie zu Gesicht bekam, war ganz verzückt von ihrer Schönheit.

Die Jahre zogen ins Land, das Mädchen wuchs zu einer wunderschönen jungen Frau heran. Gütig, anmutig, liebenswert, bewundert von jedermann, der sie erblickte.

Nur das Lachen, das blieb ihr aus.

So streifte das Leben an ihr vorüber, ohne dass sie richtig daran teilnahm – bis eines Tages ein junger Mann bei Hofe erschien.

Er war schlicht gekleidet, zurückhaltend und besaß nichts außer den Dingen, die er am Leibe trug. Sein Name war Destan, er kam von weit her, nur um der Prinzessin zu helfen. Er trat vor die Tochter und blickte sie lange an, dann nahm er den König und die Königin zur Seite und erklärte ihnen, was der Prinzessin fehlte:

»Fantasie.«

»Bitte?«, fragte die Königin.

»Eurer Tochter fehlt der Funke der Fantasie. Normalerweise lebt er hier.« Er fasste sich an sein Herz. »Er ruht in jedem. Auch in Euch, in mir, nur nicht in Eurer Tochter.«

»Was können wir dagegen tun?«, fragte der König.

»Ihr müsst den Funken in ihrem Herzen entzünden. Ohne die Fantasie wird Eure Tochter wie eine trostlose Landschaft sein. Sie wird wachsen, aber sie wird nicht gedeihen. Es wird sich keine Freude in ihr zeigen, keine Liebe. Sie wird ihre Umwelt wahrnehmen, aber nichts davon spüren, und irgendwann wird sich ihr Herz verfinstern – und sie wird sterben.«

»Wie können wir den Funken entzünden?«, fragte der König.

»Ihr müsst sie gehen lassen. Sie wird reisen. In ein fernes Land. Sie wird wilde Abenteuer erleben, sie wird sich verlieben und diese Liebe verlieren, sie wird mit einem Mann wegziehen, der sie verflucht hat, sie wird einen gesunden Sohn auf die Welt bringen, den sie jedoch wieder loslassen muss, weil ihr Opfer nicht anerkannt wird. Sie wird in einem dunklen Schloss hausen, weiter in ihre Einsamkeit abdriften, aber sie wird Hoffnung finden. Sie wird sich der Fantasie zuwenden und diese in ihrem Herzen aufnehmen. Sie wird von einem Kristall der Feuerdrachen berührt und ihre eigene Magie entfachen. Sie wird Wohlstand und Freude über das gesamte Land bringen, denn sie weiß, wie es ist, in die Dunkelheit zu blicken. Sie wird eine Herrscherin werden, wie es sie nie zuvor gegeben hat. Erfüllt mit Leben. Erfüllt mit Lachen und auch erfüllt mit Leid, denn das sind die Facetten des Lebens. Lasst sie gehen. Sie wird ihren Weg finden.«

Der König und die Königin sahen sich an und nickten schließlich. »Wir mögen euch vertrauen, ihr scheint klug und weise.«

»Ich bin nichts als ein einsamer Wanderer. Doch habt Dank, mein Herr. Ich werde eurer Tochter den Weg zeigen.«

Destan und die Prinzessin zogen los, damit sie ihr Schicksal erfüllen konnte. Tapfer und mit erhobenem Haupte schritt sie von dannen. Sie fand nicht nur die Fantasie in ihrem Herzen wieder, sie schenkte sie auch den Menschen und allen Lebewesen, die existierten. Sie brachte Harmonie und Frieden für alle, die sich ihr zuwandten. Destan blieb stets in ihrer Nähe, hielt ein Auge auf sie und sich selbst verborgen. Die Prinzessin regierte voller Liebe, voller Freude, voller Beliebtheit und voller Fantasie ...

Casaju ließ den Stift über dem Blatt Papier schweben und lächelte. Er stellte die Schreibfeder zurück in das Tintenfass und rollte das Pergament zusammen. Es war vollbracht.

Eine weitere Geschichte war geschrieben.

Mochte auch diese von nun an Glück und Freude bringen. Mochte sie die Herzen der Menschen erfüllen und ihnen zeigen, was sie mit der Fantasie alles erreichen konnten. Diese unerschöpfliche Quelle der Macht. Für jeden greifbar. Für jeden da. Nur darauf wartend, genutzt zu werden.

Casaju stand auf, streckte seine Glieder, die mal wieder steif vom vielen Sitzen waren, und wollte das Pergament zu den anderen ins Regal legen, als ihm noch etwas einfiel. Er entrollte das Papier ein Stück, nahm ein letztes Mal die Schreibfeder und setzte sie unten an.

Es fehlte ein letzter Satz. Ein letzter Gedanke:

Und wenn sie nicht gestorben ist, so regiert sie das Land noch heute.

Ende

Danksagung

Ist das Ende einer Geschichte erst der Anfang?

Dieser Gedanke verfolgte mich eine Weile, nachdem ich »Das Vermächtnis der Grimms« abgeschlossen hatte. Obwohl ich das Wort Ende daruntergeschrieben habe, hat es sich nicht wie ein Ende angefühlt, sondern eher wie der Beginn von etwas Neuem. Schließlich ist nun eine eigene Welt entstanden, die hoffentlich in deinem Kopf noch lange nachhallen wird.

Daher gilt mein erster Dank auch dir. Eine Geschichte lebt nur, wenn sie gelesen wird. Du machst Abalion, Ash, Kris und all die anderen zu dem, was sie sind.

Weiterhin möchte ich mich bei meinem Mann Andreas bedanken, der diese letzten Wochen und Monate mit mir ertragen hat. Vor allem als die Grimms vor der Vollendung standen, habe ich mich in meinem Büro verschanzt und geschrieben, was die Tasten hergaben. Danke, dass du mich immer wieder aufmunterst, wenn ich kurz davor bin auszurasten. Danke für deine Arbeit an diesem Buch, die noch mal alles aus der Geschichte herausgeholt hat.

Danke an meine wundervolle Familie, die stets dafür sorgt, dass ich bestens gefüttert werde. Die sonntäglichen Kucheneskalationen halten mich über Wasser.

Ein riesengroßes Dankeschön geht auch an die Riege meiner Testleser. Allen voran Saskia Seifert und Susanne Frank. Wir sind diesen Weg durch Abalion gemeinsam gegangen. Danke, dass ihr beide immer an meiner Seite wart, mir über jeden Hügel hinweg- und hinter jeder Dornenhecke hervorgeholfen habt. Ich wäre hoffnungslos verloren gewesen ohne euch.

Ich möchte Marie Graßhoff und Alexander Kopainski danken. Ihr hört mir immer zu, wenn ich verzweifeln mag, ich darf jede noch so verrückte Idee mit euch teilen, mich immer bei euch ausheulen, wenn ich nicht weiterkomme. Obendrein hätte dieses Buch ohne Alex kein Cover. Ich darf dir also einen doppelten Dank für deine Geduld und deine Ratschläge aussprechen. Jetzt bin ich auch richtig zufrieden mit dem Kunstwerk.

Da wir beim Cover sind: Ich habe es im letzten Buch schon erwähnt, ich tue es gerne noch mal: Danke an all die wunderschönen Models, die mir hier zur Seite stehen. Denise Schultheis alias Kristin alias Anabel alias Moon, Kristof Göttling alias Ash der …, Jorge Brissimitzis alias Jorge alias Jorge alias Jorge, Janet Bartholome-Brissimtzis alias Syrantina alias Kaia, Benjamin Martins alias Sebastian alias Ares. Die Geschichte bekommt durch euch ihre Optik. Ich danke Euch von Herzen für eure Leidenschaft hierfür.

Da ich kurz vom Thema der Testleser abgeschweift bin, noch mal zurück an diese Front. Bei Band zwei standen mir einige neue fleißige Helferlein zur Verfügung, nicht nur meine unverzichtbare Schreibgruppe mit Laura Labas, Ava Reed, Marie Graßhoff, Bianca Iosivoni und Laura Kneidl. Danke an Beate Werum, Nicole Müller, Sarah Menzel, Jenny Fürst, Dominic Thiele. Ihr schaut auf diese Zeilen mit Argusaugen und siebt die allerletzten Logik- und Textfehler heraus, für die ich schon lange blind geworden bin. Dieses Buch ist genauso euer Werk.

Natürlich schicke ich ein großes Danke an meine Verlegerin vom Drachenmond Verlag hinaus, ohne die du das Buch gar nicht in Händen halten könntest. Danke, Astrid Behrendt, dass du mich in die Drachenhöhle geholt hast. Es war mir eine unglaubliche Freude, diese Geschichte mit deiner Hilfe zu veröffentlichen. Danke auch an das gesamte Verlagsteam, Michaela fürs Korrektorat (das war so wertvoll) und an die Nestdrachen für euren Einsatz beim Versenden der Bücherpakete und fürs Helfen auf den Messen. Ihr fleißigen Bienen!

Du siehst: Eine Geschichte ist niemals das Werk einer einzelnen Person, sondern eine Gemeinschaftsarbeit. Ich fühle mich geehrt, so wundervolle Menschen an meiner Seite zu haben.

Und damit komme ich mal wieder zu einem Ende, auch wenn ich weiß, dass dies ebenfalls ein weiterer Anfang ist. Lasst uns gemeinsam die Fantasie am Leben halten und die Magie in die Welt hinaustragen.

Wir brauchen sie.

Liane Mars

Asrai – Das Portal der Drachen

ISBN: 978-3-95991-532-8, Softcover mit Farbschnitt

Epischer Fantasy-Liebesroman trifft auf Drachen und Magie

Wer ist der Feind? Der Mann, den sie liebt? Oder der Drache, dem sie vertraut?

Entgegen aller Konventionen darf die mittellose Elaja eine Ausbildung zur Drachenreiterin beginnen. Doch ohne eigenen Drachen zur praktischen Prüfung anzutreten, ist schwierig. Zum Glück besitzt der nach einem schweren Flugunfall traumatisierte Ian gleich zwei Drachen. Die beiden gehen einen Deal ein, aber schon bald erkennt Elaja, dass Ians Drachen Geheimnisse hüten, die besser unentdeckt geblieben wären.

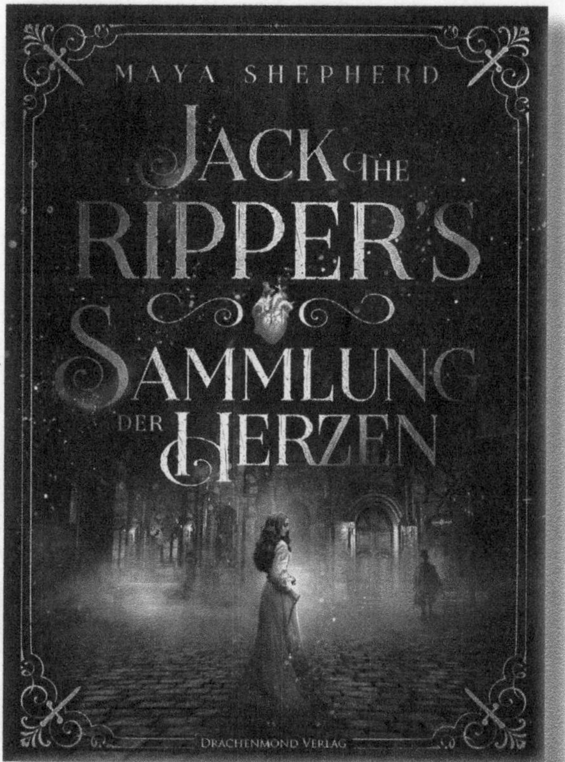

Maya Shepherd

Jack the Ripper's Sammlung der Herzen

ISBN: 978-3-95991-751-3, Softcover mit Farbschnitt

Mein Name ist Mary Jane Kelly, den meisten dürfte ich jedoch besser bekannt sein als das fünfte Opfer des berüchtigten Serienmörders Jack the Ripper. Nach meinem Tod fand meine Seele keinen Frieden, sondern wurde von meinem Mörder mit dunkler Magie festgehalten. Er will mir und all seinen anderen Opfern die Möglichkeit geben, für Gerechtigkeit zu sorgen und Rache an all jenen zu nehmen, die uns im Leben unrecht taten.

Doch schon bald muss ich erkennen, dass meine vermeintliche Freiheit nichts als eine Illusion ist, solang Jack the Ripper im Besitz meines Herzens ist. Für ihn bin ich nicht mehr als eine Schachfigur, die er nach Belieben lenken kann, um seinem Ziel näher zu kommen, die Königin zu stürzen. Zusammen mit Inspektor Abberline versuche ich hinter die Identität des Rippers zu kommen, um weiteres Blutvergießen zu verhindern. Jemand, der bereits tot ist, hat schließlich nichts mehr zu verlieren, oder?

Roukeiya Peters

Seelenverrat

ISBN: 978-3-95991-791-9, Softcover mit Farbschnitt

Hexenseelen sterben nicht

Die junge Hexe Felicity tritt als Seelentransporteurin in die Fußstapfen ihrer Mutter. Neben der Herstellung von Elixieren, die in ihrem Café verkauft werden, kümmert sie sich darum, dass die verstorbenen Hexen und Hexer ihren Platz im Jenseits einnehmen. Dies ermöglichen besondere Bücher, die Felicity herstellt, um die Seelen der Verstorbenen zum Wunschort zu transportieren.

Als der Hexer Niclas auftaucht und Felicity beschuldigt, die Seele seines Onkels ohne seine Zustimmung in den Tod befördert zu haben, kann die Hexe dies nicht auf sich sitzen lassen. Doch das Buch von Kaspar Eisenmann ist unauffindbar und Felicity ahnt, dass sie in ein böses Spiel verwickelt wurde …

Magali Volkmann

Die Republik der Knochen

ISBN: 978-3-95991-963-0, Softcover mit Farbschnitt

Eines Tages soll Riora über die Republik Anamoya regieren – zumindest, wenn es nach ihrem Onkel geht, der sie neben der Politik auch die geheime Kunst der Nekromantie lehrt. Doch als ihre Mutter ermordet wird, scheitert ihre Magie, und Rioras Welt bricht in sich zusammen. Warum musste ihre Mutter sterben? Welche Geheimnisse verbirgt die Republik, die von Intrigen und Korruption durchzogen ist?

Riora schwört sich, den Schuldigen zu finden, wobei sie unerwartete Hilfe von dem Künstler Arias erhält. Obwohl sie sofort mit ihm aneinandergerät, muss sie ihm vertrauen. Denn ihre Familie ist nicht die einzige, die verbotene Magie beherrscht – und der Mörder hat weitaus mehr vor, als Blut in Anamoya zu vergießen …

Jenny Pieper

Das Erbe von Eis und Rauch

Fluchmagie (Band 1 der Dilogie)

ISBN: 978-3-95991-881-7, Klappenbroschur

In einer Welt, in der die Schatten verschwunden sind, kehrt die Dunkelheit als Fluch zurück.

Myrra kämpft mit ihrem verfluchten Bein, das sie mit Schmerzen quält und zu einem Sonderling macht. Aus diesem Grund verschließt sie sich gegen die magische Zeremonie, die ihr ganzes weiteres Leben bestimmen würde. Statt einer glorreichen Zukunft als Magierin will Myrra ihr Leben in der Kampfschule bei ihrer Familie verbringen.

Doch als ihr Großvater von einem Fluch befallen wird, der nur durch Magie gebrochen werden kann, muss sich Myrra ihren Ängsten stellen. Ihre einzige Hoffnung sieht sie in den Braumeistern, fähigen Magiern, die mächtige Tränke herstellen können. Um mit diesen in Kontakt zu treten, muss sie nicht nur die Zeremonie über sich ergehen lassen, sondern auch mit einem Hexer zusammenarbeiten, der alles verkörpert, was Myrra verabscheut – und der ihr Herz dennoch schneller schlagen lässt. Gemeinsam stürzen sie sich in eine Welt voller Intrigen, verlorener Geheimnisse und dunkler Hexenmächte.